Édition bilingue audio
ANGLAIS-FRANÇAIS

*Pour écouter la lecture de ce livre
dans sa version anglaise ou dans sa traduction française
scannez le code en début de chapitre
avec votre téléphone portable ou tablette*

Roman
Littérature britannique

Titre original :
AGNES GREY

Traduction française :
Charles Romey, A. Rolet

Lecture en anglais :
Libby Gohn

Lecture en français :
Christine Sétrin

ISBN : 978-2-37808-013-6
© L'Accolade Éditions, 2017

ANNE BRONTË

AGNÈS **GREY**

1
The Parsonage

ALL TRUE HISTORIES contain instruction; though, in some, the treasure may be hard to find, and when found, so trivial in quantity, that the dry, shrivelled kernel scarcely compensates for the trouble of cracking the nut. Whether this be the case with my history or not, I am hardly competent to judge. I sometimes think it might prove useful to some, and entertaining to others; but the world may judge for itself. Shielded by my own obscurity, and by the lapse of years, and a few fictitious names, I do not fear to venture; and will candidly lay before the public what I would not disclose to the most intimate friend.

My father was a clergyman of the north of England, who was deservedly respected by all who knew him; and, in his younger days, lived pretty comfortably on the joint income of a small incumbency and a snug little property of his own. My mother, who married him against the wishes of her friends, was a squire's daughter, and a woman of spirit. In vain it was represented to her, that if she became the poor parson's wife, she must relinquish her carriage and her lady's-maid, and all the luxuries and

1
Le presbytère

Toutes les histoires vraies portent avec elles une instruction, bien que dans quelques-unes le trésor soit difficile à trouver, et si mince en quantité, que le noyau sec et ridé ne vaut souvent pas la peine que l'on a eue de casser la noix. Qu'il en soit ainsi ou non de mon histoire, c'est ce dont je ne puis juger avec compétence. Je pense pourtant qu'elle peut être utile à quelques-uns, et intéressante pour d'autres ; mais le public jugera par lui-même. Protégée par ma propre obscurité, par le laps des ans et par des noms supposés, je ne crains point d'entreprendre ce récit, et de livrer au public ce que je ne découvrirais pas au plus intime ami.

Mon père, membre du clergé dans le nord de l'Angleterre, était justement respecté par tous ceux qui le connaissaient. Dans sa jeunesse, il vivait assez confortablement avec les revenus d'un petit bénéfice et d'une propriété à lui. Ma mère, qui l'épousa contre la volonté de ses amis, était la fille d'un squire et une femme de cœur. En vain on lui représenta que, si elle devenait la femme d'un pauvre ministre, il lui faudrait renoncer à sa voiture, à sa femme de chambre, au luxe et

elegancies of affluence; which to her were little less than the necessaries of life. A carriage and a lady's-maid were great conveniences; but, thank heaven, she had feet to carry her, and hands to minister to her own necessities. An elegant house and spacious grounds were not to be despised; but she would rather live in a cottage with Richard Grey than in a palace with any other man in the world.

Finding arguments of no avail, her father, at length, told the lovers they might marry if they pleased; but, in so doing, his daughter would forfeit every fraction of her fortune. He expected this would cool the ardour of both; but he was mistaken. My father knew too well my mother's superior worth not to be sensible that she was a valuable fortune in herself: and if she would but consent to embellish his humble hearth he should be happy to take her on any terms; while she, on her part, would rather labour with her own hands than be divided from the man she loved, whose happiness it would be her joy to make, and who was already one with her in heart and soul. So her fortune went to swell the purse of a wiser sister, who had married a rich nabob; and she, to the wonder and compassionate regret of all who knew her, went to bury herself in the homely village parsonage among the hills of ---. And yet, in spite of all this, and in spite of my mother's high spirit and my father's whims, I believe you might search all England through, and fail to find a happier couple.

à l'élégance de la richesse, toutes choses qui pour elle n'étaient guère moins que les nécessités de la vie. Elle répondit qu'une voiture et une femme de chambre étaient, à la vérité, fort commodes ; mais que, grâce au ciel, elle avait des pieds pour la porter et des mains pour se servir. Une élégante maison et un spacieux domaine n'étaient point, selon elle, à mépriser ; mais elle eût mieux aimé vivre dans une chaumière avec Richard Grey, que dans un palais avec tout autre.

À bout d'arguments, le père, à la fin, dit aux amants qu'ils pouvaient se marier si tel était leur plaisir, mais que sa fille n'aurait pas la plus mince fraction de sa fortune. Il espérait ainsi refroidir leur ardeur, mais il se trompait. Mon père connaissait trop bien la valeur de ma mère pour ne pas penser qu'elle était par elle-même une précieuse fortune, et que, si elle voulait consentir à embellir son humble foyer, il serait heureux de la prendre, à quelques conditions que ce fût ; tandis que ma mère, de son côté, eût plutôt labouré la terre de ses propres mains que d'être séparée de l'homme qu'elle aimait, dont toute sa joie serait de faire le bonheur, et qui de cœur et d'âme ne faisait déjà qu'un avec elle. Ainsi, sa fortune alla grossir la bourse d'une sœur plus sage, qui avait épousé un riche nabab ; et elle, à l'étonnement et aux regrets de tous ceux qui la connaissaient, alla s'enterrer dans le presbytère d'un pauvre village, dans les montagnes de.... Et pourtant, malgré tout cela, malgré la fierté de ma mère et les bizarreries de mon père, je crois que vous n'auriez pas trouvé dans toute l'Angleterre un plus heureux couple.

Of six children, my sister Mary and myself were the only two that survived the perils of infancy and early childhood. I, being the younger by five or six years, was always regarded as *the* child, and the pet of the family: father, mother, and sister, all combined to spoil me—not by foolish indulgence, to render me fractious and ungovernable, but by ceaseless kindness, to make me too helpless and dependent—too unfit for buffeting with the cares and turmoils of life.

Mary and I were brought up in the strictest seclusion. My mother, being at once highly accomplished, well informed, and fond of employment, took the whole charge of our education on herself, with the exception of Latin—which my father undertook to teach us—so that we never even went to school; and, as there was no society in the neighbourhood, our only intercourse with the world consisted in a stately tea-party, now and then, with the principal farmers and tradespeople of the vicinity (just to avoid being stigmatized as too proud to consort with our neighbours), and an annual visit to our paternal grandfather's; where himself, our kind grandmamma, a maiden aunt, and two or three elderly ladies and gentlemen, were the only persons we ever saw. Sometimes our mother would amuse us with stories and anecdotes of her younger days, which, while they entertained us amazingly, frequently awoke—in *me*, at least—a secret wish to see a little more of the world.

De six enfants, ma sœur Mary et moi furent les seuls qui survécurent aux périls du premier âge. Étant la plus jeune de cinq ou six ans, j'étais toujours regardée comme *l'enfant*, et j'étais l'idole de la famille : père, mère et sœurs, tous s'accordaient pour me gâter ; non pas que leur folle indulgence me rendît méchante et ingouvernable ; mais, habituée à leurs soins incessants, je restais dépendante, incapable de me suffire, et peu propre à lutter contre les soucis et les troubles de la vie.

Mary et moi fûmes élevées dans la plus stricte retraite. Ma mère, à la fois fort instruite et aimant à s'occuper, prit sur elle tout le fardeau de notre éducation, à l'exception du latin, que mon père entreprit de nous enseigner, de sorte que nous n'allâmes jamais à l'école ; et, comme il n'y avait aucune société dans le voisinage, nos seuls rapports avec le monde se bornaient à prendre le thé avec les principaux fermiers et marchands des environs (afin que l'on ne nous accusât pas d'être trop fiers pour frayer avec nos voisins), et à faire une visite annuelle à notre grand-père paternel, chez lequel notre bonne grand-mère, une tante et deux ou trois ladies et gentlemen âgés, étaient les seules personnes que nous vissions. Quelquefois notre mère nous racontait des histoires et des anecdotes de ses jeunes années, qui, en nous amusant étonnamment, éveillaient souvent, chez moi du moins, un secret désir de voir un peu plus de monde.

I thought she must have been very happy: but she never seemed to regret past times. My father, however, whose temper was neither tranquil nor cheerful by nature, often unduly vexed himself with thinking of the sacrifices his dear wife had made for him; and troubled his head with revolving endless schemes for the augmentation of his little fortune, for her sake and ours. In vain my mother assured him she was quite satisfied; and if he would but lay by a little for the children, we should all have plenty, both for time present and to come: but saving was not my father's forte. He would not run in debt (at least, my mother took good care he should not), but while he had money he must spend it: he liked to see his house comfortable, and his wife and daughters well clothed, and well attended; and besides, he was charitably disposed, and liked to give to the poor, according to his means: or, as some might think, beyond them.

At length, however, a kind friend suggested to him a means of doubling his private property at one stroke; and further increasing it, hereafter, to an untold amount. This friend was a merchant, a man of enterprising spirit and undoubted talent, who was somewhat straitened in his mercantile pursuits for want of capital; but generously proposed to give my father a fair share of his profits, if he would only entrust him with what he could spare; and he thought he might safely promise that whatever sum the latter chose to put into his hands, it should bring him in cent. per cent. The small patrimony was speedily sold, and the whole of its price was deposited in the hands of the friendly merchant; who as promptly proceeded to ship his cargo, and prepare for his voyage.

Je pensais que ma mère avait dû alors être fort heureuse ; mais elle ne paraissait jamais regretter le temps passé. Mon père, cependant, dont le caractère n'était ni tranquille ni gai par nature, souvent se chagrinait mal à propos en pensant aux sacrifices que sa chère femme avait faits à cause de lui, et se troublait la tête avec toutes sortes de plans destinés à augmenter sa petite fortune pour notre mère et pour nous. En vain ma mère lui donnait l'assurance qu'elle était entièrement satisfaite et que, s'il voulait épargner un peu pour les enfants, nous aurions toujours assez, tant pour le présent que pour l'avenir. Mais l'économie n'était pas son fort. Il ne se fût pas endetté (du moins ma mère prenait bon soin qu'il ne le fît pas) ; mais pendant qu'il avait de l'argent, il le dépensait ; il aimait à voir sa maison confortable, sa femme et ses filles bien vêtues et bien servies, et, en outre, il était fort charitable et aimait à donner aux pauvres suivant ses moyens, ou plutôt, comme pensaient quelques-uns, au delà de ses moyens.

Un jour, un de ses amis lui suggéra l'idée de doubler sa fortune personnelle d'un coup. Cet ami était un marchand, un homme d'un esprit entreprenant et d'un talent incontestable, qui était quelque peu gêné dans son négoce et avait besoin d'argent. Il proposa généreusement à mon père de lui donner une belle part de ses profits, s'il voulait lui confier seulement ce qu'il pourrait économiser. Il pensait pouvoir promettre avec certitude que toute somme que mon père placerait entre ses mains lui rapporterait cent pour cent. Le petit patrimoine fut promptement vendu et le prix déposé entre les mains du marchand, qui, aussi promptement, se mit à embarquer sa cargaison et à se préparer pour son voyage.

My father was delighted, so were we all, with our brightening prospects. For the present, it is true, we were reduced to the narrow income of the curacy; but my father seemed to think there was no necessity for scrupulously restricting our expenditure to that; so, with a standing bill at Mr. Jackson's, another at Smith's, and a third at Hobson's, we got along even more comfortably than before: though my mother affirmed we had better keep within bounds, for our prospects of wealth were but precarious, after all; and if my father would only trust everything to her management, he should never feel himself stinted: but he, for once, was incorrigible.

What happy hours Mary and I have passed while sitting at our work by the fire, or wandering on the heath-clad hills, or idling under the weeping birch (the only considerable tree in the garden), talking of future happiness to ourselves and our parents, of what we would do, and see, and possess; with no firmer foundation for our goodly superstructure than the riches that were expected to flow in upon us from the success of the worthy merchant's speculations. Our father was nearly as bad as ourselves; only that he affected not to be so much in earnest: expressing his bright hopes and sanguine expectations in jests and playful sallies, that always struck me as being exceedingly witty and pleasant. Our mother laughed with delight to see him so hopeful and happy: but still she feared he was setting his heart too much upon the matter; and once I heard her whisper as she left the room, 'God grant he be not disappointed! I know not how he would bear it.'

Mon père était heureux, et nous l'étions tous, avec nos brillantes espérances. Pour le présent, il est vrai, nous nous trouvions réduits au mince revenu de la cure ; mais mon père ne croyait pas qu'il y eût nécessité de réduire scrupuleusement nos dépenses à cela, et avec un crédit ouvert chez M. Jackson, un autre chez Smith, et un troisième chez Hobson, nous vécûmes même plus confortablement qu'auparavant, quoique ma mère affirmât qu'il eût mieux valu se renfermer dans les bornes ; qu'après tout nos espérances de richesse n'étaient que précaires, et que, si mon père voulait seulement tout confier à sa direction, il ne se sentirait jamais gêné. Mais il était incorrigible.

Quels heureux moments nous avons passés, Mary et moi, quand, assises à notre travail à côté du feu, ou errant sur les montagnes couvertes de bruyères, ou nous reposant sous le saule pleureur (le seul gros arbre du jardin), nous parlions de notre bonheur futur, sans autres fondations pour notre édifice que les richesses qu'allait accumuler sur nous le succès des opérations du digne marchand ! Notre père était presque aussi fou que nous ; seulement il affectait de n'être point aussi impatient, exprimant ses espérances par des mots et des saillies qui me frappaient toujours comme étant extrêmement spirituels et plaisants. Notre mère riait avec bonheur de le voir si confiant et si heureux ; mais cependant elle craignait qu'il ne fixât trop exclusivement son cœur sur ce sujet, et une fois je l'entendis murmurer en quittant la chambre : « Dieu veuille qu'il ne soit pas déçappointé ! je ne sais comment il pourrait le supporter. »

Disappointed he was; and bitterly, too. It came like a thunder-clap on us all, that the vessel which contained our fortune had been wrecked, and gone to the bottom with all its stores, together with several of the crew, and the unfortunate merchant himself. I was grieved for him; I was grieved for the overthrow of all our air-built castles: but, with the elasticity of youth, I soon recovered the shock.

Though riches had charms, poverty had no terrors for an inexperienced girl like me. Indeed, to say the truth, there was something exhilarating in the idea of being driven to straits, and thrown upon our own resources. I only wished papa, mamma, and Mary were all of the same mind as myself; and then, instead of lamenting past calamities we might all cheerfully set to work to remedy them; and the greater the difficulties, the harder our present privations, the greater should be our cheerfulness to endure the latter, and our vigour to contend against the former.

Mary did not lament, but she brooded continually over the misfortune, and sank into a state of dejection from which no effort of mine could rouse her. I could not possibly bring her to regard the matter on its bright side as I did: and indeed I was so fearful of being charged with childish frivolity, or stupid insensibility, that I carefully kept most of my bright ideas and cheering notions to myself; well knowing they could not be appreciated.

Désappointé il fut ; et amèrement encore. La nouvelle éclata sur nous comme un coup de tonnerre : le vaisseau qui contenait notre fortune avait fait naufrage ; il avait coulé bas avec toute sa cargaison, une partie de l'équipage, et l'infortuné marchand lui-même. J'en fus affligée pour lui ; je fus affligée de voir nos châteaux en Espagne renversés ; mais, avec toute l'élasticité de la jeunesse, je fus bientôt remise de ce choc.

Quoique les richesses eussent des charmes, la pauvreté n'avait point de terreurs pour une jeune fille inexpérimentée comme moi. Et même, à dire vrai, il y avait quelque chose d'excitant dans l'idée que nous étions tombés dans la détresse et réduits à nos propres ressources. J'aurais seulement désiré que mon père, ma mère et Mary, eussent eu le même esprit que moi. Alors, au lieu de nous lamenter sur les calamités passées, nous nous serions mis joyeusement à l'œuvre pour les réparer, et, plus grandes eussent été les difficultés, plus dures nos présentes privations, plus grande aurait été notre résignation à endurer les secondes, et notre vigueur à lutter contre les premières.

Mary ne se lamentait pas, mais elle pensait continuellement à notre malheur, et elle tomba dans un état d'abattement dont aucun de mes efforts ne pouvait la tirer. Je ne pouvais l'amener à regarder la chose sous le même point de vue que moi ; et j'avais si peur d'être taxée de frivolité enfantine ou d'insensibilité stupide, que je gardais soigneusement pour moi la plupart de mes brillantes idées, sachant bien qu'elles ne pouvaient être appréciées.

My mother thought only of consoling my father, and paying our debts and retrenching our expenditure by every available means; but my father was completely overwhelmed by the calamity: health, strength, and spirits sank beneath the blow, and he never wholly recovered them. In vain my mother strove to cheer him, by appealing to his piety, to his courage, to his affection for herself and us. That very affection was his greatest torment: it was for our sakes he had so ardently longed to increase his fortune—it was our interest that had lent such brightness to his hopes, and that imparted such bitterness to his present distress. He now tormented himself with remorse at having neglected my mother's advice; which would at least have saved him from the additional burden of debt— he vainly reproached himself for having brought her from the dignity, the ease, the luxury of her former station to toil with him through the cares and toils of poverty. It was gall and wormwood to his soul to see that splendid, highly-accomplished woman, once so courted and admired, transformed into an active managing housewife, with hands and head continually occupied with household labours and household economy. The very willingness with which she performed these duties, the cheerfulness with which she bore her reverses, and the kindness which withheld her from imputing the smallest blame to him, were all perverted by this ingenious self-tormentor into further aggravations of his sufferings. And thus the mind preyed upon the body, and disordered the system of the nerves, and they in turn increased the troubles of the mind,

Ma mère ne pensait qu'à consoler mon père, à payer nos dettes et à diminuer nos dépenses par tous les moyens possibles ; mais mon père était complètement écrasé par la calamité. Santé, force, esprit, il perdit tout sous le coup, et il ne les retrouva jamais entièrement. En vain ma mère s'efforçait de le ranimer en faisant appel à sa piété, à son courage, à son affection pour elle et pour nous. Cette affection même était son plus grand tourment. C'était pour nous qu'il avait si ardemment désiré accroître sa fortune ; c'était notre intérêt qui avait donné tant de vivacité à ses espérances, et qui donnait tant d'amertume à son malheur actuel. Il se reprochait d'avoir négligé les conseils de ma mère, qui l'eussent empêché au moins de contracter des dettes. La pensée qu'il l'avait enlevée à une existence aisée et au luxe de la richesse pour les soucis et les labeurs de la pauvreté lui était amère, et il souffrait de voir cette femme autrefois si admirée, si élégante, transformée en une active femme de ménage, de la tête et des mains continuellement occupée des soins de la maison et d'économie domestique. Le contentement même avec lequel elle accomplissait ses devoirs, la gaieté avec laquelle elle supportait ses revers, sa bonté inépuisable et le soin qu'elle prenait de ne jamais lui adresser le moindre blâme, tout cela était pour cet homme ingénieux à se tourmenter une aggravation de ses souffrances. Ainsi l'âme agit sur le corps ; le système nerveux souffrit et les troubles de l'esprit s'accrurent ;

till by action and reaction his health was seriously impaired; and not one of us could convince him that the aspect of our affairs was not half so gloomy, so utterly hopeless, as his morbid imagination represented it to be.

The useful pony phaeton was sold, together with the stout, well-fed pony—the old favourite that we had fully determined should end its days in peace, and never pass from our hands; the little coach-house and stable were let; the servant boy, and the more efficient (being the more expensive) of the two maid-servants, were dismissed. Our clothes were mended, turned, and darned to the utmost verge of decency; our food, always plain, was now simplified to an unprecedented degree—except my father's favourite dishes; our coals and candles were painfully economized—the pair of candles reduced to one, and that most sparingly used; the coals carefully husbanded in the half-empty grate: especially when my father was out on his parish duties, or confined to bed through illness—then we sat with our feet on the fender, scraping the perishing embers together from time to time, and occasionally adding a slight scattering of the dust and fragments of coal, just to keep them alive. As for our carpets, they in time were worn threadbare, and patched and darned even to a greater extent than our garments. To save the expense of a gardener, Mary and I undertook to keep the garden in order; and all the cooking and household work that could not easily be managed by one servant-girl, was done by my mother and sister, with a little occasional help from me: only a little, because,

sa santé fut sérieusement atteinte, et aucune de nous ne pouvait le convaincre que l'aspect de nos affaires n'était pas aussi triste, aussi désespéré que son imagination malade se le figurait.

L'utile phaéton fut vendu, ainsi que le cheval, ce vieux favori gras et bien nourri que nous avions résolu de laisser finir ses jours en paix, et qui ne devait jamais sortir de nos mains ; la petite remise et l'écurie furent louées ; le domestique et la plus coûteuse des deux servantes furent congédiés. Nos vêtements furent raccommodés et retournés jusqu'au point où allait la plus stricte décence. Notre nourriture, déjà simple, fut encore simplifiée (à l'exception des plats favoris de mon père) ; le charbon et la chandelle furent économisés ; la paire de chandeliers réduite à un seul, employé dans la plus absolue nécessité ; le charbon soigneusement arrangé dans la grille à moitié vide, surtout lorsque mon père était dehors pour le service de la paroisse, ou retenu dans son lit par la maladie. Quant aux tapis, ils furent soumis aux mêmes reprises et raccommodages que nos habits. Pour supprimer la dépense d'un jardinier, Mary et moi entreprîmes de tenir en ordre le jardin ; et tout le travail de cuisine et de ménage, qui ne pouvait être aisément fait par une seule servante, fut accompli par ma mère et ma sœur, aidées un peu par moi à l'occasion ; je dis un peu, parce que,

though a woman in my own estimation, I was still a child in theirs; and my mother, like most active, managing women, was not gifted with very active daughters: for this reason—that being so clever and diligent herself, she was never tempted to trust her affairs to a deputy, but, on the contrary, was willing to act and think for others as well as for number one; and whatever was the business in hand, she was apt to think that no one could do it so well as herself: so that whenever I offered to assist her, I received such an answer as—'No, love, you cannot indeed—there's nothing here you can do. Go and help your sister, or get her to take a walk with you—tell her she must not sit so much, and stay so constantly in the house as she does—she may well look thin and dejected.'

'Mary, mamma says I'm to help you; or get you to take a walk with me; she says you may well look thin and dejected, if you sit so constantly in the house.'

'Help me you cannot, Agnes; and I cannot go out with *you*—I have far too much to do.'

'Then let me help you.'

'You cannot, indeed, dear child. Go and practise your music, or play with the kitten.'

There was always plenty of sewing on hand; but I had not been taught to cut out a single garment, and except plain hemming and seaming, there was little I could do, even in that line; for they both asserted that it was far easier to do the work themselves than to prepare it for me: and besides, they liked better to see me prosecuting

quoique je fusse une femme à mon avis, je n'étais encore pour elles qu'une enfant. D'ailleurs ma mère, comme toutes les femmes actives et bonnes ménagères, aimait à faire par elle-même ; et, quel que fût le travail qu'elle eût à faire, elle pensait que personne n'était plus apte à le faire qu'elle. Aussi, toutes les fois que j'offrais de l'aider, je recevais cette réponse : « Non, mon amour, vous ne pouvez ; il n'y a rien ici que vous puissiez faire. Allez aider votre sœur, ou faites-lui faire une petite promenade avec vous ; dites-lui qu'elle ne doit pas rester assise si longtemps, qu'elle ne doit pas rester à la maison aussi constamment qu'elle le fait, que sa santé en souffre. »

« Mary, maman dit que je dois vous aider, ou vous faire faire une petite promenade avec moi ; que votre santé s'altérera si vous demeurez aussi longtemps sans sortir.

— M'aider, vous ne le pouvez, Agnès ; et je ne puis sortir avec vous, j'ai beaucoup trop à faire.

— En ce cas, laissez-moi vous aider.

— Vous ne pouvez vraiment, chère enfant. Allez travailler votre musique ou jouer avec le chat. »

Il y avait toujours beaucoup d'ouvrage de couture à faire ; mais on ne m'avait pas appris à couper un seul vêtement, et, à l'exception des grosses coutures et de l'ourlet, il y avait peu de chose que je pusse faire : car ma mère et ma sœur affirmaient toutes deux qu'il leur était plus facile de faire le travail elles-mêmes que de me le préparer. D'ailleurs, elles aimaient mieux me voir poursuivre

my studies, or amusing myself—it was time enough for me to sit bending over my work, like a grave matron, when my favourite little pussy was become a steady old cat. Under such circumstances, although I was not many degrees more useful than the kitten, my idleness was not entirely without excuse.

Through all our troubles, I never but once heard my mother complain of our want of money. As summer was coming on she observed to Mary and me, 'What a desirable thing it would be for your papa to spend a few weeks at a watering-place. I am convinced the sea-air and the change of scene would be of incalculable service to him. But then, you see, there's no money,' she added, with a sigh. We both wished exceedingly that the thing might be done, and lamented greatly that it could not. 'Well, well!' said she, 'it's no use complaining. Possibly something might be done to further the project after all. Mary, you are a beautiful drawer. What do you say to doing a few more pictures in your best style, and getting them framed, with the water-coloured drawings you have already done, and trying to dispose of them to some liberal picture-dealer, who has the sense to discern their merits?'

'Mamma, I should be delighted if you think they *could* be sold; and for anything worth while.'

'It's worth while trying, however, my dear: do you procure the drawings, and I'll endeavour to find a purchaser.'

'I wish *I* could do something,' said I.

mes études ou m'amuser ; il serait toujours assez tôt de me courber sur mon ouvrage, comme une grave matrone, quand mon favori petit minet serait devenu un fort et gros chat. Dans de telles circonstances, quoique je ne fusse guère plus utile que le petit chat, mon désœuvrement n'était pas tout à fait sans excuse.

Au milieu de tous nos embarras, je n'entendis qu'une seule fois ma mère se plaindre du manque d'argent. Comme l'été approchait, elle nous dit à Mary et à moi : « Combien il serait à désirer que votre papa pût passer quelques semaines aux bains de mer ! Je suis convaincue que l'air de la mer et le changement de scène lui feraient beaucoup de bien. Mais vous savez que nous n'avons pas d'argent, » ajouta-t-elle avec un soupir. Nous eussions fort désiré toutes deux que la chose pût se faire, et nous nous lamentions grandement qu'elle fût impossible. « Les plaintes ne sont bonnes à rien, nous dit ma mère ; peut-être, après tout, ce projet peut-il être exécuté. Mary, vous dessinez fort bien ; pourquoi ne feriez-vous pas quelques nouveaux dessins qui, encadrés avec les aquarelles que vous avez déjà, pourraient être vendus à quelque libéral marchand de tableaux qui saurait discerner leur mérite ?

— Maman, je serais fort heureuse de penser qu'ils puissent être vendus n'importe à quel prix.

— Cela vaut la peine d'essayer, au moins. Fournissez les dessins, et j'essayerai de trouver l'acheteur.

— Je voudrais bien pouvoir aussi faire quelque chose, dis-je.

'You, Agnes! well, who knows? You draw pretty well, too: if you choose some simple piece for your subject, I daresay you will be able to produce something we shall all be proud to exhibit.'

'But I have another scheme in my head, mamma, and have had long, only I did not like to mention it.'

'Indeed! pray tell us what it is.'

'I should like to be a governess.'

My mother uttered an exclamation of surprise, and laughed. My sister dropped her work in astonishment, exclaiming, '*You* a governess, Agnes! What can you be dreaming of?'

'Well! I don't see anything so *very* extraordinary in it. I do not pretend to be able to instruct great girls; but surely I could teach little ones: and I should like it so much: I am so fond of children. Do let me, mamma!'

'But, my love, you have not learned to take care of *yourself* yet: and young children require more judgment and experience to manage than elder ones.'

'But, mamma, I am above eighteen, and quite able to take care of myself, and others too. You do not know half the wisdom and prudence I possess, because I have never been tried.'

— Vous, Agnès ! Eh bien, vous dessinez assez bien aussi. En choisissant un sujet simple, j'ose dire que vous êtes capable de produire une œuvre que nous serions tous fiers de montrer.

— Mais j'ai un autre projet dans la tête, maman, et je l'ai depuis longtemps ; seulement, je n'ai jamais osé vous en parler.

— Vraiment ! dites-nous ce que c'est.

— J'aimerais à être gouvernante. »

Ma mère poussa une exclamation de surprise et se mit à rire. Ma sœur laissa tomber son ouvrage dans son étonnement, et s'écria :

« Vous une gouvernante, Agnès ! Pouvez-vous bien rêver à cela ?

— Eh bien, je ne vois là rien de si extraordinaire. Je ne prétends pas être capable de donner de l'instruction à de grandes filles ; mais assurément je peux en instruire de petites. J'aimerais tant cela ! J'aime tant les enfants ! Maman, laissez-moi être gouvernante.

— Mais, mon amour, vous n'avez pas encore appris à avoir soin de vous-même ; et il faut plus de jugement et d'expérience pour gouverner de jeunes enfants que pour en gouverner de grands.

— Pourtant, maman, j'ai dix-huit ans passés, et je suis parfaitement capable de prendre soin de moi et des autres aussi. Vous ne connaissez pas la moitié de la sagesse et de la prudence que j'ai, car je n'ai jamais été mise à l'épreuve.

'Only think,' said Mary, 'what would you do in a house full of strangers, without me or mamma to speak and act for you—with a parcel of children, besides yourself, to attend to; and no one to look to for advice? You would not even know what clothes to put on.'

'You think, because I always do as you bid me, I have no judgment of my own: but only try me—that is all I ask—and you shall see what I can do.'

At that moment my father entered and the subject of our discussion was explained to him.

'What, my little Agnes a governess!' cried he, and, in spite of his dejection, he laughed at the idea.

'Yes, papa, don't *you* say anything against it: I should like it so much; and I am sure I could manage delightfully.'

'But, my darling, we could not spare you.' And a tear glistened in his eye as he added—'No, no! afflicted as we are, surely we are not brought to that pass yet.'

'Oh, no!' said my mother. 'There is no necessity whatever for such a step; it is merely a whim of her own. So you must hold your tongue, you naughty girl; for, though you are so ready to leave us, you know very well we cannot part with *you*.'

I was silenced for that day, and for many succeeding ones; but still I did not wholly relinquish my darling scheme. Mary got her drawing materials, and steadily set to work. I got mine too; but while I drew,

— Mais pensez donc, dit Mary, à ce que vous feriez dans une maison pleine d'étrangers, sans moi ou maman pour parler ou agir pour vous, ayant à prendre soin de plusieurs enfants et de vous-même, et n'ayant personne à qui demander conseil ! Vous ne sauriez pas seulement quels vêtements mettre.

— Vous pensez, parce que je ne fais que ce que vous me commandez, que je n'ai pas un jugement à moi ? mais mettez-moi à l'épreuve, et vous verrez ce que je peux faire. »

En ce moment mon père entra, et on lui expliqua le sujet de la discussion.

« Vous gouvernante, ma petite Agnès ! s'écria-t-il ; et, en dépit de son mal, cette idée le fit rire.

— Oui, papa ; ne dites rien contre cet état ; je l'aimerais tant, et je crois que je pourrais l'exercer admirablement.

— Mais, ma chérie, nous ne pouvons nous passer de vous. » Et une larme brilla dans ses yeux quand il ajouta : « Non, non, quelque malheureux que nous soyons, nous n'en sommes sûrement pas encore réduits là.

— Oh ! non, dit ma mère. Il n'y a aucune nécessité de prendre un tel parti ; c'est purement un caprice à elle. Ainsi, retenez votre langue, méchante enfant : car, si vous êtes si disposée à nous quitter, vous savez bien que nous ne le sommes pas à nous séparer de vous. »

Je fus réduite au silence pour ce jour-là et pour plusieurs autres ; mais je ne renonçai pas à mon projet favori. Mary prit ses instruments de peinture et se mit ardemment à l'œuvre. Je pris les miens aussi ; mais, pendant que je dessinais,

I thought of other things. How delightful it would be to be a governess! To go out into the world; to enter upon a new life; to act for myself; to exercise my unused faculties; to try my unknown powers; to earn my own maintenance, and something to comfort and help my father, mother, and sister, besides exonerating them from the provision of my food and clothing; to show papa what his little Agnes could do; to convince mamma and Mary that I was not quite the helpless, thoughtless being they supposed. And then, how charming to be entrusted with the care and education of children! Whatever others said, I felt I was fully competent to the task: the clear remembrance of my own thoughts in early childhood would be a surer guide than the instructions of the most mature adviser. I had but to turn from my little pupils to myself at their age, and I should know, at once, how to win their confidence and affections: how to waken the contrition of the erring; how to embolden the timid and console the afflicted; how to make Virtue practicable, Instruction desirable, and Religion lovely and comprehensible.

> *—Delightful task!*
> *To teach the young idea how to shoot!*

To train the tender plants, and watch their buds unfolding day by day!

Influenced by so many inducements, I determined still to persevere; though the fear of displeasing my mother, or distressing my father's feelings, prevented me from resuming the subject for several days.

je pensais à autre chose. Quel délicieux état que celui de gouvernante ! Entrer dans le monde ; commencer une nouvelle vie ; agir pour moi-même ; exercer mes facultés jusque-là sans emploi ; essayer mes forces inconnues ; gagner ma vie, et même quelque chose de plus pour aider mon père, ma mère et ma sœur, en les exonérant de ma nourriture et de mon entretien ; montrer à papa ce que sa petite Agnès pouvait faire ; convaincre maman et Mary que je n'étais pas tout à fait l'être impuissant et insouciant qu'elles croyaient. En outre, quel charme de se voir chargée du soin et de l'éducation de jeunes enfants ! Quoi qu'en pussent dire les autres, je me sentais pleinement à la hauteur de la tâche. Les souvenirs de mes propres pensées pendant ma première enfance seraient un guide plus sûr que les instructions du plus mûr conseiller. Je n'aurais qu'à me remémorer ce que j'étais moi-même à l'âge de mes jeunes élèves, pour savoir aussitôt comment gagner leur confiance et leur affection ; comment faire naître chez eux le regret d'avoir mal fait ; comment encourager les timides, consoler les affligés ; comment leur rendre la Vertu praticable, l'Instruction désirable, la Religion aimable et intelligible. Quelle délicieuse tâche que d'aider les jeunes idées à éclore, de soigner ces tendres plantes et de voir leurs boutons éclore jour par jour !

Je persévérais donc dans mon projet, quoique la crainte de déplaire à ma mère et de tourmenter mon père m'empêchât de revenir sur ce sujet pendant plusieurs jours.

At length, again, I mentioned it to my mother in private; and, with some difficulty, got her to promise to assist me with her endeavours. My father's reluctant consent was next obtained, and then, though Mary still sighed her disapproval, my dear, kind mother began to look out for a situation for me. She wrote to my father's relations, and consulted the newspaper advertisements—her own relations she had long dropped all communication with: a formal interchange of occasional letters was all she had ever had since her marriage, and she would not at any time have applied to them in a case of this nature. But so long and so entire had been my parents' seclusion from the world, that many weeks elapsed before a suitable situation could be procured. At last, to my great joy, it was decreed that I should take charge of the young family of a certain Mrs. Bloomfield; whom my kind, prim aunt Grey had known in her youth, and asserted to be a very nice woman. Her husband was a retired tradesman, who had realized a very comfortable fortune; but could not be prevailed upon to give a greater salary than twenty-five pounds to the instructress of his children. I, however, was glad to accept this, rather than refuse the situation—which my parents were inclined to think the better plan.

But some weeks more were yet to be devoted to preparation. How long, how tedious those weeks appeared to me! Yet they were happy ones in the main—full of bright hopes and ardent expectations. With what peculiar pleasure I assisted at the making of my new clothes, and, subsequently, the packing of my trunks!

Enfin, j'en parlai de nouveau à ma mère en particulier, et avec quelque difficulté j'obtins la promesse qu'elle m'aiderait de tout son pouvoir. Le consentement de mon père fut ensuite obtenu, et, quoique ma sœur Mary n'eût pas encore donné son approbation, ma bonne mère commença à s'occuper de me trouver une place. Elle écrivit à la famille de mon père, et consulta les annonces des journaux ; elle avait depuis longtemps cessé toute relation avec sa propre famille, et n'eût pas voulu avoir recours à elle dans un cas de cette nature. Mais ses parents avaient vécu depuis si longtemps séparés et oubliés du monde, que plusieurs semaines s'écoulèrent avant que l'on me pût procurer une place convenable. À la fin, à ma grande joie, il fut décidé que je prendrais charge de la jeune famille d'une certaine mistress Bloomfield, que ma bonne grand'tante Grey avait connue dans sa jeunesse, et assurait être une femme très-bien. Son mari était un négociant retiré, qui avait réalisé une fortune assez considérable, mais qui ne pouvait se décider à donner plus de vingt-cinq guinées par an à l'institutrice de ses enfants. Je fus pourtant heureuse d'accepter ce mince salaire, plutôt que de refuser la place, ce que mes parents semblaient croire préférable.

Quelques semaines me restaient pour me préparer. Combien ces semaines me parurent longues et ennuyeuses ! Et pourtant, à tout prendre, elles étaient heureuses, pleines de brillantes espérances. Avec quel plaisir je vis préparer mes nouveaux vêtements et aidai à faire mes malles !

But there was a feeling of bitterness mingling with the latter occupation too; and when it was done—when all was ready for my departure on the morrow, and the last night at home approached—a sudden anguish seemed to swell my heart. My dear friends looked so sad, and spoke so very kindly, that I could scarcely keep my eyes from overflowing: but I still affected to be gay. I had taken my last ramble with Mary on the moors, my last walk in the garden, and round the house; I had fed, with her, our pet pigeons for the last time—the pretty creatures that we had tamed to peck their food from our hands: I had given a farewell stroke to all their silky backs as they crowded in my lap. I had tenderly kissed my own peculiar favourites, the pair of snow-white fantails; I had played my last tune on the old familiar piano, and sung my last song to papa: not the last, I hoped, but the last for what appeared to me a very long time. And, perhaps, when I did these things again it would be with different feelings: circumstances might be changed, and this house might never be my settled home again. My dear little friend, the kitten, would certainly be changed: she was already growing a fine cat; and when I returned, even for a hasty visit at Christmas, would, most likely, have forgotten both her playmate and her merry pranks. I had romped with her for the last time; and when I stroked her soft bright fur, while she lay purring herself to sleep in my lap, it was with a feeling of sadness I could not easily disguise. Then at bed-time, when I retired

Mais un sentiment d'amertume se mêla aussi à cette dernière occupation, et, lorsqu'elle fut terminée, que tout fut prêt pour mon départ le lendemain, et que la dernière nuit que j'allais passer à la maison approcha, une soudaine angoisse me gonfla le cœur. Mes chers amis paraissaient si tristes, ils me parlaient avec tant de bonté, que je pouvais à peine retenir mes larmes ; pourtant, j'affectais de paraître gaie. J'avais fait ma dernière excursion avec Mary sur les marais, ma dernière promenade dans le jardin et autour de la maison ; j'avais donné à manger avec elle, pour la dernière fois, à nos pigeons favoris, que nous avions accoutumés à venir prendre leur nourriture dans notre main ; j'avais caressé leur dos soyeux pendant qu'ils se pressaient devant moi ; j'avais tendrement baisé mes favoris particuliers, une paire de pigeons blancs comme la neige, à la queue en éventail ; j'avais joué mon dernier air sur le vieux piano de la famille, et chanté ma dernière chanson à papa ; non la dernière, j'espérais, mais la dernière au moins pour un longtemps. « Et peut-être, pensais-je, quand je pourrai de nouveau faire toutes ces choses, ce sera avec d'autres sentiments : les circonstances peuvent être changées et cette maison n'être plus jamais mon foyer. » Ma chère petite amie, la jeune chatte, ne serait certainement plus la même ; déjà, elle commençait à devenir une jolie chatte, et lorsque je reviendrais faire à la hâte une visite à Noël, elle aurait très-probablement oublié sa compagne de jeux et ses jolis tours. J'avais joué avec elle pour la dernière fois, et, lorsque je caressai sa douce et soyeuse fourrure, pendant qu'elle dormait sur mes genoux, j'éprouvai un sentiment de tristesse que je ne pus déguiser. Puis, quand vint le moment de se coucher, quand je me retirai

with Mary to our quiet little chamber, where already my drawers were cleared out and my share of the bookcase was empty—and where, hereafter, she would have to sleep alone, in dreary solitude, as she expressed it—my heart sank more than ever: I felt as if I had been selfish and wrong to persist in leaving her; and when I knelt once more beside our little bed, I prayed for a blessing on her and on my parents more fervently than ever I had done before. To conceal my emotion, I buried my face in my hands, and they were presently bathed in tears. I perceived, on rising, that she had been crying too: but neither of us spoke; and in silence we betook ourselves to our repose, creeping more closely together from the consciousness that we were to part so soon.

But the morning brought a renewal of hope and spirits. I was to depart early; that the conveyance which took me (a gig, hired from Mr. Smith, the draper, grocer, and tea-dealer of the village) might return the same day. I rose, washed, dressed, swallowed a hasty breakfast, received the fond embraces of my father, mother, and sister, kissed the cat—to the great scandal of Sally, the maid—shook hands with her, mounted the gig, drew my veil over my face, and then, but not till then, burst into a flood of tears. The gig rolled on; I looked back; my dear mother and sister were still standing at the door, looking after me, and waving their adieux. I returned their salute, and prayed God to bless them from my heart: we descended the hill, and I could see them no more.

avec Mary dans notre tranquille petite chambre, où déjà mes tiroirs et le casier destiné à mes livres étaient vides, et où ma sœur allait dormir seule, dans une triste solitude, ainsi qu'elle disait, mon cœur se fendit plus que jamais. Il me sembla que j'avais été égoïste et méchante en persistant à vouloir la quitter ; et, quand je m'agenouillai devant notre petit lit, j'appelai sur elle et sur mes parents la bénédiction de Dieu avec plus de ferveur que je ne l'avais jamais fait. Pour ne pas laisser voir mon émotion, je cachai mon visage dans mes mains, qui furent à l'instant baignées de pleurs. Je m'aperçus, en me relevant, qu'elle avait pleuré aussi ; mais nous ne parlâmes ni l'une ni l'autre, et nous nous couchâmes en silence, nous serrant plus étroitement l'une contre l'autre, à l'idée que nous allions sitôt nous séparer.

Mais le matin ramena l'espérance et le courage. Je devais partir de bonne heure, afin que la voiture qui devait me conduire (le cabriolet de M. Smith, drapier, épicier et marchand de thé de notre village) pût revenir le même jour. Je me levai, m'habillai, pris à la hâte mon déjeuner, reçus les tendres embrassements de mon père, de ma mère et de ma sœur, baisai la chatte, et, au grand scandale de Sally, la servante, lui donnai une cordiale poignée de main, montai dans le cabriolet, tirai mon voile sur ma figure, et alors, mais seulement alors, je fondis en larmes. La voiture roula ; je regardai derrière moi : ma mère et ma sœur étaient toujours debout sur la porte, me regardant et me faisant des signes d'adieu. Je les leur rendis, et priai Dieu pour leur bonheur du fond de mon âme. Nous descendîmes la colline, et je ne pus plus voir.

'It's a coldish mornin' for you, Miss Agnes,' observed Smith; 'and a darksome 'un too; but we's happen get to yon spot afore there come much rain to signify.'

'Yes, I hope so,' replied I, as calmly as I could.

'It's comed a good sup last night too.'

'Yes.'

'But this cold wind will happen keep it off.'

'Perhaps it will.'

Here ended our colloquy. We crossed the valley, and began to ascend the opposite hill. As we were toiling up, I looked back again; there was the village spire, and the old grey parsonage beyond it, basking in a slanting beam of sunshine — it was but a sickly ray, but the village and surrounding hills were all in sombre shade, and I hailed the wandering beam as a propitious omen to my home. With clasped hands I fervently implored a blessing on its inhabitants, and hastily turned away; for I saw the sunshine was departing; and I carefully avoided another glance, lest I should see it in gloomy shadow, like the rest of the landscape.

« Il fait bien froid pour vous ce matin, miss Agnès, me dit Smith, et le temps est bien sombre aussi. Mais j'espère que vous serez arrivée à destination avant que la pluie ne tombe.

— Oui, je l'espère, » répondis-je avec autant de calme que je le pus.

Là se borna notre colloque. Nous traversâmes la vallée et commençâmes à monter la colline opposée. Je regardai de nouveau derrière moi. Je vis le clocher du village et, derrière, la vieille maison du presbytère éclairée par un rayon de soleil ; ce rayon était le seul, car tout le village et les collines environnantes étaient dans l'ombre formée par les nuages. Je saluai ce rayon de soleil comme un heureux présage pour ma maison. J'implorai avec ferveur la bénédiction du ciel pour ses habitants et me détournai vivement, car je voyais les rayons du soleil disparaître. J'évitai avec soin de reporter mes yeux sur le presbytère, craignant de le voir dans l'ombre comme le reste du paysage.

2
First Lessons in the Art of Instruction

As we drove along, my spirits revived again, and I turned, with pleasure, to the contemplation of the new life upon which I was entering. But though it was not far past the middle of September, the heavy clouds and strong north-easterly wind combined to render the day extremely cold and dreary; and the journey seemed a very long one, for, as Smith observed, the roads were 'very heavy'; and certainly, his horse was very heavy too: it crawled up the hills, and crept down them, and only condescended to shake its sides in a trot where the road was at a dead level or a very gentle slope, which was rarely the case in those rugged regions; so that it was nearly one o'clock before we reached the place of our destination. Yet, after all, when we entered the lofty iron gateway, when we drove softly up the smooth, well-rolled carriage-road, with the green lawn on each side, studded with young trees, and approached the new but stately mansion of Wellwood, rising above its mushroom poplar-groves, my heart failed me, and I wished it were a mile or two farther off. For the first time in my life I must stand alone:

2

Premières leçons dans l'art de l'enseignement

À MESURE que nous avancions, mon naturel revint, et je tournai avec plaisir ma pensée vers la nouvelle vie dans laquelle j'allais entrer. Quoique l'on ne fût encore qu'au milieu de septembre, les nuages sombres et un fort vent de nord-est rendaient le temps extrêmement froid et triste. Le voyage nous paraissait long : car, ainsi que le disait Smith, les routes étaient « très-lourdes, » et assurément son cheval était très-lourd aussi ; il rampait aux montées et se traînait aux descentes, et ne consentait à se mettre au trot que lorsque la route était de niveau ou en pente très-douce, ce qui était rare dans ces régions accidentées. Il était près d'une heure lorsque nous arrivâmes à notre destination ; et pourtant, quand nous franchîmes la grande porte de fer, quand, roulant doucement sur l'avenue sablée et unie, bordée de chaque côté par des pelouses plantées de jeunes arbres, nous approchâmes de la splendide résidence de Wellwood s'élevant au-dessus des peupliers qui l'environnaient, le cœur me manqua, et j'aurais voulu en être encore à un mille ou deux. Pour la première fois de ma vie, j'allais me trouver livrée à moi-même ;

there was no retreating now. I must enter that house, and introduce myself among its strange inhabitants. But how was it to be done? True, I was near nineteen; but, thanks to my retired life and the protecting care of my mother and sister, I well knew that many a girl of fifteen, or under, was gifted with a more womanly address, and greater ease and self-possession, than I was. Yet, if Mrs. Bloomfield were a kind, motherly woman, I might do very well, after all; and the children, of course, I should soon be at ease with them—and Mr. Bloomfield, I hoped, I should have but little to do with.

'Be calm, be calm, whatever happens,' I said within myself; and truly I kept this resolution so well, and was so fully occupied in steadying my nerves and stifling the rebellious flutter of my heart, that when I was admitted into the hall and ushered into the presence of Mrs. Bloomfield, I almost forgot to answer her polite salutation; and it afterwards struck me, that the little I did say was spoken in the tone of one half-dead or half-asleep. The lady, too, was somewhat chilly in her manner, as I discovered when I had time to reflect. She was a tall, spare, stately woman, with thick black hair, cold grey eyes, and extremely sallow complexion.

With due politeness, however, she showed me my bedroom, and left me there to take a little refreshment. I was somewhat dismayed at my appearance on looking in the glass: the cold wind had swelled and reddened my hands, uncurled and entangled my hair, and dyed my face of a pale purple; add to this my collar was horridly

il n'y avait plus de retraite possible. Il me fallait entrer dans cette maison, et m'introduire moi-même parmi ses habitants inconnus. Comment fallait-il m'y prendre ? Il est vrai que j'avais près de dix-neuf ans ; mais, grâce à ma vie retirée et aux soins protecteurs de ma mère et de ma sœur, je savais bien que beaucoup de jeunes filles de quinze ans et au-dessous étaient douées de plus d'adresse, d'aisance et d'assurance que moi. « Pourtant, me disais-je, si mistress Bloomfield est une femme bonne et bienveillante, je m'en tirerai fort bien ; quant aux enfants, je serai bientôt à l'aise avec eux, et j'espère n'avoir guère affaire avec M. Bloomfield. »

« Sois calme, sois calme, quoi qu'il arrive, » me dis-je à moi-même ; et vraiment, je tins si bien cette résolution, j'étais si occupée de calmer mes nerfs et de réprimer les rebelles battements de mon cœur, que, lorsque je fus en présence de mistress Bloomfield, j'oubliai presque de répondre à sa salutation polie, et le peu que je dis, je le dis du ton d'une personne à moitié morte ou à moitié endormie. Cette dame aussi avait quelque chose de glacial dans ses manières, ainsi que je m'en aperçus lorsque j'eus le temps de réfléchir. C'était une femme grande, mince, avec des cheveux noirs abondants, des yeux gris et froids, et un teint extrêmement pâle.

Avec une politesse convenable, pourtant, elle me montra ma chambre à coucher, et m'y laissa pour prendre quelque repos. Je fus un peu effrayée en me regardant dans la glace : le vent avait gonflé et rougi mes mains, débouclé et emmêlé mes cheveux, et teint mon visage d'un pourpre pâle ; ajoutez à cela que mon col était horriblement chiffonné,

crumpled, my frock splashed with mud, my feet clad in stout new boots, and as the trunks were not brought up, there was no remedy; so having smoothed my hair as well as I could, and repeatedly twitched my obdurate collar, I proceeded to clomp down the two flights of stairs, philosophizing as I went; and with some difficulty found my way into the room where Mrs. Bloomfield awaited me.

She led me into the dining-room, where the family luncheon had been laid out. Some beefsteaks and half-cold potatoes were set before me; and while I dined upon these, she sat opposite, watching me (as I thought) and endeavouring to sustain something like a conversation — consisting chiefly of a succession of commonplace remarks, expressed with frigid formality: but this might be more my fault than hers, for I really could *not* converse. In fact, my attention was almost wholly absorbed in my dinner: not from ravenous appetite, but from distress at the toughness of the beefsteaks, and the numbness of my hands, almost palsied by their five-hours' exposure to the bitter wind. I would gladly have eaten the potatoes and let the meat alone, but having got a large piece of the latter on to my plate, I could not be so impolite as to leave it; so, after many awkward and unsuccessful attempts to cut it with the knife, or tear it with the fork, or pull it asunder between them, sensible that the awful lady was a spectator to the whole transaction, I at last desperately grasped the knife and fork in my fists, like a child of two years old, and fell to work with all the little strength I possessed.

ma robe souillée de boue, mes pieds chaussés de bottines neuves grossières ; et, comme mes malles n'étaient pas encore apportées, il n'y avait pas de remède. Aussi, ayant lissé de mon mieux mes cheveux rebelles et tiré à plusieurs reprises mon obstiné collet, je descendis l'escalier en philosophant, et avec quelque difficulté trouvai mon chemin vers la chambre où mistress Bloomfield m'attendait.

Elle me conduisit dans la salle à manger, où le goûter de la famille avait été servi. Des biftecks et des pommes de terre à moitié froides furent placés devant moi ; et, pendant que je dînai, elle s'assit en face de moi, m'observant (ainsi que je le pensais), et s'efforçant de soutenir un semblant de conversation qui consistait principalement en une suite de remarques communes, exprimées avec le plus froid formalisme ; mais cela pouvait être plus ma faute que la sienne, car réellement je ne pouvais converser. Mon attention était presque entièrement absorbée par mon dîner ; non que j'eusse un appétit vorace, mais les biftecks étaient si durs, et mes mains, presque paralysées par une exposition de cinq heures au vent glacé, étaient si maladroites, que je ne pouvais venir à bout de les couper. J'eusse volontiers mangé les pommes de terre et laissé la viande ; mais j'en avais pris un gros morceau sur mon assiette, et je ne voulais pas commettre l'impolitesse de le laisser. Aussi, après plusieurs efforts infructueux et maladroits pour le couper avec le couteau, ou le déchirer avec la fourchette, ou le diviser avec les dents, sentant que lady Bloomfield me regardait, je saisis avec désespoir le couteau et la fourchette avec mes poings, comme un enfant de deux ans, et me mis à l'œuvre de toute ma petite force.

But this needed some apology—with a feeble attempt at a laugh, I said, 'My hands are so benumbed with the cold that I can scarcely handle my knife and fork.'

'I daresay you would find it cold,' replied she with a cool, immutable gravity that did not serve to reassure me.

When the ceremony was concluded, she led me into the sitting-room again, where she rang and sent for the children.

'You will find them not very far advanced in their attainments,' said she, 'for I have had so little time to attend to their education myself, and we have thought them too young for a governess till now; but I think they are clever children, and very apt to learn, especially the little boy; he is, I think, the flower of the flock—a generous, noble-spirited boy, one to be led, but not driven, and remarkable for always speaking the truth. He seems to scorn deception' (this was good news). 'His sister Mary Ann will require watching,' continued she, 'but she is a very good girl upon the whole; though I wish her to be kept out of the nursery as much as possible, as she is now almost six years old, and might acquire bad habits from the nurses. I have ordered her crib to be placed in your room, and if you will be so kind as to overlook her washing and dressing, and take charge of her clothes, she need have nothing further to do with the nursery maid.'

Mais cela demandait quelque excuse ; essayant de sourire, je dis : « Mes mains sont si engourdies par le froid que je peux à peine tenir mon couteau et ma fourchette.

— Je pensais bien que vous le trouveriez froid, » répliqua-t-elle avec une froide et immuable gravité qui ne servit point à me rassurer.

Lorsque j'eus fini, elle me conduisit de nouveau au salon, et elle sonna et envoya chercher les enfants.

« Vous ne les trouverez pas fort avancés, dit-elle : car j'ai si peu de temps pour m'occuper moi-même de leur éducation ! et nous avons pensé jusqu'à ce moment qu'ils étaient trop jeunes pour une gouvernante ; mais je pense que ce sont deux enfants remarquables, et qu'ils ont beaucoup de facilité pour apprendre, surtout le petit garçon ; c'est, je crois, la fleur du troupeau, un garçon au cœur noble et généreux, qui se laissera diriger, mais non contraindre, et remarquable pour dire toujours la vérité. Il semble mépriser le mensonge (c'était là une bonne nouvelle). Sa sœur Mary-Anne demandera à être surveillée, continua-t-elle ; mais après tout c'est une très-bonne fille : pourtant je désire qu'on la tienne éloignée de la chambre des enfants, autant que possible, car elle a presque six ans, et pourrait acquérir de mauvaises habitudes auprès des nourrices. J'ai ordonné que son lit fût placé dans votre chambre, et, si vous voulez être assez bonne pour l'aider à se laver et à s'habiller et prendre soin de ses vêtements, elle n'aura plus désormais rien à faire avec la bonne d'enfants. »

I replied I was quite willing to do so; and at that moment my young pupils entered the apartment, with their two younger sisters. Master Tom Bloomfield was a well-grown boy of seven, with a somewhat wiry frame, flaxen hair, blue eyes, small turned-up nose, and fair complexion. Mary Ann was a tall girl too, somewhat dark like her mother, but with a round full face and a high colour in her cheeks. The second sister was Fanny, a very pretty little girl; Mrs. Bloomfield assured me she was a remarkably gentle child, and required encouragement: she had not learned anything yet; but in a few days, she would be four years old, and then she might take her first lesson in the alphabet, and be promoted to the schoolroom. The remaining one was Harriet, a little broad, fat, merry, playful thing of scarcely two, that I coveted more than all the rest — but with her I had nothing to do.

I talked to my little pupils as well as I could, and tried to render myself agreeable; but with little success I fear, for their mother's presence kept me under an unpleasant restraint. They, however, were remarkably free from shyness. They seemed bold, lively children, and I hoped I should soon be on friendly terms with them — the little boy especially, of whom I had heard such a favourable character from his mamma. In Mary Ann there was a certain affected simper, and a craving for notice, that I was sorry to observe. But her brother claimed all my attention to himself; he stood bolt upright between me and the fire, with his hands behind his back, talking away like an orator, occasionally interrupting his discourse with a sharp reproof to his sisters when they made too much noise.

Je répondis que je le voulais bien, et à ce moment mes jeunes élèves entrèrent dans l'appartement avec leurs deux jeunes sœurs. M. Tom Bloomfield était un garçon de sept ans, d'une belle venue, cheveux blonds, yeux bleus, nez un peu retroussé, et teint rosé. Mary-Anne était une grande fille aussi, un peu brune comme sa mère, mais avec un visage rond et plein et des joues colorées. La seconde sœur, Fanny, était une fort jolie petite fille. Mistress Bloomfield m'assura que c'était une enfant d'une gentillesse remarquable et qui demandait à être encouragée ; elle n'avait encore rien appris, mais dans quelques jours elle aurait quatre ans, et alors elle pourrait prendre sa première leçon d'alphabet et être admise dans la salle d'étude. La troisième et dernière était Henriette, une petite enfant de deux ans, grasse, joyeuse et vive, que j'aurais préférée à tout le reste, mais avec laquelle je n'avais rien à faire.

Je parlai à mes petits élèves le mieux que je pus, et essayai de me rendre agréable, mais avec peu de succès, car la présence de leur mère me gênait beaucoup. C'étaient pourtant des enfants vifs et sans gêne, et j'espérais être bientôt en bons termes avec eux, avec le petit garçon particulièrement, dont j'avais entendu vanter le caractère par la mère. Chez Mary-Anne, il y avait un certain sourire affecté et un désir d'attirer l'attention que je fus fâchée d'observer. Mais son frère attira toute mon attention : il se tenait droit entre moi et le feu, les mains derrière le dos, parlant comme un orateur, et s'interrompent quelquefois pour adresser d'aigres reproches à ses sœurs quand elles faisaient trop de bruit.

'Oh, Tom, what a darling you are!' exclaimed his mother. 'Come and kiss dear mamma; and then won't you show Miss Grey your schoolroom, and your nice new books?'

'I won't kiss *you*, mamma; but I *will* show Miss Grey *my* schoolroom, and *my* new books.'

'And *my* schoolroom, and *my* new books, Tom,' said Mary Ann. 'They're mine too.'

'They're *mine*,' replied he decisively. 'Come along, Miss Grey—I'll escort you.'

When the room and books had been shown, with some bickerings between the brother and sister that I did my utmost to appease or mitigate, Mary Ann brought me her doll, and began to be very loquacious on the subject of its fine clothes, its bed, its chest of drawers, and other appurtenances; but Tom told her to hold her clamour, that Miss Grey might see his rocking-horse, which, with a most important bustle, he dragged forth from its corner into the middle of the room, loudly calling on me to attend to it. Then, ordering his sister to hold the reins, he mounted, and made me stand for ten minutes, watching how manfully he used his whip and spurs. Meantime, however, I admired Mary Ann's pretty doll, and all its possessions; and then told Master Tom he was a capital rider, but I hoped he would not use his whip and spurs so much when he rode a real pony.

'Oh, yes, I will!' said he, laying on with redoubled ardour. 'I'll cut into him like smoke! Eeh! my word! but he shall sweat for it.'

« Oh ! Tom, quel chéri vous êtes ! s'écria sa mère. Venez embrasser chère maman ; et ensuite ne voudrez-vous pas montrer à miss Grey votre salle d'étude et vos jolis livres neufs ?

— Je ne veux pas *vous* embrasser, maman, mais je montrerai à miss Grey *ma* salle d'étude et *mes* livres neufs.

— Et *ma* salle d'étude et *mes* livres neufs, Tom, dit Mary-Anne. Ce sont les miens aussi.

— Ce sont les *miens*, répliqua-t-il avec décision. Venez, miss Grey, je veux vous escorter. »

Quand la chambre et les livres m'eurent été montrés, avec quelques disputes entre le frère et la sœur que j'apaisai ou adoucis de mon mieux, Mary-Anne m'apporta sa poupée, et commença à devenir très-loquace sur le sujet de ses habits, de sa commode et de ses autres affaires ; mais Tom lui ordonna de se taire, afin que miss Grey pût voir son cheval de bois, qu'avec le plus grand empressement il tira au milieu de la chambre, en réclamant hautement mon attention. Puis, commandant à sa sœur de tenir les rênes, il monta à cheval, et me fit rester là dix minutes pour admirer comme il savait se servir de la cravache et de l'éperon. Pourtant j'admirai la jolie poupée de Mary-Anne et tout le reste ; puis je dis à Tom qu'il était un parfait cavalier, mais que j'espérais qu'il ne se servirait pas autant de la cravache ni de l'éperon lorsqu'il monterait un vrai cheval.

« Oh, certainement que je m'en servirai, dit-il en frappant avec un redoublement d'ardeur. Je le couperai comme de la fumée ! Eh ! ma parole, je le ferai suer. »

This was very shocking; but I hoped in time to be able to work a reformation.

'Now you must put on your bonnet and shawl,' said the little hero, 'and I'll show you my garden.'

'And *mine*,' said Mary Ann.

Tom lifted his fist with a menacing gesture; she uttered a loud, shrill scream, ran to the other side of me, and made a face at him.

'Surely, Tom, you would not strike your sister! I hope I shall *never* see you do that.'

'You will sometimes: I'm obliged to do it now and then to keep her in order.'

'But it is not your business to keep her in order, you know—that is for—'

'Well, now go and put on your bonnet.'

'I don't know—it is so very cloudy and cold, it seems likely to rain;—and you know I have had a long drive.'

'No matter—you *must* come; I shall allow of no excuses,' replied the consequential little gentleman. And, as it was the first day of our acquaintance, I thought I might as well indulge him. It was too cold for Mary Ann to venture, so she stayed with her mamma, to the great relief of her brother, who liked to have me all to himself.

The garden was a large one, and tastefully laid out; besides several splendid dahlias, there were some other fine flowers still in bloom: but my companion would not

Cela était très-mal ; mais j'espérais avec le temps parvenir à le changer.

« Maintenant, il vous faut mettre votre chapeau et votre châle, me dit le petit héros, et je vous montrerai mon jardin.

— Et le *mien*, » dit Mary-Anne.

Tom leva son poing avec un geste menaçant ; elle poussa un cri perçant, courut se placer à mon côté et lui fit face.

« Assurément, Tom, vous ne voudriez pas frapper votre sœur ! j'espère que je ne vous verrai jamais faire cela.

— Vous me le verrez faire quelquefois ; j'y suis obligé de temps en temps pour la corriger.

— Mais ce n'est pas votre affaire de la corriger, vous savez, c'est...

— Bien, partons et mettez votre chapeau.

— Je ne sais... le temps est si couvert et si froid, il paraît qu'il va pleuvoir ; et vous savez que je viens de faire une longue route.

— N'importe, vous viendrez ; je ne souffrirai aucune excuse, » répliqua le petit gentleman. Et, comme c'était le premier jour de notre connaissance, je pensai que je pouvais bien lui passer cela. Il faisait trop froid pour que Mary-Anne nous accompagnât : aussi resta-t-elle avec sa mère, au grand contentement de son frère, qui aimait à m'avoir entièrement à lui.

Le jardin était grand et disposé avec goût ; outre de splendides dahlias, il y avait encore d'autres belles plantes en fleur. Mais mon compagnon ne voulait pas

give me time to examine them: I must go with him, across the wet grass, to a remote sequestered corner, the most important place in the grounds, because it contained *his* garden. There were two round beds, stocked with a variety of plants. In one there was a pretty little rose-tree. I paused to admire its lovely blossoms.

'Oh, never mind that!' said he, contemptuously. 'That's only *Mary Ann's* garden; look, this is mine.'

After I had observed every flower, and listened to a disquisition on every plant, I was permitted to depart; but first, with great pomp, he plucked a polyanthus and presented it to me, as one conferring a prodigious favour. I observed, on the grass about his garden, certain apparatus of sticks and corn, and asked what they were.

'Traps for birds.'

'Why do you catch them?'

'Papa says they do harm.'

'And what do you do with them when you catch them?'

'Different things. Sometimes I give them to the cat; sometimes I cut them in pieces with my penknife; but the next, I mean to roast alive.'

'And why do you mean to do such a horrible thing?'

'For two reasons: first, to see how long it will live — and then, to see what it will taste like.'

me les laisser examiner. Il me fallut le suivre à travers l'herbe mouillée, jusqu'à un endroit éloigné, le plus important du domaine, puisqu'il contenait son jardin. Là étaient deux espaces ronds, semés d'une variété de plantes. Dans l'un se trouvait un joli petit rosier. Je m'arrêtai pour admirer ses belles fleurs.

« Oh ! ne faites pas attention à cela, dit-il avec mépris. Ceci n'est que le jardin de Mary-Anne. Regardez, voici le mien. »

Après que j'eus observé chaque fleur et écouté la description de chaque plante, il me fut permis de partir ; mais auparavant, avec grande pompe, il arracha un polyanthus et me le présenta, comme quelqu'un qui confère une grande faveur. Je remarquai, sur l'herbe autour de son jardin, certain appareil de bâtons et de cordes, et je demandai ce que c'était.

« Des pièges pour les oiseaux.

— Pourquoi les attrapez-vous ?

— Papa dit qu'ils font du mal.

— Et qu'en faites-vous quand vous les avez pris ?

— Différentes choses. Quelquefois je les donne au chat ; quelquefois je les coupe en morceaux avec mon canif. Mais le prochain, j'ai l'intention de le rôtir vivant.

— Et pourquoi pensez-vous à faire une aussi horrible chose ?

— Pour deux raisons : d'abord pour voir combien de temps il vivra ; ensuite pour voir quel goût il aura.

'But don't you know it is extremely wicked to do such things? Remember, the birds can feel as well as you; and think, how would you like it yourself?'

'Oh, that's nothing! I'm not a bird, and I can't feel what I do to them.'

'But you will have to feel it some time, Tom: you have heard where wicked people go to when they die; and if you don't leave off torturing innocent birds, remember, you will have to go there, and suffer just what you have made them suffer.'

'Oh, pooh! I shan't. Papa knows how I treat them, and he never blames me for it: he says it is just what *he* used to do when *he* was a boy. Last summer, he gave me a nest full of young sparrows, and he saw me pulling off their legs and wings, and heads, and never said anything; except that they were nasty things, and I must not let them soil my trousers: and Uncle Robson was there too, and he laughed, and said I was a fine boy.'

'But what would your mamma say?'

'Oh, she doesn't care! she says it's a pity to kill the pretty singing birds, but the naughty sparrows, and mice, and rats, I may do what I like with. So now, Miss Grey, you see it is *not* wicked.'

— Mais vous ne savez donc pas que c'est très-mal de faire de telles choses ? Souvenez-vous donc que les oiseaux sentent aussi bien que vous ; et pensez si vous aimeriez qu'on vous fît la même chose à vous !

— Oh ! je ne suis pas un oiseau, et je ne puis sentir ce que je leur fais souffrir.

— Mais vous aurez à le sentir un jour, Tom. Vous savez où vont les méchants lorsqu'ils meurent ; et, si vous ne renoncez pas à torturer d'innocents oiseaux, souvenez-vous que vous irez là aussi, et que vous souffrirez ce que vous leur aurez fait souffrir.

— Oh ! peuh ! je ne cesserai pas. Papa sait comment je les traite, et il ne m'a jamais blâmé pour cela : il dit que c'est justement ce qu'il faisait lorsqu'il était petit garçon. L'été dernier il me donna une nichée de jeunes moineaux, et il me vit leur arracher les pattes, les ailes et la tête, et il ne me dit rien ; excepté que ce sont des choses malpropres, et que je ne dois pas leur laisser souiller mes pantalons. Et l'oncle Robson était là aussi, et il riait, disant que j'étais un beau garçon.

— Mais votre maman, que dit-elle ?

— Oh ! elle ne s'occupe guère de cela ! Elle dit que c'est dommage de tuer de jolis oiseaux qui chantent, mais que les malfaisants moineaux, ainsi que les souris et les rats, je peux en faire ce que je veux. Ainsi, maintenant, miss Grey, vous voyez que ce n'est pas une méchante action.

'I still think it is, Tom; and perhaps your papa and mamma would think so too, if they thought much about it. However,' I internally added, 'they may say what they please, but I am determined you shall do nothing of the kind, as long as I have power to prevent it.'

He next took me across the lawn to see his mole-traps, and then into the stack-yard to see his weasel-traps: one of which, to his great joy, contained a dead weasel; and then into the stable to see, not the fine carriage-horses, but a little rough colt, which he informed me had been bred on purpose for him, and he was to ride it as soon as it was properly trained. I tried to amuse the little fellow, and listened to all his chatter as complacently as I could; for I thought if he had any affections at all, I would endeavour to win them; and then, in time, I might be able to show him the error of his ways: but I looked in vain for that generous, noble spirit his mother talked of; though I could see he was not without a certain degree of quickness and penetration, when he chose to exert it.

When we re-entered the house it was nearly tea-time. Master Tom told me that, as papa was from home, he and I and Mary Ann were to have tea with mamma, for a treat; for, on such occasions, she always dined at luncheon-time with them, instead of at six o'clock. Soon after tea, Mary Ann went to bed, but Tom favoured us with his company and conversation till eight. After he was gone, Mrs. Bloomfield further enlightened me on the subject of her children's dispositions and acquirements, and on what they were to learn, and how they were to be managed,

— Je crois toujours que c'en est une, Tom ; et peut-être votre papa et votre maman penseraient-ils comme moi, s'ils voulaient bien y réfléchir. Cependant, ajoutai-je intérieurement, ils peuvent dire ce qui leur plaira, je suis déterminée à ne vous laisser faire rien de pareil, aussi longtemps que je pourrai l'empêcher. »

Il me fit ensuite traverser la pelouse pour voir sa taupière, puis passer dans le bûcher pour voir ses pièges à belettes, dont l'un, à sa grande joie, contenait une belette morte ; puis à l'écurie pour voir, non les beaux chevaux, mais un petit poulain assez laid qu'il me dit avoir été élevé pour lui, et qu'il devait monter aussitôt qu'il serait convenablement dressé. Je m'efforçais d'amuser mon petit compagnon, et j'écoutais son babillage avec autant de complaisance que possible : car je pensais que, s'il était susceptible d'affection, il me fallait d'abord le gagner, et que plus tard je pourrais lui faire voir ses erreurs ; mais je cherchais en vain en lui ce généreux et noble cœur dont parlait sa mère, bien que je pusse remarquer qu'il n'était pas sans un certain degré de vivacité et de pénétration.

Lorsque nous rentrâmes à la maison, il était presque l'heure de prendre le thé. M. Tom me dit que, son papa étant sorti, lui et moi et Mary-Anne aurions l'honneur de prendre le thé avec leur mère : car dans de telles occasions, elle dînait toujours avec eux, à l'heure du goûter, au lieu de six heures. Aussitôt après le thé, Mary-Anne alla se coucher, mais Tom nous favorisa de sa compagnie et de sa conversation jusqu'à huit heures. Après qu'il fut parti, mistress Bloomfield revint de nouveau sur les dispositions et les qualités de ses enfants, sur ce qu'il faudrait leur faire apprendre, comment il fallait les gouverner,

and cautioned me to mention their defects to no one but herself. My mother had warned me before to mention them as little as possible to *her*, for people did not like to be told of their children's faults, and so I concluded I was to keep silence on them altogether. About half-past nine, Mrs. Bloomfield invited me to partake of a frugal supper of cold meat and bread. I was glad when that was over, and she took her bedroom candlestick and retired to rest; for though I wished to be pleased with her, her company was extremely irksome to me; and I could not help feeling that she was cold, grave, and forbidding — the very opposite of the kind, warm-hearted matron my hopes had depicted her to be.

et m'engagea à ne parler de leurs défauts qu'à elle seule. Ma mère m'avait averti déjà de les lui mentionner le moins possible, car les mères n'aiment point à entendre parler des défauts de leurs enfants, et je résolus de n'en rien dire même à elle. Vers neuf heures et demie, mistress Bloomfield m'invita à partager un frugal souper composé de viande froide et de pain. Ce fut avec plaisir que je la vis ensuite prendre son flambeau pour aller se coucher : car, quoique j'eusse désiré trouver du plaisir auprès d'elle, sa compagnie m'était extrêmement désagréable, et je ne pouvais m'empêcher de penser qu'elle était froide, grave, rebutante, tout l'opposé de la matrone bienveillante et au cœur aimant que j'avais rêvée.

3

A Few more Lessons

I rose next morning with a feeling of hopeful exhilaration, in spite of the disappointments already experienced; but I found the dressing of Mary Ann was no light matter, as her abundant hair was to be smeared with pomade, plaited in three long tails, and tied with bows of ribbon: a task my unaccustomed fingers found great difficulty in performing. She told me her nurse could do it in half the time, and, by keeping up a constant fidget of impatience, contrived to render me still longer. When all was done, we went into the schoolroom, where I met my other pupil, and chatted with the two till it was time to go down to breakfast. That meal being concluded, and a few civil words having been exchanged with Mrs. Bloomfield, we repaired to the schoolroom again, and commenced the business of the day. I found my pupils very backward, indeed; but Tom, though averse to every species of mental exertion, was not without abilities. Mary Ann could scarcely read a word, and was so careless and inattentive that I could hardly get on with her at all.

3
Quelques leçons de plus

Je me levai le lendemain avec un vif sentiment d'espoir, malgré les désappointements que j'avais déjà éprouvés ; mais je trouvai que ce n'était pas besogne légère que de faire la toilette de Mary-Anne : car son abondante chevelure était graissée de pommade, tressée en trois longues nattes et attachée avec des nœuds de ruban. Elle me dit que sa nourrice l'habillait en moitié moins de temps, et son impatience me rendit encore la tâche plus longue. Lorsque tout fut fini, nous entrâmes dans la salle d'étude, où je trouvai mon autre élève, et je causai avec eux deux jusqu'au moment du déjeuner. Ce repas terminé, et après avoir échangé quelques mots de politesse avec mistress Bloomfield, nous retournâmes de nouveau à la salle d'étude et commençâmes les exercices de la journée. Je trouvai mes élèves fort peu avancés, il est vrai ; mais Tom, quoique ennemi de toute espèce d'effort mental, n'était pas sans aptitude. Mary-Anne pouvait à peine lire un mot, et était si insouciante et si inattentive, que je perdais à peu près ma peine avec elle.

However, by dint of great labour and patience, I managed to get something done in the course of the morning, and then accompanied my young charge out into the garden and adjacent grounds, for a little recreation before dinner. There we got along tolerably together, except that I found they had no notion of going with me: I must go with them, wherever they chose to lead me. I must run, walk, or stand, exactly as it suited their fancy. This, I thought, was reversing the order of things; and I found it doubly disagreeable, as on this as well as subsequent occasions, they seemed to prefer the dirtiest places and the most dismal occupations. But there was no remedy; either I must follow them, or keep entirely apart from them, and thus appear neglectful of my charge. To-day, they manifested a particular attachment to a well at the bottom of the lawn, where they persisted in dabbling with sticks and pebbles for above half an hour. I was in constant fear that their mother would see them from the window, and blame me for allowing them thus to draggle their clothes and wet their feet and hands, instead of taking exercise; but no arguments, commands, or entreaties could draw them away. If *she* did not see them, some one else did—a gentleman on horseback had entered the gate and was proceeding up the road; at the distance of a few paces from us he paused, and calling to the children in a waspish penetrating tone, bade them 'keep out of that water.' 'Miss Grey,' said he, '(I suppose it *is* Miss Grey), I am surprised that you should allow them to dirty their clothes in that manner! Don't you see how Miss Bloomfield has soiled her frock?

Pourtant, à force de travail et de patience, je parvins à leur faire faire quelque chose dans le cours de la matinée, puis je les conduisis dans le jardin prendre une petite récréation avant le dîner. Tout se passa assez bien, excepté que je m'aperçus qu'ils n'avaient point du tout l'idée que je les conduisais, mais que c'était moi au contraire qui étais obligée de les accompagner partout où il leur plaisait de me mener. Il me fallait courir, marcher, m'arrêter, absolument selon leur caprice. Cela renversait l'ordre des choses, et je le trouvais d'autant plus désagréable qu'ils semblaient affectionner les endroits les plus sales et les occupations les plus grossières. Mais il n'y avait pas de remède ; il me fallait les suivre ou me séparer tout à fait d'eux et paraître ainsi les négliger. Ce jour-là, ils manifestèrent un attachement tout particulier pour une espèce de mare située au fond d'une pelouse, dans laquelle ils persistèrent à barbotter avec des bâtons et des pierres pendant plus d'une demi-heure. J'étais dans une frayeur continuelle que leur mère ne les vît de la fenêtre et ne me blâmât de les laisser ainsi souiller leurs habits, mouiller leurs pieds et leurs mains, au lieu de prendre de l'exercice ; mais ni arguments, ni ordres, ni prières, ne purent les tirer de là. Si leur mère ne les vit pas, une autre personne les vit ; un gentleman à cheval était entré dans le parc ; arrivé à quelques pas de nous, il s'arrêta et, s'adressant aux enfants d'un ton sec et colère, leur ordonna de sortir de l'eau. « Miss Grey, dit-il (car je suppose que vous êtes miss Grey), je suis surpris que vous leur permettiez de souiller leurs habits de cette façon ; ne voyez-vous pas comment miss Bloomfield a sali sa robe ?

and that Master Bloomfield's socks are quite wet? and both of them without gloves? Dear, dear! Let me *request* that in future you will keep them *decent* at least!' so saying, he turned away, and continued his ride up to the house. This was Mr. Bloomfield. I was surprised that he should nominate his children Master and Miss Bloomfield; and still more so, that he should speak so uncivilly to me, their governess, and a perfect stranger to himself. Presently the bell rang to summon us in. I dined with the children at one, while he and his lady took their luncheon at the same table. His conduct there did not greatly raise him in my estimation. He was a man of ordinary stature — rather below than above — and rather thin than stout, apparently between thirty and forty years of age: he had a large mouth, pale, dingy complexion, milky blue eyes, and hair the colour of a hempen cord. There was a roast leg of mutton before him: he helped Mrs. Bloomfield, the children, and me, desiring me to cut up the children's meat; then, after twisting about the mutton in various directions, and eyeing it from different points, he pronounced it not fit to be eaten, and called for the cold beef.

'What is the matter with the mutton, my dear?' asked his mate.

'It is quite overdone. Don't you taste, Mrs. Bloomfield, that all the goodness is roasted out of it? And can't you see that all that nice, red gravy is completely dried away?'

'Well, I think the *beef* will suit you.'

La chaussure de monsieur Bloomfield est toute mouillée ; et tous deux sans gants ! Ma chère, ma chère ! permettez-moi de vous prier de les tenir à l'avenir dans un état *décent*. » Sur ce, il tourna bride et se dirigea vers la maison. Ce gentleman était M. Bloomfield. Je fus surprise qu'il appelât ses enfants *monsieur* et *miss* Bloomfield, et davantage encore qu'il me parlât d'une manière si impolie, à moi leur gouvernante et tout à fait une étrangère pour lui. À l'instant la cloche nous appela. Je dînai avec les enfants, pendant que lui et mistress Bloomfield prenaient leur goûter à la même table. Sa conduite là ne contribua guère à le relever dans mon estime. C'était un homme de stature ordinaire, plutôt au-dessous qu'au-dessus de la moyenne, plutôt mince que gros, entre trente et quarante ans ; il avait une grande bouche, le teint pâle, les yeux bleus et les cheveux couleur de chanvre. Il y avait devant lui un gigot de mouton ; il servit mistress Bloomfield, les enfants et moi, me priant de couper la viande des enfants ; puis, après avoir retourné le mouton en divers sens et l'avoir examiné sur différents points, il dit qu'il n'était pas mangeable et demanda le bœuf froid.

« Et qu'a donc le mouton, mon cher ? demanda sa femme.

— Il est trop cuit. Ne sentez-vous pas, mistress Bloomfield, que toute sa saveur a disparu ? Et ne voyez-vous pas qu'il a perdu ce beau suc rouge qui fait toute sa qualité ?

— Eh bien, j'espère que le bœuf vous conviendra. »

The beef was set before him, and he began to carve, but with the most rueful expressions of discontent.

'What is the matter with the *beef*, Mr. Bloomfield? I'm sure I *thought* it was very nice.'

'And so it *was* very nice. A nicer joint could not be; but it is *quite* spoiled,' replied he, dolefully.

'How so?'

'How so! Why, don't you see how it is cut? Dear—dear! it is quite shocking!'

'They must have cut it wrong in the kitchen, then, for I'm sure I carved it quite properly here, yesterday.'

'No *doubt* they cut it wrong in the kitchen—the savages! Dear—dear! Did ever any one see such a fine piece of beef so completely ruined? But remember that, in future, when a decent dish leaves this table, they shall not *touch* it in the kitchen. Remember *that*, Mrs. Bloomfield!'

Notwithstanding the ruinous state of the beef, the gentleman managed to cut himself some delicate slices, part of which he ate in silence. When he next spoke, it was, in a less querulous tone, to ask what there was for dinner.

'Turkey and grouse,' was the concise reply.

'And what besides?'

'Fish.'

'What kind of fish?'

'I don't know.'

Le bœuf lui fut apporté ; il se mit à le couper avec la plus terrible expression de mécontentement.

« Eh bien, qu'a donc ce bœuf ? demanda mistress Bloomfield ; je vous assure que je le croyais très-beau.

— Et certes, il était très-beau, la plus belle pièce qui se puisse voir. Mais elle est complètement perdue, répondit-il avec tristesse.

— Comment cela ?

— Comment ? Eh ! ne voyez vous pas comment on l'a coupé ? Ma chère ! ma chère ! c'est abominable !

— Alors c'est à la cuisine qu'ils l'auront mal coupé, car je suis sûre de l'avoir préparé fort convenablement ici hier.

— Sans doute, c'est à la cuisine ; les sauvages ! Ma chère ! ma chère ! Vîtes-vous jamais une si belle pièce de bœuf si complètement perdue ? Mais veillez qu'à l'avenir, lorsqu'un plat décent aura été préparé, ils ne le *touchent* pas à la cuisine. Souvenez-vous de cela, mistress Bloomfield. »

Nonobstant le mauvais état du bœuf, le gentleman réussit à s'en couper quelques tranches délicates qu'il mangea en silence. Lorsqu'il rouvrit la bouche, ce fut pour demander d'un ton colère ce qu'il y avait pour le dîner.

« Un dinde et un coq de bruyère, lui fut-il répondu.

— Et quoi encore ?

— Du poisson.

— Quelle sorte de poisson ?

— Je ne sais.

'*You don't know?*' cried he, looking solemnly up from his plate, and suspending his knife and fork in astonishment.

'No. I told the cook to get some fish—I did not particularize what.'

'Well, that beats everything! A lady professes to keep house, and doesn't even know what fish is for dinner! professes to order fish, and doesn't specify what!'

'Perhaps, Mr. Bloomfield, you will order dinner yourself in future.'

Nothing more was said; and I was very glad to get out of the room with my pupils; for I never felt so ashamed and uncomfortable in my life for anything that was not my own fault.

In the afternoon we applied to lessons again: then went out again; then had tea in the schoolroom; then I dressed Mary Ann for dessert; and when she and her brother had gone down to the dining-room, I took the opportunity of beginning a letter to my dear friends at home: but the children came up before I had half completed it. At seven I had to put Mary Ann to bed; then I played with Tom till eight, when he, too, went; and I finished my letter and unpacked my clothes, which I had hitherto found no opportunity for doing, and, finally, went to bed myself.

But this is a very favourable specimen of a day's proceedings.

— *Vous ne savez ?* s'écria-t-il, levant solennellement les yeux de dessus son assiette, et suspendant le mouvement de son couteau et de sa fourchette dans son étonnement.

— Non. J'ai dit au cuisinier d'acheter du poisson, sans lui dire quelle sorte de poisson.

— Ah ! voilà qui surpasse tout ! Une lady qui tient la maison et ne sait pas même quel poisson il y a pour le dîner ! qui commande d'acheter du poisson et ne désigne pas quelle espèce de poisson !

— Peut-être, monsieur Bloomfield, vous jugerez convenable de commander vous-même à l'avenir votre dîner. »

Il n'en fut pas dit davantage, et je fus très-aise de sortir de la salle à manger avec mes élèves ; car jamais je ne m'étais trouvée si honteuse et si mal à mon aise dans ma vie, pour quelque chose qui ne me concernait point.

Dans l'après-midi, nous nous remîmes aux leçons ; puis mes élèves sortirent encore, puis ils prirent le thé dans la salle d'étude ; ensuite j'habillai Mary-Anne pour le dessert, et, lorsqu'elle et son frère furent descendus dans la salle à manger, je saisis l'occasion pour commencer une lettre à mes chers parents. Mais les enfants revinrent avant que je ne l'eusse terminée. À sept heures, il me fallut coucher Mary-Anne, puis je jouai avec Tom jusqu'à huit. Il partit aussi, et je pus finir ma lettre et déballer mes effets, ce que je n'avais encore pu faire ; et finalement j'allai moi-même me coucher.

Ce qu'on vient de lire n'est qu'un spécimen très-affaibli de l'occupation d'une journée.

My task of instruction and surveillance, instead of becoming easier as my charges and I got better accustomed to each other, became more arduous as their characters unfolded. The name of governess, I soon found, was a mere mockery as applied to me: my pupils had no more notion of obedience than a wild, unbroken colt. The habitual fear of their father's peevish temper, and the dread of the punishments he was wont to inflict when irritated, kept them generally within bounds in his immediate presence. The girls, too, had some fear of their mother's anger; and the boy might occasionally be bribed to do as she bid him by the hope of reward; but I had no rewards to offer; and as for punishments, I was given to understand, the parents reserved that privilege to themselves; and yet they expected me to keep my pupils in order. Other children might be guided by the fear of anger and the desire of approbation; but neither the one nor the other had any effect upon these.

Master Tom, not content with refusing to be ruled, must needs set up as a ruler, and manifested a determination to keep, not only his sisters, but his governess in order, by violent manual and pedal applications; and, as he was a tall, strong boy of his years, this occasioned no trifling inconvenience. A few sound boxes on the ear, on such occasions, might have settled the matter easily enough: but as, in that case, he might make up some story to his mother which she would be sure to believe, as she had such unshaken faith in his veracity—though I had already discovered it to be by no means unimpeachable—

Ma tâche d'institutrice et de surveillante, au lieu de devenir plus aisée à mesure que mes élèves et moi devînmes plus accoutumés les uns aux autres, devint au contraire plus ardue, à mesure que leurs caractères se montrèrent. Je trouvai bientôt que mon titre de gouvernante était une pure dérision. Mes élèves n'avaient pas plus de notions d'obéissance qu'un poulain sauvage et indompté. La peur qu'ils avaient du caractère irritable de leur père, et des punitions qu'il avait coutume de leur infliger, les tenait en respect en sa présence. La petite fille aussi craignait la colère de sa mère, et le petit garçon se décidait à lui obéir quelquefois devant l'appât d'une récompense. Mais je n'avais aucune récompense à offrir, et, pour ce qui est des punitions, il m'avait été donné à entendre que les parents se réservaient ce privilège ; et pourtant, ils attendaient de moi que je misse leurs enfants à la raison. D'autres élèves eussent pu être guidés par la crainte de me mettre en colère ou par le désir d'obtenir mon approbation ; mais il n'en était pas de même avec ceux-ci.

Maître Tom, non content de refuser de se laisser gouverner, se posait lui-même en maître, et manifestait sa détermination de mettre à l'ordre non-seulement sa sœur, mais encore sa gouvernante ; ses pieds et ses mains lui servaient d'arguments, et, comme il était grand et fort pour son âge, sa manière de raisonner n'était pas sans inconvénients. Quelques bonnes tapes sur l'oreille, en de semblables occasions, eussent facilement arrangé les choses ; mais, comme il n'aurait pas manqué d'aller faire quelque histoire à sa mère, qui, avec la foi qu'elle avait dans sa véracité (véracité dont j'avais déjà pu juger la valeur) n'eût pas manqué d'y croire,

I determined to refrain from striking him, even in self-defence; and, in his most violent moods, my only resource was to throw him on his back and hold his hands and feet till the frenzy was somewhat abated. To the difficulty of preventing him from doing what he ought not, was added that of forcing him to do what he ought. Often he would positively refuse to learn, or to repeat his lessons, or even to look at his book. Here, again, a good birch rod might have been serviceable; but, as my powers were so limited, I must make the best use of what I had.

As there were no settled hours for study and play, I resolved to give my pupils a certain task, which, with moderate attention, they could perform in a short time; and till this was done, however weary I was, or however perverse they might be, nothing short of parental interference should induce me to suffer them to leave the schoolroom, even if I should sit with my chair against the door to keep them in. Patience, Firmness, and Perseverance were my only weapons; and these I resolved to use to the utmost. I determined always strictly to fulfil the threats and promises I made; and, to that end, I must be cautious to threaten and promise nothing that I could not perform. Then, I would carefully refrain from all useless irritability and indulgence of my own ill-temper: when they behaved tolerably, I would be as kind and obliging as it was in my power to be, in order to make the widest possible distinction between good and bad conduct; I would reason with them, too, in the simplest and most effective manner.

je résolus de m'abstenir de le frapper, même dans le cas de légitime défense. Dans ses plus violents accès de fureur, ma seule ressource était de le jeter sur son dos et de lui tenir les pieds et les mains jusqu'à ce que sa frénésie fût calmée. À la difficulté de l'empêcher de faire ce qu'il ne devait pas faire, se joignait celle de le forcer de faire ce qu'il fallait. Il lui arrivait souvent de se refuser positivement à étudier, à répéter ses leçons, et même à regarder sur son livre. Là encore, une bonne verge de bouleau eût été d'un bon service ; mais mon pouvoir étant limité, il me fallait faire le meilleur usage possible du peu que j'avais.

Les heures d'étude et de récréation n'étant point fixées, je résolus de donner à mes élèves une certaine tâche, qu'avec une application modérée ils pussent exécuter dans un temps assez court. Jusqu'à ce que cette tâche fût accomplie, quelque fatiguée que je fusse, quelque pervers qu'ils se montrassent, rien, excepté l'ordre formel des parents, ne pourrait me forcer à les laisser sortir de la salle d'étude, dussé-je me placer avec ma chaise en faction devant la porte. La patience, la fermeté, la persévérance, étaient mes seules armes, et j'étais bien décidée à m'en servir jusqu'au bout. Je résolus de tenir toujours strictement les menaces et les promesses que j'aurais faites, et pour cela d'être prudente et de ne faire que des menaces et des promesses que je pusse accomplir. Je m'abstiendrais donc soigneusement de toute irritation inutile. Quand ils se conduiraient bien, je serais aussi bonne et aussi obligeante que possible, afin de leur faire apercevoir la distinction entre la bonne et la mauvaise conduite. Je raisonnerais avec eux de la manière la plus simple et la plus efficace.

When I reproved them, or refused to gratify their wishes, after a glaring fault, it should be more in sorrow than in anger: their little hymns and prayers I would make plain and clear to their understanding; when they said their prayers at night and asked pardon for their offences, I would remind them of the sins of the past day, solemnly, but in perfect kindness, to avoid raising a spirit of opposition; penitential hymns should be said by the naughty, cheerful ones by the comparatively good; and every kind of instruction I would convey to them, as much as possible, by entertaining discourse — apparently with no other object than their present amusement in view.

By these means I hoped in time both to benefit the children and to gain the approbation of their parents; and also to convince my friends at home that I was not so wanting in skill and prudence as they supposed. I knew the difficulties I had to contend with were great; but I knew (at least I believed) unremitting patience and perseverance could overcome them; and night and morning I implored Divine assistance to this end. But either the children were so incorrigible, the parents so unreasonable, or myself so mistaken in my views, or so unable to carry them out, that my best intentions and most strenuous efforts seemed productive of no better result than sport to the children, dissatisfaction to their parents, and torment to myself.

Quand je les réprimanderais ou refuserais de me prêter à leurs désirs après quelque grosse faute, ce serait plutôt d'un air triste que colère. Je rendrais leurs petites hymnes et leurs prières claires et intelligibles pour eux ; quand ils diraient leurs prières le soir et demanderaient pardon de leurs offenses, je leur rappellerais les fautes de la journée, solennellement, mais avec une parfaite bonté, pour éviter d'éveiller en eux un esprit d'opposition. Les hymnes pénitentielles seraient dites par celui qui aurait été méchant ; les hymnes d'allégresse par celui qui aurait été sage. Toute espèce d'instruction leur serait ainsi donnée, autant que possible, sous forme de conversation familière, et avec nul autre objet apparent en vue que leur amusement.

J'espérais, par ces moyens, faire le bien des enfants et obtenir l'approbation des parents, et prouver à mes amis du presbytère que je n'étais pas aussi dénuée d'habileté et de prudence qu'ils le supposaient. Je savais que les difficultés que j'avais à combattre étaient grandes ; mais je savais aussi (du moins je le croyais) qu'une patience et une persévérance incessantes pouvaient les vaincre, et matin et soir j'implorais la Providence dans ce but. Mais, soit que les enfants fussent absolument incorrigibles, les parents déraisonnables, moi trompée dans mes plans ou incapable de les mettre à exécution, mes meilleures intentions et mes plus vigoureux efforts ne me parurent produire d'autre effet que la risée des enfants, le mécontentement des parents et beaucoup de tourment pour moi.

The task of instruction was as arduous for the body as the mind. I had to run after my pupils to catch them, to carry or drag them to the table, and often forcibly to hold them there till the lesson was done. Tom I frequently put into a corner, seating myself before him in a chair, with a book which contained the little task that must be said or read, before he was released, in my hand. He was not strong enough to push both me and the chair away, so he would stand twisting his body and face into the most grotesque and singular contortions — laughable, no doubt, to an unconcerned spectator, but not to me — and uttering loud yells and doleful outcries, intended to represent weeping but wholly without the accompaniment of tears. I knew this was done solely for the purpose of annoying me; and, therefore, however I might inwardly tremble with impatience and irritation, I manfully strove to suppress all visible signs of molestation, and affected to sit with calm indifference, waiting till it should please him to cease this pastime, and prepare for a run in the garden, by casting his eye on the book and reading or repeating the few words he was required to say. Sometimes he was determined to do his writing badly; and I had to hold his hand to prevent him from purposely blotting or disfiguring the paper. Frequently I threatened that, if he did not do better, he should have another line: then he would stubbornly refuse to write this line; and I, to save my word, had finally to resort to the expedient of holding his fingers upon the pen, and forcibly drawing his hand up and down, till, in spite of his resistance, the line was in some sort completed.

Ma tâche était aussi ardue pour le corps que pour l'esprit. Il me fallait courir après mes élèves pour les saisir, les amener ou les traîner à la table, et souvent les retenir là de force jusqu'à ce que la leçon fût finie. Je poussais fréquemment Tom dans un coin, m'asseyant devant lui sur une chaise, tenant dans la main le livre qui contenait le petit devoir qu'il devait réciter ou lire avant d'être mis en liberté. Il n'était pas assez fort pour me renverser avec ma chaise ; aussi il restait là, se démenant et faisant les contorsions les plus singulières, risibles sans doute pour tout spectateur désintéressé, mais non pour moi, et poussant des hurlements et des cris lamentables qu'il voulait faire passer pour des pleurs, mais sans l'accompagnement de la moindre larme. Je savais que tout cela n'avait d'autre but que de me tourmenter, et, quoique intérieurement je tremblasse d'impatience et d'irritation, je m'efforçais de ne laisser paraître aucun signe de contrariété, et d'attendre avec une calme indifférence qu'il lui plût de cesser sa comédie et d'obtenir sa liberté en jetant les yeux sur le livre ou en récitant les quelques mots que je lui demandais. Quelquefois il lui prenait fantaisie de mal écrire, et il me fallait lui tenir la main pour l'empêcher de salir à dessein son papier. Souvent je le menaçais, s'il ne faisait pas mieux, de lui donner une autre ligne ; alors il refusait obstinément d'écrire la première ; et, pour tenir ma parole, il me fallait finalement lui tenir la main sur la plume et la lui conduire jusqu'à ce que la ligne fût écrite.

Yet Tom was by no means the most unmanageable of my pupils: sometimes, to my great joy, he would have the sense to see that his wisest policy was to finish his tasks, and go out and amuse himself till I and his sisters came to join him; which frequently was not at all, for Mary Ann seldom followed his example in this particular: she apparently preferred rolling on the floor to any other amusement: down she would drop like a leaden weight; and when I, with great difficulty, had succeeded in rooting her thence, I had still to hold her up with one arm, while with the other I held the book from which she was to read or spell her lesson. As the dead weight of the big girl of six became too heavy for one arm to bear, I transferred it to the other; or, if both were weary of the burden, I carried her into a corner, and told her she might come out when she should find the use of her feet, and stand up: but she generally preferred lying there like a log till dinner or tea-time, when, as I could not deprive her of her meals, she must be liberated, and would come crawling out with a grin of triumph on her round, red face. Often she would stubbornly refuse to pronounce some particular word in her lesson; and now I regret the lost labour I have had in striving to conquer her obstinacy. If I had passed it over as a matter of no consequence, it would have been better for both parties, than vainly striving to overcome it as I did; but I thought it my absolute duty to crush this vicious tendency in the bud: and so it was, if I could have done it; and had my powers been less limited, I might have enforced obedience; but, as it was, it was

Et pourtant Tom n'était pas le plus ingouvernable de mes élèves : quelquefois, à mon grand contentement, il avait le bon sens de voir que le plus sage parti était de terminer sa tâche, pour sortir et s'amuser jusqu'à ce que moi et sa sœur allassions le rejoindre, ce qui souvent n'avait pas lieu, car Mary-Anne ne suivait guère son exemple sous ce rapport ; il paraît que l'amusement qu'elle préférait à tous les autres était de se rouler sur le parquet. Elle se laissait tomber comme une balle de plomb, et quand avec beaucoup de peine j'étais parvenu à la relever, il me fallait encore la tenir d'une main, pendant que de l'autre je tenais le livre dans lequel elle devait épeler ou lire. Lorsque le poids de cette grosse fille de six ans devenait trop lourd pour une main, je le transférais à l'autre ; ou, si les deux mains étaient fatiguées du fardeau, je la portais dans un coin, et lui disais qu'elle sortirait quand elle aurait retrouvé l'usage de ses pieds. Mais elle préférait demeurer là comme une bûche jusqu'à l'heure du dîner ou du thé, et, comme je ne pouvais la priver de son repas, il me fallait la mettre en liberté, et elle descendait avec un air de triomphe sur sa face ronde et rouge. Quelquefois elle refusait opiniâtrement de prononcer certains mots, dans la leçon, et maintenant je regrette la peine que j'ai perdue à vouloir triompher de son obstination. Si j'avais glissé là-dessus comme sur une chose sans importance, c'eût été mieux pour tous les deux, que de m'obstiner à la vaincre : mais je croyais de mon devoir d'écraser cette tendance vicieuse dans son germe, et, si mon pouvoir eût été moins limité, je l'aurais certainement réduite à l'obéissance : mais, dans l'état des choses, c'était

a trial of strength between her and me, in which she generally came off victorious; and every victory served to encourage and strengthen her for a future contest. In vain I argued, coaxed, entreated, threatened, scolded; in vain I kept her in from play, or, if obliged to take her out, refused to play with her, or to speak kindly or have anything to do with her; in vain I tried to set before her the advantages of doing as she was bid, and being loved, and kindly treated in consequence, and the disadvantages of persisting in her absurd perversity. Sometimes, when she would ask me to do something for her, I would answer, — 'Yes, I will, Mary Ann, if you will only say that word. Come! you'd better say it at once, and have no more trouble about it.'

'No.'

'Then, of course, I can do nothing for you.'

With me, at her age, or under, neglect and disgrace were the most dreadful of punishments; but on her they made no impression. Sometimes, exasperated to the utmost pitch, I would shake her violently by the shoulder, or pull her long hair, or put her in the corner; for which she punished me with loud, shrill, piercing screams, that went through my head like a knife. She knew I hated this, and when she had shrieked her utmost, would look into my face with an air of vindictive satisfaction, exclaiming, — '*Now*, then! *that's* for you!'

une lutte entre elle et moi, de laquelle elle sortait généralement victorieuse, et chaque victoire servait à l'encourager et à la fortifier pour un nouveau combat. En vain je raisonnais, je flattais, je priais, je menaçais ; en vain je la privais de récréation, ou refusais de jouer avec elle, de lui parler avec douceur ou d'avoir rien à faire avec elle ; en vain je lui faisais voir les avantages qu'il y avait pour elle à faire ce qu'on lui commandait, afin d'être aimée et bien traitée, et les désavantages qu'elle rencontrait à persister dans son absurde méchanceté. Quelquefois, si elle me demandait de faire quelque chose pour elle, je lui répondais :

« Oui, je le ferai, Mary-Anne, si vous voulez seulement dire ce mot. Allons, vous ferez mieux de le dire tout de suite, afin qu'il n'en soit plus question.

— Non !

— Dans ce cas, je ne puis rien faire pour vous. »

Lorsque j'étais à son âge, ou plus jeune, la punition que je redoutais le plus était que l'on ne s'occupât pas de moi et que l'on ne me fît aucune caresse ; mais sur elle cela ne faisait aucune impression. Quelquefois, exaspérée au dernier point, il m'arrivait de la secouer violemment par les épaules, de tirer ses longs cheveux, ou de l'emprisonner dans le coin de la chambre, ce dont elle se vengeait par des cris perçants qui me traversaient la tête comme un coup de poignard. Elle savait que cela me faisait mal ; et, quand elle avait ainsi crié de toutes ses forces, elle me regardait d'un air de vengeance satisfaite et me disait : « Maintenant, êtes-vous contente ? voilà pour vous ! »

and then shriek again and again, till I was forced to stop my ears. Often these dreadful cries would bring Mrs. Bloomfield up to inquire what was the matter?

'Mary Ann is a naughty girl, ma'am.'

'But what are these shocking screams?'

'She is screaming in a passion.'

'I never heard such a dreadful noise! You might be killing her. Why is she not out with her brother?'

'I cannot get her to finish her lessons.'

'But Mary Ann must be a *good* girl, and finish her lessons.' This was blandly spoken to the child. 'And I hope I shall *never* hear such terrible cries again!'

And fixing her cold, stony eyes upon me with a look that could not be mistaken, she would shut the door, and walk away. Sometimes I would try to take the little obstinate creature by surprise, and casually ask her the word while she was thinking of something else; frequently she would begin to say it, and then suddenly check herself, with a provoking look that seemed to say, 'Ah! I'm too sharp for you; you shan't trick it out of me, either.'

On another occasion, I pretended to forget the whole affair; and talked and played with her as usual, till night, when I put her to bed; then bending over her, while she lay all smiles and good humour, just before departing, I said, as cheerfully and kindly as before—

Et elle se mettait de nouveau à crier si fort, que j'étais obligée de me boucher les oreilles. Souvent ces clameurs horribles étaient entendues de mistress Bloomfield, qui venait demander quelle en était la cause.

« Mary-Anne est une méchante fille.

— Mais quels sont ces cris agaçants ?

— Ce sont des cris de rage.

— Je n'ai jamais entendu pareil bruit ! On dirait que vous la tuez. Pourquoi n'est-elle pas dehors avec son frère ?

— Je ne puis obtenir qu'elle finisse sa leçon.

— Mais Mary-Anne doit être une bonne fille et finir ses leçons, disait-elle avec douceur à l'enfant. J'espère que je n'entendrai plus ces horribles cris. »

Et fixant sur moi son œil froid avec une expression sur laquelle je ne pouvais me méprendre, elle sortait et fermait la porte. Quelquefois j'imaginais de prendre la petite créature par surprise, et de lui demander le mot lorsqu'elle pensait à autre chose ; souvent elle commençait à le dire, puis s'interrompait tout à coup et me lançait un regard provocant qui semblait me dire : « Ah ! je suis trop fine pour vous, vous ne me prendrez pas ainsi par surprise ! »

En d'autres occasions, je faisais semblant d'oublier toute l'affaire ; je jouais et causais avec elle comme d'habitude jusqu'au soir, au moment de la coucher ; alors me penchant sur elle pendant qu'elle était toute gaie et souriante, et au moment de la quitter, je lui disais avec autant de bonté et de gaieté qu'auparavant :

'Now, Mary Ann, just tell me that word before I kiss you good-night. You are a good girl now, and, of course, you will say it.'

'No, I won't.'

'Then I can't kiss you.'

'Well, I don't care.'

In vain I expressed my sorrow; in vain I lingered for some symptom of contrition; she really 'didn't care,' and I left her alone, and in darkness, wondering most of all at this last proof of insensate stubbornness. In *my* childhood I could not imagine a more afflictive punishment than for my mother to refuse to kiss me at night: the very idea was terrible. More than the idea I never felt, for, happily, I never committed a fault that was deemed worthy of such penalty; but once I remember, for some transgression of my sister's, our mother thought proper to inflict it upon her: what *she* felt, I cannot tell; but my sympathetic tears and suffering for her sake I shall not soon forget.

Another troublesome trait in Mary Ann was her incorrigible propensity to keep running into the nursery, to play with her little sisters and the nurse. This was natural enough, but, as it was against her mother's express desire, I, of course, forbade her to do so, and did my utmost to keep her with me; but that only increased her relish for the nursery, and the more I strove to keep her out of it, the oftener she went, and the longer she stayed, to the great dissatisfactionof Mrs. Bloomfield,

« Maintenant, Mary-Anne, dites-moi ce mot avant que je vous embrasse et vous souhaite le bonsoir. Vous êtes une bonne fille, et certainement vous allez le dire.

— Non ! je ne veux pas.

— Alors, je ne puis vous embrasser.

— Eh bien ! cela m'est égal. »

Vainement j'exprimais mon chagrin ; vainement j'attendais qu'elle manifestât quelques symptômes de contrition ; elle me prouvait que « cela lui était égal, » et je la laissais seule et dans l'obscurité, plus étonnée que de tout le reste par cette dernière preuve d'obstination insensée. Dans mon enfance je ne pouvais imaginer une punition plus cruelle que le refus de ma mère de m'embrasser le soir. L'idée seule en était terrible. Je n'en eus, il est vrai, jamais que l'idée, car heureusement je ne commis jamais de faute qui fût jugée digne d'une telle punition ; mais je me souviens qu'une fois, pour une faute de ma sœur, notre mère jugea à propos de la lui infliger : ce que ma sœur ressentit, je ne pourrais le dire ; mais je n'oublierai jamais les pleurs que je répandis pour elle.

Un autre défaut de Mary-Anne était son incorrigible propension à courir dans la chambre des nourrices pour jouer avec ces dernières et avec ses plus jeunes sœurs. Cela était assez naturel ; mais, comme c'était contraire au désir formellement exprimé de sa mère, je lui défendais de le faire, et faisais tout ce que je pouvais pour la retenir avec moi ; mais je ne parvenais qu'à accroître son désir d'aller auprès des nourrices, et plus je cherchais à l'en empêcher, plus elle y allait et plus longtemps elle y restait, à la grande contrariété de mistress Bloomfield,

who, I well knew, would impute all the blame of the matter to me. Another of my trials was the dressing in the morning: at one time she would not be washed; at another she would not be dressed, unless she might wear some particular frock, that I knew her mother would not like her to have; at another she would scream and run away if I attempted to touch her hair. So that, frequently, when, after much trouble and toil, I had, at length, succeeded in bringing her down, the breakfast was nearly half over; and black looks from 'mamma,' and testy observations from 'papa,' spoken at me, if not to me, were sure to be my meed: for few things irritated the latter so much as want of punctuality at meal times. Then, among the minor annoyances, was my inability to satisfy Mrs. Bloomfield with her daughter's dress; and the child's hair 'was never fit to be seen.' Sometimes, as a powerful reproach to me, she would perform the office of tire woman herself, and then complain bitterly of the trouble it gave her.

When little Fanny came into the schoolroom, I hoped she would be mild and inoffensive, at least; but a few days, if not a few hours, sufficed to destroy the illusion: I found her a mischievous, intractable little creature, given up to falsehood and deception, young as she was, and alarmingly fond of exercising her two favourite weapons of offence and defence: that of spitting in the faces of those who incurred her displeasure, and bellowing like a bull when her unreasonable desires were not gratified. As she, generally, was pretty quiet in her parents' presence,

qui, je le savais, m'imputerait tout le blâme. Une autre de mes épreuves était de l'habiller le matin : tantôt elle ne voulait pas être lavée, tantôt elle ne voulait pas être habillée autrement qu'avec certaine robe que sa mère ne voulait point qu'elle portât. D'autres fois, elle poussait des cris et se sauvait si je voulais toucher à ses cheveux : de façon que souvent, lorsque après beaucoup d'efforts et d'ennuis j'étais parvenue à la faire descendre, le déjeuner était presque fini, et les regards sombres de maman, les observations aigres de papa, dirigés contre moi, sinon à moi directement adressés, ne manquaient pas d'être mon partage ; car rien n'irritait tant M. Bloomfield que le défaut de ponctualité aux heures des repas. Puis, au nombre de mes ennuis de second ordre, était mon incapacité de contenter mistress Bloomfield dans l'habillement de sa fille ; les cheveux de l'enfant « n'étaient jamais présentables. » Quelquefois, comme un puissant reproche à mon adresse, elle accomplissait elle-même l'office de dame d'atour, puis se plaignait amèrement du trouble que cela lui donnait.

Quand la petite Fanny vint dans la salle d'étude, j'espérai qu'elle serait au moins douce et inoffensive ; mais quelques jours, si ce n'est quelques heures, suffirent pour détruire cette illusion. Je trouvai en elle une malfaisante et indocile petite créature, adonnée à la dissimulation et au mensonge, toute jeune qu'elle fût, et aimant d'une façon alarmante à exercer ses deux armes de prédilection, d'offensive et de défensive, c'est-à-dire de cracher au visage de ceux qui encouraient son déplaisir, et de beugler comme un taureau lorsque ses désirs déraisonnables n'étaient pas accomplis. Comme elle était généralement assez tranquille en présence de ses parents,

and they were impressed with the notion of her being a remarkably gentle child, her falsehoods were readily believed, and her loud uproars led them to suspect harsh and injudicious treatment on my part; and when, at length, her bad disposition became manifest even to their prejudiced eyes, I felt that the whole was attributed to me.

'What a naughty girl Fanny is getting!' Mrs. Bloomfield would say to her spouse. 'Don't you observe, my dear, how she is altered since she entered the schoolroom? She will soon be as bad as the other two; and, I am sorry to say, they have quite deteriorated of late.'

'You may say that,' was the answer. 'I've been thinking that same myself. I thought when we got them a governess they'd improve; but, instead of that, they get worse and worse: I don't know how it is with their learning, but their habits, I know, make no sort of improvement; they get rougher, and dirtier, and more unseemly every day.'

I knew this was all pointed at me; and these, and all similar innuendoes, affected me far more deeply than any open accusations would have done; for against the latter I should have been roused to speak in my own defence: now I judged it my wisest plan to subdue every resentful impulse, suppress every sensitive shrinking, and go on perseveringly, doing my best; for, irksome as my situation was, I earnestly wished to retain it. I thought, if I could struggle on with unremitting firmness and integrity, the children would in time become more humanized: every month would contribute to make them some little wiser,

ceux-ci, persuadés que c'était une enfant très-douce, croyaient tous ses mensonges, et ses cris leur faisaient supposer quelque dur et injuste traitement de ma part ; et, quand à la fin ses mauvaises dispositions devinrent manifestes, même À leurs yeux prévenus, je sentis que tout le mal m'était attribué.

« Quelle méchante fille Fanny devient ! disait mistress Bloomfield à son mari. Ne remarquez-vous pas, mon cher, combien elle est changée depuis qu'elle a mis le pied dans la salle d'étude ? Elle sera bientôt aussi méchante que les deux autres ; et, je suis fâchée de le dire, ils se sont tout à fait corrompus depuis peu.

— Vous avez parfaitement raison, lui répondait-on. J'ai pensé la même chose moi-même. J'espérais qu'en prenant une gouvernante, les enfants s'amenderaient ; mais, au lieu de cela, ils deviennent plus méchants. Je ne sais ce qu'il en est de leur instruction ; mais leurs habitudes, je le sais, ne s'améliorent pas ! Ils deviennent plus sales, plus grossiers chaque jour. »

Je savais que ces paroles étaient dites à mon intention, et elles m'affectaient beaucoup plus que ne l'eussent fait des accusations directes ; car, contre ces dernières, j'aurais pu me défendre. Je pensai que le plus sage était de réprimer toute pensée de ressentiment, de vaincre mes répugnances et de persévérer à faire de mon mieux : car, quelque pénible que fût ma position, je désirais vivement la conserver. Il me semblait que, si je pouvais continuer à lutter avec fermeté et sagesse, ces enfants finiraient avec le temps par s'humaniser ; que chaque mois contribuerait à les rendre plus sages,

and, consequently, more manageable; for a child of nine or ten as frantic and ungovernable as these at six and seven would be a maniac.

I flattered myself I was benefiting my parents and sister by my continuance here; for small as the salary was, I still was earning something, and with strict economy I could easily manage to have something to spare for them, if they would favour me by taking it. Then it was by my own will that I had got the place: I had brought all this tribulation on myself, and I was determined to bear it; nay, more than that, I did not even regret the step I had taken. I longed to show my friends that, even now, I was competent to undertake the charge, and able to acquit myself honourably to the end; and if ever I felt it degrading to submit so quietly, or intolerable to toil so constantly, I would turn towards my home, and say within myself—

They may crush, but they shall not subdue me!
'Tis of thee that I think, not of them.

About Christmas I was allowed to visit home; but my holiday was only of a fortnight's duration: 'For,' said Mrs. Bloomfield, 'I thought, as you had seen your friends so lately, you would not care for a longer stay.' I left her to think so still: but she little knew how long, how wearisome those fourteen weeks of absence had been to me; how intensely I had longed for my holidays, how greatly I was disappointed at their curtailment. Yet she was not to blame in this. I had never told her my feelings,

et par conséquent plus gouvernables, car un enfant de neuf ou dix ans aussi indocile que ceux-ci l'étaient à six ou sept, serait un maniaque.

Je me flattais d'être utile à mes parents et à ma sœur en demeurant chez M. Bloomfield : car, si petit que fût mon salaire, je gagnais pourtant quelque chose, et, avec une stricte économie, je pouvais aisément mettre de côté quelque chose pour eux, s'ils voulaient me faire le plaisir de l'accepter. Puis, c'était de mon plein gré que j'avais accepté la place : je m'étais créé toutes ces tribulations, et j'étais décidée à les supporter ; bien plus, je n'avais aucun regret de ce que j'avais fait. Je désirais montrer à mes amis que j'étais capable d'entreprendre la tâche, et déterminée à m'en acquitter honorablement jusqu'au bout ; et, s'il m'arrivait de trouver trop dégradant de me soumettre si tranquillement, ou intolérable de lutter si constamment, je me tournais alors vers ma maison et me disais à moi-même : « Ils peuvent t'écraser, ils ne te dompteront pas ; c'est à toi que je pense, et non à eux. »

Vers Noël, il me fut permis de faire une visite à mes parents ; mes vacances ne furent que d'une quinzaine : « Car, dit mistress Bloomfield, je pense qu'ayant vu vos parents si récemment, vous ne tenez pas à faire au milieu d'eux un long séjour. » Je me gardai bien de la détromper ; mais elle ne pouvait s'imaginer combien ces quatorze semaines d'absence avaient été ennuyeuses pour moi, avec quelle anxiété j'attendais mes vacances, et quel fut mon désappointement de les voir écourtées. Pourtant, elle n'était nullement à blâmer en ceci ; je ne lui avais jamais dévoilé mes sentiments,

and she could not be expected to divine them; I had not been with her a full term, and she was justified in not allowing me a full vacation.

et ne pouvais espérer qu'elle les devinât. Je n'avais pas demeuré avec elle un terme entier, et elle avait le droit de ne pas m'accorder des vacances entières.

4
The Grandmamma

I SPARE my readers the account of my delight on coming home, my happiness while there — enjoying a brief space of rest and liberty in that dear, familiar place, among the loving and the loved — and my sorrow on being obliged to bid them, once more, a long adieu.

I returned, however, with unabated vigour to my work — a more arduous task than anyone can imagine, who has not felt something like the misery of being charged with the care and direction of a set of mischievous, turbulent rebels, whom his utmost exertions cannot bind to their duty; while, at the same time, he is responsible for their conduct to a higher power, who exacts from him what cannot be achieved without the aid of the superior's more potent authority; which, either from indolence, or the fear of becoming unpopular with the said rebellious gang, the latter refuses to give. I can conceive few situations more harassing than that wherein, however you may long for success, however you may labour to fulfil your duty, your efforts are baffled and set at nought by those beneath you, and unjustly censured and misjudged by those above.

4
La grand-mère

Je fais grâce à mes lecteurs du récit de ma joie en revoyant la maison paternelle, du bonheur dont je jouis pendant les quelques jours de repos ou de liberté que je passai dans ce cher séjour parmi ceux que j'aimais et dont j'étais aimée, et du chagrin que j'éprouvai lorsqu'il me fallut leur dire un long adieu.

Je retournai pourtant avec courage à mon œuvre, tâche plus ardue que vous ne pouvez l'imaginer si jamais vous n'avez été chargé de la direction et de l'instruction de ces petits rebelles turbulents et malfaisants, qu'aucun effort ne peut attacher à leurs devoirs, pendant que vous êtes responsable de leur conduite envers des parents qui vous refusent toute autorité. Je ne connais pas de situation comparable à celle de la pauvre gouvernante qui, désireuse de réussir, voit tous ses efforts réduits à néant par ceux qui sont au-dessous d'elle, et injustement censurés par ceux qui sont au-dessus.

I have not enumerated half the vexatious propensities of my pupils, or half the troubles resulting from my heavy responsibilities, for fear of trespassing too much upon the reader's patience; as, perhaps, I have already done; but my design in writing the few last pages was not to amuse, but to benefit those whom it might concern; he that has no interest in such matters will doubtless have skipped them over with a cursory glance, and, perhaps, a malediction against the prolixity of the writer; but if a parent has, therefrom, gathered any useful hint, or an unfortunate governess received thereby the slightest benefit, I am well rewarded for my pains.

To avoid trouble and confusion, I have taken my pupils one by one, and discussed their various qualities; but this can give no adequate idea of being worried by the whole three together; when, as was often the case, all were determined to 'be naughty, and to tease Miss Grey, and put her in a passion.'

Sometimes, on such occasions, the thought has suddenly occurred to me—'If they could see me now!' meaning, of course, my friends at home; and the idea of how they would pity me has made me pity myself—so greatly that I have had the utmost difficulty to restrain my tears: but I have restrained them, till my little tormentors were gone to dessert, or cleared off to bed (my only prospects of deliverance), and then, in all the bliss of solitude, I have given myself up to the luxury of an unrestricted burst of weeping. But this was a weakness I did not often indulge: my employments were too numerous, my leisure moments too precious, to admit of much time being given to fruitless lamentations.

Je n'ai pas énuméré tous les détestables penchants de mes élèves, ni la moitié des déboires résultant de ma responsabilité, dans la crainte d'abuser de la patience du lecteur, comme je l'ai peut-être déjà fait ; mais mon but en écrivant ces quelques dernières pages n'était point d'amuser, mais d'être utile : celui pour qui ces matières ne sont d'aucun intérêt les aura peut-être lues à la hâte et en maudissant la prolixité de l'écrivain ; mais si des parents y ont puisé quelques notions utiles et si une malheureuse gouvernante en a retiré le plus mince avantage, je suis bien récompensée de mes peines.

Pour éviter l'embarras et la confusion, j'ai pris mes élèves un par un et j'ai exposé leurs diverses qualités ; mais cela ne peut donner l'idée du mal qu'ils me faisaient tous les trois ensemble, quand, ainsi qu'il arrivait souvent, tous étaient déterminés à être méchants, à tourmenter miss Grey et à la faire mettre en colère.

Quelquefois, dans ces occasions, cette pensée se présentait tout à coup à mon esprit : « Si mes parents pouvaient me voir en ce moment !... » Et l'idée qu'ils n'auraient pu s'empêcher d'avoir pitié de moi me faisait me plaindre moi-même, au point que j'avais peine à retenir mes larmes. Mais je me contenais jusqu'à ce que mes petits bourreaux fussent descendus pour le dessert, ou qu'ils fussent couchés, et je pleurais sans contrainte. Toutefois c'était là une faiblesse que je me permettais rarement ; mes occupations étaient trop nombreuses, mes moments de loisir trop précieux, pour que je pusse consacrer beaucoup de temps à d'inutiles lamentations.

I particularly remember one wild, snowy afternoon, soon after my return in January: the children had all come up from dinner, loudly declaring that they meant 'to be naughty;' and they had well kept their resolution, though I had talked myself hoarse, and wearied every muscle in my throat, in the vain attempt to reason them out of it. I had got Tom pinned up in a corner, whence, I told him, he should not escape till he had done his appointed task. Meantime, Fanny had possessed herself of my work-bag, and was rifling its contents—and spitting into it besides. I told her to let it alone, but to no purpose, of course. 'Burn it, Fanny!' cried Tom: and *this* command she hastened to obey. I sprang to snatch it from the fire, and Tom darted to the door. 'Mary Ann, throw her desk out of the window!' cried he: and my precious desk, containing my letters and papers, my small amount of cash, and all my valuables, was about to be precipitated from the three-storey window. I flew to rescue it. Meanwhile Tom had left the room, and was rushing down the stairs, followed by Fanny. Having secured my desk, I ran to catch them, and Mary Ann came scampering after. All three escaped me, and ran out of the house into the garden, where they plunged about in the snow, shouting and screaming in exultant glee.

What must I do? If I followed them, I should probably be unable to capture one, and only drive them farther away; if I did not, how was I to get them in? And what would their parents think of me, if they saw or heard the children rioting, hatless, bonnetless, gloveless,

Je me souviens tout particulièrement d'une triste et neigeuse après-midi, peu de temps après mon retour, en janvier. Les enfants étaient tous remontés bruyamment après le dîner, déclarant qu'ils voulaient être méchants, et ils avaient bien tenu leur promesse, quoique j'eusse fatigué tous les muscles de mon larynx dans un vain effort pour leur faire entendre raison. J'avais cloué Tom dans un coin, lui disant qu'il ne s'échapperait point de là avant d'avoir accompli la tâche que je lui avais donnée. Pendant ce temps, Fanny s'était emparée de mon sac à ouvrage, en mettait au pillage le contenu et crachait dedans par-dessus le marché. Je lui dis de le laisser, mais en vain. « Brûle-le, Fanny, » s'écriait Tom, et elle se hâtait d'obéir. Je m'élançai pour l'arracher au feu, et Tom courut vers la porte. « Mary-Anne, jette son pupitre par la fenêtre, » cria-t-il ! Et mon précieux pupitre, contenant mes lettres, mes papiers, mon peu d'argent et tout ce que je possédais, allait être précipité par la fenêtre de la hauteur de trois étages. Je m'élançai pour le sauver. Pendant ce temps Tom avait fui et descendait les escaliers, suivi de Fanny. Ayant mis en sûreté mon pupitre, je courus après eux, et Mary-Anne me suivit. Tous trois m'échappèrent et s'enfuirent dans le jardin, où ils se vautrèrent dans la neige en poussant des cris de joie et de triomphe.

Que devais-je faire ? Si je les suivais, il me serait sans doute impossible de les saisir et je ne ferais que les faire courir plus loin. Si je ne les suivais pas, comment les faire rentrer à la maison ? Et que penseraient de moi les parents, s'ils voyaient leurs enfants courir sans chapeau, sans gants

and bootless, in the deep soft snow? While I stood in this perplexity, just without the door, trying, by grim looks and angry words, to awe them into subjection, I heard a voice behind me, in harshly piercing tones, exclaiming,—

'Miss Grey! Is it possible? What, in the devil's name, can you be thinking about?'

'I can't get them in, sir,' said I, turning round, and beholding Mr. Bloomfield, with his hair on end, and his pale blue eyes bolting from their sockets.

'But *I insist* upon their being got in!' cried he, approaching nearer, and looking perfectly ferocious.

'Then, sir, you must call them yourself, if you please, for they won't listen to me,' I replied, stepping back.

'Come in with you, you filthy brats; or I'll horsewhip you every one!' roared he; and the children instantly obeyed. 'There, you see!—they come at the first word!'

'Yes, when *you* speak.'

'And it's very strange, that when you've the care of 'em you've no better control over 'em than that!—Now, there they are—gone upstairs with their nasty snowy feet! Do go after 'em and see them made decent, for heaven's sake!'

That gentleman's mother was then staying in the house; and, as I ascended the stairs and passed the drawing-room door, I had the satisfaction of hearing the old lady declaiming aloud to her daughter-in-law to this effect (for I could only distinguish the most emphatic words)—

et sans bottines, dans la neige épaisse ? Pendant que j'étais là debout sur la porte dans cette perplexité, m'efforçant par un visage et des paroles sévères de les ramener à l'obéissance, j'entendis une voix aigre et perçante s'écrier derrière moi :

« Miss Grey ! est-il possible ? à quoi diable pouvez-vous donc penser ?

— Je ne puis les faire rentrer, monsieur, dis-je en me retournant et en apercevant M. Bloomfield les cheveux hérissés et les yeux sortant de leur orbite.

— Mais *j'insiste* pour que vous les fassiez rentrer ! s'écria-t-il en s'approchant davantage et paraissant furieux.

— Alors, monsieur, veuillez les rappeler vous-même, car ils ne veulent pas m'écouter, lui dis-je en me reculant.

— Rentrez à l'instant, méchants vauriens, ou je vous cravache tous ! leur cria-t-il d'une voix de tonnerre, et les enfants obéirent à l'instant. Vous voyez, ils viennent au premier mot.

— Oui, quand vous parlez.

— Il est fort étrange que vous, qui prenez soin d'eux, n'ayez pas plus de pouvoir sur eux ! Là, les voilà qui montent l'escalier avec leurs pieds gelés ! Suivez-les, et pour Dieu, veillez à ce qu'ils soient plus décents dans leur mise et dans leurs habitudes. »

La mère de M. Bloomfield était alors dans la maison ; en montant l'escalier et en passant devant la porte du salon, j'eus la satisfaction d'entendre la vieille dame déclamer contre moi auprès de sa bru :

'Gracious heavens! — never in all my life — ! — get their death as sure as — ! Do you think, my dear, she's a *proper person*? Take my word for it — '

I heard no more; but that sufficed.

The senior Mrs. Bloomfield had been very attentive and civil to me; and till now I had thought her a nice, kind-hearted, chatty old body. She would often come to me and talk in a confidential strain; nodding and shaking her head, and gesticulating with hands and eyes, as a certain class of old ladies are won't to do; though I never knew one that carried the peculiarity to so great an extent. She would even sympathise with me for the trouble I had with the children, and express at times, by half sentences, interspersed with nods and knowing winks, her sense of the injudicious conduct of their mamma in so restricting my power, and neglecting to support me with her authority. Such a mode of testifying disapprobation was not much to my taste; and I generally refused to take it in, or understand anything more than was openly spoken; at least, I never went farther than an implied acknowledgment that, if matters were otherwise ordered my task would be a less difficult one, and I should be better able to guide and instruct my charge; but now I must be doubly cautious. Hitherto, though I saw the old lady had her defects (of which one was a proneness to proclaim her perfections), I had always been wishful to excuse them, and to give her credit for all the virtues she professed, and even imagine others yet untold.

« Juste ciel ! s'écriait-elle, jamais de ma vie…! elle causera leur mort aussi sûr que…! Croyez-vous, ma chère, quelle soit *la personne qu'il faut pour…* ? Croyez-moi… »

Je n'en entendis pas davantage ; mais cela suffisait.

La vieille mistress Bloomfield avait été pleine d'attention et très-polie pour moi ; et jusqu'alors je l'avais tenue pour une très-bonne personne, aimant à causer. Elle venait souvent à moi et me parlait en confidence, agitant sa tête et gesticulant des mains et des yeux comme une certaine classe de vieilles ladies ont coutume de faire, quoique je n'en aie jamais vu pousser cette particularité aussi loin. Il lui arrivait même de me témoigner sa sympathie pour la peine que me donnaient les enfants, et d'exprimer parfois, par quelques mots émaillés de signes de tête et de clignements d'yeux, un blâme sur la conduite peu judicieuse de leur mère, restreignant ainsi mon pouvoir et négligeant de me prêter l'appui de son autorité. Une telle façon de faire voir sa désapprobation n'était pas trop de mon goût, et généralement je refusais de comprendre autre chose que ce qui m'était exprimé clairement ; du moins, je me bornais toujours à lui donner à entendre que, si les choses étaient autrement ordonnées, ma tâche serait moins difficile, et que je serais mieux à même de guider et d'instruire mes jeunes élèves. Mais, cette fois, il me fallait être doublement prudente. Auparavant, quoique je visse que la vieille lady avait des défauts (dont le principal était son penchant à se proclamer parfaite), j'avais toujours cherché à les excuser, à la gratifier des vertus dont elle se parait, et même à lui en imaginer dont elle ne parlait pas.

Kindness, which had been the food of my life through so many years, had lately been so entirely denied me, that I welcomed with grateful joy the slightest semblance of it. No wonder, then, that my heart warmed to the old lady, and always gladdened at her approach and regretted her departure.

But now, the few words luckily or unluckily heard in passing had wholly revolutionized my ideas respecting her: now I looked upon her as hypocritical and insincere, a flatterer, and a spy upon my words and deeds. Doubtless it would have been my interest still to meet her with the same cheerful smile and tone of respectful cordiality as before; but I could not, if I would: my manner altered with my feelings, and became so cold and shy that she could not fail to notice it. She soon did notice it, and *her* manner altered too: the familiar nod was changed to a stiff bow, the gracious smile gave place to a glare of Gorgon ferocity; her vivacious loquacity was entirely transferred from me to 'the darling boy and girls,' whom she flattered and indulged more absurdly than ever their mother had done.

I confess I was somewhat troubled at this change: I feared the consequences of her displeasure, and even made some efforts to recover the ground I had lost—and with better apparent success than I could have anticipated. At one time, I, merely in common civility, asked after her cough; immediately her long visage relaxed into a smile, and she favoured me with a particular history of that and her other infirmities, followed by an account of her pious

La bienveillance à laquelle j'avais été accoutumée depuis tant d'années m'avait été si entièrement refusée depuis ma sortie de la maison paternelle, que j'en saluais avec la joie la plus reconnaissante le moindre semblant. Il n'est donc pas étonnant que mon cœur affectionnât la vieille lady, qu'il se réjouît à son approche et regrettât son départ.

Mais maintenant, les quelques mots que j'avais heureusement ou malheureusement entendus en passant avaient complétement changé mes idées sur elle. Maintenant, je la considérais comme une hypocrite et une dissimulée, une flatteuse, une espionne de mes paroles et de mes actes. Sans doute, il eût été de mon intérêt de l'accueillir avec le même sourire, avec la même cordialité respectueuse qu'auparavant ; mais je ne le pouvais pas, l'eussé-je voulu. Mes manières s'altérèrent avec mes sentiments, et devinrent si froides et si réservées qu'elle ne pouvait manquer de s'en apercevoir. Elle s'en aperçut bientôt, et ses manières changèrent aussi : le signe de tête familier devint un salut roide, le gracieux sourire fit place à un regard de Gorgone ; sa loquacité m'abandonna tout à fait pour « le petit garçon et la petite fille chéris, » qu'elle se mit à flatter et à gâter plus que leur mère n'avait jamais fait.

Je confesse que je fus un peu troublée à ce changement : je craignais les conséquences de son déplaisir ; je fis même quelques efforts pour regagner le terrain que j'avais perdu, et avec plus de succès apparent que je n'eusse pu l'espérer. Une fois, comme par pure civilité, je m'informai de sa toux ; immédiatement son long visage s'illumina d'un sourire, et elle me raconta l'histoire de cette infirmité et des autres, histoire suivie du récit de sa pieuse

resignation, delivered in the usual emphatic, declamatory style, which no writing can portray.

'But there's one remedy for all, my dear, and that's resignation' (a toss of the head), 'resignation to the will of heaven!' (an uplifting of the hands and eyes). 'It has always supported me through all my trials, and always will do' (a succession of nods). 'But then, it isn't everybody that can say that' (a shake of the head); 'but I'm one of the pious ones, Miss Grey!' (a very significant nod and toss). 'And, thank heaven, I always was' (another nod), 'and I glory in it!' (an emphatic clasping of the hands and shaking of the head). And with several texts of Scripture, misquoted or misapplied, and religious exclamations so redolent of the ludicrous in the style of delivery and manner of bringing in, if not in the expressions themselves, that I decline repeating them, she withdrew; tossing her large head in high good-humour—with herself at least—and left me hoping that, after all, she was rather weak than wicked.

At her next visit to Wellwood House, I went so far as to say I was glad to see her looking so well. The effect of this was magical: the words, intended as a mark of civility, were received as a flattering compliment; her countenance brightened up, and from that moment she became as gracious and benign as heart could wish—in outward semblance at least. From what I now saw of her, and what I heard from the children, I know that, in order to gain her cordial friendship, I had but to utter a word of flattery at each convenient opportunity: but this was against my principles; and for lack of this,

résignation, dans ce style emphatique et déclamatoire que la plume ne peut rendre.

« Mais il y a un remède pour tout, ma chère, c'est la résignation (un mouvement de tête), la résignation à la volonté du ciel (élévation des mains et des yeux). Elle m'a toujours soutenue dans mes épreuves, et elle me soutiendra toujours (suite de mouvements de tête). Tout le monde n'en peut dire autant (mouvement de tête) ; mais je suis une de ces pieuses personnes, miss Grey (mouvement de tête très-significatif) ; et grâce au ciel, je l'ai toujours été, et je m'en fais gloire ! (joignant les mains avec ferveur). » Et avec plusieurs textes de l'Écriture, mal cités ou mal appliqués, et des exclamations religieuses si singulières par la façon dont elles étaient dites, sinon par les expressions elles-mêmes, que je ne veux pas les répéter, elle se retira, agitant sa grosse tête très-satisfaite d'elle-même, et me laissant espérer qu'après tout elle était peut-être plutôt faible que méchante.

À sa première visite à Wellwood-House, j'allai jusqu'à exprimer ma joie de lui voir si bonne mine. L'effet fut magique ; mes paroles, qui n'étaient qu'une marque de politesse, furent prises pour un compliment flatteur. Son visage s'illumina, et depuis ce moment elle devint aussi gracieuse, aussi bienveillante qu'on pouvait le désirer, en apparence du moins. D'après ce que je connaissais d'elle, et ce que j'entendais dire par les enfants, je savais que, pour gagner sa cordiale amitié, il me suffisait de prononcer un mot de flatterie toutes les fois que l'occasion s'en présenterait ; mais cela était contre mes principes, et, faute de le faire,

the capricious old dame soon deprived me of her favour again, and I believe did me much secret injury.

She could not greatly influence her daughter-in-law against me, because, between that lady and herself there was a mutual dislike — chiefly shown by her in secret detractions and calumniations; by the other, in an excess of frigid formality in her demeanour; and no fawning flattery of the elder could thaw away the wall of ice which the younger interposed between them. But with her son, the old lady had better success: he would listen to all she had to say, provided she could soothe his fretful temper, and refrain from irritating him by her own asperities; and I have reason to believe that she considerably strengthened his prejudice against me. She would tell him that I shamefully neglected the children, and even his wife did not attend to them as she ought; and that he must look after them himself, or they would all go to ruin.

Thus urged, he would frequently give himself the trouble of watching them from the windows during their play; at times, he would follow them through the grounds, and too often came suddenly upon them while they were dabbling in the forbidden well, talking to the coachman in the stables, or revelling in the filth of the farm-yard — and I, meanwhile, wearily standing, by, having previously exhausted my energy in vain attempts to get them away. Often, too, he would unexpectedly pop his head into the schoolroom while the young people were at meals, and find them spilling their milk over the table and themselves, plunging their fingers into their own or each other's mugs,

je me vis bientôt de nouveau privée de la faveur de la capricieuse vieille dame, et je crois qu'elle me fit secrètement beaucoup de mal.

Elle ne pouvait avoir grande influence contre moi auprès de sa belle-fille, car entre celle-ci et elle il existait une mutuelle aversion, qui se trahissait chez la vieille lady par de secrètes médisances ou par des calomnies ; chez la jeune, par une froideur excessive de manières ; aucune flatterie ne pouvait fondre le mur de glace que mistress Bloomfield avait élevé entre elle et sa belle-mère. Mais celle-ci avait plus de succès auprès de son fils. Pourvu qu'elle pût adoucir son caractère agité, et ne pas l'irriter par les aspérités de son caractère à elle, il écoutait tout ce qu'elle voulait lui dire, et j'ai toute raison de croire qu'elle augmenta considérablement les préventions qu'il avait contre moi. Elle lui disait sans doute que je négligeais honteusement les enfants, et que sa femme même ne veillait pas sur eux comme elle aurait dû le faire ; qu'il fallait qu'il fît lui-même attention à eux, ou qu'ils se perdraient tous.

Ainsi excité, il se donnait fréquemment le souci de les surveiller de la fenêtre pendant leurs jeux ; quelquefois il les suivait à travers le jardin et le parc, et souvent tombait sur eux au moment où ils barbotaient dans la mare défendue, ou parlaient au cocher dans l'écurie, ou se vautraient dans l'ordure au milieu de la cour de la ferme, pendant que je les regardais faire, épuisée par les vains efforts que j'avais faits pour les ramener. Souvent aussi il lui arrivait de se montrer tout à coup dans la salle d'étude au moment des repas, et de les trouver répandant leur lait sur la table et sur eux-mêmes, plongeant leurs doigts dans leur tasse,

or quarrelling over their victuals like a set of tiger's cubs. If I were quiet at the moment, I was conniving at their disorderly conduct; if (as was frequently the case) I happened to be exalting my voice to enforce order, I was using undue violence, and setting the girls a bad example by such ungentleness of tone and language.

I remember one afternoon in spring, when, owing to the rain, they could not go out; but, by some amazing good fortune, they had all finished their lessons, and yet abstained from running down to tease their parents—a trick that annoyed me greatly, but which, on rainy days, I seldom could prevent their doing; because, below, they found novelty and amusement—especially when visitors were in the house; and their mother, though she bid me keep them in the schoolroom, would never chide them for leaving it, or trouble herself to send them back. But this day they appeared satisfied with, their present abode, and what is more wonderful still, seemed disposed to play together without depending on me for amusement, and without quarrelling with each other. Their occupation was a somewhat puzzling one: they were all squatted together on the floor by the window, over a heap of broken toys and a quantity of birds' eggs—or rather egg-shells, for the contents had luckily been abstracted. These shells they had broken up and were pounding into small fragments, to what end I could not imagine; but so long as they were quiet and not in positive mischief, I did not care; and, with a feeling of unusual repose, I sat by the fire, putting the finishing stitches to a frock

ou se querellant à propos de leurs aliments comme de petits tigres. Si j'étais tranquille dans ce moment, je favorisais leur conduite désordonnée ; si, ce qui arrivait souvent, j'élevais la voix pour rétablir l'ordre, j'usais de violence et donnais aux petites filles un mauvais exemple par une semblable vulgarité de ton et de langage.

Je me souviens d'une après-midi de printemps, où, à cause de la pluie, ils n'avaient pu sortir. Par quelque bonne fortune inespérée, ils avaient tous achevé leurs devoirs, et pourtant s'abstenaient de descendre pour ennuyer leurs parents, ce qui me déplaisait fort, mais ce que je ne pouvais guère empêcher les jours de pluie, car ils trouvaient en bas de la nouveauté et de l'amusement, surtout lorsqu'il y avait des visiteurs ; dans cette dernière occasion, leur mère, quoiqu'elle me commandât de les retenir dans la salle d'étude, ne les grondait jamais lorsqu'ils la quittaient, et ne se donnait aucune peine pour les renvoyer. Mais ce jour-là ils paraissaient satisfaits de rester, et, ce qui est plus étonnant encore, ils semblaient disposés à jouer ensemble, sans compter sur moi pour leur amusement et sans se quereller. Leur occupation était quelque peu singulière : ils étaient tous assis sur le parquet auprès de la fenêtre, sur un monceau de jouets brisés, ayant devant eux une quantité d'œufs d'oiseaux, ou plutôt de coques d'œufs, car le contenu heureusement en avait été extrait. Ils avaient brisé ces coques et les réduisaient en petits fragments ; à quelle fin, c'est ce que je ne pouvais imaginer ; mais, pendant qu'ils étaient calmes et ne faisaient rien de mal, je ne m'en préoccupais pas, et, dans un sentiment de bien-être inaccoutumé, je me tenais assise devant le feu, faisant les derniers points à la robe

for Mary Ann's doll; intending, when that was done, to begin a letter to my mother. Suddenly the door opened, and the dingy head of Mr. Bloomfield looked in.

'All very quiet here! What are you doing?' said he.

'No harm *to-day*, at least,' thought I.

But he was of a different opinion. Advancing to the window, and seeing the children's occupations, he testily exclaimed—'What in the world are you about?'

'We're grinding egg-shells, papa!' cried Tom.

'How *dare* you make such a mess, you little devils? Don't you see what confounded work you're making of the carpet?' (the carpet was a plain brown drugget). 'Miss Grey, did you know what they were doing?'

'Yes, sir.'

'You knew it?'

'Yes.'

'You knew it! and you actually sat there and permitted them to go on without a word of reproof!'

'I didn't think they were doing any harm.'

'Any harm! Why, look there! Just look at that carpet, and see—was there ever anything like it in a Christian house before? No wonder your room is not fit for a pigsty—no wonder your pupils are worse than a litter of pigs!—no wonder—oh! I declare, it puts me quite past my patience'

de la poupée de Mary-Anne, et me disposant, cela fait, à commencer une lettre à ma mère. Tout à coup la porte s'ouvrit, et la terrible tête de M. Bloomfield regarda à l'intérieur.

« Tout est bien tranquille ici ! que faites-vous donc ? dit-il.

— Pas de mal aujourd'hui, au moins, » pensai-je en moi-même.

Mais il était d'une opinion différente. S'avançant vers la fenêtre et voyant l'occupation des enfants, il s'écria avec humeur :

« Que diable faites-vous donc là ?

— Nous pulvérisons des coques d'œufs, papa, cria Tom.

— Vous osez faire une telle chose, petits démons ? Ne voyez-vous pas dans quel état vous mettez le tapis ? (Le tapis était en droguet brun et tout à fait commun.) Miss Grey, savez-vous ce qu'ils faisaient ?

— Oui, monsieur.

— Vous le saviez !

— Oui.

— Vous le saviez ! et vous étiez là assise et les laissiez faire, sans un mot de reproche !

— Je ne pensais pas qu'ils fissent du mal.

— Du mal ! mais regardez donc, jetez les yeux sur ce tapis et voyez. A-t-on jamais vu pareille chose dans une maison chrétienne ? Ne dirait-on pas que les porcs ont séjourné dans cette chambre, et quoi d'étonnant que vos élèves soient sales comme de petits porcs ? Oh ! je le déclare, je suis à bout de patience ! »

and he departed, shutting the door after him with a bang that made the children laugh.

'It puts me quite past my patience too!' muttered I, getting up; and, seizing the poker, I dashed it repeatedly into the cinders, and stirred them up with unwonted energy; thus easing my irritation under pretence of mending the fire.

After this, Mr. Bloomfield was continually looking in to see if the schoolroom was in order; and, as the children were continually littering the floor with fragments of toys, sticks, stones, stubble, leaves, and other rubbish, which I could not prevent their bringing, or oblige them to gather up, and which the servants refused to 'clean after them,' I had to spend a considerable portion of my valuable leisure moments on my knees upon the floor, in painfully reducing things to order. Once I told them that they should not taste their supper till they had picked up everything from the carpet; Fanny might have hers when she had taken up a certain quantity, Mary Ann when she had gathered twice as many, and Tom was to clear away the rest. Wonderful to state, the girls did their part; but Tom was in such a fury that he flew upon the table, scattered the bread and milk about the floor, struck his sisters, kicked the coals out of the coal-pan, attempted to overthrow the table and chairs, and seemed inclined to make a Douglas-larder of the whole contents of the room: but I seized upon him, and, sending Mary Ann to call her mamma, held him, in spite of kicks, blows, yells, and execrations, till Mrs. Bloomfield made her appearance.

'What is the matter with my boy?' said she.

Puis il partit, fermant la porte avec un fracas qui fit rire les enfants.

« Je suis à bout de patience aussi, moi, » murmurai-je en me levant ; puis, saisissant le fourgon, je le lançai dans les charbons à plusieurs reprises, les retournant avec une énergie inaccoutumée, et donnant carrière à mon irritation sous prétexte de tisonner le feu.

À partir de ce jour, M. Bloomfield venait continuellement voir si la salle d'étude était en bon ordre ; et, comme les enfants jonchaient continuellement le parquet avec des fragments de joujoux, des bâtons, des feuilles et autres débris, que je ne pouvais les empêcher d'apporter ou les obliger de ramasser, et que les domestiques ne voulaient pas enlever, il me fallait passer une grande partie de mes moments de loisir à genoux sur le tapis, occupée à remettre péniblement les choses en ordre. Une fois, je leur dis qu'ils ne goûteraient pas à leur collation avant d'avoir ramassé tout ce qu'ils avaient répandu sur le tapis : Fanny devait en ramasser une certaine quantité ; Mary-Anne le double, et Tom devait enlever le reste. Chose étonnante, les filles firent leur part ; mais Tom se mit dans une telle fureur qu'il s'élança vers la table, jeta le pain et le lait par terre, frappa ses sœurs, essaya de renverser la table et les chaises, et semblait disposé à saccager la chambre. Je le saisis, et, envoyant Mary-Anne chercher sa maman, je le tins en dépit de ses coups de pieds, de ses coups de poing, de ses hurlements et de ses malédictions, jusqu'à l'arrivée de mistress Bloomfield.

« De quoi s'agit-il ? » dit-elle.

And when the matter was explained to her, all she did was to send for the nursery-maid to put the room in order, and bring Master Bloomfield his supper.

'There now,' cried Tom, triumphantly, looking up from his viands with his mouth almost too full for speech. 'There now, Miss Grey! you see I've got my supper in spite of you: and I haven't picked up a single thing!'

The only person in the house who had any real sympathy for me was the nurse; for she had suffered like afflictions, though in a smaller degree; as she had not the task of teaching, nor was she so responsible for the conduct of her charge.

'Oh, Miss Grey!' she would say, 'you have some trouble with them childer!'

'I have, indeed, Betty; and I daresay you know what it is.'

'Ay, I do so! But I don't vex myself o'er 'em as you do. And then, you see, I hit 'em a slap sometimes: and them little 'uns — I gives 'em a good whipping now and then: there's nothing else will do for 'em, as what they say. Howsoever, I've lost my place for it.'

'Have you, Betty? I heard you were going to leave.'

'Eh, bless you, yes! Missis gave me warning a three wik sin'. She told me afore Christmas how it mud be, if I hit 'em again; but I couldn't hold my hand off 'em at nothing. I know not how *you* do, for Miss Mary Ann's worse by the half nor her sisters!'

Et, lorsque la chose lui eut été expliquée, tout ce qu'elle fit fut d'envoyer chercher la servante pour réparer le désordre et apporter à M. Bloomfield son souper.

« Eh bien ! s'écriait Tom triomphant et la bouche pleine de viande, eh bien ! miss Grey, vous voyez que j'ai eu mon souper malgré vous, et que je n'ai pas ramassé la moindre chose ! »

La seule personne dans la maison qui eût quelque sympathie réelle pour moi était la nourrice, car elle avait souffert les mêmes afflictions, quoique à un moindre degré : comme elle n'avait pas la mission d'enseigner, elle n'était pas responsable de la conduite des enfants confiés à ses soins.

« Oh ! miss Grey ! me disait-elle, combien vous avez de mal avec ces enfants !

— Oui, j'en ai, Betty, et je vois que vous savez ce que c'est.

— Ah ! oui, je le sais ; mais je ne me tourmente pas à propos d'eux comme vous le faites. Et puis, voyez, je leur donne une tape de temps à autre ; pour ce qui est des petits, une bonne fessée par-ci, par-là ; rien n'y fait que cela, comme ils disent. Et pourtant cela me fait perdre ma place.

— Est-ce vrai, Betty ? J'ai, en effet, entendu dire que vous alliez nous quitter.

— Eh ! mon Dieu, oui ! mistress m'a avertie il y a trois semaines. Elle me dit avant Noël que cela arriverait si je continuais à les frapper. Mais il m'était impossible de retenir mes mains. Je ne sais pas comment vous faites, car Mary-Anne est encore une fois plus méchante que ses sœurs ! »

5
The Uncle

BESIDES the old lady, there was another relative of the family, whose visits were a great annoyance to me—this was 'Uncle Robson,' Mrs. Bloomfield's brother; a tall, self-sufficient fellow, with dark hair and sallow complexion like his sister, a nose that seemed to disdain the earth, and little grey eyes, frequently half-closed, with a mixture of real stupidity and affected contempt of all surrounding objects. He was a thick-set, strongly-built man, but he had found some means of compressing his waist into a remarkably small compass; and that, together with the unnatural stillness of his form, showed that the lofty-minded, manly Mr. Robson, the scorner of the female sex, was not above the foppery of stays. He seldom deigned to notice me; and, when he did, it was with a certain supercilious insolence of tone and manner that convinced me he was no gentleman: though it was intended to have a contrary effect. But it was not for that I disliked his coming, so much as for the harm he did the children—encouraging all their evil propensities, and undoing in a few minutes the little good it had taken me months of labour to achieve.

5
L'oncle

Outre la vieille lady, il y avait un autre parent de la famille dont les visites m'étaient fort désagréables : c'était l'oncle Robson, le frère de mistress Bloomfield ; un grand garçon plein de suffisance, aux cheveux noirs et au teint jaune comme sa sœur, avec un nez qui avait l'air de mépriser la terre, et de petits yeux gris fréquemment demi-fermés, avec un mélange de stupidité réelle et de dédain affecté pour tout ce qui l'environnait. D'une forte corpulence et solidement bâti, il avait pourtant trouvé le moyen de réduire sa taille dans une circonférence remarquablement petite ; et cela, ajouté à sa roideur peu naturelle, prouvait que le fier M. Robson, le contempteur du sexe féminin, ne dédaignait pas le service du corset. Rarement il daignait faire attention à moi, et, quand il le faisait, c'était avec une certaine insolence de ton et de manières qui me prouvaient qu'il n'était point un gentleman, quoiqu'il visât à produire l'effet contraire. Mais ce n'était point tant pour cela que je haïssais ses visites, que pour le mal qu'il faisait aux enfants, encourageant toutes leurs mauvaises inclinations, et détruisant en quelques minutes le peu de bien qui m'avait coûté des mois de labeur à accomplir.

Fanny and little Harriet he seldom condescended to notice; but Mary Ann was something of a favourite. He was continually encouraging her tendency to affectation (which I had done my utmost to crush), talking about her pretty face, and filling her head with all manner of conceited notions concerning her personal appearance (which I had instructed her to regard as dust in the balance compared with the cultivation of her mind and manners); and I never saw a child so susceptible of flattery as she was. Whatever was wrong, in either her or her brother, he would encourage by laughing at, if not by actually praising: people little know the injury they do to children by laughing at their faults, and making a pleasant jest of what their true friends have endeavoured to teach them to hold in grave abhorrence.

Though not a positive drunkard, Mr. Robson habitually swallowed great quantities of wine, and took with relish an occasional glass of brandy and water. He taught his nephew to imitate him in this to the utmost of his ability, and to believe that the more wine and spirits he could take, and the better he liked them, the more he manifested his bold, and manly spirit, and rose superior to his sisters. Mr. Bloomfield had not much to say against it, for his favourite beverage was gin and water; of which he took a considerable portion every day, by dint of constant sipping—and to that I chiefly attributed his dingy complexion and waspish temper.

Mr. Robson likewise encouraged Tom's propensity to persecute the lower creation, both by precept and example.

Il ne condescendait guère à s'occuper de Fanny et de la petite Henriette ; mais Mary-Anne était en quelque sorte sa favorite. Il ne cessait d'encourager ses tendances à l'affectation, que j'avais mis tous mes efforts à réprimer, parlant de sa jolie figure, et lui remplissant la tête de toutes sortes d'idées vaniteuses sur sa beauté, que je l'avais instruite à regarder comme poussière en comparaison de la culture de l'esprit ; et jamais je ne vis enfant plus sensible qu'elle à la flatterie. Tout ce qu'il y avait de mauvais chez elle et chez son frère, il l'encourageait en riant, sinon par ses louanges directes. On ne sait pas le mal que l'on fait aux enfants en riant de leurs défauts, et en trouvant matière à plaisanterie dans ce que de vrais amis se sont efforcés de leur apprendre à tenir en grande horreur.

Quoiqu'il ne fût point positivement un ivrogne, M. Robson ingurgitait habituellement de grandes quantités de vin, et prenait de temps en temps avec plaisir un verre d'eau mêlée d'eau-de-vie. Il apprenait à son neveu à l'imiter du mieux qu'il pouvait, et à croire que, plus il pourrait prendre de vin et de spiritueux, plus il manifesterait son fier et mâle caractère et s'élèverait au-dessus de ses sœurs. M. Bloomfield n'avait pas grand'chose à dire là contre : car son breuvage favori était le gin et l'eau, dont il absorbait chaque jour une quantité considérable, et c'est à quoi j'attribuais son teint pâle et son caractère irascible.

M. Robson encourageait également Tom à persécuter les animaux, à la fois par le précepte et par l'exemple.

As he frequently came to course or shoot over his brother-in-law's grounds, he would bring his favourite dogs with him; and he treated them so brutally that, poor as I was, I would have given a sovereign any day to see one of them bite him, provided the animal could have done it with impunity. Sometimes, when in a very complacent mood, he would go a-birds'-nesting with the children, a thing that irritated and annoyed me exceedingly; as, by frequent and persevering attempts, I flattered myself I had partly shown them the evil of this pastime, and hoped, in time, to bring them to some general sense of justice and humanity; but ten minutes' birds'-nesting with uncle Robson, or even a laugh from him at some relation of their former barbarities, was sufficient at once to destroy the effect of my whole elaborate course of reasoning and persuasion. Happily, however, during that spring, they never, but once, got anything but empty nests, or eggs—being too impatient to leave them till the birds were hatched; that once, Tom, who had been with his uncle into the neighbouring plantation, came running in high glee into the garden, with a brood of little callow nestlings in his hands. Mary Ann and Fanny, whom I was just bringing out, ran to admire his spoils, and to beg each a bird for themselves. 'No, not one!' cried Tom. 'They're all mine; uncle Robson gave them to me—one, two, three, four, five—you shan't touch one of them! no, not one, for your lives!' continued he, exultingly; laying the nest on the ground, and standing over it with his legs wide apart, his hands thrust into his breeches-pockets, his body bent forward, and his face twisted into all manner of contortions in the ecstasy of his delight.

Comme il venait souvent dans le but de chasser sur le domaine de son beau-frère, il avait coutume d'amener avec lui ses chiens favoris ; et il les traitait si brutalement que, toute pauvre que je fusse, j'aurais volontiers donné une guinée pour voir un de ces animaux le mordre, pourvu toutefois que ce fût avec impunité. Quelquefois, lorsqu'il était fort bien disposé, il allait chercher des nids avec les enfants, chose qui m'irritait et me contrariait considérablement : car je me flattais, par mes efforts répétés, de leur avoir montré le mal de ce passe-temps, et j'espérais un jour les amener à quelque sentiment général de justice et d'humanité ; mais dix minutes passées à dénicher des oiseaux avec l'oncle Robson suffisaient pour détruire le fruit de tous mes raisonnements. Heureusement pourtant, ce printemps-là, ils ne trouvèrent jamais, à l'exception d'une seule fois, que des nids vides ou des œufs, et ils étaient trop impatients pour attendre que les petits fussent éclos. Cette fois-là, Tom, qui était allé avec son oncle dans la plantation voisine, revint tout joyeux en courant dans le jardin, avec une nichée de petits oiseaux dans les mains. Mary-Anne et Fanny, que je menais prendre l'air en ce moment, coururent pour admirer sa prise et demander chacune un oiseau pour elles. « Non, pas un, s'écria Tom, ils sont tous à moi : l'oncle Robson me les a donnés ; un, deux, trois, quatre, cinq ; vous n'en toucherez pas un, non, pas un ! Sur votre vie ! continua-t-il d'un air de triomphe, posant le nid à terre, et se tenant debout les jambes écartées, les mains dans les poches de son pantalon, le corps penché en avant et le visage contracté par les contorsions d'une joie poussée jusqu'au délire.

'But you shall see me fettle 'em off. My word, but I *will* wallop 'em? See if I don't now. By gum! but there's rare sport for me in that nest.'

'But, Tom,' said I, 'I shall not allow you to torture those birds. They must either be killed at once or carried back to the place you took them from, that the old birds may continue to feed them.'

'But you don't know where that is, Madam: it's only me and uncle Robson that knows that.'

'But if you don't tell me, I shall kill them myself—much as I hate it.'

'You daren't. You daren't touch them for your life! because you know papa and mamma, and uncle Robson, would be angry. Ha, ha! I've caught you there, Miss!'

'I shall do what I think right in a case of this sort without consulting any one. If your papa and mamma don't happen to approve of it, I shall be sorry to offend them; but your uncle Robson's opinions, of course, are nothing to me.'

So saying—urged by a sense of duty—at the risk of both making myself sick and incurring the wrath of my employers—I got a large flat stone, that had been reared up for a mouse-trap by the gardener; then, having once more vainly endeavoured to persuade the little tyrant to let the birds be carried back, I asked what he intended to do with them. With fiendish glee he commenced a list of torments; and while he was busied in the relation, I dropped the stone upon his intended victims

« Vous allez voir comment je vais les arranger ! Ma parole, je vais les faire bouillir. Vous verrez si je ne le fais pas. Il y a dans ce nid un rare passe-temps pour moi.

— Mais, Tom, lui dis-je, je ne vous permettrai pas de torturer ces oiseaux. Il faut les tuer tout de suite ou les reporter à l'endroit où vous les avez pris, afin que leurs parents puissent continuer à les nourrir.

— Mais vous ne savez pas où c'est, madame ; il n'y a que moi et l'oncle Robson qui le sachions.

— Si vous ne voulez pas me le dire, je les tuerai moi-même, quelque horreur que j'aie de cela.

— Vous n'oserez pas ! vous n'oserez les toucher, sur votre vie ! parce que vous savez que papa, maman et l'oncle Robson seraient fâchés. Ah ! ah ! je vous ai prise là, miss !

— Je ferai ce que je crois juste en une circonstance de cette sorte, sans consulter personne. Si votre papa et votre maman ne m'approuvent pas, je serai fâchée de les offenser ; mais l'opinion de votre oncle Robson n'est rien pour moi. »

Poussée par le sentiment du devoir, au risque de me rendre malade et d'encourir la colère des parents de mes élèves, je m'emparai d'une large pierre plate qui avait été placée là comme souricière par le jardinier ; puis, non sans avoir de nouveau essayé vainement d'amener le petit tyran à laisser remporter les oiseaux, je lui demandai ce qu'il voulait en faire. Avec une joie diabolique, il m'énuméra sa liste de tourments. Je laissai alors tomber la pierre sur les oiseaux

and crushed them flat beneath it. Loud were the outcries, terrible the execrations, consequent upon this daring outrage; uncle Robson had been coming up the walk with his gun, and was just then pausing to kick his dog. Tom flew towards him, vowing he would make him kick me instead of Juno. Mr. Robson leant upon his gun, and laughed excessively at the violence of his nephew's passion, and the bitter maledictions and opprobrious epithets he heaped upon me.

'Well, you *are* a good 'un!' exclaimed he, at length, taking up his weapon and proceeding towards the house. 'Damme, but the lad has some spunk in him, too. Curse me, if ever I saw a nobler little scoundrel than that. He's beyond petticoat government already: by God! he defies mother, granny, governess, and all! Ha, ha, ha! Never mind, Tom, I'll get you another brood to-morrow.'

'If you do, Mr. Robson, I shall kill them too,' said I.

'Humph!' replied he, and having honoured me with a broad stare—which, contrary to his expectations, I sustained without flinching—he turned away with an air of supreme contempt, and stalked into the house.

Tom next went to tell his mamma. It was not her way to say much on any subject; but, when she next saw me, her aspect and demeanour were doubly dark and chilled. After some casual remark about the weather, she observed—'I am sorry, Miss Grey, you should think it necessary to interfere with Master Bloomfield's amusements; he was very much distressed about your destroying the birds.'

et les écrasai d'un seul coup. Violents furent les cris, terribles les malédictions qui suivirent cet acte hardi. L'oncle Robson venait de monter l'allée avec son fusil, et s'arrêtait en ce moment pour corriger son chien. Tom s'élança vers lui, jurant et lui criant de me corriger à la place de Junon. M. Robson s'appuya sur son fusil et rit beaucoup de la violence de son neveu, ainsi que des malédictions et des outrageantes épithètes dont il m'accablait,

« Bien, vous êtes un bon diable ! s'écria-t-il à la fin en prenant son fusil et se dirigeant vers la maison. Il y a quelque chose chez ce garçon-là. Je veux être maudit si jamais je vis plus noble petit vaurien que celui-là. Il s'est déjà affranchi du gouvernement des jupons ; il brave mère, grand-mère, gouvernante et toutes... Ah ! ah ! ah ! Ne pensez plus à cela, Tom, je vous trouverai une autre nichée demain.

— Si vous le faites, monsieur Robson, je la tuerai aussi, dis-je.

— Hum ! » répondit-il. Et, m'ayant honoré d'un regard hautain que, contre son attente, je soutins sans sourciller, il tourna les talons d'un air de suprême mépris et entra dans la maison.

Tom le suivit et alla tout raconter à sa mère. Il n'était pas dans les habitudes de celle-ci de parler beaucoup sur aucun sujet ; quand je parus, je trouvai sa figure et sas manières doublement sombres et glaciales. Après quelques remarques banales sur le temps, elle dit :

« Je suis fâchée, miss Grey, que vous jugiez nécessaire d'intervenir dans les amusements de monsieur Bloomfield. Il

'When Master Bloomfield's amusements consist in injuring sentient creatures,' I answered, 'I think it my duty to interfere.'

'You seemed to have forgotten,' said she, calmly, 'that the creatures were all created for our convenience.'

I thought that doctrine admitted some doubt, but merely replied—'If they were, we have no right to torment them for our amusement.'

'I think,' said she, 'a child's amusement is scarcely to be weighed against the welfare of a soulless brute.'

'But, for the child's own sake, it ought not to be encouraged to have such amusements,' answered I, as meekly as I could, to make up for such unusual pertinacity. '"Blessed are the merciful, for they shall obtain mercy."'

'Oh! of course; but that refers to our conduct towards each other.'

'"The merciful man shows mercy to his beast,"' I ventured to add.

'I think *you* have not shown much mercy,' replied she, with a short, bitter laugh; 'killing the poor birds by wholesale in that shocking manner, and putting the dear boy to such misery for a mere whim.'

a été très-désespéré de vous avoir vue détruire ses oiseaux.

— Quand les amusements de monsieur Bloomfield consistent à torturer des créatures qui sentent et souffrent, répondis-je, je pense qu'il est de mon devoir d'intervenir.

— Vous semblez avoir oublié, répondit-elle avec calme, que les créatures ont été toutes créées pour notre usage et notre plaisir. »

Je pensais que cette doctrine admettait quelque doute, mais je me bornai à répondre :

« En admettant qu'il en soit ainsi, nous n'avons aucun droit de les torturer pour notre amusement.

— Je pense, répondit-elle, que l'amusement d'un enfant ne peut être mis en balance avec la vie d'une créature sans âme.

— Mais, pour le bien même de l'enfant, il ne faut pas l'encourager dans de tels amusements, répondis-je d'un ton aussi humble que possible, pour me faire pardonner ma fermeté inaccoutumée. Bienheureux les miséricordieux, ils obtiendront miséricorde.

— Oh ! c'est vrai ; mais cela se rapporte à notre conduite les uns envers les autres.

— L'homme miséricordieux est rempli de pitié pour la bête, osai-je ajouter.

— Il me semble que vous n'avez pas montré beaucoup de pitié, reprit-elle avec un rire sec et amer, en tuant ces pauvres bêtes d'un seul coup et d'une si choquante façon, et en faisant tant de peine à ce cher enfant pour un simple caprice. »

I judged it prudent to say no more. This was the nearest approach to a quarrel I ever had with Mrs. Bloomfield; as well as the greatest number of words I ever exchanged with her at one time, since the day of my first arrival.

But Mr. Robson and old Mrs. Bloomfield were not the only guests whose coming to Wellwood House annoyed me; every visitor disturbed me more or less; not so much because they neglected me (though I did feel their conduct strange and disagreeable in that respect), as because I found it impossible to keep my pupils away from them, as I was repeatedly desired to do: Tom must talk to them, and Mary Ann must be noticed by them. Neither the one nor the other knew what it was to feel any degree of shamefacedness, or even common modesty. They would indecently and clamorously interrupt the conversation of their elders, tease them with the most impertinent questions, roughly collar the gentlemen, climb their knees uninvited, hang about their shoulders or rifle their pockets, pull the ladies' gowns, disorder their hair, tumble their collars, and importunately beg for their trinkets.

Mrs. Bloomfield had the sense to be shocked and annoyed at all this, but she had not sense to prevent it: she expected me to prevent it. But how could I—when the guests, with their fine clothes and new faces, continually flattered and indulged them, out of complaisance to their parents—how could I, with my homely garments, every-day face, and honest words, draw them away? I strained every nerve to do so:

Je jugeai prudent de ne rien ajouter. C'était la première fois que j'arrivais aussi près d'une querelle avec mistress Bloomfield, et la première fois aussi que j'échangeais autant de paroles de suite avec elle depuis mon entrée dans sa maison.

Mais M. Robson et la vieille mistress Bloomfield n'étaient pas les seuls hôtes dont l'arrivée à Wellwood-House m'ennuyât ; tous visiteurs me causaient plus ou moins de trouble ; non pas tant parce qu'ils me négligeaient (quoique je trouvasse leur conduite étrange et désagréable sous ce rapport), que parce que je ne pouvais éloigner d'eux mes élèves, ainsi que l'on me le recommandait à chaque instant. Tom voulait leur parler, et Mary-Anne voulait être remarquée par eux. Ni l'un ni l'autre ne savaient ce que c'était que rougir, et n'avaient la moindre idée de la plus vulgaire modestie. Ils interrompaient bruyamment la conversation des visiteurs, les ennuyaient par les plus impertinentes questions, colletaient grossièrement les gentlemen, grimpaient sur leurs genoux sans y être invités, se pendaient à leurs épaules ou saccageaient leurs poches, froissaient les robes des ladies, dérangeaient leurs cheveux, tournaient leurs colliers et leur demandaient avec importunité leurs colifichets.

Mistress Bloomfield était choquée et contrariée de tout cela, mais ne faisait rien pour l'empêcher : elle se reposait sur moi de ce soin. Mais comment l'aurais-je pu, quand les hôtes, avec leurs beaux habits et leurs faces nouvelles, les flattaient continuellement et les gâtaient pour plaire aux parents ? comment moi, avec mes habits communs, mon visage qu'ils voyaient tous les jours, et d'honnêtes paroles, aurais-je pu

by striving to amuse them, I endeavoured to attract them to my side; by the exertion of such authority as I possessed, and by such severity as I dared to use, I tried to deter them from tormenting the guests; and by reproaching their unmannerly conduct, to make them ashamed to repeat it. But they knew no shame; they scorned authority which had no terrors to back it; and as for kindness and affection, either they had no hearts, or such as they had were so strongly guarded, and so well concealed, that I, with all my efforts, had not yet discovered how to reach them.

But soon my trials in this quarter came to a close — sooner than I either expected or desired; for one sweet evening towards the close of May, as I was rejoicing in the near approach of the holidays, and congratulating myself upon having made some progress with my pupils (as far as their learning went, at least, for I *had* instilled *something* into their heads, and I had, at length, brought them to be a little — a very little — more rational about getting their lessons done in time to leave some space for recreation, instead of tormenting themselves and me all day long to no purpose), Mrs. Bloomfield sent for me, and calmly told me that after Midsummer my services would be no longer required. She assured me that my character and general conduct were unexceptionable; but the children had made so little improvement since my arrival that Mr. Bloomfield and she felt it their duty to seek some other mode of instruction. Though superior to most children of their years in abilities,

les éloigner des visiteurs ? J'usais toute mon énergie à cela : en m'efforçant de les amuser, je cherchais à les attirer auprès de moi ; au moyen du peu d'autorité que je possédais et par la sévérité que j'osais employer, j'essayais de les empêcher de tourmenter les étrangers, et, en leur reprochant leur conduite grossière, je voulais les en faire rougir et les empêcher de recommencer. Mais ils ne connaissaient pas la honte ; ils se moquaient de l'autorité qui ne pouvait s'appuyer sur la correction. Pour ce qui est de la bonté et de l'affection, ou ils n'avaient pas de cœur, ou, s'ils en avaient un, il était si fortement gardé, et si bien caché, qu'avec tous mes efforts je n'avais pas encore trouvé le moyen d'aller jusqu'à lui.

Bientôt mes épreuves de ce côté arrivèrent à fin, plus tôt que je ne l'espérais ou ne le désirais. Un soir d'une belle journée de la fin de mai, comme je me réjouissais de voir approcher les vacances et me congratulais d'avoir fait faire quelques progrès à mes élèves, car j'étais parvenue à leur faire pénétrer quelque chose dans la tête, et à leur faire accomplir leurs devoirs pendant le temps donné à l'étude, un soir, dis-je, mistress Bloomfield me fit demander et m'annonça qu'après les vacances elle n'aurait plus besoin de mes services. Elle m'assura qu'elle n'avait qu'à se louer de mon caractère et de ma conduite, mais que les enfants avaient fait si peu de progrès depuis mon arrivée, que M. Bloomfield et elle croyaient de leur devoir de chercher quelque autre mode d'instruction ; que, supérieurs à beaucoup d'enfants de leur âge comme intelligence,

they were decidedly behind them in attainments; their manners were uncultivated, and their tempers unruly. And this she attributed to a want of sufficient firmness, and diligent, persevering care on my part.

Unshaken firmness, devoted diligence, unwearied perseverance, unceasing care, were the very qualifications on which I had secretly prided myself; and by which I had hoped in time to overcome all difficulties, and obtain success at last. I wished to say something in my own justification; but in attempting to speak, I felt my voice falter; and rather than testify any emotion, or suffer the tears to overflow that were already gathering in my eyes, I chose to keep silence, and bear all like a self-convicted culprit.

Thus was I dismissed, and thus I sought my home. Alas! what would they think of me? unable, after all my boasting, to keep my place, even for a single year, as governess to three small children, whose mother was asserted by my own aunt to be a 'very nice woman.' Having been thus weighed in the balance and found wanting, I need not hope they would be willing to try me again. And this was an unwelcome thought; for vexed, harassed, disappointed as I had been, and greatly as I had learned to love and value my home, I was not yet weary of adventure, nor willing to relax my efforts. I knew that all parents were not like Mr. and Mrs. Bloomfield, and I was certain all children were not like theirs. The next family must be different, and any change must be for the better.

ils laissaient fort à désirer sous le rapport de l'instruction ; que leurs manières étaient grossières, leur caractère turbulent : ce qu'elle attribuait à un manque de fermeté, de persévérance et de soins diligents de ma part.

Une fermeté inébranlable, une persévérance infatigable et des soins de tous les instants étaient précisément les qualités dont je m'enorgueillissais secrètement, et par lesquelles j'avais espéré, avec le temps, surmonter toutes les difficultés et arriver enfin au succès. Je voulais dire quelque chose pour ma justification : mais je sentis que la voix me manquait, et, plutôt que de manifester aucune émotion et de laisser voir les larmes que je me sentais venir aux yeux, je préférai garder le silence, comme un coupable convaincu en lui-même de la justice de l'arrêt qui le condamne.

Ainsi j'étais renvoyée, et j'allais revoir la maison paternelle. Hélas ! qu'allaient-ils penser de moi ? Incapable, après toutes mes vanteries, de tenir même pendant une année la place de gouvernante auprès de trois jeunes enfants, dont la mère, au dire de ma tante, était une femme très-bien ; ayant été ainsi mise dans la balance et trouvée trop légère, pouvais-je espérer qu'ils me laisseraient faire un second essai ? Cette pensée m'était fort pénible : car, si vexée, fatiguée et désappointée que je fusse, et quoique j'eusse appris chèrement à aimer et apprécier la maison paternelle, je n'étais point encore dégoûtée des aventures ni disposée à me relâcher de mes efforts. Je savais que tous les parents ne ressemblaient point à M. et à Mme Bloomfield, et j'étais assurée que tous les enfants n'étaient point comme les leurs. La famille dans laquelle j'entrerais serait différente, et

I had been seasoned by adversity, and tutored by experience, and I longed to redeem my lost honour in the eyes of those whose opinion was more than that of all the world to me.

un changement, quel qu'il fût, ne pouvait qu'être avantageux.

J'avais été éprouvée par l'adversité, instruite par l'expérience, et je brûlais de relever mon honneur aux yeux de ceux dont l'opinion pour moi était plus que tout au monde.

6

The Parsonage Again

For a few months I remained peaceably at home, in the quiet enjoyment of liberty and rest, and genuine friendship, from all of which I had fasted so long; and in the earnest prosecution of my studies, to recover what I had lost during my stay at Wellwood House, and to lay in new stores for future use. My father's health was still very infirm, but not materially worse than when I last saw him; and I was glad I had it in my power to cheer him by my return, and to amuse him with singing his favourite songs.

No one triumphed over my failure, or said I had better have taken his or her advice, and quietly stayed at home. All were glad to have me back again, and lavished more kindness than ever upon me, to make up for the sufferings I had undergone; but not one would touch a shilling of what I had so cheerfully earned and so carefully saved, in the hope of sharing it with them. By dint of pinching here, and scraping there, our debts were already nearly paid. Mary had had good success with her drawings; but our father had insisted upon *her* likewise keeping all

6
Encore le presbytère

Pendant quelques mois je demeurai paisible à la maison paternelle, jouissant de la liberté, du repos et d'une véritable amitié, toutes choses dont j'avais été sevrée si longtemps. Je me remis à l'étude pour recouvrer ce que j'avais perdu pendant mon séjour à Wellwood-House, et afin de faire une nouvelle provision d'instruction pour un usage prochain. La santé de mon père était encore bien mauvaise, mais non matériellement pire que la dernière fois que je l'avais vu, et j'étais heureuse de pouvoir le réjouir par mon retour et le distraire en lui chantant ses airs favoris.

Nul ne triompha de mon échec, ou ne me dit que j'aurais mieux fait de suivre son avis et de rester à la maison. Tous furent heureux de me revoir, et me témoignèrent plus de tendresse que jamais, comme pour me faire oublier les souffrances que j'avais endurées. Mais nul ne voulut toucher un schelling de ce que j'avais gagné avec tant de joie et économisé avec tant de soin dans l'espoir de le partager avec eux. À force d'épargner par-ci et de se priver par-là, nos dettes étaient déjà presque payées. Mary avait fort bien réussi avec son pinceau ; mais notre père avait voulu qu'elle gardât pour elle tout

the produce of her industry to herself. All we could spare from the supply of our humble wardrobe and our little casual expenses, he directed us to put into the savings'-bank; saying, we knew not how soon we might be dependent on that alone for support: for he felt he had not long to be with us, and what would become of our mother and us when he was gone, God only knew!

Dear papa! if he had troubled himself less about the afflictions that threatened us in case of his death, I am convinced that dreaded event would not have taken place so soon. My mother would never suffer him to ponder on the subject if she could help it.

'Oh, Richard!' exclaimed she, on one occasion, 'if you would but dismiss such gloomy subjects from your mind, you would live as long as any of us; at least you would live to see the girls married, and yourself a happy grandfather, with a canty old dame for your companion.'

My mother laughed, and so did my father: but his laugh soon perished in a dreary sigh.

'*They* married—poor penniless things!' said he; 'who will take them I wonder!'

'Why, nobody shall that isn't thankful for them. Wasn't I penniless when you took me? and you *pretended*, at least, to be vastly pleased with your acquisition. But it's no matter whether they get married or not: we can devise a thousand honest ways of making a livelihood. And I wonder, Richard, you can think of bothering your head about our *poverty* in case of your death; as if *that* would be

le produit de son talent. Tout ce que nous pouvions économiser sur l'entretien de notre humble garde-robe et sur nos petites dépenses casuelles, il nous le faisait placer à la caisse d'épargne. « Vous serez malheureusement trop tôt forcées d'avoir recours à cette épargne pour vivre, nous disait-il ; car je sens que je n'ai pas longtemps à être avec vous, et ce qu'il adviendra de votre mère et de vous quand je ne serai plus, Dieu seul le sait ! »

Cher père ! s'il ne s'était point tant tourmenté du malheur que sa mort devait amener sur nous, je suis convaincue que ce terrible événement ne fût point arrivé sitôt. Ma mère faisait tous ses efforts pour l'empêcher de réfléchir sur ce triste sujet.

« Oh ! Richard, s'écriait-elle un jour, si vous vouliez éloigner ces tristes pensées de votre esprit, vous vivriez aussi longtemps que nous. Au moins, vous pourriez vivre jusqu'à ce que nos filles fussent mariées ; vous seriez un heureux grand-père, avec une bonne vieille femme pour votre compagne. »

Ma mère riait, et mon père rit aussi ; mais son rire expira bientôt dans un soupir.

« Elles mariées, pauvres filles, sans un schelling ! dit-il. Qui voudra d'elles ?

— Eh ! il se trouvera des hommes très-heureux de les prendre. N'étais-je pas sans fortune lorsque vous m'avez épousée ? et ne vous disiez-vous pas fort content de votre acquisition ? Mais peu importe qu'elles trouvent ou non à se marier ; nous pouvons trouver mille moyens honnêtes de gagner notre vie. Et je m'étonne, Richard, que vous puissiez vous tourmenter à propos de la pauvreté qui serait notre lot si vous veniez à mourir ; comme s'il pouvait y avoir

anything compared with the calamity of losing you—an affliction that you well know would swallow up all others, and which you ought to do your utmost to preserve us from: and there is nothing like a cheerful mind for keeping the body in health.'

'I know, Alice, it is wrong to keep repining as I do, but I cannot help it: you must bear with me.'

'I *won't* bear with you, if I can alter you,' replied my mother: but the harshness of her words was undone by the earnest affection of her tone and pleasant smile, that made my father smile again, less sadly and less transiently than was his wont.

'Mamma,' said I, as soon as I could find an opportunity of speaking with her alone, 'my money is but little, and cannot last long; if I could increase it, it would lessen papa's anxiety, on one subject at least. I cannot draw like Mary, and so the best thing I could do would be to look out for another situation.'

'And so you would actually try again, Agnes?'

'Decidedly, I would.'

'Why, my dear, I should have thought you had had enough of it.'

'I know,' said I, 'everybody is not like Mr. and Mrs. Bloomfield—'

'Some are worse,' interrupted my mother.

quelque chose de comparable à la douleur que nous aurions de vous perdre, affliction qui, vous le savez bien, absorberait toutes les autres. Vous devez donc faire tous vos efforts pour nous en préserver, et il n'y a rien comme un esprit joyeux pour tenir le corps en santé.

— Je sais, Alice, que c'est mal de se tourmenter ainsi ; mais je ne puis m'en empêcher, et vous devez l'endurer de ma part.

— Je ne veux pas l'endurer si je peux vous changer, » répliqua ma mère.

Mais la rudesse de ses paroles était démentie par la tendre expression de sa voix et de son sourire ; mon père sourit donc de nouveau, d'une façon moins triste que d'habitude.

« Maman, dis-je aussitôt que je me trouvai seule avec elle, mon argent est bien peu de chose et ne peut durer longtemps ; si je pouvais l'augmenter, cela diminuerait l'anxiété de mon père, au moins sur un point. Je ne puis peindre comme Mary, et le mieux que je puisse faire, ce serait de chercher un autre emploi.

— Ainsi, vous feriez un nouvel essai, Agnès ?

— Je le ferais.

— Ma chère enfant, j'aurais cru que vous en aviez assez.

— Je sais que tout le monde ne ressemble pas à M. et à Mme Bloomfield.

— Il y en a qui sont pires, interrompit ma mère.

'But not many, I think,' replied I, 'and I'm sure all children are not like theirs; for I and Mary were not: we always did as you bid us, didn't we?'

'Generally: but then, I did not spoil you; and you were not perfect angels after all: Mary had a fund of quiet obstinacy, and you were somewhat faulty in regard to temper; but you were very good children on the whole.'

'I know I was sulky sometimes, and I should have been glad to see these children sulky sometimes too; for then I could have understood them: but they never were, for they *could* not be offended, nor hurt, nor ashamed: they could not be unhappy in any way, except when they were in a passion.'

'Well, if they *could* not, it was not their fault: you cannot expect stone to be as pliable as clay.'

'No, but still it is very unpleasant to live with such unimpressible, incomprehensible creatures. You cannot love them; and if you could, your love would be utterly thrown away: they could neither return it, nor value, nor understand it. But, however, even if I should stumble on such a family again, which is quite unlikely, I have all this experience to begin with, and I should manage better another time; and the end and aim of this preamble is, let me try again.'

'Well, my girl, you are not easily discouraged, I see: I am glad of that. But, let me tell you, you are a good deal paler and thinner than when you first left home;

— Mais ils sont rares, je pense, et je suis sûre que tous les enfants ne sont pas comme les leurs : car Mary et moi ne leur ressemblions pas ; nous faisions toujours ce que vous nous commandiez, n'est-ce pas vrai ?

— Assez généralement ; mais je ne vous avais pas gâtées, et après tout vous n'étiez pas des anges pour la perfection : Mary avait un fond d'obstination calme, et vous aviez aussi quelques défauts de caractère ; mais, en somme, vous étiez de très-bonnes enfants.

— Je sais que j'étais quelquefois morose et de mauvaise humeur, et j'aurais été heureuse de voir les enfants confiés à mes soins de mauvaise humeur aussi : car alors, j'aurais pu les comprendre ; mais cela n'arrivait jamais, car rien ne les touchait et ne leur faisait honte : ils ne sentaient rien.

— S'ils ne sentaient rien, ce n'était pas leur faute : vous ne pouvez espérer que la pierre soit maniable comme l'argile.

— Non, mais il est toujours fort désagréable de vivre avec des créatures que l'on ne comprend pas et que rien n'impressionne. Vous ne pouvez les aimer ; et, si vous les aimez, votre affection est perdue : ils ne peuvent ni la rendre, ni l'apprécier, ni la comprendre. En admettant, ce qui est peu probable, que je tombe encore sur une famille pareille, j'ai l'expérience pour guide, et je m'en tirerai mieux une autre fois. Laissez-moi de nouveau essayer.

— Ma fille, vous ne vous découragez pas facilement, je le vois, et j'en suis charmée. Mais permettez-moi de vous dire que vous êtes beaucoup plus pâle et plus frêle que lorsque vous avez quitté la maison la première fois ;

and we cannot have you undermining your health to hoard up money either for yourself or others.'

'Mary tells me I am changed too; and I don't much wonder at it, for I was in a constant state of agitation and anxiety all day long: but next time I am determined to take things coolly.'

After some further discussion, my mother promised once more to assist me, provided I would wait and be patient; and I left her to broach the matter to my father, when and how she deemed it most advisable: never doubting her ability to obtain his consent. Meantime, I searched, with great interest, the advertising columns of the newspapers, and wrote answers to every 'Wanted a Governess' that appeared at all eligible; but all my letters, as well as the replies, when I got any, were dutifully shown to my mother; and she, to my chagrin, made me reject the situations one after another: these were low people, these were too exacting in their demands, and these too niggardly in their remuneration.

'Your talents are not such as every poor clergyman's daughter possesses, Agnes,' she would say, 'and you must not throw them away. Remember, you promised to be patient: there is no need of hurry: you have plenty of time before you, and may have many chances yet.'

At length, she advised me to put an advertisement, myself, in the paper, stating my qualifications, &c.

et nous ne pouvons souffrir que vous compromettiez ainsi votre santé pour amasser de l'argent, soit pour vous, soit pour d'autres.

— Mary me dit aussi que je suis changée, et je ne m'en étonne guère, car j'étais tout le jour dans un état constant d'agitation et d'anxiété ; mais, à l'avenir, je suis déterminée à prendre froidement les choses. »

Après quelques nouvelles discussions, ma mère promit encore une fois de m'aider, à la condition que j'attendrais et serais patiente. Je lui laissai donc le soin d'agiter la question avec mon père, de la façon qu'elle croirait la plus convenable, me reposant sur elle pour obtenir son consentement. De mon côté, je parcourus avec soin les annonces des journaux, et écrivis à toutes les personnes qui demandaient des gouvernantes. Toutes mes lettres, aussi bien que les réponses lorsque j'en recevais, étaient montrées à ma mère, qui, à mon grand chagrin, rejetait toutes les places les unes après les autres : ceux-ci étaient des gens de la basse classe ; ceux-là étaient trop exigeants dans leurs demandes et trop parcimonieux dans la rémunération.

« Vos talents sont de ceux que possède toute fille d'un pauvre membre du clergé, me disait-elle, et vous ne devez pas les dépenser en vain. Souvenez-vous que vous m'avez promis d'être patiente : rien ne presse ; vous avez du temps devant vous, et vous avez encore beaucoup de chances. »

À la fin, elle me conseilla de faire insérer moi-même dans le journal un avis énumérant mes talents, etc.

'Music, singing, drawing, French, Latin, and German,' said she, 'are no mean assemblage: many will be glad to have so much in one instructor; and this time, you shall try your fortune in a somewhat higher family in that of some genuine, thoroughbred gentleman; for such are far more likely to treat you with proper respect and consideration than those purse-proud tradespeople and arrogant upstarts. I have known several among the higher ranks who treated their governesses quite as one of the family; though some, I allow, are as insolent and exacting as any one else can be: for there are bad and good in all classes.'

The advertisement was quickly written and despatched. Of the two parties who answered it, but one would consent to give me fifty pounds, the sum my mother bade me name as the salary I should require; and here, I hesitated about engaging myself, as I feared the children would be too old, and their parents would require some one more showy, or more experienced, if not more accomplished than I. But my mother dissuaded me from declining it on that account: I should do vastly well, she said, if I would only throw aside my diffidence, and acquire a little more confidence in myself. I was just to give a plain, true statement of my acquirements and qualifications, and name what stipulations I chose to make, and then await the result. The only stipulation I ventured to propose, was that I might be allowed two months' holidays during the year to visit my friends, at Midsummer and Christmas. The unknown lady, in her reply, made no objection to this, and stated that,

« La musique, le chant, le dessin, le français, le latin, l'allemand, ne sont pas choses à dédaigner, me disait-elle ; beaucoup de personnes seront enchantées de trouver tant de talents réunis chez une seule institutrice, et cette fois vous pourrez peut-être tenter votre fortune dans une famille d'un rang plus élevé, dans celle de quelque gentleman noble et bien élevé, où vous aurez plus de chances d'être traitée avec respect et considération que chez des commerçants enrichis ou d'arrogants parvenus. J'ai connu des gentlemen du rang le plus élevé, qui traitaient leur gouvernante comme une personne de la famille ; bien qu'il y en ait aussi, j'en conviens, d'aussi insolents et d'aussi exigeants que puissent être ceux dont vous avez fait l'expérience, car il y a des bons et des mauvais dans toutes les classes. »

L'avis fut promptement écrit et expédié. Des deux familles qui répondirent, une seule consentit à me donner cinquante guinées, la somme que ma mère m'avait fait fixer comme salaire. J'hésitais à m'engager, craignant que les enfants ne fussent trop grands, et que les parents ne voulussent une personne qui représentât davantage, ou plus expérimentée, sinon plus instruite que moi. Mais ma mère combattit mes craintes : je m'en tirerais fort bien, me dit-elle, si je voulais me défaire de ma timidité et prendre un peu plus de confiance en moi-même. Je n'avais qu'à donner une explication claire et vraie de mes talents et de mes titres, stipuler les conditions, puis attendre le résultat. La seule condition que je proposai fut d'avoir deux mois de vacances dans l'année pour visiter mes amis : au milieu de l'été et à Noël. La dame inconnue répondit qu'elle ne faisait à cela aucune objection ;

as to my acquirements, she had no doubt I should be able to give satisfaction; but in the engagement of governesses she considered those things as but subordinate points; as being situated in the neighbourhood of O---, she could get masters to supply any deficiencies in that respect: but, in her opinion, next to unimpeachable morality, a mild and cheerful temper and obliging disposition were the most essential requisities.

My mother did not relish this at all, and now made many objections to my accepting the situation; in which my sister warmly supported her: but, unwilling to be balked again, I overruled them all; and, having first obtained the consent of my father (who had, a short time previously, been apprised of these transactions), I wrote a most obliging epistle to my unknown correspondent, and, finally, the bargain was concluded.

It was decreed that on the last day of January I was to enter upon my new office as governess in the family of Mr. Murray, of Horton Lodge, near O---, about seventy miles from our village: a formidable distance to me, as I had never been above twenty miles from home in all the course of my twenty years' sojourn on earth; and as, moreover, every individual in that family and in the neighbourhood was utterly unknown to myself and all my acquaintances. But this rendered it only the more piquant to me. I had now, in some measure, got rid of the *mauvaise honte* that had formerly oppressed me so much; there was a pleasing excitement in the idea of entering these unknown regions, and making my way alone amongits strange inhabitants.

que, pour l'instruction, elle ne doutait pas que je ne fusse capable de lui donner toute satisfaction ; mais, selon elle, ce point n'était que secondaire, car, habitant près de la ville d'O..., elle pouvait se procurer facilement des maîtres pour suppléer à ce qui me manquerait. Dans son opinion, une moralité parfaite, un caractère doux, gai et obligeant, étaient les choses les plus nécessaires.

Ma mère n'aimait pas beaucoup tout cela, et me fit alors beaucoup d'objections, dans lesquelles ma sœur se joignit à elle. Mais, ne voulant pas être désappointée de nouveau, je surmontai leurs résistances, et, après avoir obtenu le consentement de mon père, auquel on avait, peu de temps auparavant, donné connaissance du projet, j'écrivis à ma correspondante inconnue une très-belle épître, et le marché fut conclu.

Il fut décidé que, le dernier jour de janvier, je prendrais possession de mes nouvelles fonctions de gouvernante dans la famille de M. Murray, d'Horton-Lodge, près d'O..., à environ soixante-dix milles de notre village, distance formidable pour moi, qui, pendant mon séjour de vingt ans sur cette terre, ne m'étais jamais éloignée de plus de vingt milles de la maison paternelle.

Dans cette famille et dans le voisinage, il n'y avait personne qui fût connu de moi ni des miens, et c'est ce qui rendait la chose plus piquante. Je me trouvais, jusqu'à un certain point, débarrassée de cette mauvaise honte qui m'avait tant oppressée précédemment. Il y avait quelque chose d'excitant dans l'idée que j'allais entrer dans une région inconnue, et faire seule mon chemin parmi ses habitants étrangers.

I now flattered myself I was going to see something in the world: Mr. Murray's residence was near a large town, and not in a manufacturing district, where the people had nothing to do but to make money; his rank from what I could gather, appeared to be higher than that of Mr. Bloomfield; and, doubtless, he was one of those genuine thoroughbred gentry my mother spoke of, who would treat his governess with due consideration as a respectable well-educated lady, the instructor and guide of his children, and not a mere upper servant. Then, my pupils being older, would be more rational, more teachable, and less troublesome than the last; they would be less confined to the schoolroom, and not require that constant labour and incessant watching; and, finally, bright visions mingled with my hopes, with which the care of children and the mere duties of a governess had little or nothing to do. Thus, the reader will see that I had no claim to be regarded as a martyr to filial piety, going forth to sacrifice peace and liberty for the sole purpose of laying up stores for the comfort and support of my parents: though certainly the comfort of my father, and the future support of my mother, had a large share in my calculations; and fifty pounds appeared to me no ordinary sum. I must have decent clothes becoming my station; I must, it seemed, put out my washing, and also pay for my four annual journeys between Horton Lodge and home; but with strict attention to economy, surely twenty pounds, or little more, would cover those expenses, and then there would be thirty for the bank, or little less:

Je me flattais que j'allais voir enfin quelque chose du monde. La résidence de M. Murray était près d'une grande ville, et non dans un de ces districts manufacturiers où l'on ne s'occupe que de gagner de l'argent. Son rang, d'après mes informations, me paraissait plus élevé que celui de M. Bloomfield, et, sans aucun doute, c'était un de ces gentlemen de bonne souche et bien élevés dont parlait ma mère, qui traitent leur gouvernante avec considération et respect, comme l'institutrice et le guide de leurs enfants, et non comme une simple domestique. Puis, mes élèves, étant plus âgés, seraient plus raisonnables, plus faciles à diriger et moins turbulents que les derniers. Ils seraient moins confinés dans la salle d'étude et ne demanderaient pas un travail constant et une surveillance incessante ; finalement, à mes espérances se mêlaient de brillantes visions avec lesquelles le soin des enfants et les devoirs d'une gouvernante n'avaient que peu ou rien à faire. Le lecteur voit donc que je n'avais aucun droit au titre de martyre prête à sacrifier mon repos et ma liberté pour le bien-être et le soutien de mes parents, quoique assurément le bien-être de mon père et l'existence future de ma mère eussent une large part dans mes calculs. Cinquante guinées ne me paraissaient pas une somme ordinaire. Il me faudrait, il est vrai, des vêtements appropriés à ma situation ; il me faudrait en outre subvenir à mon blanchissage et aux frais de mes deux voyages d'Horton-Lodge à la maison paternelle. Mais, avec une stricte économie, assurément vingt guinées ou peu de chose au delà suffiraient à ces dépenses, et il m'en resterait encore trente ou à peu près pour la caisse d'épargne.

what a valuable addition to our stock! Oh, I must struggle to keep this situation, whatever it might be! both for my own honour among my friends and for the solid services I might render them by my continuance there.

Quelle précieuse addition à notre avoir ! Oh ! il me faudrait faire tous mes efforts pour conserver cette place, quelle qu'elle fût, pour mon honneur auprès de mes amis d'abord, et pour les services réels que cette position me permettait de leur rendre.

7
Horton Lodge

The 31st of January was a wild, tempestuous day: there was a strong north wind, with a continual storm of snow drifting on the ground and whirling through the air. My friends would have had me delay my departure, but fearful of prejudicing my employers against me by such want of punctuality at the commencement of my undertaking, I persisted in keeping the appointment.

I will not inflict upon my readers an account of my leaving home on that dark winter morning: the fond farewells, the long, long journey to O---, the solitary waitings in inns for coaches or trains—for there were some railways then—and, finally, the meeting at O--- with Mr. Murray's servant, who had been sent with the phaeton to drive me from thence to Horton Lodge. I will just state that the heavy snow had thrown such impediments in the way of both horses and steam-engines, that it was dark some hours before I reached my journey's end, and that a most bewildering storm came on at last, which made the few miles' space between O--- and Horton Lodge a long and formidable passage.

7
Horton-Lodge

Le 31 janvier fut un jour d'orage et de tempête : il soufflait un vent violent du nord, et des tourbillons de neige obscurcissaient les cieux. Mes parents auraient voulu me faire retarder mon départ ; mais, craignant de donner, par ce manque de ponctualité, mauvaise opinion de moi à la famille dans laquelle j'allais entrer, je voulus partir.

Pour ne point abuser de la patience de mes lecteurs, je ne m'étendrai pas sur mon départ de la maison par cette froide matinée d'hiver ; sur les tendres adieux, le long voyage, sur les attentes solitaires, dans les auberges, des voitures ou des convois : car il y avait déjà quelques chemins de fer ; sur ma rencontre à O... avec le domestique de M. Murray, qui avait été envoyé avec le phaéton pour me conduire de là à Horton-Lodge. Je dirai seulement que l'abondance de la neige avait formé de tels obstacles pour les chevaux et les locomotives, que la nuit était venue depuis plusieurs heures, lorsque j'atteignis le but de mon voyage, et qu'un ouragan des plus formidables vint à la fin, qui nous rendit très-difficile le trajet de quelques milles qui séparait O... d'Horton-Lodge.

I sat resigned, with the cold, sharp snow drifting through my veil and filling my lap, seeing nothing, and wondering how the unfortunate horse and driver could make their way even as well as they did; and indeed it was but a toilsome, creeping style of progression, to say the best of it. At length we paused; and, at the call of the driver, someone unlatched and rolled back upon their creaking hinges what appeared to be the park gates. Then we proceeded along a smoother road, whence, occasionally, I perceived some huge, hoary mass gleaming through the darkness, which I took to be a portion of a snow-clad tree. After a considerable time we paused again, before the stately portico of a large house with long windows descending to the ground.

I rose with some difficulty from under the superincumbent snowdrift, and alighted from the carriage, expecting that a kind and hospitable reception would indemnify me for the toils and hardships of the day. A gentleman person in black opened the door, and admitted me into a spacious hall, lighted by an amber-coloured lamp suspended from the ceiling; he led me through this, along a passage, and opening the door of a back room, told me that was the schoolroom. I entered, and found two young ladies and two young gentlemen—my future pupils, I supposed. After a formal greeting, the elder girl, who was trifling over a piece of canvas and a basket of German wools, asked if I should like to go upstairs. I replied in the affirmative, of course.

Je me tenais assise et résignée ; la neige froide traversait mon voile et couvrait mes habits ; je ne voyais rien et m'étonnais que le pauvre cheval et son conducteur pussent se diriger comme ils le faisaient. À la fin, la voiture s'arrêta et, à la voix du cocher, quelqu'un ouvrit et fit tourner sur leurs gonds rouillés ce qui me parut être les portes du parc. Puis nous nous avançâmes le long d'une route plus unie, de laquelle de temps en temps j'apercevais, se détachant de l'obscurité, quelque masse sombre et gigantesque que je prenais pour un arbre couvert de neige. Après un temps assez considérable, nous nous arrêtâmes de nouveau devant le majestueux portique d'une grande maison, dont les vastes fenêtres descendaient jusqu'au sol.

Je me levai avec difficulté sous la neige qui me couvrait, et descendis de la voiture, espérant qu'une bonne et hospitalière réception me dédommagerait des fatigues du jour. Un monsieur vêtu de noir ouvrit la porte et me fit entrer dans une pièce spacieuse, éclairée par une lampe suspendue au plafond et répandant une lumière ambrée ; il me conduisit ensuite par un corridor vers une chambre qu'il ouvrit et qu'il me dit être la salle d'étude. J'entrai, et je trouvai deux jeunes ladies et deux jeunes gentlemen, mes futurs élèves, supposai-je. Après un salut cérémonieux, l'aînée des filles, qui jouait avec une pièce de canevas et un petit panier contenant des laines allemandes, me demanda si je désirais monter chez moi. Je répondis affirmativement, comme on pense.

'Matilda, take a candle, and show her her room,' said she.

Miss Matilda, a strapping hoyden of about fourteen, with a short frock and trousers, shrugged her shoulders and made a slight grimace, but took a candle and proceeded before me up the back stairs (a long, steep, double flight), and through a long, narrow passage, to a small but tolerably comfortable room. She then asked me if I would take some tea or coffee. I was about to answer No; but remembering that I had taken nothing since seven o'clock that morning, and feeling faint in consequence, I said I would take a cup of tea. Saying she would tell 'Brown,' the young lady departed; and by the time I had divested myself of my heavy, wet cloak, shawl, bonnet, &c., a mincing damsel came to say the young ladies desired to know whether I would take my tea up there or in the schoolroom. Under the plea of fatigue I chose to take it there. She withdrew; and, after a while, returned again with a small tea-tray, and placed it on the chest of drawers, which served as a dressing-table. Having civilly thanked her, I asked at what time I should be expected to rise in the morning.

'The young ladies and gentlemen breakfast at half-past eight, ma'am,' said she; 'they rise early; but, as they seldom do any lessons before breakfast, I should think it will do if you rise soon after seven.'

I desired her to be so kind as to call me at seven, and, promising to do so, she withdrew. Then, having broken my long fast on a cup of tea and a little thin bread and butter,

« Mathilde, prenez un flambeau et montrez-lui sa chambre, » dit-elle.

Miss Mathilde, une grande fille d'environ quatorze ans, en jupe courte et en pantalon, haussa les épaules et fit une légère grimace, mais prit un flambeau, monta l'escalier devant moi, et me conduisit, à travers un long et étroit corridor, dans une chambre petite, mais assez confortable. Elle me demanda alors si je désirais prendre un peu de thé ou de café. Je fus sur le point de répondre : « Non ; » mais, me souvenant que je n'avais rien pris depuis sept heures du matin, et me sentant faible en conséquence, je dis que je prendrais une tasse de thé. En disant que Brown allait être prévenue, la jeune lady me quitta. Lorsque je me fus débarrassée de mon manteau lourd et mouillé, de mon châle et de mon chapeau, une demoiselle au maintien affecté vint me dire que les jeunes ladies désiraient savoir si je prendrais mon thé en haut ou dans la salle d'étude. Sous prétexte de la fatigue, je répondis que je le prendrais dans ma chambre. Elle sortit, et un instant après revint avec un plateau à thé, qu'elle plaça sur une commode qui servait de table de toilette. Après l'avoir poliment remerciée, je lui demandai à quelle heure on désirait que je fusse levée le matin.

« Les jeunes ladies et gentlemen déjeunent à huit heures et demie, madame, dit-elle ; ils se lèvent de bonne heure, mais comme ils prennent rarement des leçons avant le déjeuner, je crois qu'il sera assez tôt de vous lever à sept heures. »

Je la priai d'avoir la bonté de m'éveiller à sept heures, et elle se retira en me promettant de le faire. Alors je pris une tasse de thé et un peu de pain et de beurre,

I sat down beside the small, smouldering fire, and amused myself with a hearty fit of crying; after which, I said my prayers, and then, feeling considerably relieved, began to prepare for bed. Finding that none of my luggage was brought up, I instituted a search for the bell; and failing to discover any signs of such a convenience in any corner of the room, I took my candle and ventured through the long passage, and down the steep stairs, on a voyage of discovery. Meeting a well-dressed female on the way, I told her what I wanted; but not without considerable hesitation, as I was not quite sure whether it was one of the upper servants, or Mrs. Murray herself: it happened, however, to be the lady's-maid. With the air of one conferring an unusual favour, she vouchsafed to undertake the sending up of my things; and when I had re-entered my room, and waited and wondered a long time (greatly fearing that she had forgotten or neglected to perform her promise, and doubting whether to keep waiting or go to bed, or go down again), my hopes, at length, were revived by the sound of voices and laughter, accompanied by the tramp of feet along the passage; and presently the luggage was brought in by a rough-looking maid and a man, neither of them very respectful in their demeanour to me. Having shut the door upon their retiring footsteps, and unpacked a few of my things, I betook myself to rest; gladly enough, for I was weary in body and mind.

puis je m'assis auprès du feu et pleurai de bon cœur. Je dis ensuite mes prières, et, me sentant considérablement soulagée, je me disposai à me mettre au lit. Voyant que l'on ne m'avait rien apporté encore de mon bagage, je me mis en quête d'une sonnette ; ne trouvant aucun vestige de cet objet dans ma chambre, je pris mon flambeau et m'aventurai à travers le long corridor, puis je descendis l'escalier pour aller à la découverte. Je rencontrai sur mon chemin une femme fort bien vêtue, et lui dis ce que je cherchais, non sans une grande hésitation, car je n'étais pas sûre si je parlais à une des premières domestiques de la maison ou à mistress Murray elle-même. Il arriva pourtant que ce n'était que la femme de chambre de cette lady. Avec un air de grande protection, elle me promit qu'elle allait s'occuper de me faire monter mes effets, et je retournai dans ma chambre. J'avais attendu fort longtemps, et je commençais à craindre qu'elle n'eût oublié sa promesse, lorsque mes espérances furent ravivées par un éclat de voix et de rires accompagnés de bruit de pas le long du corridor. Une servante et un domestique entrèrent, portant mes bagages ; ni l'un ni l'autre ne se montrèrent fort respectueux envers moi. Après que j'eus fermé ma porte sur leurs talons et déballé quelques-uns de mes effets, je me mis au lit avec plaisir, car j'étais à la fois harassée d'esprit et de corps.

It was with a strange feeling of desolation, mingled with a strong sense of the novelty of my situation, and a joyless kind of curiosity concerning what was yet unknown, that I awoke the next morning; feeling like one whirled away by enchantment, and suddenly dropped from the clouds into a remote and unknown land, widely and completely isolated from all he had ever seen or known before; or like a thistle-seed borne on the wind to some strange nook of uncongenial soil, where it must lie long enough before it can take root and germinate, extracting nourishment from what appears so alien to its nature: if, indeed, it ever can. But this gives no proper idea of my feelings at all; and no one that has not lived such a retired, stationary life as mine, can possibly imagine what they were: hardly even if he has known what it is to awake some morning, and find himself in Port Nelson, in New Zealand, with a world of waters between himself and all that knew him.

I shall not soon forget the peculiar feeling with which I raised my blind and looked out upon the unknown world: a wide, white wilderness was all that met my gaze; a waste of

> *Deserts tossed in snow,*
>
> *And heavy laden groves.*

I descended to the schoolroom with no remarkable eagerness to join my pupils, though not without some feeling of curiosity respecting what a further acquaintance would reveal. One thing, among others of more obvious importance, I determined with myself—I must begin with calling them Miss and Master. It seemed to me

Ce fut avec un étrange sentiment de désolation que je m'éveillai le lendemain matin. Je sentais fortement la nouveauté de ma situation, et ma curiosité des choses inconnues n'était rien moins que joyeuse ; ma position était celle d'une personne enlevée par un charme magique, tombant tout à coup des nues sur une terre lointaine et ignorée, complétement isolée de tout ce qu'elle a vu et connu auparavant ; ou bien encore celle d'une semence emportée par le vent dans quelque coin d'un sol aride, où elle doit demeurer longtemps avant de prendre racine et à germer. Mais cela ne peut donner une juste idée de mes sentiments, et celui qui n'a pas mené une vie retirée et stationnaire comme la mienne ne peut imaginer ce qu'ils étaient, se fût-il même réveillé un matin à Port-Nelson, dans la Nouvelle-Zélande, avec l'Océan entre lui et tous ceux qui l'avaient connu.

Je n'oublierai pas de sitôt le sentiment particulier avec lequel j'ouvris mes persiennes et regardai ce monde inconnu. *Un désert vaste et couvert de neige* fut tout ce que rencontrèrent mes yeux.

Je descendis à la salle d'étude sans beaucoup d'empressement, mais avec un certain sentiment de curiosité de ce qu'une plus ample connaissance de mes élèves allait me révéler. Je résolus d'abord une chose, parmi beaucoup d'autres de plus grande importance, à savoir, de commencer par les appeler *miss* et *monsieur*. Cela me paraissait, il est vrai,

a chilling and unnatural piece of punctilio between the children of a family and their instructor and daily companion; especially where the former were in their early childhood, as at Wellwood House; but even there, my calling the little Bloomfields by their simple names had been regarded as an offensive liberty: as their parents had taken care to show me, by carefully designating them *Master* and *Miss* Bloomfield, &c., in speaking to me. I had been very slow to take the hint, because the whole affair struck me as so very absurd; but now I determined to be wiser, and begin at once with as much form and ceremony as any member of the family would be likely to require: and, indeed, the children being so much older, there would be less difficulty; though the little words Miss and Master seemed to have a surprising effect in repressing all familiar, open-hearted kindness, and extinguishing every gleam of cordiality that might arise between us.

As I cannot, like Dogberry, find it in my heart to bestow all my tediousness upon the reader, I will not go on to bore him with a minute detail of all the discoveries and proceedings of this and the following day. No doubt he will be amply satisfied with a slight sketch of the different members of the family, and a general view of the first year or two of my sojourn among them.

To begin with the head: Mr. Murray was, by all accounts, a blustering, roystering, country squire: a devoted fox-hunter, a skilful horse-jockey and farrier, an active, practical farmer, and a hearty *bon vivant*. By all accounts, I say; for, except on Sundays, when he went

une étiquette froide et peu naturelle entre les enfants d'une famille et leur précepteur et compagnon de chaque jour, surtout quand les élèves sont dans la première enfance, comme à Wellwood-House. Mais là même, ma coutume d'appeler les petits Bloomfield par leur nom avait été regardée comme une liberté offensante, ainsi que leurs parents avaient eu le soin de me le faire remarquer en les appelant eux-mêmes *monsieur* et *miss*. J'avais été longtemps à comprendre l'avertissement, tant la chose me paraissait absurde ; mais cette fois, j'étais bien déterminée à me montrer plus sage, et à commencer avec autant de formes et de cérémonie que l'on pût le désirer. À la vérité, les enfants étant beaucoup plus âgés, cela serait moins difficile, quoique les petits mots de *miss* et de *monsieur* me parussent avoir le surprenant effet de réprimer toute familiarité et d'éteindre tout éclair de cordialité qui pourrait s'élever entre nous.

Je n'infligerai pas à mon lecteur un minutieux détail de tout ce que je fis et découvris ce jour-là et le jour suivant. Nul doute qu'il ne se trouve amplement satisfait d'une légère esquisse des différents membres de la famille et d'un coup d'œil général sur la première et la seconde année que je passai parmi eux.

Je commence par la tête : M. Murray était, d'après tous les récits, un bruyant et remuant squire campagnard, un enragé chasseur de renard, un habile jockey et maréchal ferrant, un fermier actif et pratique, et un cordial *bon vivant*. Je dis, d'après tous les récits : car, excepté le dimanche, quand il allait

to church, I never saw him from month to month: unless, in crossing the hall or walking in the grounds, the figure of a tall, stout gentleman, with scarlet cheeks and crimson nose, happened to come across me; on which occasions, if he passed near enough to speak, an unceremonious nod, accompanied by a 'Morning, Miss Grey,' or some such brief salutation, was usually vouchsafed. Frequently, indeed, his loud laugh reached me from afar; and oftener still I heard him swearing and blaspheming against the footmen, groom, coachman, or some other hapless dependant.

Mrs. Murray was a handsome, dashing lady of forty, who certainly required neither rouge nor padding to add to her charms; and whose chief enjoyments were, or seemed to be, in giving or frequenting parties, and in dressing at the very top of the fashion. I did not see her till eleven o'clock on the morning after my arrival; when she honoured me with a visit, just as my mother might step into the kitchen to see a new servant-girl: yet not so, either, for my mother would have seen her immediately after her arrival, and not waited till the next day; and, moreover, she would have addressed her in a more kind and friendly manner, and given her some words of comfort as well as a plain exposition of her duties; but Mrs. Murray did neither the one nor the other. She just stepped into the schoolroom on her return from ordering dinner in the housekeeper's room, bade me good-morning, stood for two minutes by the fire, said a few words about the weather and the 'rather rough' journey I must have had yesterday; petted her youngest child—a boy of ten—

à l'église, je ne le voyais guère que de mois en mois ; à moins qu'en traversant la grande salle ou en me promenant dans le domaine, un grand et fort gentleman, aux joues colorées et au nez rouge, ne se trouvât sur mon passage. Dans ces occasions, s'il était assez près pour m'adresser la parole, il m'accordait un petit salut accompagné d'un : « Bonjour, miss Grey. » Souvent, à la vérité, son gros rire m'arrivait de loin, et plus souvent encore je l'entendais jurer et blasphémer contre les laquais, le groom, le cocher, ou quelque autre pauvre domestique.

Mistress Murray était une belle et élégante lady de quarante ans, dont les charmes n'avaient assurément besoin ni de rouge ni de ouate. Son principal plaisir était ou paraissait être de recevoir et de rendre des visites, et de s'habiller à la mode la plus nouvelle. Je ne l'aperçus point le lendemain de mon arrivée avant onze heures du matin, moment où elle m'honora d'une visite, tout comme ma mère se serait rendue à la cuisine pour voir une nouvelle servante, moins l'empressement toutefois : car ma mère serait allée voir la servante à son arrivée, et n'aurait pas attendu au lendemain. Ma mère aurait parlé à sa servante d'une manière bienveillante et amicale, lui aurait adressé quelques paroles d'encouragement, et lui aurait fait une simple exposition de ses devoirs ; mais mistress Murray ne fit ni l'un ni l'autre. Elle entra dans la salle d'étude en revenant de commander son dîner, me dit bonjour, resta quelques minutes debout auprès du feu, dit quelques mots du temps et du rude voyage que je venais de faire, caressa son plus jeune enfant, un garçon de dix ans,

who had just been wiping his mouth and hands on her gown, after indulging in some savoury morsel from the housekeeper's store; told me what a sweet, good boy he was; and then sailed out, with a self-complacent smile upon her face: thinking, no doubt, that she had done quite enough for the present, and had been delightfully condescending into the bargain. Her children evidently held the same opinion, and I alone thought otherwise.

After this she looked in upon me once or twice, during the absence of my pupils, to enlighten me concerning my duties towards them. For the girls she seemed anxious only to render them as superficially attractive and showily accomplished as they could possibly be made, without present trouble or discomfort to themselves; and I was to act accordingly — to study and strive to amuse and oblige, instruct, refine, and polish, with the least possible exertion on their part, and no exercise of authority on mine. With regard to the two boys, it was much the same; only instead of accomplishments, I was to get the greatest possible quantity of Latin grammar and Valpy's Delectus into their heads, in order to fit them for school — the greatest possible quantity at least *without* trouble to themselves. John might be a 'little high-spirited,' and Charles might be a little 'nervous and tedious —'

'But at all events, Miss Grey,' said she, 'I hope *you* will keep your temper, and be mild and patient throughout; especially with the dear little Charles; he is so extremely nervous and susceptible, and so utterly unaccustomed to anything but the tenderest treatment. You will excuse

qui venait d'essuyer sa bouche et ses mains avec sa robe, après avoir mangé quelques friandises ; me dit quel doux et bon garçon c'était, puis s'en alla avec un sourire sur son visage, pensant sans doute qu'elle avait assez fait pour le présent, et m'avait donné une grande marque de condescendance. Ses enfants avaient aussi la même opinion, et j'étais seule à penser autrement.

Après cela, elle vint me voir une ou deux fois pendant l'absence de mes élèves, pour me tracer mes devoirs. Pour les filles, ce qu'elle paraissait désirer était qu'elles fussent mises à même de produire de l'effet, sans beaucoup de peine et de travail. Il me fallait donc agir en conséquence, m'étudier à les amuser en les instruisant, à les raffiner, à les polir avec le moins possible d'efforts de leur part et aucun exercice d'autorité de la mienne. Quant aux garçons, c'était à beaucoup près la même chose : seulement, au lieu d'arts d'agrément, il me fallait leur fourrer dans la tête la plus grande quantité possible de la grammaire latine et du *Delectus* de Valpy, la plus grande quantité possible, du moins sans les tourmenter. « John est peut-être un peu bouillant et Charles un peu nerveux et difficile ; mais dans tous les cas, miss Grey, dit-elle, j'espère que vous vous contraindrez et serez douce et patiente toujours, surtout avec ce cher petit Charles : il est si nerveux et si susceptible, et si peu accoutumé à tout ce qui n'est pas le plus tendre traitement ! Vous m'excuserez de

vous dire tout cela ; mais le fait est que j'ai jusqu'ici trouvé toutes les gouvernantes, même les meilleures, en défaut sur ce point. Elles manquaient de cet esprit doux et calme que saint Matthieu, ou tout autre évangéliste, dit être meilleur

my naming these things to you; for the fact is, I have hitherto found all the governesses, even the very best of them, faulty in this particular. They wanted that meek and quiet spirit, which St. Matthew, or some of them, says is better than the putting on of apparel—you will know the passage to which I allude, for you are a clergyman's daughter. But I have no doubt you will give satisfaction in this respect as well as the rest. And remember, on all occasions, when any of the young people do anything improper, if persuasion and gentle remonstrance will not do, let one of the others come and tell me; for I can speak to them more plainly than it would be proper for you to do. And make them as happy as you can, Miss Grey, and I dare say you will do very well.'

I observed that while Mrs. Murray was so extremely solicitous for the comfort and happiness of her children, and continually talking about it, she never once mentioned mine; though they were at home, surrounded by friends, and I an alien among strangers; and I did not yet know enough of the world, not to be considerably surprised at this anomaly.

Miss Murray, otherwise Rosalie, was about sixteen when I came, and decidedly a very pretty girl; and in two years longer, as time more completely developed her form and added grace to her carriage and deportment, she became positively beautiful; and that in no common degree. She was tall and slender, yet not thin; perfectly formed, exquisitely fair, though not without a brilliant, healthy bloom; her hair, which she wore

que... vous savez bien le passage auquel je fais allusion, car vous êtes la fille d'un ecclésiastique. Mais je ne doute pas que vous ne me donniez satisfaction sur ce point aussi bien que sur tout le reste. Dans toute occasion, s'il arrivait que l'un de vos élèves fît quelque chose d'inconvenant, et que la persuasion et les douces remontrances fussent impuissantes, envoyez-moi chercher par un autre ; car je puis leur parler plus librement qu'il ne serait convenable pour vous de le faire. Rendez-les le plus heureux que vous pourrez, miss Grey, et je ne crains pas de dire que vous réussirez très-bien. »

Je remarquai que, pendant que mistress Murray se montrait si remplie de sollicitude pour le bien-être et le bonheur de ses enfants, dont elle parlait constamment, elle ne dit jamais un mot de mon bien-être et de mon bonheur à moi. Pourtant ils étaient dans la maison paternelle, entourés de parents et d'amis, et moi, j'étais étrangère au milieu d'étrangers ; je ne connaissais pas encore assez le monde pour n'être point considérablement surprise de cette anomalie.

Miss Murray, autrement Rosalie, avait environ seize ans à mon arrivée, et était une fort jolie fille. En deux années, le temps développant ses formes et ajoutant de la grâce à ses manières et à sa démarche, elle devint positivement belle. Elle était grande et mince sans être maigre, ses formes étaient d'une délicatesse exquise, et pourtant elle avait les couleurs fraîches et roses de la santé ; ses cheveux, qu'elle portait

in a profusion of long ringlets, was of a very light brown inclining to yellow; her eyes were pale blue, but so clear and bright that few would wish them darker; the rest of her features were small, not quite regular, and not remarkably otherwise: but altogether you could not hesitate to pronounce her a very lovely girl. I wish I could say as much for mind and disposition as I can for her form and face.

Yet think not I have any dreadful disclosures to make: she was lively, light-hearted, and could be very agreeable, with those who did not cross her will. Towards me, when I first came, she was cold and haughty, then insolent and overbearing; but, on a further acquaintance, she gradually laid aside her airs, and in time became as deeply attached to me as it was possible for *her* to be to one of my character and position: for she seldom lost sight, for above half an hour at a time, of the fact of my being a hireling and a poor curate's daughter. And yet, upon the whole, I believe she respected me more than she herself was aware of; because I was the only person in the house who steadily professed good principles, habitually spoke the truth, and generally endeavoured to make inclination bow to duty; and this I say, not, of course, in commendation of myself, but to show the unfortunate state of the family to which my services were, for the present, devoted. There was no member of it in whom I regretted this sad want of principle so much as Miss Murray herself; not only because she had taken a fancy to me, but because there was so much of what was pleasant and prepossessing in herself,

en longues boucles, étaient abondants et d'un châtain clair inclinant au jaune ; ses yeux étaient d'un bleu pâle, mais si limpides et si brillants, qu'on ne les eût pas voulus d'une couleur plus foncée ; ses traits, du reste, étaient petits, et sans être tout à fait réguliers, on ne pouvait dire qu'ils ne l'étaient pas. En somme, on ne pouvait s'empêcher de la proclamer une fort jolie fille. Je voudrais pouvoir dire de son esprit et de son caractère ce que je viens de dire de sa personne et de son visage.

N'allez pas croire pourtant que j'aie quelque effroyable révélation à faire : elle était vive et gaie, et pouvait être fort agréable avec ceux qui ne contrariaient pas ses volontés. À mon égard, elle fut d'abord froide et hautaine, puis insolente et tyrannique ; mais, lorsqu'elle me connut mieux, elle mit de côté peu à peu ses airs, et par la suite me devint aussi profondément attachée qu'elle pouvait l'être à une personne de mon rang et de ma position : car rarement elle perdait de vue pour plus d'une demi-heure que j'étais la fille salariée d'un pauvre ecclésiastique. Et cependant je crois qu'elle me respectait plus qu'elle ne le croyait : car j'étais la seule personne dans la maison qui professât fermement de bons principes, qui dît habituellement la vérité, et qui essayât généralement de faire plier l'inclination devant le devoir. Je dis ceci non pour me louer, mais pour montrer le malheureux état de la famille à laquelle, pour le moment, étaient voués mes services. Il n'était aucun membre de cette famille chez lequel je regrettasse avec plus d'amertume ce manque de principes, que chez miss Murray elle-même, non-seulement parce qu'elle m'avait prise en affection, mais parce qu'il y avait en elle tant de qualités agréables et engageantes,

that, in spite of her failings, I really liked her—when she did not rouse my indignation, or ruffle my temper by *too* great a display of her faults. These, however, I would fain persuade myself were rather the effect of her education than her disposition: she had never been perfectly taught the distinction between right and wrong; she had, like her brothers and sisters, been suffered, from infancy, to tyrannize over nurses, governesses, and servants; she had not been taught to moderate her desires, to control her temper or bridle her will, or to sacrifice her own pleasure for the good of others. Her temper being naturally good, she was never violent or morose, but from constant indulgence, and habitual scorn of reason, she was often testy and capricious; her mind had never been cultivated: her intellect, at best, was somewhat shallow; she possessed considerable vivacity, some quickness of perception, and some talent for music and the acquisition of languages, but till fifteen she had troubled herself to acquire nothing;—then the love of display had roused her faculties, and induced her to apply herself, but only to the more showy accomplishments. And when I came it was the same: everything was neglected but French, German, music, singing, dancing, fancy-work, and a little drawing—such drawing as might produce the greatest show with the smallest labour, and the principal parts of which were generally done by me. For music and singing, besides my occasional instructions, she had the attendance of the best master the country afforded;

qu'en dépit de ses imperfections je l'aimais réellement, quand elle n'excitait pas mon indignation ou n'irritait pas mon caractère par un trop grand étalage de ses défauts. Ces défauts, cependant, me persuadais-je volontiers, étaient plutôt le fruit de son éducation que de sa disposition naturelle. On ne lui avait jamais parfaitement enseigné la distinction entre le bien et le mal ; on lui avait permis, depuis son enfance, de même qu'à ses frères et à sa sœur, d'exercer une tyrannie sur les nourrices, les gouvernantes et les domestiques ; on ne lui avait pas appris à modérer ses désirs, à dominer son caractère, à mettre un frein à ses volontés, ou à sacrifier son propre plaisir pour le bien des autres. Son caractère étant généralement bon, elle ne se montrait jamais violente ni morose ; mais l'indulgence constante avec laquelle elle avait été traitée, et son mépris habituel de la raison, faisaient que souvent elle se montrait fantasque et capricieuse. Son esprit n'avait jamais été cultivé ; son intelligence était quelque peu superficielle ; elle possédait une grande vivacité, une certaine rapidité de perception et quelques dispositions à apprendre la musique et les langues ; mais jusqu'à quinze ans elle ne s'était donné aucune peine pour s'instruire, puis le désir de briller avait émoustillé ses facultés et l'avait poussée à l'étude, mais seulement des talents qui font briller. Lorsque j'arrivai, ce fut la même chose : tout fut négligé, à l'exception du français, de l'allemand, de la musique, du chant, de la danse et de quelques essais de dessin, essais de nature à produire le plus d'effet possible sans grand travail, et dont les parties principales étaient généralement exécutées par moi. Pour la musique et le chant, outre mes instructions, elle avait les leçons des meilleurs professeurs du pays,

and in these accomplishments, as well as in dancing, she certainly attained great proficiency. To music, indeed, she devoted too much of her time, as, governess though I was, I frequently told her; but her mother thought that if *she* liked it, she *could* not give too much time to the acquisition of so attractive an art. Of fancy-work I knew nothing but what I gathered from my pupil and my own observation; but no sooner was I initiated, than she made me useful in twenty different ways: all the tedious parts of her work were shifted on to my shoulders; such as stretching the frames, stitching in the canvas, sorting the wools and silks, putting in the grounds, counting the stitches, rectifying mistakes, and finishing the pieces she was tired of.

At sixteen, Miss Murray was something of a romp, yet not more so than is natural and allowable for a girl of that age, but at seventeen, that propensity, like all other things, began to give way to the ruling passion, and soon was swallowed up in the all-absorbing ambition to attract and dazzle the other sex. But enough of her: now let us turn to her sister.

Miss Matilda Murray was a veritable hoyden, of whom little need be said. She was about two years and a half younger than her sister; her features were larger, her complexion much darker. She might possibly make a handsome woman; but she was far too big-boned and awkward ever to be called a pretty girl, and at present she cared little about it. Rosalie knew all her charms, and thought them even greater than they were, and valued them more highly than she ought to have done,

et dans ces arts, aussi bien que dans la danse, elle devint assurément fort habile. Elle donnait beaucoup trop de temps à la musique, ainsi que je le lui disais ; mais sa mère pensait que, si elle l'aimait, elle ne pouvait consacrer trop de temps à l'acquisition d'un art si attrayant. Pour ce qui était du travail de fantaisie, je ne savais autre chose que ce que j'avais appris de mes élèves et par ma propre observation ; mais je ne fus pas plutôt initiée qu'elle m'utilisa de différentes façons : toutes les parties ennuyeuses du travail me furent jetées sur les épaules : comme tendre les métiers, piquer les canevas, assortir les laines et les soies, faire les fonds, compter les points, rectifier les erreurs, et finir les pièces dont elle était fatiguée.

À seize ans, miss Murray aimait encore à badiner, pas plus pourtant qu'il n'est naturel et permis à une jeune fille de cet âge ; mais à dix-sept ans, cette propension, comme toute autre chose, fit place à la passion dominante, et fut bientôt absorbée par le désir d'attirer et d'éblouir l'autre sexe. Mais en voilà assez sur elle ; arrivons à sa sœur.

Miss Mathilde Murray était une véritable fillette dont il y a peu de chose à dire. Elle était d'environ deux ans et demi plus jeune que sa sœur ; ses traits étaient plus larges, son teint plus brun. Elle promettait d'être un jour une belle femme, mais elle avait les os trop gros et était trop rustique pour faire une jolie fille, ce dont elle se préoccupait peu. Rosalie connaissait tous ses charmes et les croyait même plus grands qu'ils n'étaient ; elle les estimait plus qu'elle n'eût dû le faire,

had they been three times as great; Matilda thought she was well enough, but cared little about the matter; still less did she care about the cultivation of her mind, and the acquisition of ornamental accomplishments. The manner in which she learnt her lessons and practised her music was calculated to drive any governess to despair. Short and easy as her tasks were, if done at all, they were slurred over, at any time and in any way; but generally at the least convenient times, and in the way least beneficial to herself, and least satisfactory to me: the short half-hour of practising was horribly strummed through; she, meantime, unsparingly abusing me, either for interrupting her with corrections, or for not rectifying her mistakes before they were made, or something equally unreasonable. Once or twice, I ventured to remonstrate with her seriously for such irrational conduct; but on each of those occasions, I received such reprehensive expostulations from her mother, as convinced me that, if I wished to keep the situation, I must even let Miss Matilda go on in her own way.

When her lessons were over, however, her ill-humour was generally over too: while riding her spirited pony, or romping with the dogs or her brothers and sister, but especially with her dear brother John, she was as happy as a lark. As an animal, Matilda was all right, full of life, vigour, and activity; as an intelligent being, she was barbarously ignorant, indocile, careless and irrational; and, consequently, very distressing to one who had the task of cultivating her understanding, reforming her manners,

eussent-ils été trois fois plus grands. Mathilde pensait qu'elle était assez bien, mais se préoccupait peu de ce sujet ; encore moins se souciait-elle de cultiver son esprit et d'acquérir des talents d'agrément. La façon dont elle étudiait ses leçons et exécutait sa musique était faite pour désespérer toutes ses gouvernantes. Si aisées et si courtes que fussent ses leçons, elle ne pouvait les apprendre, si elle les apprenait, avec régularité et dans le temps voulu ; elle les apprenait dans le temps le moins convenable et de la façon la moins utile pour elle et la moins agréable pour moi. La petite demi-heure de pratique était horriblement gaspillée. Elle en passait une partie à m'invectiver, tantôt parce que je l'interrompais pour des corrections, tantôt parce que je ne rectifiais pas ses erreurs avant qu'elle les eût commises, ou pour tout autre motif aussi déraisonnable. Une fois ou deux je me hasardai à lui faire des remontrances sérieuses à ce sujet ; mais, dans chacune de ces occasions, la mère me parla de façon à me convaincre que, si je voulais conserver ma place, il me fallait laisser miss Mathilde agir à sa guise.

Quand ses leçons étaient finies, pourtant, c'était généralement fait aussi de sa mauvaise humeur. Lorsqu'elle montait son fringant poney, ou courait avec les chiens ou avec ses frères et sa sœur, mais surtout avec son cher John, elle était heureuse comme l'alouette. Sous le rapport physique, Mathilde était parfaite, pleine de vie, de vigueur et d'activité ; sous le rapport moral, elle était d'une ignorance barbare, indocile, indolente, déraisonnable, et faite pour désespérer la personne chargée de cultiver son esprit, de réformer ses manières,

and aiding her to acquire those ornamental attainments which, unlike her sister, she despised as much as the rest. Her mother was partly aware of her deficiencies, and gave me many a lecture as to how I should try to form her tastes, and endeavour to rouse and cherish her dormant vanity; and, by insinuating, skilful flattery, to win her attention to the desired objects—which I would not do; and how I should prepare and smooth the path of learning till she could glide along it without the least exertion to herself: which I could not, for nothing can be taught to any purpose without some little exertion on the part of the learner.

As a moral agent, Matilda was reckless, headstrong, violent, and unamenable to reason. One proof of the deplorable state of her mind was, that from her father's example she had learned to swear like a trooper. Her mother was greatly shocked at the 'unlady-like trick,' and wondered 'how she had picked it up.' 'But you can soon break her of it, Miss Grey,' said she: 'it is only a habit; and if you will just gently remind her every time she does so, I am sure she will soon lay it aside.' I not only 'gently reminded' her, I tried to impress upon her how wrong it was, and how distressing to the ears of decent people: but all in vain: I was only answered by a careless laugh, and, 'Oh, Miss Grey, how shocked you are! I'm so glad!' or, 'Well! I can't help it; papa shouldn't have taught me: I learned it all from him; and maybe a bit from the coachman.'

et de l'aider à acquérir ces agréments extérieurs que, tout au contraire de sa sœur, elle méprisait autant que le reste. Sa mère la connaissait assez bien, et me dit plus d'une fois comment je devais essayer de former ses goûts, m'efforcer d'éveiller et d'entretenir sa vanité endormie, et, par une flatterie habile et insinuante, captiver son attention, ce que je ne me sentais pas disposée à faire ; comment je devais lui préparer et lui aplanir le sentier de la science, de façon à ce qu'elle pût y marcher sans la moindre fatigue, ce qui était impossible, car on n'apprend rien sans travail et sans peine.

Mathilde était de plus étourdie, entêtée, violente, et incapable de céder à la raison. Une preuve du déplorable état de son intelligence, c'est que, à l'exemple de son père, elle avait appris à jurer comme un soldat. Sa mère se montrait grandement choquée de ce grossier défaut, et s'étonnait qu'elle eût pu le contracter. « Mais vous pourrez l'en corriger promptement, miss Grey, me disait-elle ; ce n'est qu'une habitude, et, si vous voulez la reprendre doucement chaque fois qu'elle jurera, je suis sûre que bientôt elle ne le fera plus. » Non-seulement je la repris doucement, je m'efforçai aussi de lui faire comprendre combien c'était mal et choquant pour les oreilles des gens bien élevés de jurer ainsi ; mais ce fut en vain. Elle me répondait en riant avec insouciance : « Oh ! miss Grey, comme vous vous fâchez ! Que je suis contente ! » Ou bien : « Je ne puis m'en empêcher ; papa n'aurait pas dû m'apprendre cela ; c'est de lui que j'ai retenu tout cela, et peut-être un peu du cocher. »

Her brother John, *alias* Master Murray, was about eleven when I came: a fine, stout, healthy boy, frank and good-natured in the main, and might have been a decent lad had he been properly educated; but now he was as rough as a young bear, boisterous, unruly, unprincipled, untaught, unteachable — at least, for a governess under his mother's eye. His masters at school might be able to manage him better — for to school he was sent, greatly to my relief, in the course of a year; in a state, it is true, of scandalous ignorance as to Latin, as well as the more useful though more neglected things: and this, doubtless, would all be laid to the account of his education having been entrusted to an ignorant female teacher, who had presumed to take in hand what she was wholly incompetent to perform. I was not delivered from his brother till full twelve months after, when he also was despatched in the same state of disgraceful ignorance as the former.

Master Charles was his mother's peculiar darling. He was little more than a year younger than John, but much smaller, paler, and less active and robust; a pettish, cowardly, capricious, selfish little fellow, only active in doing mischief, and only clever in inventing falsehoods: not simply to hide his faults, but, in mere malicious wantonness, to bring odium upon others. In fact, Master Charles was a very great nuisance to me: it was a trial of patience to live with him peaceably; to watch over him was worse; and to teach him, or pretend to teach him, was inconceivable.

Son frère John, *alias* M. Murray, avait environ onze ans lorsque j'entrai dans la famille. C'était un beau garçon, fort et plein de santé, franc et d'une bonne nature, et qui eût fait un charmant sujet s'il avait été convenablement élevé ; mais pour le moment il était aussi peu civilisé qu'un jeune ourson, bouillant, turbulent, indocile, ne sachant rien et ne pouvant rien apprendre, surtout d'une gouvernante et sous les yeux de sa mère. Ses maîtres au collège en tirèrent peut-être meilleur parti, car il fut envoyé au collège, à mon grand soulagement, dans le courant de l'année. Il y entra, il est vrai, dans un scandaleux état d'ignorance quant au latin, aussi bien que pour une foule de choses plus utiles, quoique plus négligées, et cela, sans nul doute, fut rejeté sur le défaut de sa première éducation, confiée à une femme ignorante qui avait trop présumé de ses forces, et avait entrepris d'enseigner ce qu'elle ne savait pas elle-même. Je ne fus délivrée que douze mois plus tard de son frère, qui fut aussi expédié au collège, dans le même état d'ignorance que le premier.

M. Charles était particulièrement l'enfant gâté de sa mère. Il était plus jeune que son frère d'un peu plus d'une année, mais était beaucoup plus petit, plus pâle, moins actif et moins robuste. C'était un méchant, couard, capricieux et égoïste petit bonhomme, actif seulement à faire le mal, habile seulement à inventer des mensonges, non toujours pour cacher ses fautes, mais par pure méchanceté et pour mieux nuire aux autres. Dans le fait, M. Charles était un grand tourment pour moi : il fallait une patience d'ange pour vivre en paix avec lui ; veiller sur lui était pire encore, et lui apprendre quelque chose, ou prétendre lui apprendre quelque chose, était chose impossible.

At ten years old, he could not read correctly the easiest line in the simplest book; and as, according to his mother's principle, he was to be told every word, before he had time to hesitate or examine its orthography, and never even to be informed, as a stimulant to exertion, that other boys were more forward than he, it is not surprising that he made but little progress during the two years I had charge of his education. His minute portions of Latin grammar, &c., were to be repeated over to him, till he chose to say he knew them, and then he was to be helped to say them; if he made mistakes in his little easy sums in arithmetic, they were to be shown him at once, and the sum done for him, instead of his being left to exercise his faculties in finding them cut himself; so that, of course, he took no pains to avoid mistakes, but frequently set down his figures at random, without any calculation at all.

I did not invariably confine myself to these rules: it was against my conscience to do so; but I seldom could venture to deviate from them in the slightest degree, without incurring the wrath of my little pupil, and subsequently of his mamma; to whom he would relate my transgressions maliciously exaggerated, or adorned with embellishments of his own; and often, in consequence, was I on the point of losing or resigning my situation. But, for their sakes at home, I smothered my pride and suppressed my indignation, and managed to struggle on till my little tormentor was despatched to school; his father declaring that home education was 'no go; for him, it was plain; his mother spoiled him outrageously, and his governess could make no hand of him at all.'

À dix ans, il ne pouvait lire correctement une ligne dans le livre le plus simple ; et comme, d'après le principe de sa mère, je devais lui dire chaque mot avant qu'il eût le temps d'hésiter et d'examiner l'orthographe, comme il m'était même interdit, pour le stimuler, de lui dire que les autres garçons de son âge étaient ordinairement plus avancés que lui, il n'y a rien d'étonnant qu'il n'eût fait que peu de progrès pendant les deux ans que je fus chargée de son éducation. Il fallait lui répéter ses petites leçons de grammaire latine et autres, jusqu'à ce qu'il dît qu'il les savait, puis ensuite l'aider à les réciter ; s'il faisait des erreurs dans ses petits exercices d'arithmétique, les lui corriger, au lieu de le laisser exercer ses facultés en cherchant à les rectifier lui-même : de sorte qu'il ne prenait aucune peine pour éviter les erreurs, et souvent posait ses chiffres au hasard et sans aucun calcul.

Je ne me renfermai pas pourtant invariablement dans ces règles : c'était contraire à ma conscience ; mais rarement j'en pus dévier sans exciter la colère de mon petit élève, et par suite celle de sa mère, à qui il racontait mes transgressions, malicieusement exagérées et embellies par lui. Plus d'une fois je fus sur le point de perdre ou de résigner ma place. Mais pour l'amour de ceux que j'avais laissés à la maison, j'étouffai mon orgueil, je réprimai mon indignation, et résolus de lutter jusqu'à ce que mon petit bourreau fût envoyé au collège, son père déclarant qu'il était clair que l'éducation de famille n'était pas ce qu'il lui fallait, que sa mère le gâtait scandaleusement, et que ses gouvernantes n'en pouvaient rien faire.

A few more observations about Horton Lodge and its ongoings, and I have done with dry description for the present. The house was a very respectable one; superior to Mr. Bloomfield's, both in age, size, and magnificence: the garden was not so tastefully laid out; but instead of the smooth-shaven lawn, the young trees guarded by palings, the grove of upstart poplars, and the plantation of firs, there was a wide park, stocked with deer, and beautified by fine old trees. The surrounding country itself was pleasant, as far as fertile fields, flourishing trees, quiet green lanes, and smiling hedges with wild-flowers scattered along their banks, could make it; but it was depressingly flat to one born and nurtured among the rugged hills of ---.

We were situated nearly two miles from the village church, and, consequently, the family carriage was put in requisition every Sunday morning, and sometimes oftener. Mr. and Mrs. Murray generally thought it sufficient to show themselves at church once in the course of the day; but frequently the children preferred going a second time to wandering about the grounds all the day with nothing to do. If some of my pupils chose to walk and take me with them, it was well for me; for otherwise my position in the carriage was to be crushed into the corner farthest from the open window, and with my back to the horses: a position which invariably made me sick; and if I were not actually obliged to leave the church in the middle of the service, my devotions were disturbed with a feeling of languor and sickliness, and the tormenting fear

Encore quelques mots sur Horton-Lodge et ses hôtes, et j'en aurai fini pour le moment avec cette aride description. La maison était fort respectable, supérieure à celle de M. Bloomfield par l'ancienneté, les dimensions et la magnificence. Le jardin n'était pas tracé avec autant de goût ; mais au lieu des pelouses unies, des jeunes arbres protégés par des tuteurs, des peupliers et des plantations de sapins, il y avait un vaste parc, peuplé de daims et formé de beaux gros arbres. Les environs étaient aussi agréables que peuvent l'être des champs fertiles, de beaux arbres, des pelouses vertes, des haies le long desquelles s'épanouissent les fleurs sauvages ; mais ce pays était affreusement plat pour moi, nourrie et élevée dans les montagnes de…

Horton-Lodge était situé à près de deux milles de l'église du village, et, en conséquence, la voiture de la famille était mise en réquisition tous les dimanches, et quelquefois plus souvent. M. et mistress Murray pensaient généralement qu'il était suffisant pour eux de se montrer une fois à l'église ; mais les enfants aimaient souvent mieux y retourner une seconde fois que d'errer dans le parc ou le jardin tout le reste du jour, sans but et sans occupation. J'étais fort heureuse lorsque quelques-uns de mes élèves préféraient aller à pied et me prenaient avec eux : car ma position dans la voiture, placée dans le coin le plus éloigné de la fenêtre et le dos tourné aux chevaux, ne manquait jamais de me rendre malade ; et, si je n'étais pas obligée de quitter l'église au milieu du service, mes dévotions étaient troublées par une sensation de langueur et de malaise, et par la crainte

of its becoming worse: and a depressing headache was generally my companion throughout the day, which would otherwise have been one of welcome rest, and holy, calm enjoyment.

'It's very odd, Miss Grey, that the carriage should always make you sick: it never makes *me*,' remarked Miss Matilda,

'Nor me either,' said her sister; 'but I dare say it would, if I sat where she does — such a nasty, horrid place, Miss Grey; I wonder how you can bear it!'

'I am obliged to bear it, since no choice is left me,' — I might have answered; but in tenderness for their feelings I only replied, — 'Oh! it is but a short way, and if I am not sick in church, I don't mind it.'

If I were called upon to give a description of the usual divisions and arrangements of the day, I should find it a very difficult matter. I had all my meals in the schoolroom with my pupils, at such times as suited their fancy: sometimes they would ring for dinner before it was half cooked; sometimes they would keep it waiting on the table for above an hour, and then be out of humour because the potatoes were cold, and the gravy covered with cakes of solid fat; sometimes they would have tea at four; frequently, they would storm at the servants because it was not in precisely at five; and when these orders were obeyed, by way of encouragement to punctuality, they would keep it on the table till seven or eight.

de me trouver plus mal. Une migraine me tenait ordinairement compagnie tout le reste du jour, qui, sans cela, eût été un jour de repos bienfaisant, de saint et calme plaisir.

« C'est bien singulier, miss Grey, que la voiture vous rende toujours malade ; elle ne me produit jamais le même effet, dit un jour miss Mathilde.

— Ni moi, dit sa sœur ; mais il n'en serait pas de même, je ne crains pas de le dire, si j'étais assise au même endroit qu'elle. C'est une affreuse place, miss Grey, et je m'étonne que vous puissiez y rester.

— J'y suis bien obligée, puisque je n'ai pas le choix, aurais-je pu répondre ; mais, pour ne leur point faire de peine, je me bornai à dire : « Oh ! la route est très-courte, et, si je ne suis pas malade à l'église, je n'y pense plus. »

Si l'on me demandait une description des divisions habituelles et des arrangements du jour, je trouverais la chose fort difficile. Je prenais tous mes repas dans la salle d'étude, avec mes élèves, à l'heure qui convenait à leur caprice : quelquefois ils sonnaient pour le dîner avant qu'il fût à moitié cuit ; d'autres fois, ils le laissaient sur la table pendant plus d'une heure, puis ils se mettaient en colère parce que les pommes de terre étaient froides, et le jus couvert d'une couche de graisse refroidie ; quelquefois ils voulaient que le thé fût servi à quatre heures ; souvent ils grondaient les domestiques parce qu'il n'était pas servi à cinq heures précises. Et lorsque ces ordres étaient exécutés, par manière d'encouragement à la ponctualité, ils le laissaient sur la table jusqu'à sept ou huit heures.

Their hours of study were managed in much the same way; my judgment or convenience was never once consulted. Sometimes Matilda and John would determine 'to get all the plaguy business over before breakfast,' and send the maid to call me up at half-past five, without any scruple or apology; sometimes, I was told to be ready precisely at six, and, having dressed in a hurry, came down to an empty room, and after waiting a long time in suspense, discovered that they had changed their minds, and were still in bed; or, perhaps, if it were a fine summer morning, Brown would come to tell me that the young ladies and gentlemen had taken a holiday, and were gone out; and then I was kept waiting for breakfast till I was almost ready to faint: they having fortified themselves with something before they went.

Often they would do their lessons in the open air; which I had nothing to say against: except that I frequently caught cold by sitting on the damp grass, or from exposure to the evening dew, or some insidious draught, which seemed to have no injurious effect on them. It was quite right that they should be hardy; yet, surely, they might have been taught some consideration for others who were less so. But I must not blame them for what was, perhaps, my own fault; for I never made any particular objections to sitting where they pleased; foolishly choosing to risk the consequences, rather than trouble them for my convenience. Their indecorous manner of doing their lessons was quite as remarkable as the caprice displayed in their choice of time and place.

Il en était à peu près de même pour les heures d'étude ; mon jugement et mes convenances n'étaient jamais consultés. Quelquefois Mathilde et John décidaient que toute la besogne serait faite avant le déjeuner, et envoyaient la servante me faire lever à cinq heures et demie ; quelquefois on me faisait dire d'être prête à six heures précises, et, après m'être habillée à la hâte, je descendais dans une chambre vide, j'attendais longtemps et je m'apercevais qu'ils avaient changé d'idée et étaient encore au lit ; ou même, si c'était par un beau matin d'été, Brown venait me dire que les jeunes ladies et les gentlemen avaient pris vacances et étaient sortis : dans ce cas, on me faisait attendre mon déjeuner jusqu'à ce que je fusse prête à me trouver mal, mes élèves ayant fortifié leur estomac avant de sortir.

Souvent ils voulaient apprendre leurs leçons au grand air ; ce à quoi je n'avais à faire aucune objection, excepté que je m'enrhumais souvent en m'asseyant sur l'herbe humide ou en m'exposant à la rosée du soir, ce qui semblait ne produire aucun mauvais effet sur eux. C'était fort bien qu'ils fussent robustes ; pourtant on eût pu leur apprendre à avoir quelque considération pour ceux qui l'étaient moins. Mais je ne dois point les blâmer pour ce qui peut-être était ma propre faute : car je ne fis jamais une objection pour m'asseoir où ils voulaient, préférant follement en subir les conséquences, plutôt que de les contrarier. La manière indécente dont ils exécutaient leurs leçons était aussi remarquable que le caprice qu'ils montraient dans le choix du temps et de la place.

While receiving my instructions, or repeating what they had learned, they would lounge upon the sofa, lie on the rug, stretch, yawn, talk to each other, or look out of the window; whereas, I could not so much as stir the fire, or pick up the handkerchief I had dropped, without being rebuked for inattention by one of my pupils, or told that 'mamma would not like me to be so careless.'

The servants, seeing in what little estimation the governess was held by both parents and children, regulated their behaviour by the same standard. I have frequently stood up for them, at the risk of some injury to myself, against the tyranny and injustice of their young masters and mistresses; and I always endeavoured to give them as little trouble as possible: but they entirely neglected my comfort, despised my requests, and slighted my directions. All servants, I am convinced, would not have done so; but domestics in general, being ignorant and little accustomed to reason and reflection, are too easily corrupted by the carelessness and bad example of those above them; and these, I think, were not of the best order to begin with.

I sometimes felt myself degraded by the life I led, and ashamed of submitting to so many indignities; and sometimes I thought myself a fool for caring so much about them, and feared I must be sadly wanting in Christian humility, or that charity which 'suffereth long and is kind, seeketh not her own, is not easily provoked, beareth all things, endureth all things.'

Pendant qu'ils recevaient mes instructions ou répétaient ce qu'ils avaient appris, ils s'étendaient sur le sofa, se roulaient sur le tapis, s'étiraient, bâillaient, se parlaient l'un à l'autre, ou regardaient par la fenêtre. Quand à moi je ne pouvais tisonner le feu ou ramasser le mouchoir que j'avais laissé tomber, sans être taxée d'inattention par un de mes élèves, ou m'entendre dire que « maman n'aimerait pas que je fusse aussi insouciante. »

Les domestiques, voyant le peu de cas que parents et élèves faisaient de la gouvernante, réglaient leur conduite en conséquence. J'ai souvent pris parti pour eux contre la tyrannie de leurs jeunes maîtres et maîtresses, et je m'efforçais toujours de leur causer le moins de dérangement possible. Eh bien ! ils négligeaient entièrement mon bien-être, ne faisaient nulle attention à mes requêtes, et méprisaient mes conseils. Tous les domestiques, j'en suis convaincue, n'eussent pas agi comme ceux-là ; mais en général, étant ignorants et peu habitués à la réflexion et au raisonnement, ils sont aisément corrompus par le mauvais exemple de ceux qui sont au-dessus d'eux ; et ceux-ci, je pense, n'étaient pas des meilleurs.

Quelquefois je me sentais dégradée par la vie que je menais, et honteuse de me soumettre à tant d'indignités ; d'autres fois, je me reprochais de m'en trop affecter et de manquer de cette humilité chrétienne ou de cette charité qui « souffre longtemps et reste bonne, ne cherche point son propre contentement, ne s'irrite pas aisément, supporte tout, endure toutes choses. »

But, with time and patience, matters began to be slightly ameliorated: slowly, it is true, and almost imperceptibly; but I got rid of my male pupils (that was no trifling advantage), and the girls, as I intimated before concerning one of them, became a little less insolent, and began to show some symptoms of esteem.

'Miss Grey was a queer creature: she never flattered, and did not praise them half enough; but whenever she did speak favourably of them, or anything belonging to them, they could be quite sure her approbation was sincere. She was very obliging, quiet, and peaceable in the main, but there were some things that put her out of temper: they did not much care for that, to be sure, but still it was better to keep her in tune; as when she was in a good humour she would talk to them, and be very agreeable and amusing sometimes, in her way; which was quite different to mamma's, but still very well for a change. She had her own opinions on every subject, and kept steadily to them — very tiresome opinions they often were; as she was always thinking of what was right and what was wrong, and had a strange reverence for matters connected with religion, and an unaccountable liking to good people.'

Mais avec le temps et de la patience, la position commença à s'améliorer, lentement, il est vrai, et d'une manière imperceptible. Je fus débarrassée des deux garçons, ce qui n'était pas peu de chose, et les filles, ainsi que je l'ai déjà dit pour l'une d'elles, devinrent un peu moins insolentes, et commencèrent à me montrer quelque estime.

« Miss Grey, disaient-elles, était une singulière créature : elle flattait et louait peu ; mais, quand elle parlait favorablement de quelqu'un, on pouvait être sûr que son approbation était sincère. Elle était très-obligeante, douce et paisible ordinairement, mais il y avait des choses qui la mettaient hors de son caractère. Quand elle était de bonne humeur, elle parlait à ses élèves, et se montrait quelquefois très-agréable et très-amusante à sa manière. Elle avait ses opinions arrêtées sur chaque sujet, et y tenait avec fermeté ; opinions très-ennuyeuses quelquefois, car elle pensait continuellement à ce qui était bien et à ce qui était mal, avait un étrange respect pour tout ce qui tenait à la religion, et un goût inexplicable pour les bonnes gens. »

8

The 'Coming Out'

AT EIGHTEEN, Miss Murray was to emerge from the quiet obscurity of the schoolroom into the full blaze of the fashionable world—as much of it, at least, as could be had out of London; for her papa could not be persuaded to leave his rural pleasures and pursuits, even for a few weeks' residence in town. She was to make her début on the third of January, at a magnificent ball, which her mamma proposed to give to all the nobility and choice gentry of O--- and its neighbourhood for twenty miles round. Of course, she looked forward to it with the wildest impatience, and the most extravagant anticipations of delight.

'Miss Grey,' said she, one evening, a month before the all-important day, as I was perusing a long and extremely interesting letter of my sister's—which I had just glanced at in the morning to see that it contained no very bad news, and kept till now, unable before to find a quiet moment for reading it,—'Miss Grey, do put away that dull, stupid letter, and listen to me! I'm sure my talk must be far more amusing than that.'

8
L'entrée dans le monde

À DIX-HUIT ANS, miss Murray devait quitter la calme obscurité de la salle d'étude pour briller dans le monde fashionable, si toutefois un tel monde pouvait se trouver ailleurs qu'à Londres : car son père ne pouvait se décider à quitter, même pour quelques semaines de résidence dans la métropole, ses plaisirs et ses occupations champêtres. Il fut décidé qu'elle ferait son début le 3 janvier, dans un bal magnifique que sa mère se proposait de donner à toute la noblesse et à la classe supérieure d'O... et des environs, à vingt milles à la ronde. Naturellement elle attendait ce jour avec la plus vive impatience et les plus extravagantes espérances de plaisir.

« Miss Grey, dit-elle un soir, un mois environ avant le grand jour, au moment où je lisais une longue et intéressante lettre de ma sœur, lettre que j'avais parcourue le matin pour voir si elle ne contenait point de mauvaises nouvelles, et que je n'avais pu lire encore entièrement ; miss Grey, jetez donc cette ennuyeuse et stupide lettre, et écoutez-moi. Je suis sûre que ma causerie sera plus amusante que ce qu'elle peut contenir. »

She seated herself on the low stool at my feet; and I, suppressing a sigh of vexation, began to fold up the epistle.

'You should tell the good people at home not to bore you with such long letters,' said she; 'and, above all, do bid them write on proper note-paper, and not on those great vulgar sheets. You should see the charming little lady-like notes mamma writes to her friends.'

'The good people at home,' replied I, 'know very well that the longer their letters are, the better I like them. I should be very sorry to receive a charming little lady-like note from any of them; and I thought you were too much of a lady yourself, Miss Murray, to talk about the "vulgarity" of writing on a large sheet of paper.'

'Well, I only said it to tease you. But now I want to talk about the ball; and to tell you that you positively must put off your holidays till it is over.'

'Why so? — I shall not be present at the ball.'

'No, but you will see the rooms decked out before it begins, and hear the music, and, above all, see me in my splendid new dress. I shall be so charming, you'll be ready to worship me — you really must stay.'

'I should like to see you very much; but I shall have many opportunities of seeing you equally charming, on the occasion of some of the numberless balls and parties that are to be, and I cannot disappoint my friends by postponing my return so long.'

Elle s'assit à mes pieds sur un petit tabouret, et, réprimant un soupir de vexation, je me mis à plier ma lettre.

« Vous devriez dire à ces bonnes gens de votre maison de ne plus vous ennuyer avec de si longues lettres, dit-elle, et par-dessus tout leur enjoindre de vous écrire sur du papier à lettre convenable, et non sur ces grandes feuilles grossières. Voyez donc le charmant petit papier à lettre de lady dont se sert maman pour écrire à ses amis.

— Les bonnes gens de ma famille, répondis-je, savent que plus leurs lettres sont longues, plus elles me font plaisir. Je serais très-fâchée de recevoir d'eux des lettres sur du charmant petit papier de lady, et je pensais que vous étiez trop lady vous-même pour trouver vulgaire que l'on écrive sur de grandes feuilles de papier.

— Je voulais dire seulement que cela vous ennuie. Mais maintenant j'ai besoin de vous parler du bal, et de vous dire que vous devez absolument différer vos vacances jusqu'à ce qu'il ait eu lieu.

— Et pourquoi ? Je n'assisterai pas au bal, moi.

— Non ; mais vous verrez les salons décorés avant qu'il ne commence, vous entendrez la musique, et par-dessus tout cela vous me verrez dans ma splendide toilette nouvelle. Je serai si charmante ! Il faut absolument que vous restiez.

— Je serais enchantée de vous voir, assurément ; mais j'aurai plus d'une occasion de vous voir aussi charmante dans les nombreux bals et réunions qui auront lieu plus tard, et je ne puis affliger mes amis en différant mon retour si longtemps.

'Oh, never mind your friends! Tell them we won't let you go.'

'But, to say the truth, it would be a disappointment to myself: I long to see them as much as they to see me—perhaps more.'

'Well, but it is such a short time.'

'Nearly a fortnight by my computation; and, besides, I cannot bear the thoughts of a Christmas spent from home: and, moreover, my sister is going to be married.'

'Is she—when?'

'Not till next month; but I want to be there to assist her in making preparations, and to make the best of her company while we have her.'

'Why didn't you tell me before?'

'I've only got the news in this letter, which you stigmatize as dull and stupid, and won't let me read.'

'To whom is she to be married?'

'To Mr. Richardson, the vicar of a neighbouring parish.'

'Is he rich?'

'No; only comfortable.'

'Is he handsome?'

'No; only decent.'

'Young?'

'No; only middling.'

— Oh ! ne songez pas à eux ; dites-leur que nous ne voulons pas vous laisser partir.

— Mais, pour dire vrai, ce serait un désappointement pour moi-même. Je désire les revoir autant qu'ils désirent me revoir, peut-être davantage.

— Mais il y a si peu de temps à attendre !

— Près de quinze jours, à mon compte ; en outre, je ne puis me faire à la pensée de passer les fêtes de Noël loin de ma famille, et ma sœur est sur le point de se marier.

— Vraiment ! et quand ?

— Pas avant le mois prochain ; mais j'ai besoin d'être là pour l'aider dans les préparatifs, et pour jouir encore de sa compagnie avant qu'elle ne nous quitte.

— Pourquoi ne m'avez-vous pas parlé de cela auparavant ?

— J'en ai reçu seulement la nouvelle dans cette lettre que vous traitiez d'ennuyeuse et de stupide, et que vous ne vouliez pas me laisser lire.

— Avec qui se marie-t-elle ?

— Avec M. Richardson, le curé d'une paroisse voisine.

— Est-il riche ?

— Non ; il est seulement dans une position aisée.

— Est-il beau ?

— Non ; seulement bien.

— Jeune ?

— Non ; entre deux âges.

'Oh, mercy! what a wretch! What sort of a house is it?'

'A quiet little vicarage, with an ivy-clad porch, an old-fashioned garden, and—'

'Oh, stop!—you'll make me sick. How *can* she bear it?'

'I expect she'll not only be able to bear it, but to be very happy. You did not ask me if Mr. Richardson were a good, wise, or amiable man; I could have answered Yes, to all these questions—at least so Mary thinks, and I hope she will not find herself mistaken.'

'But—miserable creature! how can she think of spending her life there, cooped up with that nasty old man; and no hope of change?'

'He is not old: he's only six or seven and thirty; and she herself is twenty-eight, and as sober as if she were fifty.'

'Oh! that's better then—they're well matched; but do they call him the "worthy vicar"?'

'I don't know; but if they do, I believe he merits the epithet.'

'Mercy, how shocking! and will she wear a white apron and make pies and puddings?'

'I don't know about the white apron, but I dare say she will make pies and puddings now and then; but that will be no great hardship, as she has done it before.'

— Oh ! grand Dieu ! Quelle pitié ! Quelle sorte de maison est la sienne ?

— Un calme petit presbytère, avec un porche tapissé de lierre, un jardin à l'ancienne mode, et...

— Oh ! assez... vous me rendez malade. Comment pourra-t-elle souffrir cela ?

— J'espère non-seulement qu'elle pourra le souffrir, mais qu'elle sera très-heureuse. Vous ne m'avez pas demandé si M. Richardson était un homme bon, sage et aimable ; j'aurais pu répondre à toutes ces questions : c'est au moins l'opinion de Mary, et j'espère qu'elle ne sera pas trompée.

— Mais, la malheureuse ! comment peut-elle penser à passer là sa vie, en compagnie de cet homme vieux et maussade, et sans espoir de changement ?

— Il n'est pas vieux, il n'a que trente-six ou trente-sept ans ; elle en a vingt-huit et elle est aussi raisonnable que si elle en avait cinquante.

— Oh ! c'est mieux, alors ils sont bien accouplés ; mais rappellent-ils le digne curé ?

— Je ne sais ; mais à coup sûr il mérite l'épithète.

— Grand Dieu, comme c'est choquant ! Est-ce qu'elle portera un tablier blanc et fera des pâtés et des poudings ?

— Je ne sais rien du tablier blanc ; mais je n'hésite pas à dire qu'elle fera des pâtés et des poudings de temps en temps ; ce ne sera pas une grande peine pour elle, car elle les faisait auparavant.

'And will she go about in a plain shawl, and a large straw bonnet, carrying tracts and bone soup to her husband's poor parishioners?'

'I'm not clear about that; but I dare say she will do her best to make them comfortable in body and mind, in accordance with our mother's example.'

— Est-ce qu'elle sortira avec un châle simple et un large chapeau de paille, portant des consolations et de la soupe aux os aux paroissiens pauvres de son mari ?

— Je n'en sais rien ; mais je puis affirmer qu'elle fera de son mieux pour les soulager de corps et d'esprit, suivant en cela l'exemple de notre mère. »

9

The Ball

'Now, Miss Grey,' exclaimed Miss Murray, immediately I entered the schoolroom, after having taken off my outdoor garments, upon returning from my four weeks' recreation, 'Now—shut the door, and sit down, and I'll tell you all about the ball.'

'No—damn it, no!' shouted Miss Matilda. 'Hold your tongue, can't ye? and let me tell her about my new mare—*such* a splendour, Miss Grey! a fine blood mare—'

'Do be quiet, Matilda; and let me tell my news first.'

'No, no, Rosalie; you'll be such a damned long time over it—she shall hear me first—I'll be hanged if she doesn't!'

'I'm sorry to hear, Miss Matilda, that you've not got rid of that shocking habit yet.'

'Well, I can't help it: but I'll never say a wicked word again, if you'll only listen to me, and tell Rosalie to hold her confounded tongue.'

9
Le bal

« Maintenant, miss Grey, s'écria miss Murray aussitôt que j'eus franchi la porte de la salle d'étude après avoir quitté mes habits de voyage, au retour de mes quatre semaines de vacances, maintenant, fermez la porte et asseyez-vous ; il faut que je vous raconte tout ce qui s'est passé dans le bal.

— Non, mordieu ! non ! vociféra miss Mathilde. Ne pouvez-vous retenir votre langue ? Laissez-moi lui parler de ma nouvelle jument ; quelle magnifique jument, miss Grey ! une jument pur sang…

— Taisez-vous, Mathilde, et laissez-moi d'abord dire mes nouvelles.

— Non, non, Rosalie, vous en aurez pour si longtemps ! il faut qu'elle m'entende d'abord ; je veux être pendue si elle ne m'écoute pas la première !

— Je suis fâchée d'entendre, miss Mathilde, que vous ne vous êtes point encore débarrassée de vos grossières habitudes.

— Ah ! je ne puis m'en empêcher ; mais je vous promets de ne plus jamais prononcer un méchant mot, si vous voulez m'écouter et dire à Rosalie de contenir sa maudite langue. »

Rosalie remonstrated, and I thought I should have been torn in pieces between them; but Miss Matilda having the loudest voice, her sister at length gave in, and suffered her to tell her story first: so I was doomed to hear a long account of her splendid mare, its breeding and pedigree, its paces, its action, its spirit, &c., and of her own amazing skill and courage in riding it; concluding with an assertion that she could clear a five-barred gate 'like winking,' that papa said she might hunt the next time the hounds met, and mamma had ordered a bright scarlet hunting-habit for her.

'Oh, Matilda! what stories you are telling!' exclaimed her sister.

'Well,' answered she, no whit abashed, 'I know I *could* clear a five-barred gate, if I tried, and papa *will* say I may hunt, and mamma *will* order the habit when I ask it.'

'Well, now get along,' replied Miss Murray; 'and do, dear Matilda, try to be a little more lady-like. Miss Grey, I wish you would tell her not to use such shocking words; she will call her horse a mare: it is so inconceivably shocking! and then she uses such dreadful expressions in describing it: she must have learned it from the grooms. It nearly puts me into fits when she begins.'

Rosalie répliqua, et je pensai un moment être mise en pièces entre les deux. Mais miss Mathilde ayant la voix la plus haute, sa sœur finit par céder et lui laissa dire son histoire. Je fus ainsi forcée d'entendre une longue description de la splendide jument, de son sang et de sa généalogie, de ses pas, de son action, de son ardeur, etc., ainsi que du courage et de l'habileté qu'elle montrait en la montant. Elle finit en affirmant qu'elle pourrait franchir une barrière de cinq échelons aussi facilement que « cligner de l'œil, » que papa avait dit qu'elle pourrait chasser la première fois que l'on rassemblerait les chiens ; et que maman avait commandé pour elle un bel habit de chasse écarlate.

« Oh ! Mathilde, quelles histoires vous contez là ! s'écria sa sœur.

— Oui, répondit-elle, sans être le moins du monde déconcertée, je sais que je *pourrais* franchir une barrière à cinq échelons, si je l'essayais, et papa *dira* que je puis chasser, et maman *commandera* l'habit quand je le lui demanderai.

— Allons ! continuez, répliqua miss Murray, et tâchez, chère Mathilde, d'être un peu plus convenable. Miss Grey, je voudrais que vous pussiez lui dire de ne pas employer ces mots choquants : elle appelle son cheval une jument, c'est d'un mauvais goût *inconcevable* ; puis elle se sert de si horribles expressions pour la décrire, il faut qu'elle les ait apprises des grooms. Cela me fait presque tomber en syncope quand je l'entends.

'I learned it from papa, you ass! and his jolly friends,' said the young lady, vigorously cracking a hunting-whip, which she habitually carried in her hand. 'I'm as good judge of horseflesh as the best of 'm.'

'Well, now get along, you shocking girl! I really shall take a fit if you go on in such a way. And now, Miss Grey, attend to me; I'm going to tell you about the ball. You must be dying to hear about it, I know. Oh, *such* a ball! You never saw or heard, or read, or dreamt of anything like it in all your life. The decorations, the entertainment, the supper, the music were indescribable! and then the guests! There were two noblemen, three baronets, and five titled ladies, and other ladies and gentlemen innumerable. The ladies, of course, were of no consequence to me, except to put me in a good humour with myself, by showing how ugly and awkward most of them were; and the best, mamma told me,—the most transcendent beauties among them, were nothing to me. As for me, Miss Grey—I'm so *sorry* you didn't see me! I was *charming*—wasn't I, Matilda?'

'Middling.'

'No, but I really was—at least so mamma said—and Brown and Williamson. Brown said she was sure no gentleman could set eyes on me without falling in love that minute; and so I may be allowed to be a little vain. I know you think me a shocking, conceited, frivolous girl; but then, you know, I don't attribute it *all* to my personal attractions: I give some praise to the hairdresser, and some to my exquisitely lovely dress—

— Je les ai apprises de papa, ânesse que vous êtes, et de ses amis, dit la jeune lady en faisant siffler vigoureusement une cravache qu'elle avait ordinairement à la main. Je suis aussi bon juge des qualités d'un cheval que le meilleur d'entre eux.

— Allons ! finissez, petite fille mal élevée ! Je vais me trouver mal si vous continuez ainsi. Maintenant, miss Grey, écoutez-moi ; je vais vous raconter le bal. Je sais que vous mourez d'envie d'en entendre le récit. Oh ! quel bal ! Vous n'avez jamais vu ni rêvé rien de pareil en votre vie. Les décorations, les rafraîchissements, le souper, la musique, étaient *indescriptibles !* Et les invités ! Il y avait deux nobles, trois baronnets, cinq ladies titrées, et d'autres ladies et gentlemen en quantité innombrable. Les ladies, naturellement, m'importaient peu, excepté pour me réjouir en voyant combien la plupart étaient laides et gauches auprès de moi. Les plus belles d'entre elles, m'a dit maman, n'étaient rien, comparées à moi. Je suis fâchée que vous ne m'ayez pas vue, miss Grey ! J'étais charmante ! N'est-ce pas, Mathilde ?

— Médiocrement.

— Non, j'étais réellement charmante, du moins maman l'a dit, et aussi Brow et Williamson. Brow m'a affirmé qu'aucun gentleman ne pourrait jeter les yeux sur moi sans tomber amoureux de moi à la minute ; je puis donc bien me permettre un peu de vanité. Je sais que vous me regardez comme une fille frivole et engouée d'elle-même ; mais je n'attribue pas *tout* à mes attraits personnels. Je fais la part de mon coiffeur, et aussi un peu celle de mon exquise toilette,

you must see it to-morrow—white gauze over pink satin—and so *sweetly* made! and a necklace and bracelet of beautiful, large pearls!'

'I have no doubt you looked very charming: but should that delight you so very much?'

'Oh, no!—not that alone: but, then, I was so much admired; and I made so *many* conquests in that one night—you'd be astonished to hear—'

'But what good will they do you?'

'What good! Think of any woman asking that!'

'Well, I should think one conquest would be enough; and too much, unless the subjugation were mutual.'

'Oh, but you know I never agree with you on those points. Now, wait a bit, and I'll tell you my principal admirers—those who made themselves very conspicuous that night and after: for I've been to two parties since. Unfortunately the two noblemen, Lord G--- and Lord F---, were married, or I might have condescended to be particularly gracious to *them*; as it was, I did not: though Lord F---, who hates his wife, was evidently much struck with me. He asked me to dance with him twice—he is a charming dancer, by-the-by, and so am I: you can't think how well I did—I was astonished at myself. My lord was very complimentary too—rather too much so in fact— and I thought proper to be a little haughty and repellent; but I had the pleasure of seeing his nasty, cross wife ready to perish with spite and vexation—'

vous la verrez demain, gaze blanche sur satin rose, et si *délicieusement* faite ! et le collier, et les bracelets de belles et grosses perles !

— Je ne mets pas en doute que vous ne fussiez charmante ; mais est-ce que cela seulement vous fait tant de plaisir ?

— Oh ! non. Non pas cela seul : mais j'étais si admirée, et j'ai fait tant de conquêtes dans cette seule nuit, vous en serez étonnée...

— Mais quel bien cela peut-il vous faire ?

— Quel bien ? Est-ce qu'une femme peut demander cela ?

— Il me semble qu'une seule conquête est assez, trop même, si elle n'est pas mutuelle.

— Oh ! vous savez que je ne serai jamais d'accord avec vous sur ces points. Attendez un peu, et je vais vous nommer mes principaux admirateurs, ceux qui se sont montrés les plus empressés à cette soirée et aux suivantes, car nous en avons eu deux depuis. Malheureusement les deux nobles, lord G... et lord R..., sont mariés ; sans cela j'aurais pu daigner me montrer aimable pour eux, ce que je n'ai pas fait : et pourtant lord R..., qui déteste sa femme, était évidemment fasciné par moi. Il me demanda deux fois de danser avec lui, c'est un charmant danseur, par parenthèse, et moi je danse aussi fort bien ; vous ne pouvez vous imaginer comme je dansai bien ce soir-là, j'en étais étonnée moi-même. Mon lord était très-complimenteur aussi, peut-être même trop ; mais j'avais le plaisir de voir sa maussade et méchante femme prête à mourir de dépit.

'Oh, Miss Murray! you don't mean to say that such a thing could really give you pleasure? However cross or—'

'Well, I know it's very wrong;—but never mind! I mean to be good some time—only don't preach now, there's a good creature. I haven't told you half yet. Let me see. Oh! I was going to tell you how many unmistakeable admirers I had:—Sir Thomas Ashby was one,—Sir Hugh Meltham and Sir Broadley Wilson are old codgers, only fit companions for papa and mamma. Sir Thomas is young, rich, and gay; but an ugly beast, nevertheless: however, mamma says I should not mind that after a few months' acquaintance. Then, there was Henry Meltham, Sir Hugh's younger son; rather good-looking, and a pleasant fellow to flirt with: but *being* a younger son, that is all he is good for; then there was young Mr. Green, rich enough, but of no family, and a great stupid fellow, a mere country booby! and then, our good rector, Mr. Hatfield: an *humble* admirer he ought to consider himself; but I fear he has forgotten to number humility among his stock of Christian virtues.'

'Was Mr. Hatfield at the ball?'

'Yes, to be sure. Did you think he was too good to go?'

'I thought he might consider it unclerical.'

'By no means. He did not profane his cloth by dancing; but it was with difficulty he could refrain, poor man: he looked as if he were dying to ask my hand just for *one* set; and—oh! by-the-by—he's got a new curate:

— Oh ! miss Murray, vous ne pouvez dire qu'une telle chose ait pu vous causer du plaisir. Quelque méchante ou...

— Eh bien, je sais que c'est mal ; n'y pensez plus ! Je serai bonne une autre fois ; seulement ne me faites pas de sermons aujourd'hui : me voilà bonne créature maintenant. Je ne vous ai pas encore dit la moitié de ce que j'ai à vous dire ; laissez-moi voir. Oh ! j'allais vous dire combien d'admirateurs j'avais : sir Thomas Ashby en était un, sir Hugues Meltham et sir Broadley Wilson sont de vieux cajoleurs, bons seulement à tenir compagnie à papa et à maman. Sir Thomas est jeune, riche et gai, mais une laide bête pourtant, quoique maman dise que je ne m'en apercevrai pas après quelques mois de connaissance. Puis il y avait Henry Meltham, le plus jeune fils de sir Hugues, un assez beau garçon et un agréable compagnon pour caqueter avec lui ; mais, comme c'est un cadet de famille, il n'est bon qu'à cela. Il y avait aussi le jeune M. Green, assez riche, mais de petite famille, et un grand stupide garçon, un vrai badaud de campagne ; puis notre bon recteur M. Hatfield. Celui-là devrait se considérer comme un *humble* admirateur au moins, mais je crains qu'il n'ait oublié de faire entrer l'humilité dans son trésor de vertus chrétiennes.

— Est-ce que M. Hatfield assistait au bal ?

— Oui, certes. Pensez-vous qu'il fût trop bon pour y aller ?

— Je pensais qu'il pouvait trouver cela peu clérical.

— En aucune façon. Il ne profana pas l'habit en dansant ; mais il eut de la peine à s'en empêcher, le pauvre homme. Il paraissait mourir d'envie de me demander ma main pour une figure, et... Oh ! par parenthèse, il a un nouveau vicaire.

that seedy old fellow Mr. Bligh has got his long-wished-for living at last, and is gone.'

'And what is the new one like?'

'Oh, *such* a beast! Weston his name is. I can give you his description in three words—an insensate, ugly, stupid blockhead. That's four, but no matter—enough of *him* now.'

Then she returned to the ball, and gave me a further account of her deportment there, and at the several parties she had since attended; and further particulars respecting Sir Thomas Ashby and Messrs. Meltham, Green, and Hatfield, and the ineffaceable impression she had wrought upon each of them.

'Well, which of the four do you like best?' said I, suppressing my third or fourth yawn.

'I detest them all!' replied she, shaking her bright ringlets in vivacious scorn.

'That means, I suppose, "I like them all"—but which most?'

'No, I really detest them all; but Harry Meltham is the handsomest and most amusing, and Mr. Hatfield the cleverest, Sir Thomas the wickedest, and Mr. Green the most stupid. But the one I'm to have, I suppose, if I'm doomed to have any of them, is Sir Thomas Ashby.'

'Surely not, if he's so wicked, and if you dislike him?'

Le vieux M. Blight a enfin obtenu sa cure tant désirée, et il est parti.

— Et comment est le nouveau ?

— Oh ! une telle bête ! Weston est son nom. Je puis vous faire sa description en trois mots : un insensé, laid et stupide nigaud. J'en ai mis quatre, mais peu importe, en voilà assez sur lui pour le moment. »

Elle revint sur le bal, et me donna de nouveaux détails sur ce qui lui était arrivé, ainsi qu'aux parties qui avaient suivi ; de nouveaux détails sur sir Thomas Ashby et MM. Meltham, Green et Hatfield, et sur l'ineffaçable impression qu'elle avait produite sur eux.

« Eh bien, lequel des quatre aimez-vous le mieux ? dis-je en réprimant un troisième ou quatrième bâillement.

— Je les déteste tous ! répondit-elle en secouant les belles boucles de sa chevelure d'un air de profond mépris.

— Cela veut dire, je suppose, que vous les aimez tous. Mais lequel est le préféré ?

— Non, réellement je les hais tous ; mais Henry Meltham est le plus beau et le plus amusant, M. Hatfield le plus remarquable, sir Thomas le plus laid et le plus méchant, et M. Green le plus stupide. Mais celui que j'épouserai, je crois, si je suis condamnée à épouser l'un d'eux, est sir Thomas Ashby.

— Je ne le crois pas, s'il est si méchant ; et vous le détestez.

'Oh, I don't mind his being wicked: he's all the better for that; and as for disliking him—I shouldn't greatly object to being Lady Ashby of Ashby Park, if I must marry. But if I could be always young, I would be always single. I should like to enjoy myself thoroughly, and coquet with all the world, till I am on the verge of being called an old maid; and then, to escape the infamy of that, after having made ten thousand conquests, to break all their hearts save one, by marrying some high-born, rich, indulgent husband, whom, on the other hand, fifty ladies were dying to have.'

'Well, as long as you entertain these views, keep single by all means, and never marry at all: not even to escape the infamy of old-maidenhood.'

— Oh ! peu m'importe qu'il soit méchant : il n'en est que meilleur pour cela. Malgré l'aversion que j'ai pour lui, je ne serais pas fâchée de devenir lady Ashby d'Ashby-Park, si je dois me marier. Mais si je pouvais toujours être jeune, je demeurerais toujours célibataire. J'aimerais à m'amuser le plus possible et à coqueter avec le monde entier, jusqu'au moment où je me verrais sur le point d'être appelée vieille fille ; et alors, pour échapper à cette ignominie, après avoir fait dix mille conquêtes, je leur briserais le cœur à tous, un excepté, en prenant un mari noble, riche, indulgent, que cinquante ladies mouraient d'envie de posséder.

— Eh bien, tant que vous aurez ces idées-là, restez célibataire et ne vous mariez sous aucun prétexte, pas même pour échapper à l'ignominie de vous entendre appeler vieille fille. »

10

The Church

'WELL, Miss Grey, what do you think of the new curate?' asked Miss Murray, on our return from church the Sunday after the recommencement of our duties.

'I can scarcely tell,' was my reply: 'I have not even heard him preach.'

'Well, but you saw him, didn't you?'

'Yes, but I cannot pretend to judge of a man's character by a single cursory glance at his face.'

'But isn't he ugly?'

'He did not strike me as being particularly so; I don't dislike that cast of countenance: but the only thing I particularly noticed about him was his style of reading; which appeared to me good—infinitely better, at least, than Mr. Hatfield's. He read the Lessons as if he were bent on giving full effect to every passage; it seemed as if the most careless person could not have helped attending, nor the most ignorant have failed to understand; and the prayers he read as if he were not reading at all, but praying earnestly and sincerely from his own heart.'

10
L'église

« QUE PENSEZ-VOUS de notre nouveau vicaire ? me demanda miss Murray en revenant de l'église le dimanche, après la reprise de nos exercices.

— Je n'en puis pas dire grand'chose, répondis-je, je ne l'ai pas même entendu prêcher.

— Mais vous l'avez vu ?

— Oui, mais je ne prétends pas juger le caractère d'un homme par un coup d'œil jeté à la hâte sur son visage.

— Mais ne le trouvez-vous pas laid ?

— Cela ne m'a pas particulièrement frappée, je ne déteste pas ce genre de physionomie ; mais la seule chose que j'ai remarquée, c'est sa manière de lire, qui me paraît bonne, infiniment meilleure du moins que celle de M. Hatfield. Il lit les leçons de façon à donner à chaque passage son plein effet ; les plus distraits ne peuvent s'empêcher de l'écouter, et les plus ignorants ne peuvent manquer de le comprendre. Quant aux prières, il les dit comme s'il ne lisait pas, mais comme s'il priait sincèrement et avec ferveur.

'Oh, yes, that's all he is good for: he can plod through the service well enough; but he has not a single idea beyond it.'

'How do you know?'

'Oh! I know perfectly well; I am an excellent judge in such matters. Did you see how he went out of church? stumping along—as if there were nobody there but himself—never looking to the right hand or the left, and evidently thinking of nothing but just getting out of the church, and, perhaps, home to his dinner: his great stupid head could contain no other idea.'

'I suppose you would have had him cast a glance into the squire's pew,' said I, laughing at the vehemence of her hostility.

'Indeed! I should have been highly indignant if he had dared to do such a thing!' replied she, haughtily tossing her head; then, after a moment's reflection, she added— 'Well, well! I suppose he's good enough for his place: but I'm glad I'm not dependent on *him* for amusement—that's all. Did you see how Mr. Hatfield hurried out to get a bow from me, and be in time to put us into the carriage?'

'Yes,' answered I; internally adding, 'and I thought it somewhat derogatory to his dignity as a clergyman to come flying from the pulpit in such eager haste to shake hands with the squire, and hand his wife and daughters into their carriage: and, moreover, I owe him a grudge for nearly shutting me out of it'; for, in fact, though I was standing before his face, close beside the carriage steps,

— Oh ! oui, il n'est bon qu'à cela ; il peut s'acquitter du service divin assez bien ; mais il n'a aucune idée d'autre chose.

— Comment le savez-vous ?

— Oh ! je le sais parfaitement. Je suis excellent juge en ces matières. Avez-vous remarqué comme il est sorti de l'église, se démenant comme s'il n'y avait eu là que lui, ne regardant jamais à droite ni à gauche, et ne pensant évidemment qu'à sortir vite, et peut-être à dîner ? sa stupide tête ne pouvait certainement contenir d'autre idée.

— Je crois que vous auriez voulu le voir jeter un coup d'œil dans le banc du squire, dis-je, en riant de la violence de son hostilité.

— Vraiment ! j'aurais été indignée qu'il eût osé faire une chose pareille, » répondit-elle en relevant la tête avec hauteur. Puis, après un moment de réflexion, elle ajouta : « Bien, bien, je suppose qu'il est assez bon pour sa place ; mais je suis enchantée de ne pas dépendre de lui pour mon amusement, voilà tout. Avez-vous vu comme M. Hatfield s'est précipité au dehors pour recevoir un salut de moi, et pour arriver à temps pour nous aider à monter en voiture ?

— Oui, » répondis-je ; ajoutant intérieurement : « Et j'ai pensé qu'il dérogeait quelque peu à sa dignité ecclésiastique, en quittant la chaire avec tant de précipitation pour donner une poignée de main au squire, et aider sa femme et ses filles à monter en voiture. De plus, je lui en veux de m'avoir presque fermé la portière au nez : car, quoique je fusse debout devant lui, auprès du marchepied,

waiting to get in, he would persist in putting them up and closing the door, till one of the family stopped him by calling out that the governess was not in yet; then, without a word of apology, he departed, wishing them good-morning, and leaving the footman to finish the business.

Nota bene.—Mr. Hatfield never spoke to me, neither did Sir Hugh or Lady Meltham, nor Mr. Harry or Miss Meltham, nor Mr. Green or his sisters, nor any other lady or gentleman who frequented that church: nor, in fact, any one that visited at Horton Lodge.

Miss Murray ordered the carriage again, in the afternoon, for herself and her sister: she said it was too cold for them to enjoy themselves in the garden; and besides, she believed Harry Meltham would be at church. 'For,' said she, smiling slyly at her own fair image in the glass, 'he has been a most exemplary attendant at church these last few Sundays: you would think he was quite a good Christian. And you may go with us, Miss Grey: I want you to see him; he is so greatly improved since he returned from abroad—you can't think! And besides, then you will have an opportunity of seeing the beautiful Mr. Weston again, and of hearing him preach.'

I did hear him preach, and was decidedly pleased with the evangelical truth of his doctrine, as well as the earnest simplicity of his manner, and the clearness and force of his style. It was truly refreshing to hear such a sermon, after being so long accustomed to the dry,

et attendant pour entrer, il persistait à vouloir fermer la porte, jusqu'à ce que quelqu'un de la famille lui eût dit que la gouvernante n'était pas entrée ; alors, sans un mot d'excuse, il partit en leur souhaitant le bonjour, et laissant le laquais, finir la besogne. »

Nota bene. — M. Hatfield ne m'adresse jamais la parole ; non plus que sir Hugues ou lady Meltham, M. Harry ou miss Meltham, M. Green ou ses sœurs, et tout autre gentleman ou lady qui fréquentaient cette église ; ni, en fait, aucun de ceux qui étaient reçus à Horton-Lodge.

Miss Murray commanda de nouveau la voiture dans l'après-midi, pour elle, et pour sa sœur ; elle dit qu'il faisait trop froid pour se récréer dans le jardin, et d'ailleurs elle pensait que Harry Meltham serait à l'église. « Car, dit-elle en se souriant à elle-même dans la glace, il a été un des plus fidèles assistants à l'église ces quelques dimanches : vous auriez pensé qu'il était un excellent chrétien. Vous pouvez venir avec nous, miss Grey ; je veux que vous le voyiez ; il est si changé depuis son retour de l'étranger ! vous ne pouvez vous en faire une idée. Et de plus, vous aurez ainsi l'occasion de voir de nouveau le beau M. Weston, et de l'entendre prêcher. »

Je l'entendis prêcher, et je fus charmée de la vérité évangélique de sa doctrine, aussi bien que de la fervente simplicité de sa manière, de la clarté et de la force de son style, on aimait à entendre un tel sermon, après avoir été si longtemps accoutumé aux discours secs

prosy discourses of the former curate, and the still less edifying harangues of the rector.

Mr. Hatfield would come sailing up the aisle, or rather sweeping along like a whirlwind, with his rich silk gown flying behind him and rustling against the pew doors, mount the pulpit like a conqueror ascending his triumphal car; then, sinking on the velvet cushion in an attitude of studied grace, remain in silent prostration for a certain time; then mutter over a Collect, and gabble through the Lord's Prayer, rise, draw off one bright lavender glove, to give the congregation the benefit of his sparkling rings, lightly pass his fingers through his well-curled hair, flourish a cambric handkerchief, recite a very short passage, or, perhaps, a mere phrase of Scripture, as a head-piece to his discourse, and, finally, deliver a composition which, as a composition, might be considered good, though far too studied and too artificial to be pleasing to me: the propositions were well laid down, the arguments logically conducted; and yet, it was sometimes hard to listen quietly throughout, without some slight demonstrations of disapproval or impatience.

His favourite subjects were church discipline, rites and ceremonies, apostolical succession, the duty of reverence and obedience to the clergy, the atrocious criminality of dissent, the absolute necessity of observing all the forms of godliness, the reprehensible presumption of individuals who attempted to think for themselves in matters connected with religion, or to be guided by their own interpretations of Scripture,

et prosaïques du dernier vicaire, et aux harangues du recteur, moins édifiantes encore.

M. Hatfield avait coutume de monter rapidement la nef, ou plutôt de la traverser comme un ouragan, avec sa riche robe de soie voltigeant derrière lui et frôlant la porte des bancs, et de monter en chaire comme un triomphateur monte dans le char triomphal ; puis, se laissant tomber sur le coussin de velours dans une attitude de grâce étudiée, de demeurer dans un silencieux prosternement pendant un certain temps ; ensuite, de marmotter une Collecte, ou de baragouiner la Prière du Seigneur, de se lever, de retirer un joli gant parfumé pour faire briller ses bagues aux yeux de l'assistance, passer ses doigts à traverses cheveux bien bouclés, tirer un mouchoir de batiste, réciter un très-court passage ou peut-être une simple phrase de l'Écriture, comme texte de son discours, et finalement, débiter une composition qui, en tant que composition, pouvait être regardée comme bonne, quoique trop étudiée et trop affectée pour être de mon goût : les propositions en étaient bien établies, les arguments logiquement conduits ; et pourtant il était quelquefois difficile de l'entendre jusqu'au bout sans trahir quelques symptômes de désapprobation ou d'impatience.

Ses sujets favoris étaient la discipline ecclésiastique, les rites et les cérémonies, la tradition apostolique, le droit de révérence et d'obéissance au clergé, le crime atroce de dissidence, l'absolue nécessité d'observer toutes les formes de la dévotion, la coupable présomption de ceux qui pensaient par eux-mêmes dans les matières de religion, ou qui se guidaient d'après leurs propres interprétations de l'Écriture,

and, occasionally (to please his wealthy parishioners) the necessity of deferential obedience from the poor to the rich—supporting his maxims and exhortations throughout with quotations from the Fathers: with whom he appeared to be far better acquainted than with the Apostles and Evangelists, and whose importance he seemed to consider at least equal to theirs. But now and then he gave us a sermon of a different order—what some would call a very good one; but sunless and severe: representing the Deity as a terrible taskmaster rather than a benevolent father. Yet, as I listened, I felt inclined to think the man was sincere in all he said: he must have changed his views, and become decidedly religious, gloomy and austere, yet still devout. But such illusions were usually dissipated, on coming out of church, by hearing his voice in jocund colloquy with some of the Melthams or Greens, or, perhaps, the Murrays themselves; probably laughing at his own sermon, and hoping that he had given the rascally people something to think about; perchance, exulting in the thought that old Betty Holmes would now lay aside the sinful indulgence of her pipe, which had been her daily solace for upwards of thirty years: that George Higgins would be frightened out of his Sabbath evening walks, and Thomas Jackson would be sorely troubled in his conscience, and shaken in his sure and certain hope of a joyful resurrection at the last day.

Thus, I could not but conclude that Mr. Hatfield was one of those who 'bind heavy burdens, and grievous to be borne, and lay them upon men's shoulders,

et de temps en temps (pour plaire à ses riches paroissiens) la nécessité de l'obéissance et de la déférence du pauvre envers le riche, appuyant ses maximes et ses exhortations de citations des Pères, qu'il semblait beaucoup mieux connaître que les apôtres et les évangélistes, et auxquels il paraissait attacher autant d'importance qu'à ces derniers. Mais de temps à autre il nous donnait un sermon d'un ordre différent, que quelques-uns pouvaient trouver très-bon, mais sombre et sévère, représentant Dieu comme un terrible censeur plutôt que comme un père bienveillant. Pourtant, en l'entendant, j'inclinais à croire que cet homme était sincère dans tout ce qu'il disait : il fallait qu'il eût changé ses vues et fût devenu vraiment religieux, sombre et austère, mais pourtant dévot. Mais de telles illusions se dissipaient ordinairement à la sortie de l'église, en entendant sa voix dans un gai colloque avec quelques-uns des Meltham ou des Green, ou peut-être les Murray eux-mêmes ; riant peut-être de son propre sermon, et disant qu'il avait sans doute donné à penser à ce coquin de peuple ; se glorifiant peut-être à la pensée que la vieille Betty Holmes allait renoncer à sa pipe criminelle, qui était sa consolation quotidienne depuis plus de trente ans, que Georges Higgins serait effrayé de ses promenades le soir du sabbat, et que Thomas Jackson serait cruellement troublé dans sa conscience, et ébranlé dans son espoir certain d'une joyeuse résurrection au dernier jour.

Ainsi, je ne pouvais m'empêcher de conclure que M. Hatfield était un de ceux qui « attachent de lourds fardeaux et les placent sur les épaules des hommes,

while they themselves will not move them with one of their fingers'; and who 'make the word of God of none effect by their traditions, teaching for doctrines the commandments of men.' I was well pleased to observe that the new curate resembled him, as far as I could see, in none of these particulars.

'Well, Miss Grey, what do you think of him now?' said Miss Murray, as we took our places in the carriage after service.

'No harm still,' replied I.

'No harm!' repeated she in amazement. 'What do you mean?'

'I mean, I think no worse of him than I did before.'

'No worse! I should think not indeed—quite the contrary! Is he not greatly improved?'

'Oh, yes; very much indeed,' replied I; for I had now discovered that it was Harry Meltham she meant, not Mr. Weston. That gentleman had eagerly come forward to speak to the young ladies: a thing he would hardly have ventured to do had their mother been present; he had likewise politely handed them into the carriage. He had not attempted to shut me out, like Mr. Hatfield; neither, of course, had he offered me his assistance (I should not have accepted it, if he had), but as long as the door remained open he had stood smirking and chatting with them, and then lifted his hat and departed to his own abode:

pendant qu'ils ne voudraient pas les toucher avec un de leurs doigts ; » et qui « par leurs traditions, ôtent tout effet à la parole de Dieu, enseignant pour doctrines les commandements des hommes. » J'étais heureuse d'observer que le nouveau vicaire, autant que j'en pouvais juger, ne lui ressemblait en aucun de ces points.

« Eh bien, miss Grey, que pensez-vous de lui maintenant ? me dit miss Murray, comme nous prenions nos places dans la voiture, après le sermon.

— Pas de mal encore, répondis-je.

— Pas de mal ! répéta-t-elle étonnée. Que voulez-vous dire ?

— Je veux dire que je ne pense pas plus mal de lui qu'auparavant.

— Pas plus mal ! je le crois bien, vraiment : tout au contraire. Est-ce qu'il n'a pas beaucoup gagné ?

— Oh ! oui, beaucoup, vraiment, répondis-je ; car je venais de découvrir que c'était de Harry Meltham qu'elle voulait parler, et non de M. Weston. Ce gentleman s'était avancé avec empressement pour parler aux jeunes ladies, chose qu'il n'eût pas peut-être osé faire si leur mère eût été présente ; il les avait aidées aussi à monter en voiture. Il n'avait pas essayé de me laisser dehors, comme M. Hatfield, et ne m'avait pas non plus offert son assistance (que je n'eusse pas acceptée) ; aussi longtemps que la portière avait été ouverte, il était resté debout, riant et babillant avec elles, puis leur avait tiré son chapeau et s'était dirigé vers sa demeure :

but I had scarcely noticed him all the time. My companions, however, had been more observant; and, as we rolled along, they discussed between them not only his looks, words, and actions, but every feature of his face, and every article of his apparel.

'You shan't have him all to yourself, Rosalie,' said Miss Matilda at the close of this discussion; 'I like him: I know he'd make a nice, jolly companion for me.'

'Well, you're quite welcome to him, Matilda,' replied her sister, in a tone of affected indifference.

'And I'm sure,' continued the other, 'he admires me quite as much as he does you; doesn't he, Miss Grey?'

'I don't know; I'm not acquainted with his sentiments.'

'Well, but he *does* though.'

'My *dear* Matilda! nobody will ever admire you till you get rid of your rough, awkward manners.'

'Oh, stuff! Harry Meltham likes such manners; and so do papa's friends.'

'Well, you *may* captivate old men, and younger sons; but nobody else, I am sure, will ever take a fancy to you.'

'I don't care: I'm not always grabbing after money, like you and mamma. If my husband is able to keep a few good horses and dogs, I shall be quite satisfied; and all the rest may go to the devil!'

mais je l'avais à peine remarqué pendant tout ce temps. Mes compagnes, pourtant, avaient mieux observé ; et, pendant que nous roulâmes vers la maison, elles discutèrent entre elles, non-seulement ses regards, ses paroles, ses actions, mais chaque trait de son visage, chaque article de sa toilette.

— Vous ne l'aurez pas pour vous seule, Rosalie, dit Mathilde à la fin de la discussion. Je l'aime ; je sais qu'il ferait un joli et joyeux compagnon pour moi.

— Eh bien ! soyez la bienvenue auprès de lui, répondit sa sœur, d'un air d'indifférence affectée.

— Et je suis sûre, continua l'autre, qu'il m'admire autant que vous ; n'est-ce pas vrai, miss Grey ?

— Je ne sais ; je ne connais pas ses sentiments.

— Eh bien ! c'est pourtant vrai.

— Ma chère Mathilde, personne ne vous admirera jamais si vous ne vous défaites de vos rudes et grossières manières.

— Oh ! sornettes ! Harry Meltham aime ces manières-là, et les amis de papa aussi.

— Vous pouvez captiver des vieillards et des cadets de famille ; mais nul autre, j'en suis sûre, ne tombera amoureux de vous.

— Je m'en moque ; je ne suis pas toujours courant après l'argent, comme vous et maman. Si mon mari peut tenir quelques bons chevaux et quelques chiens, je serai très-satisfaite. Tout le reste peut aller au diable !

'Well, if you use such shocking expressions, I'm sure no real gentleman will ever venture to come near you. Really, Miss Grey, you should not let her do so.'

'I can't possibly prevent it, Miss Murray.'

'And you're quite mistaken, Matilda, in supposing that Harry Meltham admires you: I assure you he does nothing of the kind.'

Matilda was beginning an angry reply; but, happily, our journey was now at an end; and the contention was cut short by the footman opening the carriage-door, and letting down the steps for our descent.

— Ah ! si vous avez de si choquantes expressions, je suis sûre qu'aucun véritable gentleman ne voudra vous approcher. Réellement, miss Grey, vous ne devriez pas lui permettre de faire cela.

— Je ne puis l'en empêcher, miss Murray.

— Et vous êtes tout à fait dans l'erreur, Mathilde, en supposant que Harry Meltham vous admire ; je vous assure qu'il n'en est rien. »

Mathilde allait répondre avec colère ; mais heureusement notre voyage était arrivé à sa fin, et la dispute fut coupée court par le laquais ouvrant la portière et baissant le marche-pied pour notre descente.

11

The Cottagers

As I HAD now only one regular pupil—though she contrived to give me as much trouble as three or four ordinary ones, and though her sister still took lessons in German and drawing—I had considerably more time at my own disposal than I had ever been blessed with before, since I had taken upon me the governess's yoke; which time I devoted partly to correspondence with my friends, partly to reading, study, and the practice of music, singing, &c., partly to wandering in the grounds or adjacent fields, with my pupils if they wanted me, alone if they did not.

Often, when they had no more agreeable occupation at hand, the Misses Murray would amuse themselves with visiting the poor cottagers on their father's estate, to receive their flattering homage, or to hear the old stories or gossiping news of the garrulous old women; or, perhaps, to enjoy the purer pleasure of making the poor people happy with their cheering presence and their occasional gifts, so easily bestowed, so thankfully received. Sometimes, I was called upon to accompany

11

Les paysans

N'AYANT plus qu'une élève, quoiqu'elle me donnât plus de peine que trois ou quatre, et quoique sa sœur prît encore des leçons d'allemand et de dessin, j'avais beaucoup plus de temps à ma disposition que je n'en avais jamais eu depuis que j'avais pris le joug de gouvernante ; temps que j'employais partie à correspondre avec mes amis, partie à lire, à étudier, à pratiquer la musique, le chant, etc. ; et partie à me promener dans le domaine ou les champs adjacents, avec mes élèves, si elles désiraient ma compagnie ; seule, si elles ne se souciaient point de m'avoir avec elles.

Souvent, quand elles n'avaient point sous la main de plus agréable occupation, les miss Murray s'amusaient à visiter les pauvres paysans qui demeuraient sur le domaine de leur père, pour recevoir leurs hommages flatteurs ou pour entendre les anciennes histoires et les commérages racontés par les vieilles femmes ; ou peut-être pour le plaisir plus pur de faire des heureux par leur présence et leurs dons, si aisément accordés, reçus avec tant de reconnaissance. Quelquefois j'étais priée d'accompagner

one or both of the sisters in these visits; and sometimes I was desired to go alone, to fulfil some promise which they had been more ready to make than to perform; to carry some small donation, or read to one who was sick or seriously disposed: and thus I made a few acquaintances among the cottagers; and, occasionally, I went to see them on my own account.

I generally had more satisfaction in going alone than with either of the young ladies; for they, chiefly owing to their defective education, comported themselves towards their inferiors in a manner that was highly disagreeable for me to witness. They never, in thought, exchanged places with them; and, consequently, had no consideration for their feelings, regarding them as an order of beings entirely different from themselves. They would watch the poor creatures at their meals, making uncivil remarks about their food, and their manner of eating; they would laugh at their simple notions and provincial expressions, till some of them scarcely durst venture to speak; they would call the grave elderly men and women old fools and silly old blockheads to their faces: and all this without meaning to offend. I could see that the people were often hurt and annoyed by such conduct, though their fear of the 'grand ladies' prevented them from testifying any resentment; but *they* never perceived it. They thought that, as these cottagers were poor and untaught, they must be stupid and brutish; and as long as they, their superiors, condescended to talk to them, and to give them shillings and half-crowns, or articles of clothing, they had a right

l'une des deux sœurs ou toutes les deux dans ces visites, et quelquefois on me demandait d'y aller seule pour remplir quelque promesse qu'elles avaient été plus promptes à faire qu'à tenir, pour porter quelques petits dons, ou faire la lecture à ceux qui étaient malades où tristes. De cette façon, je fis quelques connaissances parmi les paysans ; et, de temps en temps, j'allais leur rendre visite pour mon propre compte.

J'avais généralement plus de satisfaction à y aller seule qu'avec l'une ou l'autre des jeunes ladies : car, par suite de leur éducation défectueuse, elles se comportaient envers leurs inférieurs d'une manière qui m'était fort désagréable à voir. Elles regardaient ces pauvres créatures pendant leurs repas, faisant des remarques inciviles sur leur nourriture et leur façon de manger ; elles riaient de leur ignorance et de leur langage campagnard, au point que quelques-uns osaient à peine parler ; elles traitaient de graves vieillards des deux sexes, de vieux fous et de vieilles bêtes, à leur nez, et cela sans aucune intention de les offenser. Je pouvais voir que ces gens étaient souvent offensés et ennuyés de cette conduite, quoique leur crainte des « grandes ladies » les empêchât de montrer aucun ressentiment ; mais elles ne s'apercevaient de rien. Elles pensaient que ces paysans étant pauvres et ignorants, ils devaient être stupides et abrutis ; qu'aussi longtemps qu'elles, leurs supérieures, voudraient condescendre à leur parler, à leur donner des schellings, des demi-couronnes et des articles d'habillement, elles avaient le droit

to amuse themselves, even at their expense; and the people must adore them as angels of light, condescending to minister to their necessities, and enlighten their humble dwellings.

I made many and various attempts to deliver my pupils from these delusive notions without alarming their pride — which was easily offended, and not soon appeased — but with little apparent result; and I know not which was the more reprehensible of the two: Matilda was more rude and boisterous; but from Rosalie's womanly age and ladylike exterior better things were expected: yet she was as provokingly careless and inconsiderate as a giddy child of twelve.

One bright day in the last week of February, I was walking in the park, enjoying the threefold luxury of solitude, a book, and pleasant weather; for Miss Matilda had set out on her daily ride, and Miss Murray was gone in the carriage with her mamma to pay some morning calls. But it struck me that I ought to leave these selfish pleasures, and the park with its glorious canopy of bright blue sky, the west wind sounding through its yet leafless branches, the snow-wreaths still lingering in its hollows, but melting fast beneath the sun, and the graceful deer browsing on its moist herbage already assuming the freshness and verdure of spring — and go to the cottage of one Nancy Brown, a widow, whose son was at work all day in the fields, and who was afflicted with an inflammation in the eyes; which had for some time incapacitated her from reading: to her own great grief, for she was a woman

de s'amuser à leurs dépens ; que le peuple devait les adorer comme des anges de lumière s'abaissant à pourvoir à leurs besoins et à illuminer leur humble demeure.

Je fis de nombreuses et diverses tentatives pour débarrasser mes élèves de ces idées erronées sans alarmer leur orgueil, qui s'offensait vite et se calmait difficilement, mais avec peu de résultats, et je ne sais vraiment laquelle était le plus répréhensible des deux : Mathilde était plus rude et plus emportée ; mais Rosalie, que par son âge et son extérieur distingué on eût pu croire plus raisonnable, était aussi inconsidérée, aussi insouciante, aussi étourdie qu'une enfant de douze ans.

Par un beau soleil de la fin de février, je me promenais un jour dans le parc, jouissant du triple luxe de la solitude, d'un livre et d'un temps agréable : car miss Mathilde était montée à cheval, comme elle le faisait tous les jours ; et mis Murray était sortie en voiture avec sa mère pour faire quelques visites du matin. La pensée me vint alors de laisser là ces plaisirs égoïstes et le parc avec son magnifique ciel bleu, le vent de l'ouest soufflant doucement dans ses branches sans feuillage, la neige que l'on voyait encore dans les bas-fonds, mais qui fondait rapidement sous les chauds rayons du soleil, et les gracieux daims broutant l'herbe humide qui commençait à prendre la fraîcheur et la verdure du printemps, et d'aller jusqu'au cottage de Nancy Brown, une pauvre veuve dont le fils travaillait tout le jour dans les champs ; elle était affligée d'une inflammation des yeux qui, depuis quelque temps, la rendait incapable de lire, à son grand chagrin, car c'était une femme

of a serious, thoughtful turn of mind. I accordingly went, and found her alone, as usual, in her little, close, dark cottage, redolent of smoke and confined air, but as tidy and clean as she could make it. She was seated beside her little fire (consisting of a few red cinders and a bit of stick), busily knitting, with a small sackcloth cushion at her feet, placed for the accommodation of her gentle friend the cat, who was seated thereon, with her long tail half encircling her velvet paws, and her half-closed eyes dreamily gazing on the low, crooked fender.

'Well, Nancy, how are you to-day?'

'Why, middling, Miss, i' myseln — my eyes is no better, but I'm a deal easier i' my mind nor I have been,' replied she, rising to welcome me with a contented smile; which I was glad to see, for Nancy had been somewhat afflicted with religious melancholy.

I congratulated her upon the change. She agreed that it was a great blessing, and expressed herself 'right down thankful for it'; adding, 'If it please God to spare my sight, and make me so as I can read my Bible again, I think I shall be as happy as a queen.'

'I hope He will, Nancy,' replied I; 'and, meantime, I'll come and read to you now and then, when I have a little time to spare.'

With expressions of grateful pleasure, the poor woman moved to get me a chair; but, as I saved her the trouble, she busied herself with stirring the fire, and adding a few more sticks to the decaying embers;

d'un esprit sérieux et réfléchi. J'allai donc, et la trouvai seule, comme d'habitude, dans sa petite cabane sombre, sentant la fumée et l'air renfermé, mais aussi propre qu'elle la pouvait tenir. Je la trouvai assise devant son petit feu, tricotant activement, avec un petit coussin à ses pieds, placé là pour la commodité de son gentil ami le chat, qui y était couché mollement, sa longue queue encerclant ses pattes veloutées et les yeux demi-clos regardant le feu d'un air rêveur.

« Eh bien, Nancy, comment allez-vous, aujourd'hui ?

— Doucement, miss. Mes yeux ne vont pas mieux, mais mon esprit est un peu plus tranquille, » répondit-elle en se levant et en me saluant d'un air content, ce qui me fit plaisir à voir, car Nancy avait été quelque peu atteinte de mélancolie religieuse.

Je la félicitai sur son changement. Elle convint que c'était un grand bienfait du ciel, et s'en montra très-reconnaissante, ajoutant :

« S'il plaît à Dieu de me conserver la vue et de me permettre de lire encore la Bible, je me croirai aussi heureuse qu'une reine.

— J'espère qu'il vous la conservera, Nancy, répondis-je ; et, en attendant, je viendrai vous faire la lecture de temps en temps, quand je pourrai disposer d'un moment. »

Avec des expressions de reconnaissance, la pauvre femme se leva pour m'offrir une chaise ; mais, comme je lui en avais épargné la peine, elle s'occupa de tisonner le feu et d'y jeter quelques morceaux de bois,

and then, taking her well-used Bible from the shelf, dusted it carefully, and gave it me. On my asking if there was any particular part she should like me to read, she answered—

'Well, Miss Grey, if it's all the same to you, I should like to hear that chapter in the First Epistle of St. John, that says, "God is love, and he that dwelleth in love dwelleth in God, and God in him."'

With a little searching, I found these words in the fourth chapter. When I came to the seventh verse she interrupted me, and, with needless apologies for such a liberty, desired me to read it very slowly, that she might take it all in, and dwell on every word; hoping I would excuse her, as she was but a 'simple body.'

'The wisest person,' I replied, 'might think over each of these verses for an hour, and be all the better for it; and I would rather read them slowly than not.'

Accordingly, I finished the chapter as slowly as need be, and at the same time as impressively as I could; my auditor listened most attentively all the while, and sincerely thanked me when I had done. I sat still about half a minute to give her time to reflect upon it; when, somewhat to my surprise, she broke the pause by asking me how I liked Mr. Weston?

'I don't know,' I replied, a little startled by the suddenness of the question; 'I think he preaches very well.'

'Ay, he does so; and talks well too.'

puis alla prendre sa Bible sur le rayon, l'épousseta avec soin et me l'apporta. Lui ayant demandé s'il y avait quelque passage qu'elle désirât entendre de préférence, elle me répondit :

« Eh bien, miss Grey, si cela vous est égal, j'aimerais à entendre ce chapitre de la première épître de saint Jean, qui dit : « Dieu est amour, et celui qui habite dans l'amour, habite en Dieu, et Dieu en lui. »

En cherchant un peu, je trouvai ces mots dans le quatrième chapitre. Lorsque je fus au quatrième verset, elle m'interrompit, et, en me demandant pardon d'une telle liberté, me pria de lire très-lentement, afin qu'elle pût bien saisir le sens, et d'appuyer sur chaque mot, espérant que je voudrais bien l'excuser, attendu qu'elle était une simple créature.

« Les plus sages personnes, répondis-je, pourraient réfléchir sur chacun de ces versets pendant une heure, et en tirer profit, et j'aime mieux les lire lentement que vite. »

Je finis donc le chapitre avec autant de lenteur qu'elle le désirait, lisant, en outre, avec autant d'expression que je le pus. Mon auditeur m'écouta très-attentivement, et me remercia sincèrement lorsque j'eus terminé. Je demeurai sans rien dire environ une demi-minute, pour lui donner le temps de réfléchir sur cette lecture, quand, à ma surprise, elle rompit le silence en me demandant comment je trouvais M. Weston.

« Je ne sais, répliquai-je, un peu déconcertée par l'imprévu de la question ; je pense qu'il prêche fort bien.

— Oui ! et il cause bien aussi !

'Does he?'

'He does. Maybe, you haven't seen him—not to talk to him much, yet?'

'No, I never see any one to talk to—except the young ladies of the Hall.'

'Ah; they're nice, kind young ladies; but they can't talk as he does.'

'Then he comes to see you, Nancy?'

'He does, Miss; and I'se thankful for it. He comes to see all us poor bodies a deal ofter nor Maister Bligh, or th' Rector ever did; an' it's well he does, for he's always welcome: we can't say as much for th' Rector— there is 'at says they're fair feared on him. When he comes into a house, they say he's sure to find summut wrong, and begin a-calling 'em as soon as he crosses th' doorstuns: but maybe he thinks it his duty like to tell 'em what's wrong. And very oft he comes o' purpose to reprove folk for not coming to church, or not kneeling an' standing when other folk does, or going to the Methody chapel, or summut o' that sort: but I can't say 'at he ever fund much fault wi' me. He came to see me once or twice, afore Maister Weston come, when I was so ill troubled in my mind; and as I had only very poor health besides, I made bold to send for him—and he came right enough. I was sore distressed, Miss Grey—thank God, it's owered now—but when I took my Bible, I could get no comfort of it at all.

— Vraiment ?

— Oui. Mais peut-être ne l'avez-vous pas vu beaucoup et n'avez-vous encore guère causé avec lui ?

— Non ; je ne parle jamais à personne, excepté aux jeunes ladies du château.

— Ah ! ce sont de charmantes et bonnes ladies ; mais elles ne peuvent causer comme lui.

— Il vient donc vous voir, Nancy ?

— Oui, miss, et j'en suis bien reconnaissante. Il vient nous voir, nous autres pauvres créatures, un peu plus souvent que ne le faisait M, Blight, et que le recteur lui-même ; et il fait bien, car il est toujours le bienvenu. Nous n'en pourrions pas dire autant du recteur, car il y en a qui ont peur de lui. Quand il entre dans une maison, ils disent qu'il ne manque jamais de trouver tout mal, et il se met à réprimander aussitôt qu'il a passé la porte ; mais peut-être croit-il que c'est son devoir de leur dire ce qui est mal. Et souvent il vient pour gronder les gens de ce qu'ils ne vont pas à l'église, ou de ce qu'ils ne s'agenouillent pas et ne se lèvent pas quand les autres le font, ou de ce qu'ils vont à la chapelle des méthodistes, ou autre chose de cette sorte. Mais je ne puis dire qu'il ait trouvé beaucoup à réprimander avec moi. Il vint me voir une fois ou deux avant l'arrivée de M. Weston, quand j'avais l'esprit si malade ; comme ma santé allait très-mal aussi, j'osai l'envoyer chercher, et il vint tout de suite. J'étais bien cruellement affligée, miss Grey. Grâce à Dieu, c'est un peu passé maintenant ; mais quand je prenais ma Bible, je n'en pouvais tirer aucune consolation.

That very chapter 'at you've just been reading troubled me as much as aught—"He that loveth not, knoweth not God." It seemed fearsome to me; for I felt that I loved neither God nor man as I should do, and could not, if I tried ever so. And th' chapter afore, where it says,—"He that is born of God cannot commit sin." And another place where it says,—"Love is the fulfilling of the Law." And many, many others, Miss: I should fair weary you out, if I was to tell them all. But all seemed to condemn me, and to show me 'at I was not in the right way; and as I knew not how to get into it, I sent our Bill to beg Maister Hatfield to be as kind as look in on me some day and when he came, I told him all my troubles.'

'And what did he say, Nancy?'

'Why, Miss, he seemed to scorn me. I might be mista'en—but he like gave a sort of a whistle, and I saw a bit of a smile on his face; and he said, "Oh, it's all stuff! You've been among the Methodists, my good woman." But I told him I'd never been near the Methodies. And then he said,—"Well," says he, "you must come to church, where you'll hear the Scriptures properly explained, instead of sitting poring over your Bible at home."

'But I told him I always used coming to church when I had my health; but this very cold winter weather I hardly durst venture so far—and me so bad wi' th' rheumatic and all.

Ce même chapitre que vous venez de me lire me troublait beaucoup. « Celui qui n'aime pas, ne connaît pas Dieu. » Cela me semblait terrible ; car je sentais que je n'aimais ni Dieu, ni le prochain, comme je l'aurais dû et comme je l'aurais voulu. Et le chapitre précédent, où il est dit : « Celui qui est né de Dieu ne peut commettre le péché. » Et un autre endroit où il est dit : « L'amour est l'accomplissement de la loi. » Et beaucoup, beaucoup d'autres, miss ; je vous fatiguerais si je vous les disais tous. Mais tout semblait me condamner, et me montrer que je n'étais pas dans la bonne voie. Et comme je ne savais pas comment y rentrer, j'envoyai Bill prier M. Hatfield d'être assez bon de venir me voir quelque jour ; et, quand il vint, je lui dis tous mes troubles.

— Et que vous dit-il, Nancy ?

— Il eut l'air de se moquer de moi, miss. Il se peut que je me trompe, mais il siffla d'une certaine façon et je vis un léger sourire sur son visage ; puis il dit : « Oh ! tout cela est de l'extravagance ! vous avez fréquenté les méthodistes, ma bonne femme. » Mais je lui dis que je n'étais jamais allée chez les méthodistes. Il me dit alors : « Eh bien, il vous faut venir à l'église, où vous entendrez les Écritures correctement expliquées, au lieu de méditer là sur votre Bible à la maison. »

Je lui dis que j'avais toujours fréquenté l'église lorsque j'étais en bonne santé ; mais que par ce froid hiver, et avec mes rhumatismes et mes autres infirmités, je ne pouvais me hasarder à aller si loin.

'But he says, "It'll do your rheumatiz good to hobble to church: there's nothing like exercise for the rheumatiz. You can walk about the house well enough; why can't you walk to church? The fact is," says he, "you're getting too fond of your ease. It's always easy to find excuses for shirking one's duty."

'But then, you know, Miss Grey, it wasn't so. However, I telled him I'd try.

"But please, sir," says I, "if I do go to church, what the better shall I be? I want to have my sins blotted out, and to feel that they are remembered no more against me, and that the love of God is shed abroad in my heart; and if I can get no good by reading my Bible an' saying my prayers at home, what good shall I get by going to church?"'

'"The church," says he, "is the place appointed by God for His worship. It's your duty to go there as often as you can. If you want comfort, you must seek it in the path of duty,"—an' a deal more he said, but I cannot remember all his fine words. However, it all came to this, that I was to come to church as oft as ever I could, and bring my prayer-book with me, an' read up all the sponsers after the clerk, an' stand, an' kneel, an' sit, an' do all as I should, and take the Lord's Supper at every opportunity, an' hearken his sermons, and Maister Bligh's, an' it 'ud be all right: if I went on doing my duty, I should get a blessing at last.

Mais il me répondit : « Cela fera du bien à votre rhumatisme de marcher jusqu'à l'église ; il n'y a rien comme l'exercice pour guérir le rhumatisme. Vous marchez assez bien dans les environs de cette maison ; pourquoi ne pourriez-vous pas marcher jusqu'à l'église ? Le fait est que vous devenez trop esclave de vos aises, dit-il. Il est toujours facile d'inventer des excuses pour éluder son devoir. »

Vous savez, miss Grey, qu'il n'en était pas ainsi. Pourtant je lui dis que j'essayerais.

« Mais, je vous prie, monsieur, dis-je, si je vais à l'église, en serai-je meilleure ? J'ai besoin de savoir que mes péchés sont effacés, de sentir qu'ils ne me seront jamais opposés, et que l'amour de Dieu est répandu dans mon cœur, et si je ne retire aucun bien en lisant la Bible et en faisant mes prières à la maison, quel bien trouverai-je en allant à l'église ?

— L'église, dit-il, est le lieu désigné par Dieu pour son culte. Il est de votre devoir d'y aller aussi souvent que vous le pouvez. Si vous avez besoin de consolation, vous devez la chercher dans le sentier du devoir. » Et il dit beaucoup d'autres choses encore, mais je ne puis me souvenir de toutes ses belles paroles. Pourtant toutes se résumaient en ceci : que je devais aller à l'église aussi souvent que je le pourrais, et porter avec moi mon livre de prières, afin de lire tous les répons après le clerc, me lever, m'agenouiller, m'asseoir, aux moments indiqués, communier à toutes les occasions, écouter ses serments ou ceux de M. Blight, et que tout irait bien ; si je remplissais ainsi mon devoir, je finirais certainement par recevoir la bénédiction de Dieu.

'"But if you get no comfort that way," says he, "it's all up."

'"Then, sir," says I, "should you think I'm a reprobate?"

'"Why," says he—he says, "if you do your best to get to heaven and can't manage it, you must be one of those that seek to enter in at the strait gate and shall not be able."

'An' then he asked me if I'd seen any of the ladies o' th' Hall about that mornin'; so I telled him where I had seen the young misses go on th' Moss Lane;—an' he kicked my poor cat right across th' floor, an' went after 'em as gay as a lark: but I was very sad. That last word o' his fair sunk into my heart, an' lay there like a lump o' lead, till I was weary to bear it.

'However, I follered his advice: I thought he meant it all for th' best, though he *had* a queer way with him. But you know, Miss, he's rich an' young, and such like cannot right understand the thoughts of a poor old woman such as me. But, howsever, I did my best to do all as he bade me—but maybe I'm plaguing you, Miss, wi' my chatter.'

'Oh, no, Nancy! Go on, and tell me all.'

'Well, my rheumatiz got better—I know not whether wi' going to church or not, but one frosty Sunday I got this cold i' my eyes. Th' inflammation didn't come on all at once like, but bit by bit—but I wasn't going to tell you about my eyes, I was talking about my trouble o' mind;

« Mais si vous ne trouvez pas de consolation en suivant cette voie, tout est fini, dit-il.

— Vous penseriez donc, alors, que je serais réprouvée ? dis-je.

— Eh, si vous faites tout ce que vous pouvez pour entrer au ciel et que vous ne puissiez y réussir, vous devez être de ceux qui cherchent à entrer par une porte étroite et qui ne peuvent y parvenir. »

Et il me demanda alors si j'avais vu quelques-unes des ladies du château ce matin-là. Je lui dis que j'avais vu les jeunes miss aller sur la lande, et il renversa mon pauvre chat sur le plancher et courut après elles, aussi gai qu'une alouette : mais, moi, j'étais fort triste. Ses dernières paroles étaient tombées sur mon cœur et y restèrent comme une masse de plomb jusqu'à ce que je fusse fatiguée de la porter.

Pourtant, je suivis son avis : je pensai qu'il avait de bonnes intentions, quoiqu'il eût une drôle de façon d'agir. Mais vous savez, miss, il est riche et jeune, et il ne peut guère comprendre les pensées d'une pauvre vieille femme comme moi. Je fis de mon mieux pour accomplir tout ce qu'il m'ordonnait.... mais peut-être, miss, je vous ennuie avec mon bavardage ?

— Oh non ! Nancy, continuez, dites-moi tout.

— Eh bien ! mon rhumatisme alla mieux ; je ne sais si ce fut ou non parce que j'allais à l'église, mais un dimanche matin qu'il gelait fort je contractai cette inflammation aux yeux. Elle ne se déclara pas tout à coup, mais peu à peu.... Mais je vois que je vous parle de mes yeux, c'est du trouble de mon esprit que je voulais vous parler ;

—and to tell the truth, Miss Grey, I don't think it was anyways eased by coming to church—nought to speak on, at least: I like got my health better; but that didn't mend my soul. I hearkened and hearkened the ministers, and read an' read at my prayer-book; but it was all like sounding brass and a tinkling cymbal: the sermons I couldn't understand, an' th' prayer-book only served to show me how wicked I was, that I could read such good words an' never be no better for it, and oftens feel it a sore labour an' a heavy task beside, instead of a blessing and a privilege as all good Christians does. It seemed like as all were barren an' dark to me. And then, them dreadful words, "Many shall seek to enter in, and shall not be able." They like as they fair dried up my sperrit.

'But one Sunday, when Maister Hatfield gave out about the sacrament, I noticed where he said, "If there be any of you that cannot quiet his own conscience, but requireth further comfort or counsel, let him come to me, or some other discreet and learned minister of God's word, and open his grief!" So next Sunday morning, afore service, I just looked into the vestry, an' began a-talking to th' Rector again. I hardly could fashion to take such a liberty, but I thought when my soul was at stake I shouldn't stick at a trifle. But he said he hadn't time to attend to me then.

'"And, indeed," says he, "I've nothing to say to you but what I've said before. Take the sacrament, of course, and go on doing your duty; and if that won't serve you, nothing will. So don't bother me any more."

et, pour vous dire la vérité, miss Grey, je ne crois pas qu'il ait été guéri par mes visites à l'église ; ma santé alla mieux, mais mon esprit n'y gagna rien. J'écoutai et écoutai encore les ministres, je lus et relus mon livre de prières ; c'était comme « de l'airain sonore et une cymbale qui tinte. » Les sermons, je ne pouvais les comprendre, et le livre de prières ne servait qu'à me montrer combien j'étais perverse, puisque je pouvais lire de si bonnes paroles et n'en être pas meilleure, et je sentais souvent que prier était pour moi un dur labeur et une lourde tâche, au lieu d'un bienfait et d'un privilége comme pour tous les bons chrétiens. Il me semblait que tout était sombre et aride devant moi. Puis, ces mots terribles : « Beaucoup chercheront à entrer et ne le pourront pas ! » glaçaient mon esprit d'épouvante.

« Cependant un dimanche, que M. Hatfield prêchait sur le sacrement, je remarquai qu'il dit : « S'il est quelqu'un parmi vous qui ne puisse calmer sa conscience, mais ait besoin de consolation et de conseils, qu'il vienne me trouver ou aille à quelque autre sage et savant ministre de la parole de Dieu, et qu'il découvre son tourment. » Aussi, le dimanche suivant, avant le service, je me rendis dans la sacristie et commençai à parler de nouveau au recteur. J'avais eu de la peine à prendre une telle liberté ; mais je pensai que, lorsque mon âme était en jeu, il ne me fallait pas hésiter. Il me dit qu'il n'avait pas alors le temps de m'entendre.

« Et d'ailleurs, dit-il, je n'ai pas autre chose à vous dire que ce que je vous ai déjà dit auparavant. Recevez la communion, et allez remplir votre devoir, et si cela ne vous sert pas, rien ne vous servira. Ainsi ne m'ennuyez pas davantage. »

'So then, I went away. But I heard Maister Weston — Maister Weston was there, Miss — this was his first Sunday at Horton, you know, an' he was i' th' vestry in his surplice, helping th' Rector on with his gown — '

'Yes, Nancy.'

'And I heard him ask Maister Hatfield who I was, an' he says, "Oh, she's a canting old fool."'

'And I was very ill grieved, Miss Grey; but I went to my seat, and I tried to do my duty as aforetime: but I like got no peace. An' I even took the sacrament; but I felt as though I were eating and drinking to my own damnation all th' time. So I went home, sorely troubled.

'But next day, afore I'd gotten fettled up — for indeed, Miss, I'd no heart to sweeping an' fettling, an' washing pots; so I sat me down i' th' muck — who should come in but Maister Weston! I started siding stuff then, an' sweeping an' doing; and I expected he'd begin a-calling me for my idle ways, as Maister Hatfield would a' done; but I was mista'en: he only bid me good-mornin' like, in a quiet dacent way. So I dusted him a chair, an' fettled up th' fireplace a bit; but I hadn't forgotten th' Rector's words, so says I, "I wonder, sir, you should give yourself that trouble, to come so far to see a 'canting old fool,' such as me."

'He seemed taken aback at that; but he would fain persuade me 'at the Rector was only in jest; and when that wouldn't do, he says, "Well, Nancy, you shouldn't think so much about it: Mr. Hatfield was a little out of

Je m'en allai donc. Mais j'entendis M. Weston, M. Weston était là, miss, c'était son premier dimanche à Horton, vous savez, et il était en surplis dans la sacristie, aidant le recteur à passer sa robe.

— Oui, Nancy.

— Et je l'entendis demander à M. Hatfield qui j'étais, et il répondit : « Oh ! c'est une singulière vieille folle. » Et je fus bien affligée, miss Grey ; j'allai à mon siége, et m'efforçai de faire mon devoir comme auparavant ; mais je ne pus retrouver la tranquillité. Je communiai même, mais il me sembla que je buvais et mangeais ma condamnation. Aussi, je revins à la maison cruellement troublée.

« Mais le lendemain, avant que j'eusse fait le ménage, car, vraiment, miss, je n'avais pas le cœur à ranger, à balayer, et à laver les pots, et je m'étais assise dans l'ordure, qui vois-je entrer ?... M. Weston. Je me levai en sursaut et me mis à balayer et à faire quelque chose, et je m'attendais à ce qu'il allait me réprimander sur mon oisiveté, ainsi que M. Hatfield n'eût pas manqué de le faire. Mais je me trompais. Il me dit seulement bonjour d'une façon très-civile. Je lui époussetai une chaise, et arrangeai un peu le foyer ; mais je n'avais pas oublié les paroles du recteur, et je lui dis : « Je m'étonne, monsieur, que vous vous soyez donné la peine de venir si loin pour voir une singulière vieille folle comme moi. »

Il parut surpris de cela ; mais il voulut me persuader que le recteur avait dit cela en plaisantant, et comme cela ne réussissait pas, il me dit : « Eh bien, Nancy, il ne faut plus autant vous affecter de cela. M. Hatfield était un peu de

humour just then: you know we're none of us perfect — even Moses spoke unadvisedly with his lips. But now sit down a minute, if you can spare the time, and tell me all your doubts and fears; and I'll try to remove them."

'So I sat me down anent him. He was quite a stranger, you know, Miss Grey, and even *younger* nor Maister Hatfield, I believe; and I had thought him not so pleasant-looking as him, and rather a bit crossish, at first, to look at; but he spake so civil like — and when th' cat, poor thing, jumped on to his knee, he only stroked her, and gave a bit of a smile: so I thought that was a good sign; for once, when she did so to th' Rector, he knocked her off, like as it might be in scorn and anger, poor thing. But you can't expect a cat to know manners like a Christian, you know, Miss Grey.'

'No; of course not, Nancy. But what did Mr. Weston say then?'

'He said nought; but he listened to me as steady an' patient as could be, an' never a bit o' scorn about him; so I went on, an' telled him all, just as I've telled you — an' more too.

'"Well," says he, "Mr. Hatfield was quite right in telling you to persevere in doing your duty; but in advising you to go to church and attend to the service, and so on, he didn't mean that was the whole of a Christian's duty: he only thought you might there learn what more was to be done,

mauvaise humeur en ce moment-là : vous savez que nul de nous n'est parfait, et que Moïse même parla inconsidérément et contre l'esprit de Dieu de ses propres lèvres. Mais asseyez-vous une minute, si vous en avez le temps, et dites-moi tous vos doutes et vos craintes, et je m'efforcerai de les dissiper. »

Ainsi je m'assis à côté de lui. Il était tout à fait un étranger, vous savez, miss Grey, et même plus jeune que M. Hatfield, je crois ; je lui avais vu une physionomie moins agréable que celle de M. Hatfield, et à première vue il paraissait plutôt un peu sévère ; mais il parlait avec tant de civilité ! et quand la chatte, pauvre créature, sauta sur ses genoux, il ne fit que sourire un peu et la caresser de la main ; je pensai que c'était là un bon signe : car, une fois qu'elle fit la même chose pour le recteur, il la jeta brusquement à terre, comme par mépris et par colère, la pauvre douce bête. Mais on ne peut attendre d'une chatte qu'elle connaisse la civilité comme une chrétienne, vous savez, miss Grey.

— Non, certainement, Nancy. Mais que dit alors M. Weston ?

— Il ne dit rien ; mais il m'écouta avec autant de calme et de patience qu'il est possible, et sans jamais faire paraître la moindre expression de mépris. Ainsi, je continuai et lui dis tout ce que je viens de vous dire, et même davantage, « Eh bien, dit-il, M. Hatfield avait tout à fait raison de vous dire de persévérer à remplir vos devoirs ; mais, en vous conseillant d'aller à l'église et d'assister au service, il n'a pas eu l'intention de vous dire que c'était là tout le devoir d'un chrétien : il pensait que vous pourriez apprendre là ce qu'il faut faire en outre,

and be led to take delight in those exercises, instead of finding them a task and a burden. And if you had asked him to explain those words that trouble you so much, I think he would have told you, that if many shall seek to enter in at the strait gate and shall not be able, it is their own sins that hinder them; just as a man with a large sack on his back might wish to pass through a narrow doorway, and find it impossible to do so unless he would leave his sack behind him. But you, Nancy, I dare say, have no sins that you would not gladly throw aside, if you knew how?"

"'Indeed, sir, you speak truth,' said I.

"'Well,' says he, 'you know the first and great commandment—and the second, which is like unto it—on which two commandments hang all the law and the prophets? You say you cannot love God; but it strikes me that if you rightly consider who and what He is, you cannot help it. He is your father, your best friend: every blessing, everything good, pleasant, or useful, comes from Him; and everything evil, everything you have reason to hate, to shun, or to fear, comes from Satan—*His* enemy as well as ours. And for *this* cause was God manifest in the flesh, that He might destroy the works of the Devil: in one word, God is love; and the more of love we have within us, the nearer we are to Him and the more of His spirit we possess.'"

et que vous seriez amenée peu à peu à prendre du plaisir à ces exercices, au lieu de les regarder comme une tâche et un fardeau. Et si vous lui aviez demandé de vous expliquer ces mots qui vous troublent tant, je crois qu'il vous eût dit que s'il y en a beaucoup qui cherchent à entrer par la porte étroite et qui ne le peuvent pas, ce sont leurs propres péchés qui les en empêchent ; absolument comme un homme chargé d'un gros sac, qui voudrait passer par une porte étroite et qui ne pourrait y parvenir qu'en laissant le sac derrière lui. Mais vous, Nancy, je ne crains pas de le dire, vous n'avez point de péchés dont vous ne seriez aise de vous débarrasser, si vous saviez comment.

— Ah ! monsieur, vous dites la vérité, répondis-je.

— Eh bien, continua-t-il, vous connaissez le premier et grand commandement, et le second qui est semblable au premier, commandements qui renferment toute la loi et les prophètes ? Vous dites que vous ne pouvez aimer Dieu. Mais je pense que, si vous pouviez sainement considérer ce que c'est que Dieu, vous trouveriez remède à cela. Dieu est votre père, votre meilleur ami ; tout bienfait, tout ce qui est bon, agréable ou utile, vient de lui ; tout ce qui est mal, tout ce que vous avez raison de haïr, de mépriser et de craindre, vient de Satan, son ennemi aussi bien que le nôtre. C'est pour cela que Dieu s'est manifesté dans la chair, afin de pouvoir détruire l'œuvre du démon. En un mot, Dieu *est amour*, et plus nous avons en nous d'amour, plus nous sommes rapprochés de lui, plus nous possédons de son esprit.

"'Well, sir,' I said, 'if I can always think on these things, I think I might well love God: but how can I love my neighbours, when they vex me, and be so contrary and sinful as some on 'em is?'

"'It may seem a hard matter,' says he, 'to love our neighbours, who have so much of what is evil about them, and whose faults so often awaken the evil that lingers within ourselves; but remember that *He* made them, and *He* loves them; and whosoever loveth him that begat, loveth him that is begotten also. And if God so loveth us, that He gave His only begotten Son to die for us, we ought also to love one another. But if you cannot feel positive affection for those who do not care for you, you can at least try to do to them as you would they should do unto you: you can endeavour to pity their failings and excuse their offences, and to do all the good you can to those about you. And if you accustom yourself to this, Nancy, the very effort itself will make you love them in some degree—to say nothing of the goodwill your kindness would beget in them, though they might have little else that is good about them. If we love God and wish to serve Him, let us try to be like Him, to do His work, to labour for His glory—which is the good of man—to hasten the coming of His kingdom, which is the peace and happiness of all the world: however powerless we may seem to be, in doing all the good we can through life, the humblest of us may do much towards it: and let us dwell in love, that He may dwell in us and we in Him. The more happiness we bestow, the more we shall receive, even here;

— Ah ! monsieur, dis-je, si je peux toujours penser à ces choses, je crois que je pourrai toujours bien aimer Dieu ; mais comment puis-je aimer mes semblables, lorsqu'ils me font du mal, et sont pour la plupart si méchants et si pécheurs ?

— Cela peut sembler difficile, dit-il, d'aimer nos semblables, qui sont si imparfaits et dont les fautes souvent éveillent le mal qui est en nous. Mais souvenez-vous que c'est Dieu qui les a faits et qu'il les aime ; que quiconque aime celui qui a engendré, aime aussi celui qui a été engendré ; et que si Dieu nous a aimés au point de laisser mourir pour nous son Fils unique, nous devons aussi nous aimer les uns les autres. Mais si vous ne pouvez éprouver une affection positive pour ceux qui ne se soucient pas de vous, vous pouvez au moins tâcher de leur faire ce que vous voudriez qui vous fût fait. Vous pouvez vous efforcer de plaindre leurs chutes et d'excuser leurs offenses, de faire en un mot tout le bien que vous pourrez à ceux qui vous environnent. Et si vous vous accoutumez à cela, Nancy, cet effort même vous fera les aimer un peu, sans parler de la bonté que votre bienveillance engendrera en eux, quoiqu'ils puissent n'avoir pas grand'chose de bon en eux. Si nous aimons Dieu et voulons le servir, efforçons-nous d'être comme lui, de faire son œuvre, de travailler à sa gloire, qui est le bien de l'homme, de hâter l'avénement de son royaume, qui est la paix et le bonheur du monde entier. Dans ce but, quelque impuissants que nous paraissions être, en faisant tout le bien que nous pouvons dans le cours de notre vie, le plus humble de nous peut faire beaucoup. Vivons donc dans l'amour, afin qu'il puisse demeurer en nous et nous en *lui*. Plus nous accordons d'amour, plus nous en recevrons, même ici-bas,

and the greater will be our reward in heaven when we rest from our labours." I believe, Miss, them is his very words, for I've thought 'em ower many a time. An' then he took that Bible, an' read bits here and there, an' explained 'em as clear as the day: and it seemed like as a new light broke in on my soul; an' I felt fair aglow about my heart, an' only wished poor Bill an' all the world could ha' been there, an' heard it all, and rejoiced wi' me.

'After he was gone, Hannah Rogers, one o' th' neighbours, came in and wanted me to help her to wash. I telled her I couldn't just then, for I hadn't set on th' potaties for th' dinner, nor washed up th' breakfast stuff yet. So then she began a-calling me for my nasty idle ways. I was a little bit vexed at first, but I never said nothing wrong to her: I only telled her like all in a quiet way, 'at I'd had th' new parson to see me; but I'd get done as quick as ever I could, an' then come an' help her. So then she softened down; and my heart like as it warmed towards her, an' in a bit we was very good friends. An' so it is, Miss Grey, "a soft answer turneth away wrath; but grievous words stir up anger." It isn't only in them you speak to, but in yourself.'

'Very true, Nancy, if we could always remember it.'

'Ay, if we could!'

'And did Mr. Weston ever come to see you again?'

'Yes, many a time; and since my eyes has been so bad, he's sat an' read to me by the half-hour together:

et plus grande sera notre récompense au ciel, à la fin de nos labeurs. Je crois, miss, que ce sont là ses propres paroles, car j'y ai pensé plus d'une fois. » Alors, il prit la Bible ; en lut çà et là des passages qu'il m'expliquait aussi clairs que le jour. Il me sembla qu'une nouvelle lumière se faisait dans mon âme ; je sentais comme un rayon qui pénétrait mon cœur, et j'aurais désiré que le pauvre Bill et tout le monde fût là pour l'entendre et pour se réjouir avec moi.

« Après qu'il fut parti, Hannah Rogers, une de mes voisines, entra et me demanda si je voulais l'aider à laver. Je lui dis que je ne le pouvais pas en ce moment, car je n'avais pas encore mis sur le feu les pommes de terre pour le dîner, et n'avais pas lavé la vaisselle du déjeuner. Elle commença alors à me reprocher mon oisiveté. Je fus un peu vexée, mais je ne lui dis rien de mal ; je lui dis seulement, d'une manière très-calme, que je venais d'avoir la visite du nouveau vicaire, mais que j'allais faire mon ouvrage aussi vite que je le pourrais, et qu'ensuite j'irais l'aider. Elle s'adoucit alors, et je sentis mon cœur s'échauffer pour elle, et en un instant nous fûmes très-bonnes amies. Et c'est pourtant ainsi, miss Grey : une douce réponse fait tomber la colère, mais de dures paroles l'attisent, non-seulement en ceux à qui vous parlez, mais en vous-même.

— C'est bien vrai, Nancy, si nous pouvions toujours nous en souvenir !

— Oui, si nous pouvions !

— Et M. Weston vint-il jamais vous revoir depuis ?

— Oui, plusieurs fois ; et, depuis que mes yeux sont si malades, il s'assied et me lit la Bible pendant des demi-heures ;

but you know, Miss, he has other folks to see, and other things to do—God bless him! An' that next Sunday he preached *such* a sermon! His text was, "Come unto me all ye that labour and are heavy laden, and I will give you rest," and them two blessed verses that follows. You wasn't there, Miss, you was with your friends then—but it made me *so* happy! And I *am* happy now, thank God! an' I take a pleasure, now, in doing little bits o' jobs for my neighbours—such as a poor old body 'at's half blind can do; and they take it kindly of me, just as he said. You see, Miss, I'm knitting a pair o' stockings now;—they're for Thomas Jackson: he's a queerish old body, an' we've had many a bout at threaping, one anent t'other; an' at times we've differed sorely. So I thought I couldn't do better nor knit him a pair o' warm stockings; an' I've felt to like him a deal better, poor old man, sin' I began. It's turned out just as Maister Weston said.'

'Well, I'm very glad to see you so happy, Nancy, and so wise: but I must go now; I shall be wanted at the Hall,' said I; and bidding her good-bye, I departed, promising to come again when I had time, and feeling nearly as happy as herself.

At another time I went to read to a poor labourer who was in the last stage of consumption. The young ladies had been to see him, and somehow a promise of reading had been extracted from them; but it was too much trouble,

mais vous savez, miss, il a d'autres gens à voir et autre chose à faire. Dieu le bénisse ! Et le dimanche suivant il prêcha un si beau sermon ! Son texte était : « Venez à moi, vous tous qui êtes fatigués et lourdement chargés, et je vous donnerai le repos, » et les deux consolants versets qui suivent. Vous n'étiez pas là, miss, vous étiez auprès de vos amis alors, mais ce sermon me fit si heureuse ! Et je suis heureuse maintenant, grâce à Dieu, et je prends plaisir à faire quelque petite chose pour mes voisins, ce que peut faire une pauvre vieille créature à moitié aveugle comme moi, et ils se montrent reconnaissants et bons pour moi, comme il disait. Vous voyez, miss, je tricote en ce moment une paire de bas ; c'est pour Thomas Jackson ; c'est un pauvre vieillard assez querelleur ; nous avons eu beaucoup de difficultés ensemble, et quelquefois nous avons été bien ennemis l'un de l'autre. Aussi, j'ai pensé que je ne pouvais mieux faire que de lui tricoter une paire de bas bien chauds ; et, depuis que j'ai commencé, j'ai ressenti que je l'aimais un peu plus, le pauvre vieux. C'est arrivé juste comme l'a dit M. Weston.

— Je suis très-contente de vous voir si heureuse, Nancy, et si sage ; mais il faut maintenant que je m'en aille, on peut avoir besoin de moi au château, » dis-je ; et lui disant au revoir, je partis, lui promettant de revenir lorsque j'aurais le temps, et me sentant presque aussi heureuse qu'elle.

Une autre fois, j'allai faire la lecture à un pauvre laboureur qui était arrivé à la dernière période de consomption. Les jeunes ladies étaient allées le voir, et il leur avait fait promettre d'aller lui lire la Bible ; mais c'était trop de dérangement pour elles,

so they begged me to do it instead. I went, willingly enough; and there too I was gratified with the praises of Mr. Weston, both from the sick man and his wife. The former told me that he derived great comfort and benefit from the visits of the new parson, who frequently came to see him, and was 'another guess sort of man' to Mr. Hatfield; who, before the other's arrival at Horton, had now and then paid him a visit; on which occasions he would always insist upon having the cottage-door kept open, to admit the fresh air for his own convenience, without considering how it might injure the sufferer; and having opened his prayer-book and hastily read over a part of the Service for the Sick, would hurry away again: if he did not stay to administer some harsh rebuke to the afflicted wife, or to make some thoughtless, not to say heartless, observation, rather calculated to increase than diminish the troubles of the suffering pair.

'Whereas,' said the man, 'Maister Weston 'ull pray with me quite in a different fashion, an' talk to me as kind as owt; an' oft read to me too, an' sit beside me just like a brother.'

'Just for all the world!' exclaimed his wife; 'an' about a three wik sin', when he seed how poor Jem shivered wi' cold, an' what pitiful fires we kept, he axed if wer stock of coals was nearly done. I telled him it was, an' we was ill set to get more: but you know, mum, I didn't think o' him helping us; but, howsever, he sent us a sack o' coals next day; an' we've had good fires ever sin': and a great blessing it is, this winter time.

et elles m'avaient prié de les remplacer, ce que je fis assez volontiers. Là aussi je fus gratifiée des éloges de M. Weston, par le malade et par sa femme. Le premier me dit qu'il avait reçu une grande consolation et un grand soulagement des visites du nouveau vicaire, qui venait fréquemment le voir, et qui était « une autre sorte d'homme » que M. Hatfield ; que ce dernier, avant l'arrivée de l'autre à Horton, lui avait de temps à autre fait une visite, pendant laquelle il voulait que la porte du cottage fût ouverte, afin de laisser entrer l'air, sans s'inquiéter si c'était nuisible au malade ; qu'après avoir ouvert son livre de prières et lu une partie du service pour les malades, il s'enfuyait avec précipitation, si toutefois il ne demeurait pas pour faire quelque dure réprimande à la pauvre femme, ou pour faire quelque observation stupide, pour ne pas dire cruelle, plutôt pour accroître que pour diminuer le tourment du pauvre couple souffrant.

« Au contraire, M. Weston prie avec moi d'une toute différente manière, et me parle avec la plus grande bonté ; et souvent aussi il me fait la lecture, et s'assied à côté de moi comme un frère.

— Tout cela est vrai ! s'écria la femme. Et il y a environ trois semaines, lorsqu'il vit le pauvre Jem trembler la fièvre et quel misérable feu nous avions, il me demanda si notre provision de charbon était bientôt épuisée. Je lui dis que oui, et que nous étions assez embarrassés pour en avoir d'autre : vous savez, je ne lui disais pas cela pour qu'il nous aidât ; cependant il nous envoya un sac de charbon le lendemain, et, depuis ce temps, nous avons toujours eu bon feu, ce qui est un grand bienfait par ce temps d'hiver.

But that's his way, Miss Grey: when he comes into a poor body's house a-seein' sick folk, he like notices what they most stand i' need on; an' if he thinks they can't readily get it therseln, he never says nowt about it, but just gets it for 'em. An' it isn't everybody 'at 'ud do that, 'at has as little as he has: for you know, mum, he's nowt at all to live on but what he gets fra' th' Rector, an' that's little enough they say.'

I remembered then, with a species of exultation, that he had frequently been styled a vulgar brute by the amiable Miss Murray, because he wore a silver watch, and clothes not quite so bright and fresh as Mr. Hatfield's.

In returning to the Lodge I felt very happy, and thanked God that I had now something to think about; something to dwell on as a relief from the weary monotony, the lonely drudgery, of my present life: for I *was* lonely. Never, from month to month, from year to year, except during my brief intervals of rest at home, did I see one creature to whom I could open my heart, or freely speak my thoughts with any hope of sympathy, or even comprehension: never one, unless it were poor Nancy Brown, with whom I could enjoy a single moment of real social intercourse, or whose conversation was calculated to render me better, wiser, or happier than before; or who, as far as I could see, could be greatly benefited by mine. My only companions had been unamiable children, and ignorant, wrong-headed girls; from whose fatiguing folly, unbroken solitude was often a relief most earnestly desired and dearly prized.

Mais c'est sa manière de faire, miss Grey : quand il va voir un malade chez de pauvres gens, il remarque ce dont ils ont besoin, et, s'il pense qu'ils ne peuvent se le procurer eux-mêmes, il ne dit rien, mais il l'achète pour eux. Et ce n'est pas le premier venu qui ferait cela, ayant aussi peu qu'il a : car vous savez, madame, il n'a pour vivre que ce que lui donne le recteur, et on dit que c'est assez peu de chose. »

Je me souvins alors, avec une espèce de triomphe, qu'il avait été qualifié de brute vulgaire par l'aimable miss Murray, parce qu'il avait une montre d'argent et portait des habits moins élégants et moins neufs que ceux de M. Hatfield.

En retournant à la maison, je me sentis très-heureuse et remerciai Dieu de ce que j'avais maintenant quelque chose pour occuper ma pensée, quelque chose pour rompre la triste monotonie, la pénible solitude de ma vie : car j'étais seule. Jamais, excepté de loin en loin, et durant mes courts instants de repos chez mes parents, je n'avais rencontré personne à qui je pusse ouvrir mon cœur, ou dire librement mes pensées avec l'espoir d'éveiller quelque sympathie ou même d'être comprise ; personne, excepté la pauvre Nancy Brown, avec qui je pusse avoir un moment de véritable commerce social ou dont la conversation pût me rendre meilleure, plus sage ou plus heureuse. Ma seule compagnie, jusque-là, avait été des enfants grossiers et ignorants, de jeunes filles à la tête écervelée, contre les fatigantes folies desquelles la solitude était un bienfait souvent désiré et hautement apprécié.

But to be restricted to such associates was a serious evil, both in its immediate effects and the consequences that were likely to ensue. Never a new idea or stirring thought came to me from without; and such as rose within me were, for the most part, miserably crushed at once, or doomed to sicken or fade away, because they could not see the light.

Habitual associates are known to exercise a great influence over each other's minds and manners. Those whose actions are for ever before our eyes, whose words are ever in our ears, will naturally lead us, albeit against our will, slowly, gradually, imperceptibly, perhaps, to act and speak as they do. I will not presume to say how far this irresistible power of assimilation extends; but if one civilised man were doomed to pass a dozen years amid a race of intractable savages, unless he had power to improve them, I greatly question whether, at the close of that period, he would not have become, at least, a barbarian himself. And I, as I could not make my young companions better, feared exceedingly that they would make me worse — would gradually bring my feelings, habits, capacities, to the level of their own; without, however, imparting to me their lightheartedness and cheerful vivacity.

Already, I seemed to feel my intellect deteriorating, my heart petrifying, my soul contracting; and I trembled lest my very moral perceptions should become deadened, my distinctions of right and wrong confounded, and all my better faculties be sunk, at last, beneath the baneful influence of such a mode of life.

Être réduite à une telle société était un mal sérieux, et dans ses effets immédiats, et dans les conséquences qui en devaient probablement découler. Jamais une idée nouvelle ou une pensée excitante ne m'arrivait du dehors ; et, s'il s'en élevait quelques-unes en moi, elles étaient, pour la plupart, misérablement étouffées, parce qu'elles ne pouvaient voir la lumière.

Nos compagnons habituels, on le sait, exercent une grande influence sur nos esprits et nos manières. Ceux dont les actions sont sans cesse devant nos yeux, dont les paroles résonnent toujours à nos oreilles, nous amènent inévitablement, même malgré nous, peu à peu, graduellement, imperceptiblement peut-être, à agir et à parler comme eux. Je n'ai pas la prétention de montrer jusqu'à quel point s'étend cette irrésistible puissance d'assimilation ; mais, si un homme civilisé était condamné à passer une douzaine d'années au milieu d'une race d'intraitables sauvages, à moins qu'il n'ait le pouvoir de les civiliser, je ne serais pas étonnée qu'à la fin de cette période il ne fût devenu quelque peu barbare lui-même. Ne pouvant donc rendre mes jeunes compagnons meilleurs, je redoutais fort qu'ils ne me rendissent pire, qu'ils n'amenassent peu à peu mes sentiments, mes habitudes, mes capacités, au niveau des leurs, sans me donner leur insouciance et leur joyeuse vivacité.

Déjà il me semblait que mon intelligence se détériorait, que mon cœur se pétrifiait, que mon âme s'endurcissait ; et je tremblais de voir mes perceptions morales s'affaiblir, mes idées du bien et du mal se confondre, et toutes mes plus précieuses facultés périr sous l'influence mortelle d'un tel mode de vie.

The gross vapours of earth were gathering around me, and closing in upon my inward heaven; and thus it was that Mr. Weston rose at length upon me, appearing like the morning star in my horizon, to save me from the fear of utter darkness; and I rejoiced that I had now a subject for contemplation that was above me, not beneath. I was glad to see that all the world was not made up of Bloomfields, Murrays, Hatfields, Ashbys, &c.; and that human excellence was not a mere dream of the imagination. When we hear a little good and no harm of a person, it is easy and pleasant to imagine more: in short, it is needless to analyse all my thoughts; but Sunday was now become a day of peculiar delight to me (I was now almost broken-in to the back corner in the carriage), for I liked to hear him—and I liked to see him, too; though I knew he was not handsome, or even what is called agreeable, in outward aspect; but, certainly, he was not ugly.

In stature he was a little, a very little, above the middle size; the outline of his face would be pronounced too square for beauty, but to me it announced decision of character; his dark brown hair was not carefully curled, like Mr. Hatfield's, but simply brushed aside over a broad white forehead; the eyebrows, I suppose, were too projecting, but from under those dark brows there gleamed an eye of singular power, brown in colour, not large, and somewhat deep-set, but strikingly brilliant, and full of expression; there was character, too, in the mouth, something that bespoke a man of firm purpose and an habitual thinker;

Les grossières vapeurs de la terre s'élevaient autour de moi et allaient obscurcir mon ciel intérieur. Et c'est à ce moment que M. Weston apparaissait dans mon horizon comme l'étoile du matin, pour me sauver de la crainte des ténèbres qui allaient m'envelopper. Je me réjouissais d'avoir enfin un sujet de contemplation qui fût au-dessus de moi et non au-dessous. J'étais heureuse de voir que tout le monde n'était pas composé seulement de Bloomfields, de Murrays, d'Hatfields, d'Ashbys, etc., et que l'excellence humaine n'était pas un simple rêve de l'imagination. Lorsque nous entendons dire un peu de bien et aucun mal d'une personne, il est aisé et agréable d'en imaginer plus de bien encore ; il est donc inutile d'analyser toutes mes pensées ; qu'il me suffise de dire que le dimanche était devenu pour moi un jour de plaisir tout particulier, car j'aimais à l'entendre, et aussi à le voir ; et pourtant, je savais qu'il n'était pas beau, ni même ce que l'on est convenu d'appeler agréable d'extérieur, mais certainement il n'était pas laid.

Sa taille était un peu, bien peu, au-dessus de la moyenne. La coupe de sa figure aurait pu être trouvée trop carrée pour être belle, mais cela m'annonçait un caractère décidé. Ses cheveux, d'un brun foncé, n'étaient pas soigneusement bouclés comme ceux de M. Hatfield, mais simplement brossés sur le côté d'un front large et blanc ; les sourcils étaient, je crois, trop proéminents, mais au-dessous étincelait un œil d'une singulière puissance, brun de couleur, petit et un peu enfoncé, mais d'un éclat brillant et plein d'expression. Il y avait du caractère aussi dans la bouche, quelque chose qui annonçait la fermeté de dessein et le penseur ;

and when he smiled—but I will not speak of that yet, for, at the time I mention, I had never seen him smile: and, indeed, his general appearance did not impress me with the idea of a man given to such a relaxation, nor of such an individual as the cottagers described him. I had early formed my opinion of him; and, in spite of Miss Murray's objurgations: was fully convinced that he was a man of strong sense, firm faith, and ardent piety, but thoughtful and stern: and when I found that, to his other good qualities, was added that of true benevolence and gentle, considerate kindness, the discovery, perhaps, delighted me the more, as I had not been prepared to expect it.

et quand il souriait... mais je ne dirai rien de cela maintenant : car, au moment dont je parle, je ne l'avais jamais vu sourire, et son apparence générale ne me donnait point l'idée que ce fût un homme aussi simple et aussi affable que me l'avaient dépeint les paysans. J'avais depuis longtemps mon opinion formée sur lui ; et, quoi que pût dire miss Murray, j'étais convaincue que c'était un homme d'un sens ferme, d'une foi robuste, d'une piété ardente, mais réfléchi et sévère. Et quand je trouvai qu'à ces excellentes qualités il joignait aussi une grande bonté et une grande douceur, cette découverte me fit d'autant plus de plaisir que je m'y attendais moins.

12
The Shower

THE NEXT visit I paid to Nancy Brown was in the second week in March: for, though I had many spare minutes during the day, I seldom could look upon an hour as entirely my own; since, where everything was left to the caprices of Miss Matilda and her sister, there could be no order or regularity. Whatever occupation I chose, when not actually busied about them or their concerns, I had, as it were, to keep my loins girded, my shoes on my feet, and my staff in my hand; for not to be immediately forthcoming when called for, was regarded as a grave and inexcusable offence: not only by my pupils and their mother, but by the very servant, who came in breathless haste to call me, exclaiming, 'You're to go to the schoolroom *directly*, mum, the young ladies is waiting!!'

Climax of horror! actually waiting for their governess!!!

But this time I was pretty sure of an hour or two to myself; for Matilda was preparing for a long ride,

12
La pluie

CE NE FUT que dans la première semaine de mars que je fis une nouvelle visite à Nancy Brown. Quoique j'eusse beaucoup de minutes de loisir dans le cours de la journée, je ne pouvais guère disposer d'une heure entièrement à moi ; car là où tout était laissé au caprice de miss Mathilde et de sa sœur, il ne pouvait y avoir ni ordre ni régularité. Quelque occupation que je choisisse, quand je n'étais pas occupée autour d'elles ou pour elles, il me fallait être toujours comme le pèlerin, la ceinture aux reins, les sandales aux pieds et le bâton à la main ; car, ne point arriver aussitôt que l'on m'appelait, était regardé comme une grave et inexcusable offense, non-seulement par mes élèves et par leur mère, mais aussi par les domestiques mêmes, qui arrivaient tout essoufflés me chercher, et me criaient :

« Allez tout de suite à la salle d'étude, madame ; les jeunes ladies attendent ! »

Comble d'horreur ! de jeunes ladies attendant leur gouvernante !

Mais, ce jour-là, j'étais sûre de pouvoir disposer d'une heure ou deux ; car Mathilde se préparait pour une longue promenade

and Rosalie was dressing for a dinner-party at Lady Ashby's: so I took the opportunity of repairing to the widow's cottage, where I found her in some anxiety about her cat, which had been absent all day. I comforted her with as many anecdotes of that animal's roving propensities as I could recollect. 'I'm feared o' th' gamekeepers,' said she: 'that's all 'at I think on. If th' young gentlemen had been at home, I should a' thought they'd been setting their dogs at her, an' worried her, poor thing, as they did *many* a poor thing's cat; but I haven't that to be feared on now.' Nancy's eyes were better, but still far from well: she had been trying to make a Sunday shirt for her son, but told me she could only bear to do a little bit at it now and then, so that it progressed but slowly, though the poor lad wanted it sadly. So I proposed to help her a little, after I had read to her, for I had plenty of time that evening, and need not return till dusk. She thankfully accepted the offer. 'An' you'll be a bit o' company for me too, Miss,' said she; 'I like as I feel lonesome without my cat.' But when I had finished reading, and done the half of a seam, with Nancy's capacious brass thimble fitted on to my finger by means of a roll of paper, I was disturbed by the entrance of Mr. Weston, with the identical cat in his arms. I now saw that he could smile, and very pleasantly too.

'I've done you a piece of good service, Nancy,' he began: then seeing me, he acknowledged my presence by a slight bow. I should have been invisible to Hatfield, or any other gentleman of those parts. 'I've delivered your cat,' he continued, 'from the hands, or rather the gun, of Mr. Murray's gamekeeper.'

à cheval, et Rosalie s'habillait pour un dîner chez lady Ashby. Je saisis donc cette occasion pour me rendre au cottage de la pauvre veuve, que je trouvai dans une grande inquiétude à propos de sa chatte qui était disparue depuis le matin. Je la consolai avec toutes les anecdotes que je pus me rappeler sur les penchants de ces animaux, « J'ai peur des gardes-chasse, dit-elle, voilà tout ce que je redoute. Si les jeunes gentlemen étaient au château, je craindrais qu'ils n'eussent lancé leurs chiens après elle, la pauvre bête, comme ils ont fait souvent pour beaucoup de pauvres chats ; mais je n'ai pas à craindre cela maintenant. » Les yeux de Nancy allaient mieux, mais ils étaient loin encore d'être tout à fait bien ; elle avait essayé de faire une chemise du dimanche pour son fils, mais elle me dit qu'elle n'y pouvait travailler que très-peu, de temps à autre, et qu'elle n'avançait que lentement, quoique le pauvre garçon en eût bien besoin. Je lui proposai d'y travailler un peu après que je lui aurais fait la lecture, car j'avais du temps à moi et ne voulais rentrer qu'à la nuit. Elle accepta avec reconnaissance, « Et cela me tiendra un peu compagnie, me dit-elle, car je me sens bien seule sans ma chatte. » Mais lorsque j'eus fini de lire et fait la moitié d'une couture avec le large dé de Nancy, adapté à mon doigt au moyen d'une bande de papier roulée, je fus dérangée par l'entrée de M. Weston avec la chatte dans ses bras. Je vis alors qu'il pouvait sourire, et même très-agréablement.

« Je viens de vous rendre un bon service, Nancy, » commença-t-il ; puis, m'apercevant, il me fit un léger salut. J'aurais été invisible pour Hatfield ou pour tout autre gentleman de la contrée. « J'ai sauvé votre chatte, continua-t-il, des mains ou plutôt du fusil du garde-chasse de M. Murray.

'God bless you, sir!' cried the grateful old woman, ready to weep for joy as she received her favourite from his arms.

'Take care of it,' said he, 'and don't let it go near the rabbit-warren, for the gamekeeper swears he'll shoot it if he sees it there again: he would have done so to-day, if I had not been in time to stop him. I believe it is raining, Miss Grey,' added he, more quietly, observing that I had put aside my work, and was preparing to depart. 'Don't let me disturb you—I shan't stay two minutes.'

'You'll *both* stay while this shower gets owered,' said Nancy, as she stirred the fire, and placed another chair beside it; 'what! there's room for all.'

'I can see better here, thank you, Nancy,' replied I, taking my work to the window, where she had the goodness to suffer me to remain unmolested, while she got a brush to remove the cat's hairs from Mr. Weston's coat, carefully wiped the rain from his hat, and gave the cat its supper, busily talking all the time: now thanking her clerical friend for what he had done; now wondering how the cat had found out the warren; and now lamenting the probable consequences of such a discovery. He listened with a quiet, good-natured smile, and at length took a seat in compliance with her pressing invitations, but repeated that he did not mean to stay.

'I have another place to go to,' said he, 'and I see' (glancing at the book on the table) 'someone else has been reading to you.'

— Que Dieu vous bénisse, monsieur ! s'écria la reconnaissante vieille femme, prête à pleurer de joie en recevant sa chatte favorite.

— Ayez soin d'elle, dit-il, et ne la laissez pas aller du côté de la garenne aux lapins, car le garde-chasse a juré de lui tirer un coup de fusil s'il l'y retrouve encore. Il l'eût déjà fait aujourd'hui, si je n'étais arrivé à temps pour l'en empêcher. Je crois qu'il pleut, miss Grey, ajouta-t-il plus doucement, en voyant que j'avais mis de côté mon ouvrage et que je me préparais à partir. Que je ne vous dérange pas, je ne veux rester que deux minutes.

— Vous resterez tous deux jusqu'à ce que l'averse soit passée, dit Nancy en tisonnant le feu et en approchant une chaise ; eh ! il y a de la place pour tous.

— J'y verrai mieux ici, je vous remercie, Nancy, » répondis-je en emportant mon ouvrage vers la fenêtre, où elle eut la bonté de me laisser tranquille pendant qu'elle prenait une brosse pour enlever les poils que sa chatte avait laissés sur l'habit de M. Weston, qu'elle essuyait avec soin la pluie qui avait mouillé son chapeau, et qu'elle donnait à souper à la chatte ; parlant sans cesse, tantôt remerciant son ami le vicaire de ce qu'il avait fait, s'étonnant que la chatte eût trouvé le chemin de la garenne, tantôt se lamentant sur les conséquences probables d'une telle découverte. Il écoutait avec un sourire calme et plein de bienveillance, et finit par prendre un siège pour complaire à ses pressantes invitations, mais en répétant qu'il n'entendait pas rester.

« J'ai une autre maison à visiter, dit-il, et je vois (regardant la Bible sur la table) qu'un autre que moi vous a fait la lecture.

'Yes, sir; Miss Grey has been as kind as read me a chapter; an' now she's helping me with a shirt for our Bill—but I'm feared she'll be cold there. Won't you come to th' fire, Miss?'

'No, thank you, Nancy, I'm quite warm. I must go as soon as this shower is over.'

'Oh, Miss! You said you could stop while dusk!' cried the provoking old woman, and Mr. Weston seized his hat.

'Nay, sir,' exclaimed she, 'pray don't go now, while it rains so fast.'

'But it strikes me I'm keeping your visitor away from the fire.'

'No, you're not, Mr. Weston,' replied I, hoping there was no harm in a falsehood of that description.

'No, sure!' cried Nancy. 'What, there's lots o' room!'

'Miss Grey,' said he, half-jestingly, as if he felt it necessary to change the present subject, whether he had anything particular to say or not, 'I wish you would make my peace with the squire, when you see him. He was by when I rescued Nancy's cat, and did not quite approve of the deed. I told him I thought he might better spare all his rabbits than she her cat, for which audacious assertion he treated me to some rather ungentlemanly language; and I fear I retorted a trifle too warmly.'

'Oh, lawful sir! I hope you didn't fall out wi' th' maister for sake o' my cat! he cannot bide answering again—can th' maister.'

— Oui, monsieur, miss Grey a eu la bonté de me lire un chapitre ; et maintenant elle m'aide un peu à faire une chemise pour notre Bill. Mais je crains qu'elle n'ait froid là. Pourquoi ne venez-vous pas auprès du feu, miss ?

— Je vous remercie, Nancy, j'ai assez chaud. Il faut que je m'en aille aussitôt que la pluie aura cessé.

— Oh ! miss, vous m'avez dit que vous pouviez rester jusqu'à la nuit ! s'écria-t-elle ; et M. Weston saisit son chapeau.

— Non monsieur, je vous en prie, ne partez pas en ce moment, pendant qu'il pleut si fort.

— Mais je m'aperçois que j'empêche votre visiteuse de s'approcher du feu.

— Non, monsieur Weston, répondis-je, espérant qu'il n'y avait point de mal dans un mensonge de cette sorte.

— Non assurément ! s'écria Nancy. Eh quoi, n'y a-t-il pas assez de place ?

— Miss Grey, dit-il d'un ton à demi plaisant, soit qu'il voulût changer le tour de la conversation, soit qu'il eût ou non quelque chose de particulier à dire, je voudrais que vous pussiez faire ma paix avec le squire quand vous le verrez. Il était présent quand j'ai sauvé la chatte de Nancy, et ne m'a pas tout à fait approuvé. Je lui ai dit qu'il pouvait plutôt se passer de tous ses lapins que Nancy de sa chatte, et pour cette audacieuse assertion, il m'a parlé avec un langage un peu brutal auquel j'ai répondu peut-être avec un peu trop de chaleur.

— Oh ! monsieur, j'espère que vous ne vous serez pas fait un ennemi de M. Murray à cause de ma chatte, s'écria Nancy.

'Oh! it's no matter, Nancy: I don't care about it, really; I said nothing *very* uncivil; and I suppose Mr. Murray is accustomed to use rather strong language when he's heated.'

'Ay, sir: it's a pity.'

'And now, I really must go. I have to visit a place a mile beyond this; and you would not have me to return in the dark: besides, it has nearly done raining now—so good-evening, Nancy. Good-evening, Miss Grey.'

'Good-evening, Mr. Weston; but don't depend upon me for making your peace with Mr. Murray, for I never see him—to speak to.'

'Don't you; it can't be helped then,' replied he, in dolorous resignation: then, with a peculiar half-smile, he added, 'But never mind; I imagine the squire has more to apologise for than I;' and left the cottage.

I went on with my sewing as long as I could see, and then bade Nancy good-evening; checking her too lively gratitude by the undeniable assurance that I had only done for her what she would have done for me, if she had been in my place and I in hers. I hastened back to Horton Lodge, where, having entered the schoolroom, I found the tea-table all in confusion, the tray flooded with slops, and Miss Matilda in a most ferocious humour.

'Miss Grey, whatever have you been about? I've had tea half an hour ago, and had to make it myself, and drink it all alone! I wish you would come in sooner!'

— Ne vous tourmentez pas, Nancy : je ne m'en préoccupe vraiment pas ; je ne lui ai rien dit de bien rude, et je suppose que M. Murray a l'habitude de se servir d'un langage un peu fort quand il est en colère.

— Ah ! monsieur, c'est une pitié !

— Et maintenant, il faut réellement que je parte. J'ai à visiter une maison à un mille d'ici, et vous ne voudriez pas que je revinsse la nuit. D'ailleurs il ne pleut presque plus ; ainsi bonsoir, Nancy ; bonsoir, miss Grey.

— Bonsoir, monsieur Weston ; mais ne comptez pas sur moi pour faire votre paix avec M. Murray, car je ne le vois jamais, du moins pour lui parler.

— Vraiment ! Tant pis alors, » reprit-il d'un ton de douloureuse résignation ; puis avec un sourire tout particulier, il ajouta : « Mais n'y pensez plus. J'imagine que le squire a plus besoin de se faire excuser que moi. » Et il quitta le cottage.

Je continuai ma couture aussi longtemps que je pus, et dis ensuite bonsoir à Nancy ; je réprimai sa trop vive gratitude en l'assurant que je n'avais fait pour elle que ce qu'elle aurait fait pour moi si je me fusse trouvée dans sa position, et elle dans la mienne. Je me hâtai de retourner à Horton-Lodge ; en entrant dans la salle d'études, je trouvai la table à thé dans la plus complète confusion, et miss Mathilde dans l'humeur la plus féroce.

« Où êtes-vous donc allée, miss Grey ? Il y a une demi-heure que l'on a servi le thé, et il m'a fallu le faire moi-même et le prendre seule ! J'aurais voulu que vous revinssiez plus tôt.

'I've been to see Nancy Brown. I thought you would not be back from your ride.'

'How could I ride in the rain, I should like to know. That damned pelting shower was vexatious enough—coming on when I was just in full swing: and then to come and find nobody in to tea! and you know I can't make the tea as I like it.'

'I didn't think of the shower,' replied I (and, indeed, the thought of its driving her home had never entered my head).

'No, of course; you were under shelter yourself, and you never thought of other people.'

I bore her coarse reproaches with astonishing equanimity, even with cheerfulness; for I was sensible that I had done more good to Nancy Brown than harm to her: and perhaps some other thoughts assisted to keep up my spirits, and impart a relish to the cup of cold, overdrawn tea, and a charm to the otherwise unsightly table; and—I had almost said—to Miss Matilda's unamiable face. But she soon betook herself to the stables, and left me to the quiet enjoyment of my solitary meal.

— J'étais allée voir Nancy Brown. Je pensais que vous ne seriez pas revenue encore de votre promenade.

— Comment pourrait-on se promener à cheval par cette pluie ? J'aimerais à le savoir. Cette damnée averse a été assez fâcheuse, arrivant juste au milieu de ma promenade ; puis, rentrer et ne trouver personne au thé ! et vous savez que je ne puis pas faire le thé comme je l'aime.

— Je n'avais pas pensé à la pluie, répondis-je ; et vraiment la pensée qu'elle eût pu interrompre sa promenade ne m'était jamais entrée dans la tête.

— Non, c'est tout naturel ; vous étiez à couvert et vous ne pensiez pas aux autres. »

Je supportai ses durs reproches avec une merveilleuse placidité et même avec gaieté, car j'avais la conviction d'avoir fait beaucoup plus de bien à la pauvre Nancy que je ne lui avais fait de mal à elle. Peut-être aussi d'autres pensées soutenaient mes esprits, donnaient du goût à la tasse de thé froid que je pris, du charme au désordre de la table, et j'allais presque dire à la figure peu aimable de miss Mathilde. Mais elle se rendit bientôt aux écuries, et me laissa jouir toute seule de mon solitaire repas.

13

The Primroses

Miss Murray now always went twice to church, for she so loved admiration that she could not bear to lose a single opportunity of obtaining it; and she was so sure of it wherever she showed herself, that, whether Harry Meltham and Mr. Green were there or not, there was certain to be somebody present who would not be insensible to her charms, besides the Rector, whose official capacity generally obliged him to attend. Usually, also, if the weather permitted, both she and her sister would walk home; Matilda, because she hated the confinement of the carriage; she, because she disliked the privacy of it, and enjoyed the company that generally enlivened the first mile of the journey in walking from the church to Mr. Green's park-gates: near which commenced the private road to Horton Lodge, which lay in the opposite direction, while the highway conducted in a straightforward course to the still more distant mansion of Sir Hugh Meltham. Thus there was always a chance of being accompanied, so far, either by Harry Meltham, with or without Miss Meltham, or Mr. Green, with perhaps one or both of his sisters, and any gentlemen visitors they might have.

13
Les primevères

Miss Murray allait maintenant toujours deux fois à l'église, car elle aimait tant l'admiration qu'elle ne pouvait négliger aucune occasion de l'obtenir, et elle était si sûre de l'attirer, que partout où elle se montrait (que M. Harry Meltham et M. Green y fussent ou non) il y avait toujours quelqu'un qui n'était pas insensible à ses charmes, sans compter le recteur, que ses fonctions obligeaient tout naturellement à s'y trouver. Ordinairement aussi, quand le temps le permettait, elle et sa sœur préféraient revenir à pied : Mathilde, parce qu'elle détestait d'être emprisonnée dans la voiture ; miss Murray, parce qu'elle aimait la compagnie, qui ordinairement égayait le premier mille de la route, de l'église aux portes du parc de M. Green, où commençait le chemin particulier conduisant à Horton-Lodge, situé dans une direction opposée, tandis que la grande route conduisait tout droit à la demeure plus éloignée de sir Hugues Meltham. Elle y avait ainsi toute chance d'être accompagnée jusque-là, soit par Harry Meltham, avec ou sans miss Meltham, soit par M. Green, avec une ou peut-être deux de ses sœurs, ou quelques gentlemen qui se trouvaient en visite chez eux.

Whether I walked with the young ladies or rode with their parents, depended upon their own capricious will: if they chose to 'take' me, I went; if, for reasons best known to themselves, they chose to go alone, I took my seat in the carriage. I liked walking better, but a sense of reluctance to obtrude my presence on anyone who did not desire it, always kept me passive on these and similar occasions; and I never inquired into the causes of their varying whims. Indeed, this was the best policy—for to submit and oblige was the governess's part, to consult their own pleasure was that of the pupils. But when I did walk, the first half of journey was generally a great nuisance to me. As none of the before-mentioned ladies and gentlemen ever noticed me, it was disagreeable to walk beside them, as if listening to what they said, or wishing to be thought one of them, while they talked over me, or across; and if their eyes, in speaking, chanced to fall on me, it seemed as if they looked on vacancy—as if they either did not see me, or were very desirous to make it appear so. It was disagreeable, too, to walk behind, and thus appear to acknowledge my own inferiority; for, in truth, I considered myself pretty nearly as good as the best of them, and wished them to know that I did so, and not to imagine that I looked upon myself as a mere domestic, who knew her own place too well to walk beside such fine ladies and gentlemen as they were—though her young ladies might choose to have her with them, and even condescend to converse with her when no better company were at hand.

Il dépendait absolument de leur capricieuse volonté que je fisse à pied le chemin avec elles, ou que j'allasse en voiture avec leurs parents. Si elles voulaient me prendre avec elles, j'allais ; si, pour des raisons mieux connues d'elles que de moi, elles préféraient être seules, je prenais ma place dans la voiture. J'aimais mieux marcher ; mais la pensée de gêner par ma présence quelqu'un qui ne la désirait pas, me faisait toujours adopter un rôle passif en cette circonstance comme en toute autre, et je ne m'enquis jamais de la cause de leurs caprices. Et vraiment, c'était la meilleure politique, car se soumettre et obliger était le rôle de la gouvernante ; ne consulter que leurs plaisirs était celui des élèves. Mais, quand je revenais à pied, la première moitié du chemin m'était toujours fort pénible. Comme aucun des gentlemen et des ladies que j'ai mentionnés ne faisait attention à moi, il m'était désagréable de marcher à côté de ces personnes comme si j'avais voulu entendre leur conversation ou faire croire que j'étais l'une d'elles ; et si, en parlant, leurs yeux venaient à tomber sur moi, il semblait qu'ils regardassent dans le vide, comme s'ils ne me voyaient pas ou étaient très-désireux de paraître ne pas me voir. Il était désagréable aussi de marcher derrière et de paraître ainsi reconnaître ma propre infériorité : car, à dire vrai, je me considérais comme aussi bonne que les meilleurs d'entre eux, et voulais le leur faire voir, afin qu'ils ne pussent s'imaginer que je me regardais comme une simple domestique qui connaissait trop bien sa place pour marcher à côté de belles ladies et de gentlemen comme eux, quoique ses jeunes élèves pussent condescendre à converser avec elle lorsqu'elles n'avaient pas meilleure compagnie sous la main.

Thus — I am almost ashamed to confess it — but indeed I gave myself no little trouble in my endeavours (if I did keep up with them) to appear perfectly unconscious or regardless of their presence, as if I were wholly absorbed in my own reflections, or the contemplation of surrounding objects; or, if I lingered behind, it was some bird or insect, some tree or flower, that attracted my attention, and having duly examined that, I would pursue my walk alone, at a leisurely pace, until my pupils had bidden adieu to their companions and turned off into the quiet private road.

One such occasion I particularly well remember; it was a lovely afternoon about the close of March; Mr. Green and his sisters had sent their carriage back empty, in order to enjoy the bright sunshine and balmy air in a sociable walk home along with their visitors, Captain Somebody and Lieutenant Somebody-else (a couple of military fops), and the Misses Murray, who, of course, contrived to join them. Such a party was highly agreeable to Rosalie; but not finding it equally suitable to my taste, I presently fell back, and began to botanise and entomologise along the green banks and budding hedges, till the company was considerably in advance of me, and I could hear the sweet song of the happy lark; then my spirit of misanthropy began to melt away beneath the soft, pure air and genial sunshine; but sad thoughts of early childhood, and yearnings for departed joys, or for a brighter future lot, arose instead. As my eyes wandered over the steep banks covered with young grass and green-leaved plants,

Ainsi, je suis presque honteuse de le confesser, je me donnais beaucoup de mal, si je marchais à côté d'eux, pour paraître ne me soucier nullement de leur présence, comme si j'eusse été entièrement absorbée dans mes pensées ou dans la contemplation des objets environnants ; ou, si je restais en arrière, c'était quelque oiseau ou quelque insecte, un arbre ou une fleur, qui attiraient mon attention, et, après les avoir examinés, je continuais seule ma promenade d'un pas lent, jusqu'à ce que mes élèves eussent dit adieu à leurs compagnons et eussent tourné par la route calme qui conduisait à la maison.

Je me souviens tout particulièrement d'une de ces occasions : c'était par une charmante après-midi, vers la fin de mars ; M. Green et ses sœurs avaient renvoyé leur voiture vide, afin de jouir du beau soleil, de l'air embaumé et d'une promenade agréable avec leurs visiteurs, le capitaine un tel et le lieutenant un tel (une paire de damoiseaux militaires), et les misses Murray, qui tout naturellement s'étaient jointes à eux. Une telle société était des plus agréables pour Rosalie ; mais, ne la trouvant pas autant de mon goût, je demeurai en arrière et me mis à herboriser et à pratiquer l'entomologie le long des verts talus et des haies bourgeonnantes, jusqu'à ce que la compagnie fût considérablement en avance sur moi. Je pus entendre la douce chanson de la joyeuse alouette ; alors ma misanthropie commença à se fondre à l'air pur et sous les rayons doux et bienfaisants du soleil ; mais de tristes pensées de ma première enfance, des aspirations à des joies passées, ou vers une future destinée meilleure, s'élevèrent en moi. Comme mes yeux erraient sur les talus escarpés couverts d'herbes naissantes, de plantes au vert feuillage,

and surmounted by budding hedges, I longed intensely for some familiar flower that might recall the woody dales or green hill-sides of home: the brown moorlands, of course, were out of the question. Such a discovery would make my eyes gush out with water, no doubt; but that was one of my greatest enjoyments now. At length I descried, high up between the twisted roots of an oak, three lovely primroses, peeping so sweetly from their hiding-place that the tears already started at the sight; but they grew so high above me, that I tried in vain to gather one or two, to dream over and to carry with me: I could not reach them unless I climbed the bank, which I was deterred from doing by hearing a footstep at that moment behind me, and was, therefore, about to turn away, when I was startled by the words, 'Allow me to gather them for you, Miss Grey,' spoken in the grave, low tones of a well-known voice. Immediately the flowers were gathered, and in my hand. It was Mr. Weston, of course—who else would trouble himself to do so much for *me*?

'I thanked him; whether warmly or coldly, I cannot tell: but certain I am that I did not express half the gratitude I felt. It was foolish, perhaps, to feel any gratitude at all; but it seemed to me, at that moment, as if this were a remarkable instance of his good-nature: an act of kindness, which I could not repay, but never should forget: so utterly unaccustomed was I to receive such civilities, so little prepared to expect them from anyone within fifty miles of Horton Lodge. Yet this did not prevent me from feeling a little uncomfortable in his presence;

et surmontés de haies, je me mis à désirer vivement quelque fleur familière qui pût me rappeler les vallées boisées et les vertes collines du pays natal : les sombres marais, tout naturellement, étaient hors de question. Une telle découverte eût rempli mes yeux de larmes, sans doute ; mais c'était alors un de mes plus grands plaisirs. À la fin je découvris, à un endroit élevé, entre les racines tordues d'un chêne, trois belles primevères, sortant si doucement de leur cachette, que mes larmes coulèrent à leur vue ; mais elles étaient situées si haut, que j'essayai en vain d'en cueillir une ou deux pour rêver sur elles et les emporter : je ne pouvais les atteindre sans grimper sur le talus, ce que je fus empêchée de faire en entendant des pas derrière moi, et j'allais m'en aller, quand je tressaillis à ces mots : « Permettez-moi de les cueillir pour vous, miss Grey, » dits d'une voix grave bien connue. Aussitôt les fleurs furent cueillies et dans ma main. C'était M. Weston, tout naturellement ; quel autre se fût donné la peine d'en faire autant pour *moi* ?

Je le remerciai ; avec chaleur ou froidement, je ne pourrais le dire : mais je suis sûre que je n'exprimai pas la moitié de la gratitude que je ressentais. C'était folie, peut-être, de ressentir de la gratitude pour cela ; mais il me semblait alors que c'était un remarquable exemple de sa bonne nature, un acte de complaisance que je ne pouvais récompenser, mais que je n'oublierais jamais, tant j'étais peu accoutumée à recevoir de telles marques de politesse ! tant j'étais peu préparée à en attendre de qui que ce fût à Horton-Lodge et à cinquante milles à la ronde ! Pourtant cela ne m'empêcha pas d'éprouver un sentiment de contrainte en sa présence,

and I proceeded to follow my pupils at a much quicker pace than before; though, perhaps, if Mr. Weston had taken the hint, and let me pass without another word, I might have repeated it an hour after: but he did not. A somewhat rapid walk for me was but an ordinary pace for him.

'Your young ladies have left you alone,' said he.

'Yes, they are occupied with more agreeable company.'

'Then don't trouble yourself to overtake them.' I slackened my pace; but next moment regretted having done so: my companion did not speak; and I had nothing in the world to say, and feared he might be in the same predicament. At length, however, he broke the pause by asking, with a certain quiet abruptness peculiar to himself, if I liked flowers.

'Yes; very much,' I answered, 'wild-flowers especially.'

'*I like* wild-flowers,' said he; 'others I don't care about, because I have no particular associations connected with them — except one or two. What are your favourite flowers?'

'Primroses, bluebells, and heath-blossoms.'

'Not violets?'

'No; because, as you say, I have no particular associations connected with them; for there are no sweet violets among the hills and valleys round my home.'

et je me hâtai de presser le pas pour rejoindre mes élèves, quoique j'eusse été fâchée que M. Weston me laissât passer sans m'adresser d'autres paroles. Mais une marche rapide pour moi n'était qu'un pas ordinaire, pour lui.

« Vos jeunes ladies vous ont laissée seule ? dit-il.

— Oui ; elles sont occupées d'une plus agréable compagnie.

— Alors, ne vous donnez pas tant de peine pour les rattraper. »

Je ralentis le pas, mais un instant après je m'en repentis : mon compagnon ne parlait point ; je ne trouvais absolument rien à dire, et craignais qu'il ne fût comme moi. À la fin, pourtant, il rompit le silence en me demandant, avec une certaine brusquerie calme qui lui était particulière, si j'aimais les fleurs.

« Oui, beaucoup, répondis-je, et surtout les fleurs sauvages.

— *J'aime* aussi les fleurs sauvages, dit-il ; je me soucie peu des autres, parce que je n'ai aucune association particulière avec elles, excepté avec une ou deux. Quelles sont vos fleurs favorites ?

— Les primevères, les campanules et la fleur de bruyère.

— Et les violettes ?

— Non, parce que, comme vous le dites, je n'ai aucune association particulière avec elles ; car il n'y a point de douces violettes sur les collines et dans les vallées qui environnent la maison de mon père.

'It must be a great consolation to you to have a home, Miss Grey,' observed my companion after a short pause: 'however remote, or however seldom visited, still it is something to look to.'

'It is so much that I think I could not live without it,' replied I, with an enthusiasm of which I immediately repented; for I thought it must have sounded essentially silly.

'Oh, yes, you could,' said he, with a thoughtful smile. 'The ties that bind us to life are tougher than you imagine, or than anyone can who has not felt how roughly they may be pulled without breaking. You might be miserable without a home, but even *you* could live; and not so miserably as you suppose. The human heart is like india-rubber; a little swells it, but a great deal will not burst it. If "little more than nothing will disturb it, little less than all things will suffice" to break it. As in the outer members of our frame, there is a vital power inherent in itself that strengthens it against external violence. Every blow that shakes it will serve to harden it against a future stroke; as constant labour thickens the skin of the hand, and strengthens its muscles instead of wasting them away: so that a day of arduous toil, that might excoriate a lady's palm, would make no sensible impression on that of a hardy ploughman.

'I speak from experience — partly my own. There was a time when I thought as you do — at least, I was fully persuaded that home and its affections were the only

— Ce doit être une grande consolation pour vous d'avoir une maison paternelle, miss Grey, dit mon compagnon après un court silence. Si éloignée qu'elle soit, et si rarement qu'on y retourne, c'est quelque chose de pouvoir y penser.

— C'est si précieux, que je crois que je ne pourrais pas vivre sans cela, répondis-je avec un enthousiasme dont je me repentis aussitôt ; car je craignis de m'être montrée essentiellement extravagante.

— Oh ! vous le pourriez, dit-il avec un sourire mélancolique. Les liens qui nous attachent à la vie sont plus forts que vous ne l'imaginez. Qui n'a pas senti combien rudement ils peuvent être tirés sans se rompre ? Vous seriez malheureuse sans famille, mais vous pourriez vivre, et pas aussi misérablement que vous le supposez. Le cœur humain est comme le caoutchouc : un faible effort l'allonge, un grand ne le rompt pas. Si un peu plus que rien peut le troubler, il ne faut guère moins que tout pour le briser. Comme les membres extérieurs de notre corps, il a un pouvoir vital inhérent à lui, qui le fortifie contre la violence externe ; Chaque coup qui le frappe sert à l'endurcir contre un coup futur. De même qu'un travail constant épaissit la peau de la main et fortifie ses muscles, ainsi un labeur qui pourrait excorier la main d'une lady ne produit aucun effet sur celle d'un rude laboureur.

« Je parle par expérience, expérience en partie personnelle ; il y eut un temps où je pensais comme vous ; au moins étais-je pleinement persuadé que la famille et ses affections étaient les seules choses qui pussent rendre l'existence tolérable ; que si l'on s'en trouvait privé, la vie deviendrait un fardeau lourd à porter. Maintenant je n'ai pas de maison, à moins que vous

things that made life tolerable: that, if deprived of these, existence would become a burden hard to be endured; but now I have no home—unless you would dignify my two hired rooms at Horton by such a name;—and not twelve months ago I lost the last and dearest of my early friends; and yet, not only I live, but I am not wholly destitute of hope and comfort, even for this life: though I must acknowledge that I can seldom enter even an humble cottage at the close of day, and see its inhabitants peaceably gathered around their cheerful hearth, without a feeling *almost* of envy at their domestic enjoyment.'

'You don't know what happiness lies before you yet,' said I: 'you are now only in the commencement of your journey.'

'The best of happiness,' replied he, 'is mine already—the power and the will to be useful.'

We now approached a stile communicating with a footpath that conducted to a farm-house, where, I suppose, Mr. Weston purposed to make himself 'useful;' for he presently took leave of me, crossed the stile, and traversed the path with his usual firm, elastic tread, leaving me to ponder his words as I continued my course alone. I had heard before that he had lost his mother not many months before he came. She then was the last and dearest of his early friends; and he had *no home*. I pitied him from my heart: I almost wept for sympathy. And this, I thought, accounted for the shade of premature thoughtfulness that so frequently clouded his brow,

n'appeliez de ce nom les deux chambres que je loue à Horton ; et il n'y a pas un an que j'ai perdu mon dernier et mon plus ancien ami ; et pourtant non-seulement je vis, mais je ne suis pas totalement dénué d'espoir et de bonheur, même pour cette vie, quoique je reconnaisse que je n'entre jamais dans une humble chaumière, à la chute du jour, lorsque ses paisibles habitants sont réunis autour du foyer, sans éprouver un sentiment d'envie de leur bonheur.

— Vous ne savez pas encore quel bonheur vous attend, dis-je ; vous n'êtes qu'au début de votre voyage.

— Le plus grand des bonheurs m'appartient déjà, répondit-il : le pouvoir et la volonté d'être utile. »

Nous arrivions près d'une barrière communiquant avec un sentier qui conduisait à une ferme, où je supposai que M. Weston avait dessein de se rendre utile ; car il prit congé de moi, passa la barrière, et suivit le sentier de ce pas ferme et léger qui lui était habituel, me laissant réfléchir sur ses paroles en continuant seule ma route. J'avais entendu dire qu'il avait perdu sa mère quelques mois avant son arrivée à Horton. C'était donc elle qui était « ce dernier et plus cher de ses amis, » et il n'avait plus de famille. Je le plaignis du fond de mon cœur ; je pleurai presque de sympathie. Cela expliquait, selon moi, cet air soucieux qui obscurcissait si souvent son front,

and obtained for him the reputation of a morose and sullen disposition with the charitable Miss Murray and all her kin. 'But,' thought I, 'he is not so miserable as I should be under such a deprivation: he leads an active life; and a wide field for useful exertion lies before him. He can *make* friends; and he can make a home too, if he pleases; and, doubtless, he will please some time. God grant the partner of that home may be worthy of his choice, and make it a happy one—such a home as he deserves to have! And how delightful it would be to—'

But no matter what I thought.

I began this book with the intention of concealing nothing; that those who liked might have the benefit of perusing a fellow-creature's heart: but we have some thoughts that all the angels in heaven are welcome to behold, but not our brother-men—not even the best and kindest amongst them.

By this time the Greens had taken themselves to their own abode, and the Murrays had turned down the private road, whither I hastened to follow them. I found the two girls warm in an animated discussion on the respective merits of the two young officers; but on seeing me Rosalie broke off in the middle of a sentence to exclaim, with malicious glee—

'Oh-ho, Miss Grey! you're come at last, are you? No *wonder* you lingered so long behind; and no *wonder* you always stand up so vigorously for Mr. Weston when I abuse him. Ah-ha! I see it all now!'

et qui lui avait valu auprès de la charitable miss Murray la réputation d'avoir un caractère morose et sévère. « Mais, pensai-je, il n'est pas aussi malheureux que je le serais après une telle perte : il mène une vie active ; il a devant lui un vaste champ pour se rendre utile ; il peut se faire des amis, et il peut se donner une famille s'il le veut, et sans doute il le voudra un jour. Que Dieu lui accorde une compagne digne de son choix, et que le bonheur habite sa maison ! Oh ! quelle joie ce serait pour... »

Mais peu importe à quoi je pensai.

J'ai commencé ce livre avec l'intention de ne rien cacher, afin que ceux qui le voudraient pussent lire dans le cœur d'une de leurs semblables ; mais nous avons des pensées que nous ne voudrions laisser voir qu'aux anges du ciel, et non à nos frères les hommes, pas même aux meilleurs et aux plus bienveillants d'entre eux.

Pendant ce temps, les Green s'étaient dirigés vers leur demeure, et les Murray avaient tourné par le chemin privé, où je me hâtai de les suivre. Je trouvai les deux jeunes filles échauffées par une discussion animée touchant les mérites respectifs des deux jeunes officiers ; mais en me voyant, Rosalie s'arrêta au milieu d'une phrase pour s'écrier avec une joie malicieuse :

« Oh ! oh ! miss Grey, vous êtes enfin venue ? Il n'est pas étonnant que vous restiez si longtemps en arrière, ni que vous souteniez si vigoureusement M. Weston quand je parle mal de lui. Ah ! ah ! je vois tout maintenant.

'Now, come, Miss Murray, don't be foolish,' said I, attempting a good-natured laugh; 'you know such nonsense can make no impression on me.'

But she still went on talking such intolerable stuff—her sister helping her with appropriate fiction coined for the occasion—that I thought it necessary to say something in my own justification.

'What folly all this is!' I exclaimed. 'If Mr. Weston's road happened to be the same as mine for a few yards, and if he chose to exchange a word or two in passing, what is there so remarkable in that? I assure you, I never spoke to him before: except once.'

'Where? where? and when?' cried they eagerly.

'In Nancy's cottage.'

'Ah-ha! you've met him there, have you?' exclaimed Rosalie, with exultant laughter. 'Ah! now, Matilda, I've found out why she's so fond of going to Nancy Brown's! She goes there to flirt with Mr. Weston.'

'Really, that is not worth contradicting—I only saw him there once, I tell you—and how could I know he was coming?'

Irritated as I was at their foolish mirth and vexatious imputations, the uneasiness did not continue long: when they had had their laugh out, they returned again to the captain and lieutenant; and, while they disputed and commented upon them, my indignation rapidly cooled; the cause of it was quickly forgotten,

— Allons, miss Murray, ne dites pas d'extravagances, dis-je en essayant de rire de bon cœur ; vous savez que de semblables non-sens ne font aucune impression sur moi. »

Mais elle continua à dire de si intolérables balivernes, sa sœur l'aidant avec des mensonges inventés pour la circonstance, que je crus devoir dire quelque chose pour ma justification.

« Quelle folie que tout cela ! m'écriai-je. Si la route de M. Weston est la même que la mienne, et s'il juge à propos de m'adresser quelques paroles en passant, qu'y a-t-il là de si extraordinaire ? Je vous assure que je ne lui avais jamais parlé auparavant, excepté une seule fois.

— Où ? où, et quand ? demandèrent-elles vivement.

— Dans la chaumière de Nancy.

— Ah ! ah ! vous l'avez rencontré là, vrai ? s'écria Rosalie d'un air de triomphe. Maintenant, Mathilde, nous savons pourquoi elle aime tant à aller chez Nancy Brown. Elle y va pour coqueter avec M. Weston.

— Vraiment, cela ne mérite pas qu'on y réponde. Je ne l'ai vu là qu'une fois ; et comment aurais-je su qu'il devait y venir ? »

Irritée que j'étais de leur folle gaieté et de leurs blessantes imputations, la conversation ne put continuer longtemps sur ce sujet. Quand elles eurent fini de rire, elles retournèrent au capitaine et au lieutenant ; et, pendant qu'elles discutaient et commentaient sur eux, mon indignation se refroidit promptement ; la cause en fut bientôt oubliée,

and I turned my thoughts into a pleasanter channel. Thus we proceeded up the park, and entered the hall; and as I ascended the stairs to my own chamber, I had but one thought within me: my heart was filled to overflowing with one single earnest wish. Having entered the room, and shut the door, I fell upon my knees and offered up a fervent but not impetuous prayer: 'Thy will be done,' I strove to say throughout; but, 'Father, all things are possible with Thee, and may it be Thy will,' was sure to follow. That wish—that prayer—both men and women would have scorned me for—'But, Father, *Thou* wilt *not* despise!' I said, and felt that it was true. It seemed to me that another's welfare was at least as ardently implored for as my own; nay, even *that* was the principal object of my heart's desire. I might have been deceiving myself; but that idea gave me confidence to ask, and power to hope I did not ask in vain. As for the primroses, I kept two of them in a glass in my room until they were completely withered, and the housemaid threw them out; and the petals of the other I pressed between the leaves of my Bible—I have them still, and mean to keep them always.

et je donnai à mes pensées un cours plus agréable. Nous traversâmes ainsi le parc et entrâmes à la maison. En montant à ma chambre, je n'avais en moi qu'une pensée ; mon cœur débordait d'un seul désir. Lorsque je fus entrée et que j'eus fermé la porte, je tombai à genoux et offris à Dieu une fervente prière : « Que votre volonté soit faite, mon Père. Mais toutes choses vous sont possibles : faites que ma volonté soit aussi la vôtre. Ce vœu, cette prière, les hommes et les femmes se moqueraient de moi s'ils m'entendaient les faire. Mais, mon Père, vous ne me mépriserez pas, » dis-je ; et je sentis que c'était vrai. Il me semblait que le bonheur d'un autre était au moins aussi ardemment imploré que le mien ; bien plus, que c'était le principal vœu de mon cœur. Je pouvais me tromper, mais cette idée m'encouragea à demander, et me donna la puissance d'espérer que je ne demandais pas en vain. Quant aux primevères, j'en conservai deux dans un verre jusqu'à ce qu'elles fussent complètement desséchées, et la femme de service les jeta. Je plaçai les pétales de l'autre entre les feuillets de ma Bible, où ils sont encore, et où j'ai l'intention de les conserver toujours.

14

The Rector

THE FOLLOWING DAY was as fine as the preceding one. Soon after breakfast Miss Matilda, having galloped and blundered through a few unprofitable lessons, and vengeably thumped the piano for an hour, in a terrible humour with both me and it, because her mamma would not give her a holiday, had betaken herself to her favourite places of resort, the yards, the stables, and the dog-kennels; and Miss Murray was gone forth to enjoy a quiet ramble with a new fashionable novel for her companion, leaving me in the schoolroom hard at work upon a water-colour drawing which I had promised to do for her, and which she insisted upon my finishing that day.

At my feet lay a little rough terrier. It was the property of Miss Matilda; but she hated the animal, and intended to sell it, alleging that it was quite spoiled. It was really an excellent dog of its kind; but she affirmed it was fit for nothing, and had not even the sense to know its own mistress.

14

Le recteur

LE JOUR SUIVANT, le temps fut aussi beau que la veille. Aussitôt après le déjeuner, miss Mathilde, ayant galopé sans profit à travers quelques leçons, et martyrisé le piano pendant une heure, en colère contre lui et contre moi, parce que sa mère ne voulait pas lui accorder de vacances, s'était rendue à ses endroits de prédilection : la cour, les écuries et le chenil. Miss Murray était sortie pour une calme promenade avec un nouveau roman à la mode pour compagnon, me laissant à la salle d'étude travailler sans relâche à une aquarelle que j'avais promis de faire pour elle, et qu'elle voulait que je finisse ce jour-là.

À mes pieds était un petit chien terrier. C'était la propriété de miss Mathilde ; mais elle détestait cet animal et voulait le vendre, alléguant qu'il était complètement gâté. C'était réellement un excellent chien de son espèce ; mais elle affirmait qu'il n'était bon à rien et n'avait pas seulement le sens de connaître sa maîtresse.

The fact was she had purchased it when but a small puppy, insisting at first that no one should touch it but herself; but soon becoming tired of so helpless and troublesome a nursling, she had gladly yielded to my entreaties to be allowed to take charge of it; and I, by carefully nursing the little creature from infancy to adolescence, of course, had obtained its affections: a reward I should have greatly valued, and looked upon as far outweighing all the trouble I had had with it, had not poor Snap's grateful feelings exposed him to many a harsh word and many a spiteful kick and pinch from his owner, and were he not now in danger of being 'put away' in consequence, or transferred to some rough, stony-hearted master. But how could I help it? I could not make the dog hate me by cruel treatment, and she would not propitiate him by kindness.

However, while I thus sat, working away with my pencil, Mrs. Murray came, half-sailing, half-bustling, into the room.

'Miss Grey,' she began, — 'dear! how can you sit at your drawing such a day as this?' (She thought I was doing it for my own pleasure.) 'I *wonder* you don't put on your bonnet and go out with the young ladies.'

'I think, ma'am, Miss Murray is reading; and Miss Matilda is amusing herself with her dogs.'

'If you would try to amuse Miss Matilda yourself a little more, I think she would not be driven to seek amusement in the companionship of dogs

Le fait est qu'elle l'avait acheté lorsqu'il était tout petit, et avait tout d'abord voulu que personne ne le touchât qu'elle. Mais, bientôt fatiguée d'un nourrisson si ennuyeux, elle avait facilement consenti à me permettre d'en prendre soin. J'avais donc nourri la pauvre petite créature de l'enfance à l'adolescence, et tout naturellement j'avais obtenu son affection ; récompense que j'eusse fort appréciée, et considérée comme compensant et au delà la peine que j'avais eue, si la reconnaissance du pauvre Snap ne l'avait exposé à de dures paroles et à des coups de la part de sa maîtresse, et s'il n'eût en ce moment même couru risque d'être vendu à quelque maître dur et méchant. Mais comment pouvais-je empêcher cela ? Je ne pouvais, par de mauvais traitements, m'en faire haïr, et elle ne voulait pas se l'attacher en le traitant avec bonté.

Pendant que j'étais là assise, le pinceau à la main, mistress Murray entra dans la salle.

« Miss Grey, dit-elle, chère, comment pouvez-vous rester à votre dessin par un jour comme celui-ci ? (Elle pensait que je peignais pour mon propre plaisir.) Je m'étonne que vous ne mettiez pas votre chapeau et ne sortiez pas avec les jeunes ladies.

— Je pense, madame, que miss Murray est occupée à lire, et que miss Mathilde s'amuse avec ses chiens.

— Si vous vouliez essayer d'amuser vous-même miss Mathilde un peu plus, je crois qu'elle ne serait pas forcée de chercher de l'amusement en la compagnie des chiens,

and horses and grooms, so much as she is; and if you would be a little more cheerful and conversable with Miss Murray, she would not so often go wandering in the fields with a book in her hand. However, I don't want to vex you,' added she, seeing, I suppose, that my cheeks burned and my hand trembled with some unamiable emotion. 'Do, pray, try not to be so touchy—there's no speaking to you else. And tell me if you know where Rosalie is gone: and why she likes to be so much alone?'

'She says she likes to be alone when she has a new book to read.'

'But why can't she read it in the park or the garden?—why should she go into the fields and lanes? And how is it that that Mr. Hatfield so often finds her out? She told me last week he'd walked his horse by her side all up Moss Lane; and now I'm sure it was he I saw, from my dressing-room window, walking so briskly past the park-gates, and on towards the field where she so frequently goes. I wish you would go and see if she is there; and just gently remind her that it is not proper for a young lady of her rank and prospects to be wandering about by herself in that manner, exposed to the attentions of anyone that presumes to address her; like some poor neglected girl that has no park to walk in, and no friends to take care of her: and tell her that her papa would be extremely angry if he knew of her treating Mr. Hatfield in the familiar manner that I fear she does; and—oh! if you—if *any* governess had but half a mother's watchfulness—half a mother's anxious care,

des chevaux, des grooms, autant qu'elle le fait ; et si vous vouliez être un peu plus gaie, plus expansive avec miss Murray, elle ne s'en irait pas si souvent dans les champs avec un livre à la main. Je n'ai pas l'intention de vous faire de la peine ; pourtant, ajouta-t-elle en voyant, je suppose, que mes joues étaient brûlantes et que ma main tremblait d'émotion, je vous en prie, ne soyez pas si affectée ; je n'ai pas autre chose à vous dire sur ce sujet. Dites-moi si vous savez où est allée Rosalie, et pourquoi elle aime tant à être seule.

— Elle dit qu'elle aime à être seule lorsqu'elle a un livre nouveau.

— Mais pourquoi ne peut-elle lire dans le parc ou dans le jardin ? pourquoi va-t-elle dans les champs et dans les prairies ? Et comment se fait-il que M. Hatfield la rencontre si souvent ? Elle m'a dit la semaine dernière qu'il avait fait marcher son cheval à côté d'elle tout le long de Mos-Lane ; et maintenant je suis sûre que c'est lui que j'ai vu traversant si lestement les portes du parc et se dirigeant vers les champs où elle a coutume d'aller si fréquemment. Je voudrais que vous allassiez voir si elle est là, et lui rappeler avec douceur qu'il n'est pas convenable pour une jeune lady de son rang et de sa fortune de s'en aller seule de cette façon, exposée aux attentions du premier venu qui osera s'adresser à elle, comme une pauvre fille négligée qui n'a ni parc pour se promener, ni amis pour prendre soin d'elle ; dites-lui que son père serait extrêmement irrité s'il savait qu'elle traite M. Hatfield avec familiarité, comme je crains fort qu'elle ne le traite. Oh ! si vous saviez, si aucune gouvernante pouvait avoir la moitié de la vigilance, la moitié des soucis anxieux d'une mère,

I should be saved this trouble; and you would see at once the necessity of keeping your eye upon her, and making your company agreeable to— Well, go—go; there's no time to be lost,' cried she, seeing that I had put away my drawing materials, and was waiting in the doorway for the conclusion of her address.

According to her prognostications, I found Miss Murray in her favourite field just without the park; and, unfortunately, not alone; for the tall, stately figure of Mr. Hatfield was slowly sauntering by her side.

Here was a poser for me. It was my duty to interrupt the *tête-à-tête*: but how was it to be done? Mr. Hatfield could not to be driven away by so insignificant person as I; and to go and place myself on the other side of Miss Murray, and intrude my unwelcome presence upon her without noticing her companion, was a piece of rudeness I could not be guilty of: neither had I the courage to cry aloud from the top of the field that she was wanted elsewhere. So I took the intermediate course of walking slowly but steadily towards them; resolving, if my approach failed to scare away the beau, to pass by and tell Miss Murray her mamma wanted her.

She certainly looked very charming as she strolled, lingering along under the budding horse-chestnut trees that stretched their long arms over the park-palings; with her closed book in one hand, and in the other a graceful sprig of myrtle, which served her as a very pretty plaything; her bright ringlets

ce tourment m'aurait été épargné, et vous verriez la nécessité de tenir vos yeux sur elle et de lui rendre votre société agréable. Eh bien ! allez, allez donc ; il n'y a pas de temps à perdre, » s'écria-t-elle, voyant que j'avais mis de côté mes instruments de dessin et que j'attendais sur la porte la conclusion de son discours.

Suivant ses prévisions, je trouvais miss Murray dans son champ favori, en dehors du parc, et malheureusement elle n'était pas seule ; car M. Hatfield marchait lentement à côté d'elle.

Je me trouvais dans un assez grand embarras. Il était de mon devoir de faire cesser le tête-à-tête ; mais comment m'y prendre ? M. Hatfield ne pouvait être mis en fuite par une personne aussi insignifiante que moi ; et aller me placer de l'autre côté de miss Murray, la gratifier de ma présence malencontreuse sans avoir l'air de faire attention à son compagnon, était une grossièreté dont je ne pouvais me rendre coupable ; je n'avais pas non plus le courage de l'appeler de l'autre bout du champ en lui criant qu'on la demandait ailleurs. Je pris donc le parti intermédiaire de marcher lentement, mais fermement, vers eux, résolue, si ma présence ne mettait pas en fuite le damoiseau, de passer auprès d'eux et de dire à miss Murray que sa mère la demandait.

Elle était vraiment charmante, se promenant lentement sous les marronniers verdoyants qui étendaient leurs longs bras par-dessus les palissades du parc, avec son livre fermé dans une main, et dans l'autre une gracieuse branche de myrte qui lui servait de jouet ; ses boucles dorées

escaping profusely from her little bonnet, and gently stirred by the breeze, her fair cheek flushed with gratified vanity, her smiling blue eyes, now slyly glancing towards her admirer, now gazing downward at her myrtle sprig. But Snap, running before me, interrupted her in the midst of some half-pert, half-playful repartee, by catching hold of her dress and vehemently tugging thereat; till Mr. Hatfield, with his cane, administered a resounding thwack upon the animal's skull, and sent it yelping back to me with a clamorous outcry that afforded the reverend gentleman great amusement: but seeing me so near, he thought, I suppose, he might as well be taking his departure; and, as I stooped to caress the dog, with ostentatious pity to show my disapproval of his severity, I heard him say: 'When shall I see you again, Miss Murray?'

'At church, I suppose,' replied she, 'unless your business chances to bring you here again at the precise moment when I happen to be walking by.'

'I could always manage to have business here, if I knew precisely when and where to find you.'

'But if I would, I could not inform you, for I am so immethodical, I never can tell to-day what I shall do to-morrow.'

'Then give me that, meantime, to comfort me,' said he, half jestingly and half in earnest, extending his hand for the sprig of myrtle.

'No, indeed, I shan't.'

qui s'échappaient à profusion de son petit chapeau, doucement agitées par la brise ; ses joues roses enluminées par le plaisir de la vanité satisfaite ; son œil bleu, tantôt jetant un regard timide sur son admirateur, tantôt s'abaissant sur la branche de myrte. Mais Snap, courant devant moi, l'interrompit au milieu d'une repartie moitié impertinente, moitié enjouée, en la saisissant par sa robe et la tirant violemment, ce qui irrita M. Hatfield, qui, de sa canne, administra un coup sonore sur le crâne de l'animal, et l'envoya glapissant auprès de moi avec un bruit qui amusa beaucoup le révérend gentleman. Mais, me voyant si proche, il pensa, je suppose, que ce qu'il avait de mieux à faire c'était de s'en aller ; et, comme je me baissais pour caresser le chien afin de montrer que je désapprouvais sa sévérité, je l'entendis dire :

« Quand vous reverrai-je, miss Murray ?

— À l'église, je suppose, répondit-elle, à moins que vos affaires ne vous amènent ici au moment précis où je me promène de ce côté.

— Je pourrais m'arranger de façon à avoir toujours à faire ici, si je savais le moment précis et le lieu où vous rencontrer.

— Mais, quand même je voudrais vous en informer, je ne le pourrais pas : je suis si peu méthodique ! je ne puis jamais dire aujourd'hui ce que je ferai demain.

— Alors donnez-moi, en attendant, cela pour me consoler, dit-il d'un ton moitié plaisant, moitié sérieux, et, en étendant la main pour s'emparer de la branche de myrte.

— Non, vraiment, non je ne le puis.

'Do! *pray* do! I shall be the most miserable of men if you don't. You cannot be so cruel as to deny me a favour so easily granted and yet so highly prized!' pleaded he as ardently as if his life depended on it.

By this time I stood within a very few yards of them, impatiently waiting his departure.

'There then! take it and go,' said Rosalie.

He joyfully received the gift, murmured something that made her blush and toss her head, but with a little laugh that showed her displeasure was entirely affected; and then with a courteous salutation withdrew.

'Did you ever see such a man, Miss Grey?' said she, turning to me; 'I'm so *glad* you came! I thought I never *should*, get rid of him; and I was so terribly afraid of papa seeing him.'

'Has he been with you long?'

'No, not long, but he's so extremely impertinent: and he's always hanging about, pretending his business or his clerical duties require his attendance in these parts, and really watching for poor me, and pouncing upon me wherever he sees me.'

'Well, your mamma thinks you ought not to go beyond the park or garden without some discreet, matronly person like me to accompany you, and keep off all intruders. She descried Mr. Hatfield hurrying past the park-gates, and forthwith despatched me with instructions to seek you up and to take care of you, and likewise to warn—'

— Donnez-le-moi, je vous en prie. Je serai le plus infortuné des hommes si vous ne me le donnez pas. Vous ne pouvez avoir la cruauté de me refuser une faveur qui vous coûtera si peu et que j'estime à si haut prix ! » disait-il avec autant d'ardeur que si sa vie en eût dépendu.

Pendant ce temps, j'étais à quelques pas d'eux, attendant qu'il s'en allât.

« Allons, prenez-le et partez, » dit Rosalie.

Il reçut le don avec joie, murmura quelque chose qui la fit rougir et secouer la tête, mais avec un petit sourire qui montrait que son déplaisir n'était qu'affecté ; puis il se retira en faisant une salutation polie.

« Vîtes-vous jamais un homme pareil, miss Grey ? dit-elle en se tournant vers moi. Je suis si contente que vous soyez venue ! je croyais ne jamais pouvoir m'en débarrasser, et j'avais si peur que papa ne vînt à le voir !

— Est-il resté longtemps avec vous ?

— Non, pas longtemps ; mais il est si impertinent ! il est toujours à se promener par ici, prétendant que les devoirs de son ministère l'y appellent, mais en réalité pour me guetter, et venir m'ennuyer toutes les fois qu'il me voit.

— Eh bien, votre mère pense que vous ne devriez jamais sortir du parc ou du jardin sans être accompagnée par quelque personne raisonnable comme moi, pour tenir à distance tous les importuns. Elle a vu M. Hatfield passer en courant devant les portes du parc, et elle m'a envoyée aussitôt en me recommandant de vous chercher et de prendre soin de vous, et également de vous avertir…

'Oh, mamma's so tiresome! As if I couldn't take care of myself. She bothered me before about Mr. Hatfield; and I told her she might trust me: I never should forget my rank and station for the most delightful man that ever breathed. I wish he would go down on his knees to-morrow, and implore me to be his wife, that I might just show her how mistaken she is in supposing that I could ever—Oh, it provokes me so! To think that I could be such a fool as to fall in *love*! It is quite beneath the dignity of a woman to do such a thing. Love! I detest the word! As applied to one of our sex, I think it a perfect insult. A preference I *might* acknowledge; but never for one like poor Mr. Hatfield, who has not seven hundred a year to bless himself with. I like to talk to him, because he's so clever and amusing—I wish Sir Thomas Ashby were half as nice; besides, I must have *somebody* to flirt with, and no one else has the sense to come here; and when we go out, mamma won't let me flirt with anybody but Sir Thomas—if he's there; and if he's *not* there, I'm bound hand and foot, for fear somebody should go and make up some exaggerated story, and put it into his head that I'm engaged, or likely to be engaged, to somebody else; or, what is more probable, for fear his nasty old mother should see or hear of my ongoings, and conclude that I'm not a fit wife for her excellent son: as if the said son were not the greatest scamp in Christendom; and as if any woman of common decency were not a world too good for him.'

— Oh ! maman est si ennuyeuse ! comme si je ne pouvais prendre soin de moi-même ! Elle m'a ennuyée déjà à propos de M. Hatfield, et je lui ai répondu qu'elle pouvait se fier à moi ; je n'oublierai jamais mon rang ni ma position pour un homme, fût-il le plus aimable et le plus charmant de tous. Je voudrais qu'il se jetât demain à mes genoux, en me suppliant de vouloir bien consentir à être sa femme, afin de montrer à ma mère combien elle s'est trompée en croyant que j'aie pu avoir cette pensée. Oh ! cela me met en fureur ! Penser que je pourrais être assez folle pour aimer ! Une telle chose est tout à fait au-dessous de la dignité d'une femme. L'amour, je déteste ce mot ! Appliqué à une personne de notre sexe, je le tiens pour une parfaite insulte. Je pourrais avoir une préférence, mais jamais pour le pauvre M. Hatfield, qui ne jouit pas même de sept cents guinées par an. J'aime à causer avec lui, parce qu'il a de l'esprit et qu'il est amusant ; je voudrais que Thomas Ashby fût seulement moitié aussi bien. D'ailleurs, j'ai besoin de quelqu'un pour me courtiser, et nul autre n'a l'idée de venir ici. Quand nous sortons, maman ne veut pas que je coquette avec un autre que sir Thomas Ashby, s'il est présent ; et, s'il est absent, je suis liée pieds et mains par la crainte que quelqu'un n'aille faire à ma mère quelque histoire exagérée et ne lui mette dans la tête que je suis engagée, ou très-probablement prête à m'engager à un autre ; ou plutôt encore par la crainte que la vieille mère de sir Thomas ne puisse me voir et m'entendre et en conclure que je ne suis pas une femme convenable pour son fils : comme si ce fils n'était pas le plus grand vaurien de la chrétienté, et si une femme de la plus vulgaire honnêteté n'était pas encore beaucoup trop bonne pour lui !

'Is it really so, Miss Murray? and does your mamma know it, and yet wish you to marry him?'

'To be sure, she does! She knows more against him than I do, I believe: she keeps it from me lest I should be discouraged; not knowing how little I care about such things. For it's no great matter, really: he'll be all right when he's married, as mamma says; and reformed rakes make the best husbands, *everybody* knows. I only wish he were not so ugly—*that's* all *I* think about: but then there's no choice here in the country; and papa *will not* let us go to London—'

'But I should think Mr. Hatfield would be far better.'

'And so he would, if he were lord of Ashby Park—there's not a doubt of it: but the fact is, I *must* have Ashby Park, whoever shares it with me.'

'But Mr. Hatfield thinks you like him all this time; you don't consider how bitterly he will be disappointed when he finds himself mistaken.'

'*No*, indeed! It will be a proper punishment for his presumption—for ever *daring* to think I could like him. I should enjoy nothing so much as lifting the veil from his eyes.'

'The sooner you do it the better then.'

'No; I tell you, I like to amuse myself with him. Besides, he doesn't really think I like him. I take good care of that: you don't know how cleverly I manage. He may presume to think he can induce me to like him; for which I shall punish him as he deserves.'

— Est-ce vrai, miss Murray ? est-ce que votre mère sait cela, et persiste pourtant à vouloir vous le faire épouser ?

— Certainement elle le sait. Elle en sait plus sur lui que moi, je crois ; elle me le cache, de peur de me décourager ; elle ne sait pas combien je fais peu de cas de ces sortes de choses. Car ce n'est pas réellement grand'chose : il se rangera quand il sera marié, comme dit maman, et les débauchés réformés sont les meilleurs maris, chacun le sait. Je voudrais seulement qu'il ne fût pas si laid ; voilà tout ce qui me préoccupe. Mais je n'ai pas le choix dans ce pays-ci, et papa ne veut pas nous permettre d'aller à Londres !

— Mais il me semble que M. Hatfield serait de beaucoup préférable.

— Certainement ; s'il était propriétaire d'Ashby-Park, vous avez raison. Mais il faut que j'aie Ashby-Park, n'importe qui doive le partager avec moi.

— Mais M. Hatfield croit que vous l'aimez. Vous ne pensez donc pas combien il va être déçu quand il reconnaîtra son erreur ?

— Non vraiment ! ce sera la juste punition de sa présomption, d'avoir osé penser que je pourrais l'aimer. Rien ne pourrait me faire plus de plaisir que de lui ôter le voile qu'il a sur les yeux.

— Le plus tôt sera le mieux, alors.

— Non, j'aime à m'amuser de lui ; du reste, il ne pense pas sérieusement que je l'aime ; je prends bien soin qu'il ne puisse le penser ; vous ne savez pas avec quelle habileté je mène la chose. Il peut avoir la présomption de m'amener à l'aimer, voilà tout ; et c'est de cela que je veux le punir comme il le mérite.

'Well, mind you don't give too much reason for such presumption—that's all,' replied I.

But all my exhortations were in vain: they only made her somewhat more solicitous to disguise her wishes and her thoughts from me. She talked no more to me about the Rector; but I could see that her mind, if not her heart, was fixed upon him still, and that she was intent upon obtaining another interview: for though, in compliance with her mother's request, I was now constituted the companion of her rambles for a time, she still persisted in wandering in the fields and lanes that lay in the nearest proximity to the road; and, whether she talked to me or read the book she carried in her hand, she kept continually pausing to look round her, or gaze up the road to see if anyone was coming; and if a horseman trotted by, I could tell by her unqualified abuse of the poor equestrian, whoever he might be, that she hated him *because* he was not Mr. Hatfield.

'Surely,' thought I, 'she is not so indifferent to him as she believes herself to be, or would have others to believe her; and her mother's anxiety is not so wholly causeless as she affirms.'

Three days passed away, and he did not make his appearance. On the afternoon of the fourth, as we were walking beside the park-palings in the memorable field, each furnished with a book (for I always took care to provide myself with something to be doing when she did not require me to talk), she suddenly interrupted my studies by exclaiming—

— Eh bien, faites attention de ne pas trop donner raison à sa présomption, voilà tout, » répondis-je.

Mais toutes mes observations furent vaines : elle ne servirent qu'à lui faire prendre plus de soin de me déguiser ses désirs et ses pensées. Elle ne me parlait plus du recteur ; mais je pouvais voir que son esprit, sinon son cœur, était toujours fixé sur lui, et qu'elle désirait obtenir une nouvelle entrevue : car, bien que pour complaire à la prière de sa mère je me fusse constituée pour quelque temps la compagne de ses excursions, elle persistait toujours à se diriger du côté des champs et des prairies qui bordaient la route ; et, soit qu'elle me parlât, soit qu'elle lût le livre qu'elle tenait à la main, elle s'arrêtait à chaque instant pour regarder autour d'elle, ou jeter un coup d'œil sur la route pour voir si personne ne venait ; et, si un homme à cheval venait à passer, je voyais par la façon dont elle le traitait, quel qu'il fût, qu'elle le haïssait parce qu'il n'était pas M. Hatfield.

« Assurément, pensai-je, elle n'est pas aussi indifférente pour lui qu'elle le croit ou qu'elle voudrait le persuader aux autres ; et l'inquiétude de sa mère n'est pas tout à fait sans cause, ainsi qu'elle l'affirme. »

Trois jours se passèrent, et il ne parut pas. Dans l'après-midi du quatrième, comme nous marchions le long de la barrière du parc, dans le champ mémorable, avec chacune un livre à la main (car j'avais soin de toujours me munir de quelque chose pour m'occuper dans les moments où elle ne me demandait pas de causer avec elle), elle interrompit tout à coup mes études en s'écriant :

'Oh, Miss Grey! do be so kind as to go and see Mark Wood, and take his wife half-a-crown from me—I should have given or sent it a week ago, but quite forgot. There!' said she, throwing me her purse, and speaking very fast— 'Never mind getting it out now, but take the purse and give them what you like; I would go with you, but I want to finish this volume. I'll come and meet you when I've done it. Be quick, will you—and—oh, wait; hadn't you better read to him a bit? Run to the house and get some sort of a good book. Anything will do.'

I did as I was desired; but, suspecting something from her hurried manner and the suddenness of the request, I just glanced back before I quitted the field, and there was Mr. Hatfield about to enter at the gate below. By sending me to the house for a book, she had just prevented my meeting him on the road.

'Never mind!' thought I, 'there'll be no great harm done. Poor Mark will be glad of the half-crown, and perhaps of the good book too; and if the Rector does steal Miss Rosalie's heart, it will only humble her pride a little; and if they do get married at last, it will only save her from a worse fate; and she will be quite a good enough partner for him, and he for her.'

Mark Wood was the consumptive labourer whom I mentioned before. He was now rapidly wearing away. Miss Murray, by her liberality, obtained literally the blessing of him that was ready to perish; for though the half-crown could be of very little service to him,

« Oh ! miss Grey, soyez donc assez bonne pour aller voir Marc Wood, et remettre à sa femme une demi-couronne de ma part. J'aurais dû la lui remettre ou la lui envoyer il y a une semaine, mais j'ai complètement oublié. Voilà, dit-elle en me jetant sa bourse et en parlant avec beaucoup de précipitation. Ne vous donnez pas la peine d'ouvrir la bourse maintenant, emportez-la et donnez-leur ce que vous voudrez ; je voudrais pouvoir aller avec vous, mais il faut que je finisse ce volume. J'irai à votre rencontre quand j'aurai fini. Allez vite, et... oh ! attendez... Ne vaudrait-il pas mieux aussi lui faire un bout de lecture ? Courez à la maison et prenez quelque bon livre. Le premier venu fera l'affaire. »

Je fis ce qu'elle désirait ; mais, soupçonnant quelque chose d'après sa précipitation et l'imprévu de la requête, je regardai derrière moi avant de quitter le champ, et je vis M. Hatfield s'avancer de son côté. En m'envoyant prendre un livre à la maison, elle m'avait empêché de le rencontrer sur la route.

« Bah ! pensai-je, il n'y aura pas grand mal de fait. Le pauvre Marc sera bien content de la demi-couronne, et peut-être du bon livre aussi ; et, si le recteur vole le cœur de miss Rosalie, cela humiliera son orgueil. S'ils se marient à la fin, elle sera sauvée d'un sort pire. Après tout, elle est un assez bon parti pour lui, et lui pour elle. »

Marc Wood était le laboureur malade de consomption dont j'ai déjà parlé. Il s'en allait maintenant rapidement. Miss Murray, par sa libéralité, obtint la bénédiction « de celui qui était près de mourir ; » car, quoique la demi-couronne lui fût inutile à lui,

he was glad of it for the sake of his wife and children, so soon to be widowed and fatherless. After I had sat a few minutes, and read a little for the comfort and edification of himself and his afflicted wife, I left them; but I had not proceeded fifty yards before I encountered Mr. Weston, apparently on his way to the same abode. He greeted me in his usual quiet, unaffected way, stopped to inquire about the condition of the sick man and his family, and with a sort of unconscious, brotherly disregard to ceremony took from my hand the book out of which I had been reading, turned over its pages, made a few brief but very sensible remarks, and restored it; then told me about some poor sufferer he had just been visiting, talked a little about Nancy Brown, made a few observations upon my little rough friend the terrier, that was frisking at his feet, and finally upon the beauty of the weather, and departed.

I have omitted to give a detail of his words, from a notion that they would not interest the reader as they did me, and not because I have forgotten them. No; I remember them well; for I thought them over and over again in the course of that day and many succeeding ones, I know not how often; and recalled every intonation of his deep, clear voice, every flash of his quick, brown eye, and every gleam of his pleasant, but too transient smile. Such a confession will look very absurd, I fear: but no matter: I have written it: and they that read it will not know the writer.

While I was walking along, happy within, and pleased with all around, Miss Murray came hastening to meet me;

il fut content de la recevoir pour sa femme et ses enfants, qui allaient être sitôt, l'une veuve, les autres orphelins. Après être restée quelques minutes et avoir lu quelques passages, pour sa consolation et pour celle de sa femme affligée, je les quittai. Mais je n'avais pas fait cinquante pas, que je rencontrai M. Weston, se rendant probablement auprès du malade que je venais de quitter. Il me salua, s'arrêta pour s'enquérir de la position du malade et de sa famille, et sans cérémonie me prit des mains le livre dans lequel je venais de lire, tourna les feuillets, fit quelques remarques brèves et pleines de sens, et me le rendit ; il me parla ensuite de quelques pauvres malades qu'il venait de visiter, me donna des nouvelles de Nancy Brown, fit quelques observations sur mon ami le petit terrier qui sautillait à ses pieds et sur la beauté du temps, et partit.

J'ai omis de rapporter ses paroles en détail, parce que je pense qu'elles n'intéresseraient pas le lecteur comme elles m'intéressaient, mais non parce que je les ai oubliées. Oh ! non, je me les rappelle bien. J'ai réfléchi bien des fois depuis sur ces paroles ; je me souviens de chaque intonation de sa voix grave et claire ; de chaque étincelle de son œil vif et brun, de chaque rayon de son sourire agréable, mais trop passager. Une semblable confession, je le crains, paraîtra bien absurde ; mais que m'importe ! je l'ai écrite, et ceux qui la liront ne connaîtront pas l'écrivain.

Pendant que je revenais, heureuse et enchantée de tout ce qui m'entourait, miss Murray vint en courant à ma rencontre.

her buoyant step, flushed cheek, and radiant smiles showing that she, too, was happy, in her own way. Running up to me, she put her arm through mine, and without waiting to recover breath, began—'Now, Miss Grey, think yourself highly honoured, for I'm come to tell you my news before I've breathed a word of it to anyone else.'

'Well, what is it?'

'Oh, *such* news! In the first place, you must know that Mr. Hatfield came upon me just after you were gone. I was in such a way for fear papa or mamma should see him; but you know I couldn't call you back again, and so!—oh, dear! I can't tell you all about it now, for there's Matilda, I see, in the park, and I must go and open my budget to her. But, however, Hatfield was most uncommonly audacious, unspeakably complimentary, and unprecedentedly tender—tried to be so, at least—he didn't succeed very well in *that*, because it's not his vein. I'll tell you all he said another time.'

'But what did *you* say—I'm more interested in that?'

'I'll tell you that, too, at some future period. I happened to be in a very good humour just then; but, though I was complaisant and gracious enough, I took care not to compromise myself in any possible way. But, however, the conceited wretch chose to interpret my amiability of temper his own way, and at length presumed upon my indulgence so far—what do you think?—he actually made me an offer!'

Son pas léger, ses joues colorées, son sourire radieux, me montrèrent qu'elle aussi était heureuse à sa façon. Se précipitant vers moi, elle passa son bras sous le mien, et, sans prendre le temps de respirer, elle commença :

« Miss Grey, tenez-vous pour fort honorée, car je vais vous raconter mes nouvelles avant d'en avoir soufflé un mot à qui que ce soit.

— Eh bien ! qu'y a-t-il ?

— Oh ! quelles nouvelles ! D'abord, il faut que vous sachiez que M. Hatfield est tombé sur moi aussitôt que vous avez été partie. J'avais si peur que papa ou maman ne l'aperçût ! mais vous savez que je ne pouvais vous rappeler, et ainsi... Oh ! chère, je ne puis tous dire tout ce qui s'est passé, car je vois Mathilde dans le parc, et il faut que j'aille lui ouvrir mon sac. Mais je puis vous dire qu'Hatfield a été plus audacieux que d'habitude, plus complimenteur et plus tendre que jamais : il l'a essayé du moins ; il n'a pas été très-heureux en cela, parce que ce n'est pas sa veine. Je vous raconterai tout ce qu'il m'a dit une autre fois.

— Mais que lui avez-vous dit ? c'est ce qui m'intéresse le plus.

— Je vous dirai aussi cela une autre fois. Je me trouvais de très-bonne humeur en ce moment-là ; mais, quoique j'aie été complaisante et assez gracieuse, j'ai pris soin de ne me compromettre en aucune façon. Et pourtant, le présomptueux coquin a interprété l'amabilité de mon caractère à son avantage, et, le croiriez-vous ? il a osé me faire l'offre de son amour.

'And you—'

'I proudly drew myself up, and with the greatest coolness expressed my astonishment at such an occurrence, and hoped he had seen nothing in my conduct to justify his expectations. You should have *seen* how his countenance fell! He went perfectly white in the face. I assured him that I esteemed him and all that, but could not possibly accede to his proposals; and if I did, papa and mamma could never be brought to give their consent.'

'"But if they could," said he, "would yours be wanting?"

'"Certainly, Mr. Hatfield," I replied, with a cool decision which quelled all hope at once. Oh, if you had seen how dreadfully mortified he was—how crushed to the earth by his disappointment! really, I almost pitied him myself.

'One more desperate attempt, however, he made. After a silence of considerable duration, during which he struggled to be calm, and I to be grave—for I felt a strong propensity to laugh—which would have ruined all—he said, with the ghost of a smile—"But tell me plainly, Miss Murray, if I had the wealth of Sir Hugh Meltham, or the prospects of his eldest son, would you still refuse me? Answer me truly, upon your honour."

'"Certainly," said I. "That would make no difference whatever."

— Et vous...

— Je me suis fièrement redressée, et avec le plus grand sang-froid je lui ai exprimé l'étonnement que sa conduite me causait ; je lui ai dit que je ne croyais pas qu'il eût rien vu dans ma tenue qui pût justifier ses espérances. Je voudrais que vous eussiez pu voir comment son assurance est tombée. Son visage est devenu blême. Je l'ai assuré que je l'estimais, mais que je ne pouvais consentir à ses propositions ; que, si je le faisais, jamais papa et maman ne voudraient donner leur consentement.

— Mais s'ils le donnaient, a-t-il dit, refuseriez-vous le vôtre ?

— Certainement, je le refuserais, monsieur Hatfield, ai-je répondu avec une froide décision qui a anéanti d'un coup toutes ses espérances. Oh ! si vous aviez vu comme il a été écrasé, et quel a été son désappointement ! Vraiment, j'en avais presque pitié moi-même.

Il a fait pourtant une nouvelle tentative désespérée. Après un long silence, pendant lequel il s'était efforcé d'être calme et moi d'être grave, car je me sentais une forte envie de rire, ce qui eût tout gâté, il m'a dit avec un sourire contraint :

« Mais dites-moi franchement, miss Murray, si j'avais la fortune de sir Hugues Meltham et les espérances de son fils aîné, me refuseriez-vous encore ? Répondez-moi sincèrement, sur votre honneur.

— Certainement, je vous refuserais, cela ne ferait aucune différence. »

'It was a great lie, but he looked so confident in his own attractions still, that I determined not to leave him one stone upon another. He looked me full in the face; but I kept my countenance so well that he could not imagine I was saying anything more than the actual truth.

'"Then it's all over, I suppose," he said, looking as if he could have died on the spot with vexation and the intensity of his despair. But he was angry as well as disappointed. There was he, suffering so unspeakably, and there was I, the pitiless cause of it all, so utterly impenetrable to all the artillery of his looks and words, so calmly cold and proud, he could not but feel some resentment; and with singular bitterness he began—"I certainly did not expect this, Miss Murray. I might say something about your past conduct, and the hopes you have led me to foster, but I forbear, on condition—"

'"No conditions, Mr. Hatfield!" said I, now truly indignant at his insolence.

'"Then let me beg it as a favour," he replied, lowering his voice at once, and taking a humbler tone: "let me entreat that you will not mention this affair to anyone whatever. If you will keep silence about it, there need be no unpleasantness on either side—nothing, I mean, beyond what is quite unavoidable: for my own feelings I will endeavour to keep to myself, if I cannot annihilate them—I will try to forgive, if I cannot forget the cause of my sufferings. I will not suppose, Miss Murray, that you know how deeply you have injured me.

C'était un grand mensonge ; mais il paraissait si confiant encore dans son propre mérite, que je voulais démolir l'édifice de sa présomption jusqu'à la dernière pierre. Il m'a regardée dans les yeux ; mais j'ai si bien soutenu son regard, qu'il n'a pu s'imaginer que je disait autre chose que la vérité.

« Alors tout est donc fini ? » a-t-il dit en baissant la tête, et comme s'il allait succomber à la violence de son désespoir. Mais il était irrité aussi bien que désappointé. Je m'étais montrée, moi l'auteur sans pitié de tout cela, si inébranlable contre l'artillerie de ses regards et de ses paroles, si froidement calme et fière, qu'il ne pouvait manquer d'avoir quelque ressentiment ; et c'est avec une singulière amertume qu'il a repris : « Je n'attendais certainement pas cela de vous, miss Murray ; je pourrais dire quelque chose de votre conduite passée, et des espérances que vous m'avez fait nourrir, mais je veux bien oublier cela, à la condition…

— Pas de condition, monsieur Hatfield, ai-je dit, cette fois vraiment indignée de son insolence.

— Alors laissez-moi solliciter comme une faveur, a-t-il répondu en baissant la voix et en prenant un ton plus humble ; laissez-moi vous supplier de ne parler de cette affaire à qui que ce soit. Si vous gardez le silence, je m'efforcerai de ne rien laisser paraître de ce qui s'est passé entre nous. J'essayerai de renfermer en moi-même mes sentiments, si je ne puis les anéantir, et de pardonner, si je ne puis oublier la cause de mes souffrances. Je ne veux pas supposer, miss Murray, que vous sachiez combien profondément vous m'avez blessé ;

I would not have you aware of it; but if, in addition to the injury you have already done me—pardon me, but, whether innocently or not, you *have* done it—and if you add to it by giving publicity to this unfortunate affair, or naming it *at all*, you will find that I too can speak, and though you scorned my love, you will hardly scorn my—"

'He stopped, but he bit his bloodless lip, and looked so terribly fierce that I was quite frightened. However, my pride upheld me still, and I answered disdainfully; "I do not know what motive you suppose I could have for naming it to anyone, Mr. Hatfield; but if I were disposed to do so, you would not deter me by threats; and it is scarcely the part of a gentleman to attempt it."

'"Pardon me, Miss Murray," said he, "I have loved you so intensely—I do still adore you so deeply, that I would not willingly offend you; but though I never have loved, and never *can* love any woman as I have loved you, it is equally certain that I never was so ill-treated by any. On the contrary, I have always found your sex the kindest and most tender and obliging of God's creation, till now." (Think of the conceited fellow saying that!) "And the novelty and harshness of the lesson you have taught me to-day, and the bitterness of being disappointed in the only quarter on which the happiness of my life depended, must excuse any appearance of asperity. If my presence is disagreeable to you, Miss Murray," he said (for I was looking about me to show how little I cared for him, so he thought I was tired of him, I suppose)—"if my presence is disagreeable to you, Miss Murray,

j'aime mieux que vous l'ignoriez ; mais si au mal que vous m'avez déjà fait... pardonnez-moi, innocente ou non, vous l'avez fait... vous ajoutez la publicité, vous verrez que moi aussi je puis parler, et, quoique vous méprisiez mon amour, vous ne mépriserez peut-être pas ma... »

Il s'est arrêté, mais il a mordu sa lèvre blême et a paru si terrible, que j'en ai été tout à fait effrayée. Pourtant mon orgueil m'a soutenue, et je lui ai répondu dédaigneusement :

« Je ne sais pas quel motif vous pourriez me supposer pour parler de ceci à quelqu'un, monsieur Hatfield ; mais, si j'étais disposée à le faire, vous ne m'en détourneriez pas par des menaces ; ce n'est guère digne d'un gentleman de l'essayer.

— Pardonnez-moi, miss Murray, m'a-t-il dit : je vous ai aimée si vivement, je vous adore encore si profondément, que je ne voudrais pas volontiers vous offenser ; mais, quoique je n'aie jamais aimé et ne puisse jamais aimer une autre femme comme je vous aime, il est également certain que je ne fus jamais aussi maltraité par aucune. Au contraire, j'ai toujours trouvé votre sexe le plus doux, le plus tendre, le plus bienfaisant de la création, jusqu'à présent (quelle présomption !) ; et la nouveauté et la rudesse de la leçon que vous m'avez donnée aujourd'hui, l'amertume de me voir rebuté par celle dont le bonheur de ma vie dépendait, doivent excuser jusqu'à un certain point l'aspérité de mon langage. Si ma présence vous est désagréable, miss Murray, a-t-il dit (car je regardais autour de moi pour lui montrer combien peu je me souciais de lui, et il a pu penser qu'il m'ennuyait, je crois) ; si ma présence vous est désagréable,

you have only to promise me the favour I named, and I will relieve you at once. There are many ladies—some even in this parish—who would be delighted to accept what you have so scornfully trampled under your feet. They would be naturally inclined to hate one whose surpassing loveliness has so completely estranged my heart from them and blinded me to their attractions; and a single hint of the truth from me to one of these would be sufficient to raise such a talk against you as would seriously injure your prospects, and diminish your chance of success with any other gentleman you or your mamma might design to entangle."

"'What do your mean, sir?" said I, ready to stamp with passion.

"'I mean that this affair from beginning to end appears to me like a case of arrant flirtation, to say the least of it—such a case as you would find it rather inconvenient to have blazoned through the world: especially with the additions and exaggerations of your female rivals, who would be too glad to publish the matter, if I only gave them a handle to it. But I promise you, on the faith of a gentleman, that no word or syllable that could tend to your prejudice shall ever escape my lips, provided you will—"

"'Well, well, I won't mention it," said I. "You may rely upon my silence, if that can afford you any consolation."

"'You promise it?"

vous n'avez qu'à me faire la promesse que je vous ai demandée, et je vous quitte à l'instant. Nombre de ladies, même dans cette paroisse, seraient flattées d'accepter ce que vous venez de fouler si orgueilleusement sous vos pieds. Elles seraient naturellement disposées à haïr celle dont les charmes supérieurs ont si complètement captivé mon cœur et m'ont rendu aveugle pour leurs attraits ; un seul mot de moi à l'une d'elles suffirait pour faire éclater contre vous un orage de médisances qui nuirait sérieusement à vos espérances, et diminuerait fort vos chances de succès auprès de tout autre gentleman que vous ou votre mère pourriez avoir dessein d'empaumer.

— Que voulez-vous dire, monsieur ? ai-je répondu, prête à trépigner de colère.

— Je veux dire que cette affaire, du commencement à la fin, me paraît une manœuvre d'insigne coquetterie, pour ne rien dire de plus, manœuvre que vous ne devez pas beaucoup vous soucier de voir divulguée dans le monde ; surtout avec les additions et exagérations de vos rivales, qui seraient trop heureuses de publier cette aventure, si je leur en touchais seulement un mot. Mais je vous promets, foi de gentleman, que pas une parole, pas une syllabe qui pourrait tendre à votre préjudice, ne s'échappera jamais de mes lèvres, pourvu que vous...

— Bien, bien, je n'en parlerai pas, ai-je répondu. Vous pouvez compter sur mon silence, si cela peut vous apporter quelque consolation.

— Vous me le promettez ?

"Yes," I answered; for I wanted to get rid of him now.

"Farewell, then!" said he, in a most doleful, heart-sick tone; and with a look where pride vainly struggled against despair, he turned and went away: longing, no doubt, to get home, that he might shut himself up in his study and cry—if he doesn't burst into tears before he gets there.'

'But you have broken your promise already,' said I, truly horrified at her perfidy.

'Oh! it's only to you; I know you won't repeat it.'

'Certainly, I shall not: but you say you are going to tell your sister; and she will tell your brothers when they come home, and Brown immediately, if you do not tell her yourself; and Brown will blazon it, or be the means of blazoning it, throughout the country.'

'No, indeed, she won't. We shall not tell her at all, unless it be under the promise of the strictest secrecy.'

'But how can you expect her to keep her promises better than her more enlightened mistress?'

'Well, well, she shan't hear it then,' said Miss Murray, somewhat snappishly.

'But you will tell your mamma, of course,' pursued I; 'and she will tell your papa.'

'Of course I shall tell mamma—that is the very thing that pleases me so much. I shall now be able to convince her how mistaken she was in her fears about me.'

— Oui, ai-je dit, car je désirais alors être débarrassée de lui.

— Adieu donc, » a-t-il dit, du ton le plus dolent. Et, après un regard dans lequel l'orgueil luttait vainement avec le désespoir, il est parti, pressé, sans doute, d'arriver chez lui, afin de s'enfermer dans son cabinet et de pleurer, si toutefois il a pu retenir ses larmes jusque-là.

— Mais vous avez déjà violé votre promesse, dis-je, frappée vraiment d'horreur de sa perfidie.

— Oh ! c'est seulement à vous. Je sais que vous ne le répéterez pas.

— Certainement, je ne le répéterai pas ; mais vous dites que vous allez raconter cela à votre sœur ; elle le redira à vos frères quand ils arriveront, et à Brown immédiatement, si vous ne le lui dites pas vous-même ; et Brown le publiera ou le fera publier dans tous le pays.

— Non, vraiment, elle ne le publiera pas. Nous ne le lui dirons pas, à moins qu'elle ne nous promette le secret le plus absolu.

— Comment pouvez-vous espérer qu'elle tienne sa promesse mieux que sa maîtresse plus éclairée qu'elle ?

— Eh bien ! alors, nous ne le lui dirons pas, répondit miss Murray avec un peu d'impatience.

— Mais vous le direz à votre maman, sans doute, continuai-je ; et elle le redira à votre papa.

— Naturellement, je le dirai à maman, c'est la chose qui cause le plus de plaisir. Je puis maintenant lui prouver combien étaient vaines ses craintes à mon égard.

'Oh, *that's* it, is it? I was wondering what it was that delighted you so much.'

'Yes; and another thing is, that I've humbled Mr. Hatfield so charmingly; and another—why, you must allow me some share of female vanity: I don't pretend to be without that most essential attribute of our sex—and if you had seen poor Hatfield's intense eagerness in making his ardent declaration and his flattering proposal, and his agony of mind, that no effort of pride could conceal, on being refused, you would have allowed I had some cause to be gratified.'

'The greater his agony, I should think, the less your cause for gratification.'

'Oh, nonsense!' cried the young lady, shaking herself with vexation. 'You either can't understand me, or you won't. If I had not confidence in your magnanimity, I should think you envied me. But you will, perhaps, comprehend this cause of pleasure—which is as great as any—namely, that I am delighted with myself for my prudence, my self-command, my heartlessness, if you please. I was not a bit taken by surprise, not a bit confused, or awkward, or foolish; I just acted and spoke as I ought to have done, and was completely my own mistress throughout. And here was a man, decidedly good-looking—Jane and Susan Green call him bewitchingly handsome—I suppose they're two of the ladies he pretends would be so glad to have him; but, however, he was certainly a very clever, witty, agreeable companion—

— Oh ! est-ce là ce qui vous réjouit ? Je ne vois pas qu'il y ait de quoi.

— Oui ; puis il y a autre chose, c'est que j'ai humilié M. Hatfield d'une si charmante façon ! et autre chose encore : vous devez bien m'accorder un peu de la vanité féminine ; je n'ai pas la prétention de manquer du plus essentiel attribut de notre sexe ; et si vous aviez vu l'ardeur avec laquelle le pauvre Hatfield me faisait sa brûlante déclaration, et sa douleur qu'aucun orgueil ne pouvait cacher, quand je lui ai exprimé mon refus, vous auriez accordé que j'avais quelque cause d'être flattée du pouvoir de mes attraits.

— Plus son désespoir est grand, je pense, moins vous avez de raison de vous réjouir.

— Oh ! quelle absurdité ! s'écria la jeune lady en s'agitant d'impatience. Ou vous ne pouvez pas me comprendre, ou vous ne le voulez pas. Si je n'avais pas confiance en votre magnanimité, je croirais que vous me portez envie. Mais vous allez comprendre la cause de ce plaisir, aussi grand que pas un autre plaisir, à savoir que je suis enchantée de ma prudence, de mon sang-froid, de ma dureté de cœur, si vous voulez. Je n'ai pas été le moins du monde saisie par la surprise, ni confuse, ni embarrassée, ni étourdie ; j'ai agi et parlé comme je devais le faire, et j'ai été tout le temps complètement maîtresse de moi-même. Et là était un homme décidément fort bien. Jane et Susanne Green le trouvent d'une beauté irrésistible ; je suppose que ce sont deux des ladies dont il m'a parlé et qui seraient bien contentes de l'avoir ; mais cependant, il est certainement fort remarquable, rempli d'esprit, agréable compagnon.

not what you call clever, but just enough to make him entertaining; and a man one needn't be ashamed of anywhere, and would not soon grow tired of; and to confess the truth, I rather liked him—better even, of late, than Harry Meltham—and he evidently idolised me; and yet, though he came upon me all alone and unprepared, I had the wisdom, and the pride, and the strength to refuse him—and so scornfully and coolly as I did: I have good reason to be proud of that.'

'And are you equally proud of having told him that his having the wealth of Sir Hugh Meltham would make no difference to you, when that was not the case; and of having promised to tell no one of his misadventure, apparently without the slightest intention of keeping your promise?'

'Of course! what else could I do? You would not have had me—but I see, Miss Grey, you're not in a good temper. Here's Matilda; I'll see what she and mamma have to say about it.'

She left me, offended at my want of sympathy, and thinking, no doubt, that I envied her. I did not—at least, I firmly believed I did not. I was sorry for her; I was amazed, disgusted at her heartless vanity; I wondered why so much beauty should be given to those who made so bad a use of it, and denied to some who would make it a benefit to both themselves and others.

But, God knows best, I concluded. There are, I suppose, some men as vain, as selfish, and as heartless as she is, and, perhaps, such women may be useful to punish them.

Non ce que vous appelez remarquable, vous ; mais un homme amusant, un homme dont on ne rougirait nulle part, et dont on ne se fatiguerait pas vite ; et pour dire vrai, je l'aimais un peu, mieux même que Harry Meltham, et évidemment il m'idolâtrait ; et cependant, quoiqu'il soit venu me surprendre seule et non préparée, j'ai eu la sagesse et la fierté et la force de le refuser, et si froidement et d'une manière si méprisante que j'ai de bonnes raisons d'être fière de cela.

— Êtes-vous également fière de lui avoir dit que, eût-il la richesse de sir Hugues Meltham, cela ne changerait rien, et de lui avoir promis de ne parler à personne de sa mésaventure, apparemment sans la moindre intention de tenir votre promesse ?

— Naturellement ! que pouvais-je faire autre chose ? Vous n'auriez pas voulu que je... Mais je vois, miss Grey, que vous n'êtes pas bien disposée. Voici Mathilde ; je vais voir ce qu'elle et maman diront de la chose. »

Elle me quitta, offensée de mon manque de sympathie, et pensant que je l'enviais. Je crois fermement qu'il n'en était rien. J'étais affligée pour elle, j'étais étonnée, dégoûtée de sa vanité et de son manque de cœur... Je me demandais pourquoi tant de beauté avait été donnée à qui en faisait un si mauvais usage, et refusée à quelques-unes qui en eussent fait un bienfait pour elles et pour les autres.

« Mais Dieu sait ce qu'il fait, me dis-je. Il y a, je pense, des hommes aussi vains, aussi égoïstes, aussi dénués de cœur qu'elle, et peut-être de telles femmes sont nécessaires pour la punition de ces hommes-là. »

15
The Walk

'Oh, dear! I wish Hatfield had not been so precipitate!' said Rosalie next day at four P.M., as, with a portentous yawn, she laid down her worsted-work and looked listlessly towards the window. 'There's no inducement to go out now; and nothing to look forward to. The days will be so long and dull when there are no parties to enliven them; and there are none this week, or next either, that I know of.'

'Pity you were so cross to him,' observed Matilda, to whom this lamentation was addressed. 'He'll never come again: and I suspect you liked him after all. I hoped you would have taken him for your beau, and left dear Harry to me.'

'Humph! my beau must be an Adonis indeed, Matilda, the admired of all beholders, if I am to be contented with him alone. I'm sorry to lose Hatfield, I confess; but the first decent man, or number of men, that come to supply his place, will be more than welcome. It's Sunday to-morrow — I do wonder how he'll look, and whether

15
La promenade

« Oh ! chère ! je voudrais qu'Hatfield n'eût pas été si pressé, dit Rosalie, le lendemain, à quatre heures de l'après-midi, avec un bâillement formidable, après avoir quitté sa tapisserie et avoir regardé nonchalamment par la fenêtre. Rien qui m'engage à sortir maintenant, et rien à espérer. Tous les jours seront aussi longs et aussi tristes que celui-ci, quand il n'y aura pas de parties pour les égayer, et il n'y en a aucune cette semaine, ni la semaine prochaine, que je sache.

— Quel malheur que vous ayez été si méchante pour lui ! dit Mathilde, à qui cette lamentation s'adressait. Il ne reviendra jamais ! et je soupçonne, après tout, que vous l'aimiez un peu. J'espérais que vous l'auriez pris pour votre galant, et que vous m'auriez laissé le cher Harry.

— Bah ! il faut que mon galant soit un Adonis, Mathilde, et admiré de tous, pour que je me contente de lui tout seul. Je suis fâchée de perdre Hatfield, je l'avoue, et le premier homme convenable, ou les premiers, qui viendront prendre sa place, seront plus que bienvenus. C'est demain dimanche ; il me tarde de voir la figure qu'il va faire, et comment

he'll be able to go through the service. Most likely he'll pretend he's got a cold, and make Mr. Weston do it all.'

'Not he!' exclaimed Matilda, somewhat contemptuously. 'Fool as he is, he's not so soft as that comes to.'

Her sister was slightly offended; but the event proved Matilda was right: the disappointed lover performed his pastoral duties as usual. Rosalie, indeed, affirmed he looked very pale and dejected: he might be a little paler; but the difference, if any, was scarcely perceptible. As for his dejection, I certainly did not hear his laugh ringing from the vestry as usual, nor his voice loud in hilarious discourse; though I did hear it uplifted in rating the sexton in a manner that made the congregation stare; and, in his transits to and from the pulpit and the communion-table, there was more of solemn pomp, and less of that irreverent, self-confident, or rather self-delighted imperiousness with which he usually swept along—that air that seemed to say, 'You all reverence and adore me, I know; but if anyone does not, I defy him to the teeth!' But the most remarkable change was, that he never once suffered his eyes to wander in the direction of Mr. Murray's pew, and did not leave the church till we were gone.

Mr. Hatfield had doubtless received a very severe blow; but his pride impelled him to use every effort to conceal the effects of it. He had been disappointed in his certain hope of obtaining not only a beautiful, and, to him, highly attractive wife, but one whose rank and fortune might give brilliance to far inferior charms:

il pourra s'acquitter du service. Il est très-probable qu'il va prétexter un rhume et laisser tout faire à M. Weston.

— Lui ! oh ! non, s'écria Mathilde avec dédain ; tout sot qu'il soit, il n'est pas aussi tendre que cela. »

Sa sœur fut légèrement offensée, mais l'événement prouva que Mathilde avait raison. L'amoureux désappointé accomplit ses devoirs pastoraux comme d'habitude. Rosalie, il est vrai, affirma qu'il paraissait très-pâle et très-abattu ; il pouvait être un peu plus pâle, mais la différence, s'il y en avait, était à peine perceptible. Quant à son abattement, certainement je n'entendis pas son rire retentir de la sacristie, comme d'habitude, ni sa voix haute éclater en joyeux propos ; mais je l'entendis apostropher le sacristain d'une façon qui fit trembler l'assemblée. Seulement, dans son trajet de la chaire à la table de communion, il y avait chez lui plus de pompe solennelle, et moins de cette arrogance satisfaite d'elle-même avec laquelle il passait, de cet air qui semblait dire : « Vous tous me révérez et m'adorez, je le sais ; mais, s'il en est un qui ne le fait pas, je le brave en face. » Un autre changement remarquable aussi, fut qu'il ne jeta pas une seule fois les yeux sur le banc de la famille Murray, et ne quitta pas l'église avant qu'ils fussent partis.

M. Hatfield avait sans aucun doute reçu un coup très-violent ; mais son orgueil le poussait à faire tous ses efforts pour cacher les effets que ce coup avait produits. Il avait été trompé dans ses espérances certaines d'obtenir une femme non-seulement belle et remplie d'attraits pour lui, mais dont le rang et la fortune auraient pu rehausser des charmes bien inférieurs.

he was likewise, no doubt, intensely mortified by his repulse, and deeply offended at the conduct of Miss Murray throughout. It would have given him no little consolation to have known how disappointed she was to find him apparently so little moved, and to see that he was able to refrain from casting a single glance at her throughout both services; though, she declared, it showed he was thinking of her all the time, or his eyes would have fallen upon her, if it were only by chance: but if they had so chanced to fall, she would have affirmed it was because they could not resist the attraction. It might have pleased him, too, in some degree, to have seen how dull and dissatisfied she was throughout that week (the greater part of it, at least), for lack of her usual source of excitement; and how often she regretted having 'used him up so soon,' like a child that, having devoured its plumcake too hastily, sits sucking its fingers, and vainly lamenting its greediness.

At length I was called upon, one fine morning, to accompany her in a walk to the village. Ostensibly she went to get some shades of Berlin wool, at a tolerably respectable shop that was chiefly supported by the ladies of the vicinity: really — I trust there is no breach of charity in supposing that she went with the idea of meeting either with the Rector himself, or some other admirer by the way; for as we went along, she kept wondering 'what Hatfield would do or say, if we met him,' &c. &c.; as we passed Mr. Green's park-gates, she 'wondered whether he was at home — great stupid blockhead';

Il était aussi sans doute vivement mortifié du refus qu'il avait éprouvé, et profondément offensé de toute la conduite de miss Murray. Ce n'eût pas été une mince consolation pour lui de savoir combien elle était désappointée de le trouver si peu ému, et de voir qu'il pouvait s'empêcher de lui jeter un seul regard pendant tout le service. Elle déclarait pourtant que c'était une preuve qu'il pensait à elle pendant tout le temps, sans quoi ses yeux se fussent dirigés au moins une fois de son côté, ne fût-ce que par hasard ; mais, si Hatfield l'eût regardée, elle aurait bien certainement affirmé qu'il n'avait pu résister à l'attraction qu'elle exerçait sur lui. Il eût été content aussi, sans doute, de savoir combien elle avait été triste et ennuyée pendant la semaine, combien de fois elle avait regretté de l'avoir « usé si vite, » comme un enfant qui, ayant dévoré trop avidement un gâteau, lèche ses doigts et se lamente de n'en plus avoir.

À la fin, je fus priée, un beau matin, de l'accompagner dans une promenade au village. Ostensiblement, elle allait assortir quelques laines de Berlin à une assez respectable boutique achalandée par les ladies des environs ; réellement, je crois qu'il n'y a aucun manque de charité à supposer qu'elle y allait avec l'idée de rencontrer le recteur lui-même, ou quelque autre admirateur, le long du chemin ; car, pendant la route, elle me disait : « Que ferait ou dirait Hatfield si nous le rencontrions ? » etc. ; et lorsque nous passâmes devant les portes du parc de M. Green, elle me dit : « Je voudrais bien savoir s'il est à la maison, ce grand et stupide nigaud ; »

as Lady Meltham's carriage passed us, she 'wondered what Mr. Harry was doing this fine day'; and then began to abuse his elder brother for being 'such a fool as to get married and go and live in London.'

'Why,' said I, 'I thought you wanted to live in London yourself.'

'Yes, because it's so dull here: but then he makes it still duller by taking himself off: and if he were not married I might have him instead of that odious Sir Thomas.'

Then, observing the prints of a horse's feet on the somewhat miry road, she 'wondered whether it was a gentleman's horse,' and finally concluded it was, for the impressions were too small to have been made by a 'great clumsy cart-horse'; and then she 'wondered who the rider could be,' and whether we should meet him coming back, for she was sure he had only passed that morning; and lastly, when we entered the village and saw only a few of its humble inhabitants moving about, she 'wondered why the stupid people couldn't keep in their houses; she was sure she didn't want to see their ugly faces, and dirty, vulgar clothes — it wasn't for that she came to Horton!'

Amid all this, I confess, I wondered, too, in secret, whether we should meet, or catch a glimpse of somebody else; and as we passed his lodgings, I even went so far as to wonder whether he was at the window. On entering the shop, Miss Murray desired me to stand in the doorway while she transacted her business,

et, comme la voiture de lady Meltham passait près de nous, elle se demanda ce que pouvait faire Harry par une si belle journée ; puis elle commença à déblatérer sur le frère aîné de celui-ci, qui avait été assez fou pour se marier et pour aller habiter Londres.

« Pourtant, lui dis-je, je pensais que vous désiriez vivre à Londres vous-même ?

— Oui, parce que la vie est si triste ici ; mais il me l'a rendue plus triste encore en s'en allant, et, s'il ne s'était pas marié, j'aurais pu l'avoir à la place de cet odieux sir Thomas. »

Remarquant alors les empreintes des pieds d'un cheval sur la route, elle aurait voulu savoir, disait-elle, si c'était le cheval d'un gentleman ; et finalement elle conclut que c'était cela, car les empreintes étaient trop petites pour avoir été faites par un gros et lourd cheval de charretier. Elle se demandait ensuite quel pouvait être le cavalier, et si nous le rencontrerions à son retour, car elle était sûre qu'il n'avait passé que le matin même ; puis enfin, quand nous entrâmes dans le village et ne vîmes que quelques-uns de ses pauvres habitants allant deci delà, elle se demanda pourquoi ces stupides gens ne restaient pas dans leurs maisons ; que ce n'était pas pour leurs laides figures, leurs vêtements sales et grossiers, qu'elle était venue à Horton !

Au milieu de tout cela, je le confesse, je me demandais aussi, en secret, si nous ne rencontrerions ou n'apercevrions pas une autre personne ; et, comme nous passions près de sa demeure, j'allai même jusqu'à regarder s'il n'était pas à sa fenêtre. En entrant dans la boutique, miss Murray me pria de demeurer sur la porte pendant qu'elle ferait ses achats,

and tell her if anyone passed. But alas! there was no one visible besides the villagers, except Jane and Susan Green coming down the single street, apparently returning from a walk.

'Stupid things!' muttered she, as she came out after having concluded her bargain. 'Why couldn't they have their dolt of a brother with them? even he would be better than nothing.'

She greeted them, however, with a cheerful smile, and protestations of pleasure at the happy meeting equal to their own. They placed themselves one on each side of her, and all three walked away chatting and laughing as young ladies do when they get together, if they be but on tolerably intimate terms. But I, feeling myself to be one too many, left them to their merriment and lagged behind, as usual on such occasions: I had no relish for walking beside Miss Green or Miss Susan like one deaf and dumb, who could neither speak nor be spoken to.

But this time I was not long alone. It struck me, first, as very odd, that just as I was thinking about Mr. Weston he should come up and accost me; but afterwards, on due reflection, I thought there was nothing odd about it, unless it were the fact of his speaking to me; for on such a morning and so near his own abode, it was natural enough that he should be about; and as for my thinking of him, I had been doing that, with little intermission, ever since we set out on our journey; so there was nothing remarkable in that.

et de lui dire si quelqu'un passait. Mais, hélas ! il n'y avait personne de visible que les villageois, à l'exception pourtant de Jane et Suzanne Green descendant l'unique rue, et revenant apparemment de la promenade.

« Stupides créatures ! murmura miss Murray en sortant, après avoir fait ses achats. Pourquoi n'ont-elles pas leur mannequin de frère avec elles ? Il vaudrait encore mieux que rien. »

Elle les salua pourtant avec un joyeux sourire, et des protestations de plaisir égales aux leurs sur cette heureuse rencontre. Elles se placèrent l'une à sa gauche, l'autre à sa droite, et toutes les trois s'en allèrent babillant et riant, comme font, lorsqu'elles se rencontrent, de jeunes ladies, si elles sont dans les termes d'une certaine intimité. Mais moi, sentant que j'étais de trop dans leur société, je les laissai à leurs rires, et restai derrière, ainsi que j'avais coutume de faire en semblable occasion. J'avais peu d'envie de marcher à côté de miss Green ou de miss Suzanne, comme une sourde-muette à qui l'on ne parle pas et qui ne peut parler.

Cette fois pourtant je ne fus pas longtemps seule. Je fus frappée d'abord, comme d'une chose fort étrange, que, juste au moment où je pensais à M. Weston, il s'offrît à moi et m'accostât. Mais dans la suite, après réflexion, je pensai qu'il n'y avait rien là d'extraordinaire, si ce n'est le fait qu'il m'eût adressé la parole : car, par une pareille matinée et si près de sa demeure, il était assez naturel qu'on le rencontrât. Quant à penser à lui, ainsi que je l'avais fait presque continuellement depuis notre départ le matin, il n'y avait rien là de remarquable.

'You are alone again, Miss Grey,' said he.

'Yes.'

'What kind of people are those ladies—the Misses Green?'

'I really don't know.'

'That's strange—when you live so near and see them so often!'

'Well, I suppose they are lively, good-tempered girls; but I imagine you must know them better than I do, yourself, for I never exchanged a word with either of them.'

'Indeed? They don't strike me as being particularly reserved.'

'Very likely they are not so to people of their own class; but they consider themselves as moving in quite a different sphere from me!'

He made no reply to this: but after a short pause, he said,—'I suppose it's these things, Miss Grey, that make you think you could not live without a home?'

'Not exactly. The fact is I am too socially disposed to be able to live contentedly without a friend; and as the only friends I have, or am likely to have, are at home, if it—or rather, if they were gone—I will not say I could not live—but I would rather not live in such a desolate world.'

« Vous êtes encore seule, miss Grey ? me dit-il.

— Oui.

— Quelle espèces de gens sont ces ladies, les miss Green ?

— Je n'en sais vraiment rien.

— Voilà qui est étrange, vivant si près d'elles et les voyant si souvent.

— Je suppose que ce sont de bonnes et joyeuses filles ; mais j'imagine que vous devez les connaître vous-même mieux que moi, car je n'ai jamais échangé une parole avec l'une ou l'autre d'elles.

— Vraiment ! il ne me semble pas qu'elles soient fort réservées, pourtant.

— Très-probablement elles ne le sont pas autant pour les gens de leur classe ; mais elles se considèrent comme d'une tout autre sphère que la mienne. »

Il ne répondit rien à cela, mais, après une courte pause, il dit :

« Je suppose que ce sont ces choses, miss Grey, qui vous font penser que vous ne pourriez vivre sans une maison ?

— Non, pas précisément. Le fait est que je suis trop sociable pour pouvoir vivre contente sans un ami ; et comme les seuls amis que j'aie, et les seuls que j'aurai probablement jamais, sont à la maison, si je perdais cet ami, ou plutôt ces amis, je ne dis pas que je ne pourrais pas vivre, mais que j'aimerais mieux ne point vivre dans un monde si désolé.

'But why do you say the only friends you are likely to have? Are you so unsociable that you cannot make friends?'

'No, but I never made one yet; and in my present position there is no possibility of doing so, or even of forming a common acquaintance. The fault may be partly in myself, but I hope not altogether.'

'The fault is partly in society, and partly, I should think, in your immediate neighbours: and partly, too, in yourself; for many ladies, in your position, would make themselves be noticed and accounted of. But your pupils should be companions for you in some degree; they cannot be many years younger than yourself.'

'Oh, yes, they are good company sometimes; but I cannot call them friends, nor would they think of bestowing such a name on me—they have other companions better suited to their tastes.'

'Perhaps you are too wise for them. How do you amuse yourself when alone—do you read much?'

'Reading is my favourite occupation, when I have leisure for it and books to read.'

From speaking of books in general, he passed to different books in particular, and proceeded by rapid transitions from topic to topic, till several matters, both of taste and opinion, had been discussed considerably within the space of half an hour, but without the embellishment of many observations from himself; he being evidently less bent upon communicating his own thoughts

« — Mais pourquoi dites-vous les seuls amis que vous aurez probablement jamais ? Êtes-vous si peu sociable que vous ne puissiez vous faire des amis ?

— Non ; mais je n'en ai point encore fait un, et dans ma position présente il n'y a aucune possibilité non-seulement d'en faire un, mais même de former une connaissance vulgaire. La faute peut en être en partie à moi, mais pas entièrement, pourtant, je l'espère.

— La faute en est partie dans la société, et partie, je le pense, dans ceux qui vous entourent : partie aussi en vous-même, car beaucoup de ladies, dans votre position, se feraient remarquer et estimer : Mais vos élèves doivent en quelque sorte être des compagnes pour vous ; elles ne peuvent pas être de beaucoup d'années plus jeunes que vous ?

— Oh ! oui, c'est une bonne compagnie quelquefois ; mais je ne peux pas les appeler des amies, et elles ne pensent pas à m'appeler de ce nom ; elles ont d'autres compagnes plus appropriées à leurs goûts.

— Peut-être êtes-vous trop sage pour elles ? Comment vous amusez-vous quand vous êtes seule ? lisez-vous beaucoup ?

— La lecture est mon occupation favorite, quand j'ai du loisir et des livres à lire. »

Des livres en général, il passa à différents livres en particulier, et continua par de rapides transitions d'un sujet à l'autre, jusqu'à ce que plusieurs matières, tant de goût que d'opinions, eussent été discutées à fond, dans l'espace d'une demi-heure, non sans beaucoup d'observations de sa part : car il cherchait évidemment moins à me communiquer ses pensées

and predilections, than on discovering mine. He had not the tact, or the art, to effect such a purpose by skilfully drawing out my sentiments or ideas through the real or apparent statement of his own, or leading the conversation by imperceptible gradations to such topics as he wished to advert to: but such gentle abruptness, and such single-minded straightforwardness, could not possibly offend me.

'And why should he interest himself at all in my moral and intellectual capacities: what is it to him what I think or feel?' I asked myself. And my heart throbbed in answer to the question.

But Jane and Susan Green soon reached their home. As they stood parleying at the park-gates, attempting to persuade Miss Murray to come in, I wished Mr. Weston would go, that she might not see him with me when she turned round; but, unfortunately, his business, which was to pay one more visit to poor Mark Wood, led him to pursue the same path as we did, till nearly the close of our journey. When, however, he saw that Rosalie had taken leave of her friends and I was about to join her, he would have left me and passed on at a quicker pace; but, as he civilly lifted his hat in passing her, to my surprise, instead of returning the salute with a stiff, ungracious bow, she accosted him with one of her sweetest smiles, and, walking by his side, began to talk to him with all imaginable cheerfulness and affability; and so we proceeded all three together.

et ses prédilections qu'à découvrir les miennes. Il n'avait pas le tact ou l'art d'arriver à ce but en tirant adroitement mes idées ou mes sentiments de l'exposition réelle ou apparente des siens, ni d'amener la conversation, par des gradations insensibles, sur les points qu'il voulait éclaircir ; mais il procédait avec une douce brusquerie et une franchise naïve qui ne pouvaient nullement m'offenser.

Et pourquoi s'intéressait-il à mes capacités morales et intellectuelles ? « Que peut lui faire ce que je pense ou ressens ? » me demandais-je. Et mon cœur battait en réponse à cette question.

Mais Jane et Susanne Green eurent bientôt atteint leur maison. Pendant qu'elles parlementaient à la porte du parc, essayant de persuader à miss Murray d'entrer, je désirais que M. Weston partît, afin qu'elle ne le vît pas avec moi en se retournant ; mais, malheureusement, il était sorti pour aller rendre encore une visite au pauvre Marc Wood, et il avait à suivre le même chemin que nous. Quand pourtant il vit que Rosalie avait pris congé de ses amies et que j'étais près de la rejoindre, il me quitta et se mit à marcher d'un pas plus pressé ; mais lorsqu'il ôta civilement son chapeau en passant auprès d'elle, à ma grande surprise, au lieu de lui rendre son salut avec une révérence roide et peu gracieuse, elle l'accosta avec son plus aimable sourire, et, marchant à côté de lui, commença à lui parler avec toute la gaieté et l'affabilité imaginables, et ainsi nous continuâmes le chemin tous les trois ensemble.

After a short pause in the conversation, Mr. Weston made some remark addressed particularly to me, as referring to something we had been talking of before; but before I could answer, Miss Murray replied to the observation and enlarged upon it: he rejoined; and, from thence to the close of the interview, she engrossed him entirely to herself. It might be partly owing to my own stupidity, my want of tact and assurance: but I felt myself wronged: I trembled with apprehension; and I listened with envy to her easy, rapid flow of utterance, and saw with anxiety the bright smile with which she looked into his face from time to time: for she was walking a little in advance, for the purpose (as I judged) of being seen as well as heard. If her conversation was light and trivial, it was amusing, and she was never at a loss for something to say, or for suitable words to express it in. There was nothing pert or flippant in her manner now, as when she walked with Mr. Hatfield, there was only a gentle, playful kind of vivacity, which I thought must be peculiarly pleasing to a man of Mr. Weston's disposition and temperament.

When he was gone she began to laugh, and muttered to herself, 'I thought I could do it!'

'Do what?' I asked.

'Fix that man.'

'What in the world do you mean?'

'I mean that he will go home and dream of me. I have shot him through the heart!'

'How do you know?'

Après une courte pause dans la conversation, M. Weston fit une remarque adressée particulièrement à moi, et se référant à quelque chose dont nous avions parlé auparavant ; mais, avant que je pusse répondre, miss Murray prit la parole et répondit pour moi. Il répliqua, et de ce moment jusqu'à la fin du voyage elle l'accapara entièrement pour elle seule. Cela pouvait être dû en partie à ma propre stupidité, à mon manque de tact et d'assurance ; mais je me sentais mortifiée ; je tremblais d'appréhension, et j'écoutais avec envie sa conversation aisée et rapide, et voyais avec anxiété le radieux sourire avec lequel elle le regardait de temps en temps ; car elle marchait un peu en avant, afin (pensais-je) d'être vue aussi bien qu'entendue. Si sa parole était légère et triviale, elle était amusante, et elle n'était jamais embarrassée pour trouver quelque chose à dire, ou pour trouver les mots propres à rendre sa pensée. Il n'y avait maintenant rien dans sa manière d'impertinent et de babillard, comme lorsqu'elle se promenait avec M. Hatfield ; c'était seulement une douce et aimable vivacité, que je croyais devoir plaire particulièrement à un homme de la disposition et du tempérament de M. Weston.

Quand il fut parti, elle se mit à rire et à se murmurer à elle-même : « Je pensais que je pourrais faire cela !

— Faire quoi ? demandais-je.

— Fixer cet homme.

— Que voulez-vous donc dire ?

— Je veux dire qu'il va rentrer chez lui et rêver de moi. Je l'ai blessé au cœur.

— Comment le savez-vous ?

'By many infallible proofs: more especially the look he gave me when he went away. It was not an impudent look—I exonerate him from that—it was a look of reverential, tender adoration. Ha, ha! he's not quite such a stupid blockhead as I thought him!'

I made no answer, for my heart was in my throat, or something like it, and I could not trust myself to speak. 'O God, avert it!' I cried, internally—'for his sake, not for mine!'

Miss Murray made several trivial observations as we passed up the park, to which (in spite of my reluctance to let one glimpse of my feelings appear) I could only answer by monosyllables. Whether she intended to torment me, or merely to amuse herself, I could not tell—and did not much care; but I thought of the poor man and his one lamb, and the rich man with his thousand flocks; and I dreaded I knew not what for Mr. Weston, independently of my own blighted hopes.

Right glad was I to get into the house, and find myself alone once more in my own room. My first impulse was to sink into the chair beside the bed; and laying my head on the pillow, to seek relief in a passionate burst of tears: there was an imperative craving for such an indulgence; but, alas! I must restrain and swallow back my feelings still: there was the bell—the odious bell for the schoolroom dinner; and I must go down with a calm face, and smile, and laugh, and talk nonsense—yes, and eat, too, if possible, as if all was right, and I was just returned from a pleasant walk.

— Par beaucoup de preuves infaillibles, et spécialement par le regard qu'il m'a adressé lorsqu'il est parti. Ce n'était pas un regard impudent, je ne l'accuse pas de cela, c'était un regard de respectueuse et tendre adoration. Ah ! ah ! ce n'est point le stupide lourdaud que j'avais pensé ! »

Je ne répondis rien, car mon cœur était dans mon gosier, ou quelque chose comme cela, et je ne pouvais parler. « Oh ! que Dieu éloigne de lui ce malheur ! m'écriai-je intérieurement, pour l'amour de lui, non pour moi. »

En traversant le parc, miss Murray fit plusieurs observations triviales, auxquelles, malgré ma répugnance à faire voir mes sentiments, je ne pus répondre que par des monosyllabes. Avait-elle l'intention de me torturer, ou simplement de s'amuser, c'est ce que je ne pourrais dire, et cela m'importait peu ; mais je pensai au pauvre homme qui n'avait qu'un agneau, et au riche qui avait des milliers de troupeaux ; et je redoutai je ne sais quoi pour M. Weston, indépendamment de mes espérances ruinées.

Je fus très-contente de rentrer à la maison, et de me retrouver encore une fois seule dans ma chambre. Mon premier mouvement fut de me laisser tomber sur une chaise à côté de mon lit, de reposer ma tête sur l'oreiller et de chercher du soulagement dans d'abondantes larmes ; mais, hélas ! il me fallut encore réprimer ma douleur et refouler mes sentiments : la cloche, l'odieuse cloche sonnait le dîner, et il me fallut descendre avec un visage calme, et sourire, et rire, et dire des frivolités, oui, et manger aussi, si je le pouvais, comme si tout était bien, et comme si je revenais d'une agréable promenade.

16

The Substitution

NEXT SUNDAY was one of the gloomiest of April days—a day of thick, dark clouds, and heavy showers. None of the Murrays were disposed to attend church in the afternoon, excepting Rosalie: she was bent upon going as usual; so she ordered the carriage, and I went with her: nothing loth, of course, for at church I might look without fear of scorn or censure upon a form and face more pleasing to me than the most beautiful of God's creations; I might listen without disturbance to a voice more charming than the sweetest music to my ears; I might seem to hold communion with that soul in which I felt so deeply interested, and imbibe its purest thoughts and holiest aspirations, with no alloy to such felicity except the secret reproaches of my conscience, which would too often whisper that I was deceiving my own self, and mocking God with the service of a heart more bent upon the creature than the Creator.

Sometimes, such thoughts would give me trouble enough; but sometimes I could quiet them with thinking—it is not the man, it is his goodness that I love.

16
La substitution

LE DIMANCHE SUIVANT fut un des plus sombres jours d'avril, un jour de nuages épais et de grosses averses. Aucun des Murray n'était disposé à retourner à l'église l'après-midi, excepté Rosalie ; elle désirait y aller comme de coutume ; aussi elle commanda la voiture et j'allai avec elle. Je n'en étais nullement fâchée, d'ailleurs : car à l'église je pouvais, sans crainte de raillerie ou de mépris, regarder un être et un visage plus agréables pour moi que les plus belles créations de Dieu ; je pouvais écouter sans interruption une voix plus douce à mon oreille que la plus suave musique. Il me semblait que j'étais en communion avec cette âme à laquelle je m'intéressais tant, que j'étais imbue de ses plus pures pensées, de ses plus saintes aspirations, sans aucun alliage à une telle félicité que les secrets reproches de ma conscience, qui me murmuraient trop que je me trompais, et que j'offensais Dieu en le priant avec un cœur plus occupé de la créature que du créateur.

Quelquefois ces pensées me causaient assez de trouble ; mais quelquefois aussi je les apaisais en me disant que ce n'était pas l'homme, mais sa bonté que j'aimais.

'Whatsoever things are pure, whatsoever things are lovely, whatsoever things are honest and of good report, think on these things.' We do well to worship God in His works; and I know none of them in which so many of His attributes—so much of His own spirit shines, as in this His faithful servant; whom to know and not to appreciate, were obtuse insensibility in me, who have so little else to occupy my heart.

Almost immediately after the conclusion of the service, Miss Murray left the church. We had to stand in the porch, for it was raining, and the carriage was not yet come. I wondered at her coming forth so hastily, for neither young Meltham nor Squire Green was there; but I soon found it was to secure an interview with Mr. Weston as he came out, which he presently did. Having saluted us both, he would have passed on, but she detained him; first with observations upon the disagreeable weather, and then with asking if he would be so kind as to come some time to-morrow to see the granddaughter of the old woman who kept the porter's lodge, for the girl was ill of a fever, and wished to see him. He promised to do so.

'And at what time will you be most likely to come, Mr. Weston? The old woman will like to know when to expect you—you know such people think more about having their cottages in order when decent people come to see them than we are apt to suppose.'

Here was a wonderful instance of consideration from the thoughtless Miss Murray. Mr. Weston named an hour

« Toutes les fois que des choses sont pures, belles, honnêtes et bonnes, pensez à ces choses. » Nous faisons bien d'adorer Dieu dans ses œuvres ; et je me disais que je n'en connaissais aucune qui eût autant des attributs de Dieu, de son esprit, que ce fidèle serviteur de Dieu ; que le connaître et ne pas l'apprécier serait insensibilité obtuse chez moi, qui avais si peu d'autres choses pour occuper mon cœur.

Presque immédiatement après la fin du service, miss Murray quitta l'église. Il nous fallut attendre sous le porche, car il pleuvait et la voiture n'était pas arrivée. Je me demandais pourquoi elle s'était tant hâtée de sortir, car ni le jeune Meltham ni le squire Green n'étaient là ; mais je vis bientôt que c'était pour se procurer une entrevue avec M. Weston quand il sortirait, ce qui eut lieu à l'instant. Nous ayant saluées toutes les deux, il allait passer ; mais elle le retint, d'abord avec des observations sur le mauvais temps, puis en lui demandant s'il voudrait être assez bon pour venir quelque matin visiter la petite-fille de la vieille femme qui tenait la loge du portier, car cette fille était malade et désirait le voir. Il promit d'y aller.

« Et à quelle heure viendrez-vous le plus probablement, monsieur Weston ? La vieille femme aimerait à savoir pour quel moment elle doit vous attendre. Vous savez que de telles gens tiennent, plus que nous ne le supposons, à avoir leur chaumière propre quand des personnes convenables viennent leur rendre visite. »

Il y avait là un merveilleux exemple de réflexion chez l'irréfléchie miss Murray. M. Weston dit une heure

in the morning at which he would endeavour, to be there. By this time the carriage was ready, and the footman was waiting, with an open umbrella, to escort Miss Murray through the churchyard. I was about to follow; but Mr. Weston had an umbrella too, and offered me the benefit of its shelter, for it was raining heavily.

'No, thank you, I don't mind the rain,' I said.

I always lacked common sense when taken by surprise.

'But you don't *like* it, I suppose? — an umbrella will do you no harm at any rate,' he replied, with a smile that showed he was not offended; as a man of worse temper or less penetration would have been at such a refusal of his aid.

I could not deny the truth of his assertion, and so went with him to the carriage; he even offered me his hand on getting in: an unnecessary piece of civility, but I accepted that too, for fear of giving offence. One glance he gave, one little smile at parting — it was but for a moment; but therein I read, or thought I read, a meaning that kindled in my heart a brighter flame of hope than had ever yet arisen.

'I would have sent the footman back for you, Miss Grey, if you'd waited a moment — you needn't have taken Mr. Weston's umbrella,' observed Rosalie, with a very unamiable cloud upon her pretty face.

de la matinée à laquelle il s'efforcerait d'être là. Pendant ce temps la voiture était arrivée, et le laquais attendait, un parapluie ouvert à la main, pour escorter miss Murray à travers le cimetière. Je me disposais à les suivre ; mais M. Weston avait aussi un parapluie, et offrit de m'en faire profiter, car il pleuvait très-fort.

« Non, je vous remercie, je ne crains pas la pluie, » dis-je.

Je n'avais jamais le sens commun, quand j'étais prise à l'improviste.

« Mais je ne suppose pas que vous l'*aimiez* non plus ? un parapluie, dans aucun cas, ne peut vous nuire, » répondit-il avec un sourire qui montrait qu'il n'était point offensé, comme un homme d'un caractère moins égal et de moins de pénétration eût pu l'être en se voyant l'objet d'un semblable refus.

Je ne pouvais nier la vérité de son assertion, et ainsi j'allai avec lui jusqu'à la voiture. Il m'offrit même la main pour m'aider à y monter, marque de politesse que j'acceptai aussi, de peur de l'offenser. Il ne me donna qu'un regard, un petit sourire en partant ; mais, dans ce regard et dans ce sourire, je lus ou je crus lire une signification qui alluma dans mon cœur une flamme d'espérance plus brillante que toutes celles qui s'y étaient jamais élevées.

« Je vous aurais renvoyé le laquais, miss Grey, si vous aviez attendu un moment ; vous n'aviez pas besoin de prendre le parapluie de M. Weston, fit observer Rosalie, avec un nuage très-sombre sur sa jolie figure.

'I would have come without an umbrella, but Mr. Weston offered me the benefit of his, and I could not have refused it more than I did without offending him,' replied I, smiling placidly; for my inward happiness made that amusing, which would have wounded me at another time.

The carriage was now in motion. Miss Murray bent forwards, and looked out of the window as we were passing Mr. Weston. He was pacing homewards along the causeway, and did not turn his head.

'Stupid ass!' cried she, throwing herself back again in the seat. 'You don't know what you've lost by not looking this way!'

'What has he lost?'

'A bow from me, that would have raised him to the seventh heaven!'

I made no answer. I saw she was out of humour, and I derived a secret gratification from the fact, not that she was vexed, but that she thought she had reason to be so. It made me think my hopes were not entirely the offspring of my wishes and imagination.

'I mean to take up Mr. Weston instead of Mr. Hatfield,' said my companion, after a short pause, resuming something of her usual cheerfulness. 'The ball at Ashby Park takes place on Tuesday, you know; and mamma thinks it very likely that Sir Thomas will propose to me then: such things are often done in the privacy of the ball-room, when gentlemen are most easily ensnared,

— Je serais venue sans parapluie ; mais M. Weston m'a offert le sien, et je ne pouvais le refuser plus que je ne l'ai fait sans l'offenser, » répondis-je avec un sourire calme ; car mon bonheur intérieur me faisait trouver amusant ce qui m'eût offensé dans un autre moment.

La voiture était en mouvement. Miss Murray se pencha en avant, et regarda par la portière lorsque nous passâmes auprès de M. Weston. Il se dirigeait tranquillement vers sa demeure et ne détourna pas la tête.

« Stupide âne ! s'écria-t-elle en se rejetant sur le siège. Vous ne savez pas ce que vous avez perdu en ne regardant pas de ce côté.

— Qu'a-t-il perdu ?

— Un salut de moi qui l'eût transporté au septième ciel. »

Je ne répondis sien. Je vis qu'elle était en colère, et je tirai un secret plaisir, non du fait qu'elle était vexée, mais de ce qu'elle croyait avoir lieu de l'être. Cela me faisait penser que mes espérances n'étaient point entièrement nées de mes vœux et de mon imagination.

« J'ai intention de prendre M. Weston au lieu de M. Hatfield, dit ma compagne après un moment de silence, et en reprenant quelque chose de sa gaieté ordinaire. Le bal d'Ashby-Park a lieu mardi, vous savez ; et maman croit qu'il est très-probable que sir Thomas me fera sa demande. Ces choses-là se font souvent dans la salle de bal, où les hommes sont plus facilement captivés

and ladies most enchanting. But if I am to be married so soon, I must make the best of the present time: I am determined Hatfield shall not be the only man who shall lay his heart at my feet, and implore me to accept the worthless gift in vain.'

'If you mean Mr. Weston to be one of your victims,' said I, with affected indifference, 'you will have to make such overtures yourself that you will find it difficult to draw back when he asks you to fulfil the expectations you have raised.'

'I don't suppose he will ask me to marry him, nor should I desire it: that would be rather too much presumption! but I intend him to feel my power. He has felt it already, indeed: but he shall *acknowledge* it too; and what visionary hopes he may have, he must keep to himself, and only amuse me with the result of them — for a time.'

'Oh! that some kind spirit would whisper those words in his ear,' I inwardly exclaimed.

I was far too indignant to hazard a reply to her observation aloud; and nothing more was said about Mr. Weston that day, by me or in my hearing. But next morning, soon after breakfast, Miss Murray came into the schoolroom, where her sister was employed at her studies, or rather her lessons, for studies they were not, and said, 'Matilda, I want you to take a walk with me about eleven o'clock.'

et les ladies plus enchanteresses. Mais si je dois être mariée si promptement, il me faut tirer le meilleur parti du temps qui me reste ; et j'ai décidé qu'Hatfield ne serait pas le seul homme qui mettrait son cœur à mes pieds et m'implorerait en vain d'accepter son indigne offrande.

— Si vous voulez faire de M. Weston une de vos victimes, dis-je avec une indifférence affectée, il vous faudra lui faire vous-même de telles ouvertures, qu'il ne vous sera pas facile de reculer quand il vous demandera de réaliser les espérances que vous aurez fait naître.

— Je ne suppose pas qu'il me demande jamais de l'épouser ; ce serait trop de présomption ! mais je veux lui faire sentir mon pouvoir. Et il l'a déjà senti, vraiment ; mais il faut qu'il le reconnaisse aussi ; et, quelque ridicules que soient ses espérances, il faudra qu'il les garde pour lui, et que je m'en amuse pendant quelque temps.

— Oh ! si quelque bienveillant esprit pouvait murmurer ces paroles à son oreille ! » m'écriai-je intérieurement.

J'étais trop indignée pour répondre à ses paroles, et il ne fut plus question de M. Weston ce jour-là. Mais le lendemain matin, aussitôt après le déjeuner, miss Murray vint dans la salle d'étude, où sa sœur était occupée à ses études, ou plutôt à ses leçons, car ce n'étaient point des études, et dit :

« Mathilde, je désire que vous veniez vous promener avec moi, vers onze heures.

'Oh, I can't, Rosalie! I have to give orders about my new bridle and saddle-cloth, and speak to the rat-catcher about his dogs: Miss Grey must go with you.'

'No, I want you,' said Rosalie; and calling her sister to the window, she whispered an explanation in her ear; upon which the latter consented to go.

I remembered that eleven was the hour at which Mr. Weston proposed to come to the porter's lodge; and remembering that, I beheld the whole contrivance. Accordingly, at dinner, I was entertained with a long account of how Mr. Weston had overtaken them as they were walking along the road; and how they had had a long walk and talk with him, and really found him quite an agreeable companion; and how he must have been, and evidently was, delighted with them and their amazing condescension, &c. &c.

— Oh ! je ne peux, Rosalie ; il faut que je donne des ordres touchant ma nouvelle bride et le drap de ma selle, et que je parle au preneur de rats à propos de ses chiens : miss Grey ira avec vous.

— Non, c'est vous que je veux, » dit Rosalie.

Et appelant sa sœur auprès de la fenêtre, elle lui chuchota quelques mots à l'oreille, après quoi Mathilde consentit à la suivre.

Je me souvins que onze heures étaient le moment où M. Weston se proposait de venir à la loge de la portière, et je vis toute l'intrigue. Aussi, au dîner, il me fallut entendre un long récit, comme quoi M. Weston les avait rejointes pendant qu'elles marchaient le long de la route ; comment elles avaient fait une longue promenade avec lui et l'avaient réellement trouvé un agréable compagnon ; comment il avait dû être et était évidemment enchanté d'elles et de leur extraordinaire condescendance, etc., etc.

17
Confessions

As I am in the way of confessions I may as well acknowledge that, about this time, I paid more attention to dress than ever I had done before. This is not saying much—for hitherto I had been a little neglectful in that particular; but now, also, it was no uncommon thing to spend as much as two minutes in the contemplation of my own image in the glass; though I never could derive any consolation from such a study. I could discover no beauty in those marked features, that pale hollow cheek, and ordinary dark brown hair; there might be intellect in the forehead, there might be expression in the dark grey eyes, but what of that?—a low Grecian brow, and large black eyes devoid of sentiment would be esteemed far preferable. It is foolish to wish for beauty. Sensible people never either desire it for themselves or care about it in others. If the mind be but well cultivated, and the heart well disposed, no one ever cares for the exterior. So said the teachers of our childhood; and so say we to the children of the present day. All very judicious and proper, no doubt; but are such assertions supported by actual experience?

17

Confessions

Comme je suis dans la voie des confessions, je puis bien avouer que dans ce temps-là je donnai plus de soin à ma toilette que je n'avais fait auparavant. Il est vrai que j'avais été jusque-là assez insouciante sur ce point. Ce n'était donc pas de ma part chose rare de passer jusqu'à deux minutes dans la contemplation de mon image au miroir, quoique je ne retirasse aucune consolation d'une semblable étude. Je ne pouvais découvrir aucune beauté dans ces traits marqués, dans ces joues pâles et creuses, et dans mes cheveux bruns ; il pouvait y avoir de l'intelligence dans le front, et de l'expression dans l'œil gris foncé ; mais que signifiait cela ? Un front grec bas et de grands yeux noirs privés de sentiment eussent été estimés de beaucoup préférables. C'est folie que de désirer la beauté ; les personnes sensées ne la désirent pas pour elles-mêmes, et en font peu de cas chez les autres. Pourvu que l'intelligence soit bien cultivée et le cœur bon, on ne s'occupe pas de l'extérieur. Ainsi nous disaient les précepteurs de notre enfance, et ainsi disons-nous à notre tour aux enfants de notre temps. Paroles fort judicieuses et fort convenables assurément ; mais sont-elles justifiées par l'expérience ?

We are naturally disposed to love what gives us pleasure, and what more pleasing than a beautiful face—when we know no harm of the possessor at least? A little girl loves her bird—Why? Because it lives and feels; because it is helpless and harmless? A toad, likewise, lives and feels, and is equally helpless and harmless; but though she would not hurt a toad, she cannot love it like the bird, with its graceful form, soft feathers, and bright, speaking eyes. If a woman is fair and amiable, she is praised for both qualities, but especially the former, by the bulk of mankind: if, on the other hand, she is disagreeable in person and character, her plainness is commonly inveighed against as her greatest crime, because, to common observers, it gives the greatest offence; while, if she is plain and good, provided she is a person of retired manners and secluded life, no one ever knows of her goodness, except her immediate connections. Others, on the contrary, are disposed to form unfavourable opinions of her mind, and disposition, if it be but to excuse themselves for their instinctive dislike of one so unfavoured by nature; and *visa versâ* with her whose angel form conceals a vicious heart, or sheds a false, deceitful charm over defects and foibles that would not be tolerated in another. They that have beauty, let them be thankful for it, and make a good use of it, like any other talent; they that have it not, let them console themselves, and do the best they can without it: certainly, though liable to be over-estimated, it is a gift of God, and not to be despised.

Nous sommes naturellement disposés à aimer ce qui nous donne du plaisir, et quoi de plus agréable qu'un beau visage, au moins quand nous ne savons pas les défauts de celui qui le possède ? Une petite fille aime son oiseau : pourquoi ? Parce qu'il vit et sent ; parce qu'il est faible et impuissant. Un crapaud, également, vit et sent ; il est faible et impuissant aussi ; mais, quoiqu'elle ne voulût point faire de mal à un crapaud, elle ne pourrait l'aimer comme l'oiseau, avec ses gracieuses formes, son doux plumage, ses yeux brillants et intelligents. Si une femme est belle et aimable, elle est louée pour ces deux qualités, mais particulièrement pour la première, par tout le monde ; si elle est désagréable de visage et de caractère, sa laideur, par les observateurs ordinaires, est regardée comme son plus grand défaut, parce que c'est elle qui frappe le plus ; si elle est laide et bonne, et qu'elle mène une vie retirée et ait des manières réservées, nul ne s'apercevra de sa bonté, excepté ceux qui l'entourent immédiatement ; d'autres, au contraire, seront disposés à se former une idée défavorable de son esprit et de ses dispositions, ne fût-ce que pour s'excuser de l'aversion instinctive que leur inspire une personne si disgraciée de la nature ; et vice versa de celle dont les formes angéliques cachent un cœur vicieux, ou répandent un charme faux et trompeur sur des défauts et des faiblesses qui ne seraient point tolérés chez d'autres. Que ceux qui ont la beauté s'en montrent reconnaissants et en fassent bon usage, comme de tout autre talent ; que ceux qui ne l'ont pas s'en consolent et fassent de leur mieux pour s'en passer. Certainement, quoique sujette à être trop estimée, la beauté est un don de Dieu, et ne doit pas être méprisée.

Many will feel this who have felt that they could love, and whose hearts tell them that they are worthy to be loved again; while yet they are debarred, by the lack of this or some such seeming trifle, from giving and receiving that happiness they seem almost made to feel and to impart. As well might the humble glowworm despise that power of giving light without which the roving fly might pass her and repass her a thousand times, and never rest beside her: she might hear her winged darling buzzing over and around her; he vainly seeking her, she longing to be found, but with no power to make her presence known, no voice to call him, no wings to follow his flight;—the fly must seek another mate, the worm must live and die alone.

Such were some of my reflections about this period. I might go on prosing more and more, I might dive much deeper, and disclose other thoughts, propose questions the reader might be puzzled to answer, and deduce arguments that might startle his prejudices, or, perhaps, provoke his ridicule, because he could not comprehend them; but I forbear.

Now, therefore, let us return to Miss Murray. She accompanied her mamma to the ball on Tuesday; of course splendidly attired, and delighted with her prospects and her charms. As Ashby Park was nearly ten miles distant from Horton Lodge, they had to set out pretty early, and I intended to have spent the evening with Nancy Brown, whom I had not seen for a long time; but my kind pupil took care I should spend it neither there nor anywhere else beyond the limits of the schoolroom,

Beaucoup comprendront ceci, qui sentent qu'elles pourraient aimer, qu'elles sont dignes d'être aimées, et qui se voient privées, à défaut de beauté, de ce bonheur qu'elles semblent faites pour donner et recevoir. Aussi bien pourrait l'humble femelle du ver luisant déplorer d'être privée du pouvoir qu'elle a de répandre la lumière sans laquelle la mouche errante pourrait passer et repasser mille fois auprès d'elle sans s'arrêter ; elle entendrait son amant ailé bourdonner sur elle et autour d'elle ; lui la cherchant en vain, elle désirant être trouvée, mais n'ayant aucun pouvoir de lui faire connaîtra sa présence, aucune voix pour l'appeler, aucune aile pour suivre son vol ; la mouche devrait chercher un autre hymen, et le ver vivre et mourir seul.

Telles étaient quelques-unes de mes réflexions alors. Je pourrais m'étendre davantage là-dessus, je pourrais creuser plus profondément en moi et divulguer d'autres pensées, proposer des questions auxquelles le lecteur serait bien embarrassé de répondre, déduire des arguments qui pourraient choquer ses préjugés ou peut-être provoquer sa raillerie, parce qu'il ne pourrait les comprendre ; mais je m'arrête.

Revenons maintenant à miss Murray. Elle accompagna sa mère au bal du mardi, splendidement parée, et enchantée d'elle-même, tout naturellement. Comme Ashby-Park était à près de dix milles de distance d'Horton-Lodge, elles devaient partir d'assez bonne heure, et j'avais formé le projet de passer la soirée avec Nancy Brown, que je n'avais pas vue depuis quelque temps ; mais ma bonne élève fit en sorte que je ne pusse la passer ailleurs que dans la salle d'étude,

by giving me a piece of music to copy, which kept me closely occupied till bed-time. About eleven next morning, as soon as she had left her room, she came to tell me her news. Sir Thomas had indeed proposed to her at the ball; an event which reflected great credit on her mamma's sagacity, if not upon her skill in contrivance. I rather incline to the belief that she had first laid her plans, and then predicted their success. The offer had been accepted, of course, and the bridegroom elect was coming that day to settle matters with Mr. Murray.

Rosalie was pleased with the thoughts of becoming mistress of Ashby Park; she was elated with the prospect of the bridal ceremony and its attendant splendour and éclat, the honeymoon spent abroad, and the subsequent gaieties she expected to enjoy in London and elsewhere; she appeared pretty well pleased too, for the time being, with Sir Thomas himself, because she had so lately seen him, danced with him, and been flattered by him; but, after all, she seemed to shrink from the idea of being so soon united: she wished the ceremony to be delayed some months, at least; and I wished it too. It seemed a horrible thing to hurry on the inauspicious match, and not to give the poor creature time to think and reason on the irrevocable step she was about to take. I made no pretension to 'a mother's watchful, anxious care,' but I was amazed and horrified at Mrs. Murray's heartlessness, or want of thought for the real good of her child; and by my unheeded warnings and exhortations, I vainly strove to remedy the evil. Miss Murray only laughed at what I said;

en me donnant à copier un morceau de musique qui me tint occupée jusqu'à l'heure du coucher. Vers onze heures, le lendemain, aussitôt qu'elle eut quitté sa chambre, elle vint me dire les nouvelles. Sir Thomas s'était en effet déclaré pendant le bal ; événement qui donnait raison à la sagacité de sa mère, sinon à son talent de mener les choses. J'incline à penser qu'elle avait d'abord préparé ses plans, et ensuite prédit leur succès. L'offre avait été acceptée, et le fiancé devait venir le jour même tout régler avec M. Murray.

Rosalie se réjouissait à la pensée de devenir maîtresse d'Ashby-Park ; elle pensait à la cérémonie nuptiale, à la splendeur et à l'éclat qui l'entoureraient, à la lune de miel passée à l'étranger, et aux plaisirs dent elle jouirait ensuite à Londres et ailleurs. Elle paraissait même pour le moment assez contente de sir Thomas lui-même, parce qu'elle l'avait vu si récemment, avait dansé avec lui, avait été flattée par lui. Mais pourtant elle semblait reculer devant l'idée de lui être sitôt unie ; elle eût voulu que la cérémonie fût différée au moins de quelques mois, et moi je l'aurais voulu aussi. Cela me semblait chose horrible que de précipiter ce funeste mariage, et de ne pas donner à cette pauvre créature le temps de penser et de réfléchir sur le parti irrévocable qu'elle allait prendre. Je n'avais aucune prétention à la « sollicitude vigilante et anxieuse de mère, » mais j'étais effrayée de l'insensibilité de mistress Murray, de son insouciance à propos du bien réel de son enfant, et par mes avertissements et mes exhortations, je m'efforçai vainement de remédier au mal. Miss Murray ne faisait que rire de mes paroles ;

and I soon found that her reluctance to an immediate union arose chiefly from a desire to do what execution she could among the young gentlemen of her acquaintance, before she was incapacitated from further mischief of the kind. It was for this cause that, before confiding to me the secret of her engagement, she had extracted a promise that I would not mention a word on the subject to any one. And when I saw this, and when I beheld her plunge more recklessly than ever into the depths of heartless coquetry, I had no more pity for her. 'Come what will,' I thought, 'she deserves it. Sir Thomas cannot be too bad for her; and the sooner she is incapacitated from deceiving and injuring others the better.'

The wedding was fixed for the first of June. Between that and the critical ball was little more than six weeks; but, with Rosalie's accomplished skill and resolute exertion, much might be done, even within that period; especially as Sir Thomas spent most of the interim in London; whither he went up, it was said, to settle affairs with his lawyer, and make other preparations for the approaching nuptials. He endeavoured to supply the want of his presence by a pretty constant fire of billets-doux; but these did not attract the neighbours' attention, and open their eyes, as personal visits would have done; and old Lady Ashby's haughty, sour spirit of reserve withheld her from spreading the news, while her indifferent health prevented her coming to visit her future daughter-in-law; so that, altogether, this affair was kept far closer than such things usually are.

et je ne tardai pas à découvrir que sa répugnance pour une union immédiate venait du désir qu'elle avait de faire autant de malheureux qu'elle pourrait parmi les jeunes gentlemen de sa connaissance, avant que son mariage l'eût rendue incapable de nouveaux méfaits de ce genre. C'est pour cela qu'avant de me confier le secret de son engagement, elle m'avait fait promettre de n'en parler à personne. Et quand je connus cela, quand je la vis se plonger plus avant que jamais dans les abîmes d'une coquetterie sans cœur, je n'eus plus aucune pitié pour elle. « Arrive ce qu'il voudra, pensai-je, elle le mérite. Sir Thomas ne peut être trop mauvais pour elle, et le plus tôt qu'elle sera mise hors d'état d'en tromper d'autres et de les rendre malheureux, sera le mieux. »

La noce fut fixée au premier juin. Entre cette date et le bal critique, il n'y avait guère plus de six semaines. Mais avec l'habileté raffinée et les efforts résolus de Rosalie, beaucoup de choses pouvaient s'accomplir dans ce temps ; d'autant plus que sir Thomas en passait la plus grande partie à Londres, où il était allé, disait-on, régler ses affaires avec son homme de loi et faire les autres préparatifs pour le mariage prochain. Il essayait bien de suppléer à son absence par un feu constant de billets doux ; mais ceux-ci n'attiraient point l'attention des voisins et ne leur ouvraient point les yeux comme des visites personnelles l'eussent fait ; et l'esprit de réserve hautain et aigre de la vieille lady Ashby l'empêcha de répandre la nouvelle, pendant que sa mauvaise santé l'empêchait de venir rendre visite à sa future belle-fille : de sorte que cette affaire fut tenue beaucoup plus secrète que ne le sont ordinairement ces sortes de choses.

Rosalie would sometimes show her lover's epistles to me, to convince me what a kind, devoted husband he would make. She showed me the letters of another individual, too, the unfortunate Mr. Green, who had not the courage, or, as she expressed it, the 'spunk,' to plead his cause in person, but whom one denial would not satisfy: he must write again and again. He would not have done so if he could have seen the grimaces his fair idol made over his moving appeals to her feelings, and heard her scornful laughter, and the opprobrious epithets she heaped upon him for his perseverance.

'Why don't you tell him, at once, that you are engaged?' I asked.

'Oh, I don't want him to know that,' replied she. 'If he knew it, his sisters and everybody would know it, and then there would be an end of my—ahem! And, besides, if I told him that, he would think my engagement was the only obstacle, and that I would have him if I were free; which I could not bear that any man should think, and he, of all others, at least. Besides, I don't care for his letters,' she added, contemptuously; 'he may write as often as he pleases, and look as great a calf as he likes when I meet him; it only amuses me.'

Meantime, young Meltham was pretty frequent in his visits to the house or transits past it; and, judging by Matilda's execrations and reproaches, her sister paid more attention to him than civility required; in other words, she carried on as animated a flirtation as the presence of her parents would admit. She made some attempts to bring

Rosalie me montrait quelquefois les épîtres de son amoureux, pour prouver quel bon et dévoué mari il ferait. Elle me montrait aussi les lettres d'un autre, de l'infortuné M. Green, qui n'avait pas le courage de plaider sa cause en personne, mais qu'un refus ne pouvait décourager, car il écrivait lettre sur lettre ; ce qu'il se fût bien gardé de faire, s'il avait pu voir les grimaces que sa belle idole faisait sur ses émouvants appels à ses sentiments, et entendre son rire moqueur et les épithètes injurieuses dont elle l'accablait pour sa persévérance.

« Pourquoi ne lui dites-vous pas tout de suite que vous avez donné votre parole ? lui demandai-je.

— Oh ! je n'ai pas besoin qu'il sache cela, répondit-elle. S'il le savait, sa sœur et tout le monde le sauraient, et ce serait fini de ma... hem ! Et de plus, si je lui disais cela, il croirait que mon engagement est le seul obstacle, et que je l'accepterais si j'étais libre ; ce que je ne veux pas qu'aucun homme puisse penser, et lui moins que tout autre. D'ailleurs, je me soucie fort peu de ses lettres, ajouta-t-elle avec mépris ; il peut écrire aussi souvent qu'il lui plaira, et ressembler autant qu'il voudra à un grand fou ; quand je le rencontre, cela ne fait que m'amuser. »

Pendant ce temps aussi, le jeune Meltham se montrait assez souvent à la maison ou dans les environs ; et, à en juger par les jurements et les reproches de Mathilde, sa sœur faisait plus d'attention à lui que la politesse n'en exigeait ; en d'autres termes, elle se livrait à une coquetterie aussi animée que pouvait le permettre la présence de ses parents. Elle fit quelques tentatives pour ramener

Mr. Hatfield once more to her feet; but finding them unsuccessful, she repaid his haughty indifference with still loftier scorn, and spoke of him with as much disdain and detestation as she had formerly done of his curate. But, amid all this, she never for a moment lost sight of Mr. Weston. She embraced every opportunity of meeting him, tried every art to fascinate him, and pursued him with as much perseverance as if she really loved him and no other, and the happiness of her life depended upon eliciting a return of affection. Such conduct was completely beyond my comprehension. Had I seen it depicted in a novel, I should have thought it unnatural; had I heard it described by others, I should have deemed it a mistake or an exaggeration; but when I saw it with my own eyes, and suffered from it too, I could only conclude that excessive vanity, like drunkenness, hardens the heart, enslaves the faculties, and perverts the feelings; and that dogs are not the only creatures which, when gorged to the throat, will yet gloat over what they cannot devour, and grudge the smallest morsel to a starving brother.

She now became extremely beneficent to the poor cottagers. Her acquaintance among them was more widely extended, her visits to their humble dwellings were more frequent and excursive than they had ever been before. Hereby, she earned among them the reputation of a condescending and very charitable young lady; and their encomiums were sure to be repeated to Mr. Weston: whom also she had thus a daily chance of meeting in one or other of their abodes,

Hatfield à ses pieds ; mais n'y réussissant pas, elle paya son orgueilleuse indifférence par un mépris plus orgueilleux encore, et parla de lui avec autant de dédain et de haine qu'elle avait parlé de son vicaire. Parmi tout cela, elle ne perdit pas un moment de vue M. Weston. Elle saisissait toute occasion de le rencontrer, mettait tout en œuvre pour le fasciner, et le poursuivait avec autant de persévérance que si elle l'eût réellement aimé et si le bonheur de sa vie eût dépendu d'une marque d'affection de sa part. Une telle conduite était complètement au-dessus de mon intelligence. Si je l'avais vue tracée dans un roman, elle m'eût paru contre nature ; si je l'avais entendu décrire par d'autres, je l'eusse prise pour une erreur ou une exagération ; mais, quand je la vis de mes yeux, et que j'en souffris aussi, je ne pus conclure autre chose que ceci : que l'excessive vanité, comme l'ivrognerie, endurcit le cœur, enchaîne les facultés et pervertit les sentiments, et que les chiens ne sont pas les seules créatures qui, gorgés jusqu'au gosier, peuvent s'attacher à ce qu'ils ne peuvent dévorer, et en disputer le plus petit morceau à un frère affamé.

Elle devint alors extrêmement charitable envers les pauvres paysans. Le cercle de ses connaissances parmi eux s'étendit beaucoup ; ses visites à leurs humbles demeures furent plus fréquentes qu'elles n'avaient jamais été. Elle ambitionnait parmi eux la réputation d'une très-bonne et très-charitable lady, et son éloge ne pouvait manquer d'être répété à M. Weston, qu'elle avait ainsi la chance de rencontrer chaque jour, soit dans l'une ou l'autre de ces chaumières,

or in her transits to and fro; and often, likewise, she could gather, through their gossip, to what places he was likely to go at such and such a time, whether to baptize a child, or to visit the aged, the sick, the sad, or the dying; and most skilfully she laid her plans accordingly. In these excursions she would sometimes go with her sister—whom, by some means, she had persuaded or bribed to enter into her schemes—sometimes alone, never, now, with me; so that I was debarred the pleasure of seeing Mr. Weston, or hearing his voice even in conversation with another: which would certainly have been a very great pleasure, however hurtful or however fraught with pain. I could not even see him at church: for Miss Murray, under some trivial pretext, chose to take possession of that corner in the family pew which had been mine ever since I came; and, unless I had the presumption to station myself between Mr. and Mrs. Murray, I must sit with my back to the pulpit, which I accordingly did.

Now, also, I never walked home with my pupils: they said their mamma thought it did not look well to see three people out of the family walking, and only two going in the carriage; and, as they greatly preferred walking in fine weather, I should be honoured by going with the seniors. 'And besides,' said they, 'you can't walk as fast as we do; you know you're always lagging behind.' I knew these were false excuses, but I made no objections, and never contradicted such assertions, well knowing the motives which dictated them. And in the afternoons, during those six memorable weeks, I never went to church at all.

soit en chemin. Souvent aussi elle pouvait apprendre, en les faisant causer, en quel endroit il devait probablement se trouver à tel ou tel moment, soit pour baptiser un enfant, soit pour visiter les vieillards, les malades, les affligés ou les mourants, et elle dressait ensuite habilement ses plans. Dans ses excursions elle se faisait quelquefois accompagner par sa sœur, que d'une façon ou de l'autre elle parvenait à persuader ou à gagner ; quelquefois elle allait seule, jamais avec moi : de sorte que j'étais frustrée du plaisir de voir M. Weston, d'entendre sa voix même dans la conversation avec une autre, ce qui m'eût encore rendue très-heureuse, quelque jalousie que j'eusse pu en ressentir. Je ne pouvais même plus l'apercevoir à l'église : car miss Murray, sous quelque trivial prétexte, avait coutume de s'emparer de ce coin, dans le banc de la famille, qui avait toujours été à moi depuis mon entrée dans la maison ; et, à moins d'être assez présomptueuse pour me placer entre M. et mistress Murray, il fallait m'asseoir le dos tourné à la chaire, ce que je faisais.

Je ne retournais plus jamais à pied avec mes élèves ; elles disaient que leur mère pensait qu'il n'était pas bien de voir trois personnes de la famille marcher, pendant que deux seulement allaient en voiture ; et, comme elles préféraient aller à pied par le beau temps, j'avais l'honneur d'aller en voiture avec les parents. « D'ailleurs, disaient-elles, vous ne pouvez marcher aussi vite que nous ; vous savez que vous restez toujours en arrière. » Je savais que c'étaient de fausses excuses, mais je n'y faisais aucune objection, et ne les contredisais jamais, sachant les motifs qui les leur dictaient. Et pendant ces six semaines mémorables, je ne retournai pas une seule fois à l'église l'après-midi.

If I had a cold, or any slight indisposition, they took advantage of that to make me stay at home; and often they would tell me they were not going again that day, themselves, and then pretend to change their minds, and set off without telling me: so managing their departure that I never discovered the change of purpose till too late. Upon their return home, on one of these occasions, they entertained me with an animated account of a conversation they had had with Mr. Weston as they came along. 'And he asked if you were ill, Miss Grey,' said Matilda; 'but we told him you were quite well, only you didn't want to come to church—so he'll think you're turned wicked.'

All chance meetings on week-days were likewise carefully prevented; for, lest I should go to see poor Nancy Brown or any other person, Miss Murray took good care to provide sufficient employment for all my leisure hours. There was always some drawing to finish, some music to copy, or some work to do, sufficient to incapacitate me from indulging in anything beyond a short walk about the grounds, however she or her sister might be occupied.

One morning, having sought and waylaid Mr. Weston, they returned in high glee to give me an account of their interview. 'And he asked after you again,' said Matilda, in spite of her sister's silent but imperative intimation that she should hold her tongue. 'He wondered why you were never with us, and thought you must have delicate health, as you came out so seldom.'

'He didn't Matilda—what nonsense you're talking!'

Si j'avais un rhume ou une légère indisposition, elles en prenaient avantage pour me faire rester à la maison ; souvent elles me disaient qu'elles ne voulaient pas y retourner elles-mêmes, puis elles se ravisaient et partaient sans me le dire. Un jour, à leur retour, elles me firent un récit animé d'une conversation qu'elles avaient eue avec M. Weston en revenant. « Et il nous a demandé si vous étiez malade, miss Grey, dit Mathilde ; mais nous lui avons répondu que vous étiez très-bien portante, seulement que vous n'éprouviez pas le besoin d'aller à l'église, de sorte qu'il va croire que vous êtes devenue méchante. »

Toutes les chances de le rencontrer pendant la semaine étaient aussi écartées avec soin : car, de peur que je n'allasse voir la pauvre Nancy Brown ou toute autre personne, miss Murray s'arrangeait de façon à me donner un emploi suffisant pour mes heures de loisir. Il y avait toujours quelque dessin à finir, quelque musique à copier, ou quelque travail à faire ; de sorte que je ne pouvais me permettre autre chose qu'une courte promenade dans le jardin, soit que miss Murray ou sa sœur fussent ou non occupées.

Un matin, ayant cherché et rencontré M. Weston, elles revinrent en grande liesse me faire le récit de leur entrevue. « Et il a encore demandé de vos nouvelles. » dit Mathilde, malgré la silencieuse et impérative intimation de sa sœur de retenir sa langue. Il s'est étonné que vous ne fussiez jamais avec nous, et a pensé que vous deviez avoir une santé délicate, pour sortir si rarement.

— Il n'a pas dit cela, Mathilde ; quelle absurdité dites-vous là ?

'Oh, Rosalie, what a lie! He did, you know; and you said—Don't, Rosalie—hang it!—I won't be pinched so! And, Miss Grey, Rosalie told him you were quite well, but you were always so buried in your books that you had no pleasure in anything else.'

'What an idea he must have of me!' I thought.

'And,' I asked, 'does old Nancy ever inquire about me?'

'Yes; and we tell her you are so fond of reading and drawing that you can do nothing else.'

'That is not the case though; if you had told her I was so busy I could not come to see her, it would have been nearer the truth.'

'I don't think it would,' replied Miss Murray, suddenly kindling up; 'I'm sure you have plenty of time to yourself now, when you have so little teaching to do.'

It was no use beginning to dispute with such indulged, unreasoning creatures: so I held my peace. I was accustomed, now, to keeping silence when things distasteful to my ear were uttered; and now, too, I was used to wearing a placid smiling countenance when my heart was bitter within me. Only those who have felt the like can imagine my feelings, as I sat with an assumption of smiling indifference, listening to the accounts of those meetings and interviews with Mr. Weston, which they seemed to find such pleasure in describing to me; and hearing things asserted of him which, from the character of the man, I knew to be exaggerations and perversions of the truth, if not entirely false—things derogatory to him,

— Oh ! Rosalie, quel mensonge ! Il l'a dit, vous le savez bien. Allons, Rosalie ! Que le diable... je ne veux pas être pincée comme cela ! Et, miss Grey, Rosalie lui a dit que vous vous portiez très-bien, mais que vous étiez toujours si enterrée dans vos livres que vous n'aviez de plaisir à aucune autre chose.

— Quelle idée il doit avoir de moi ! pensai-je ; et je demandai si la vieille Nancy s'informait toujours de moi.

— Oui ; et nous lui disons que vous aimez tant la lecture et le dessin, que vous ne pouvez faire rien autre chose.

— Ce n'est pas tout à fait cela, pourtant ; si vous lui aviez dit que j'étais trop *occupée* pour aller la voir, vous auriez été plus près de la vérité.

— Je ne le pense pas, répliqua miss Murray, se fâchant tout à coup ; je suis sûre que vous avez du temps à vous maintenant : vous avez si peu de chose à enseigner ! »

Il était inutile d'entamer une dispute avec des créatures si peu raisonnables ; aussi je me tus. J'étais maintenant accoutumée à garder le silence quand des choses désagréables à mon oreille étaient prononcées ; j'avais coutume aussi de garder un air calme et souriant quand j'avais le cœur plein d'amertume. Ceux-là seulement, qui ont passé par la même épreuve peuvent se faire une idée de mes sentiments pendant que je paraissais écouter avec une indifférence souriante le récit qu'elles prenaient plaisir à me faire de ces rencontres et de ces entrevues avec M. Weston ; que je leur entendais dire de lui des choses que, d'après le caractère de l'homme, je savais être des faussetés ou des exagérations, des choses indignes de lui

and flattering to them — especially to Miss Murray — which I burned to contradict, or, at least, to show my doubts about, but dared not; lest, in expressing my disbelief, I should display my interest too. Other things I heard, which I felt or feared were indeed too true: but I must still conceal my anxiety respecting him, my indignation against them, beneath a careless aspect; others, again, mere hints of something said or done, which I longed to hear more of, but could not venture to inquire. So passed the weary time. I could not even comfort myself with saying, 'She will soon be married; and then there may be hope.'

Soon after her marriage the holidays would come; and when I returned from home, most likely, Mr. Weston would be gone, for I was told that he and the Rector could not agree (the Rector's fault, of course), and he was about to remove to another place.

No — besides my hope in God, my only consolation was in thinking that, though he know it not, I was more worthy of his love than Rosalie Murray, charming and engaging as she was; for I could appreciate his excellence, which she could not: I would devote my life to the promotion of his happiness; she would destroy his happiness for the momentary gratification of her own vanity. 'Oh, if he could but know the difference!' I would earnestly exclaim. 'But no! I would not have him see my heart: yet, if he could but know her hollowness, her worthless, heartless frivolity, he would then be safe, and I should be — *almost* happy, though I might never see him more!'

et flatteuses pour elles, surtout pour miss Murray. Je brûlais de les contredire, ou au moins d'exprimer mes doutes, mais je ne l'osais pas, de peur de montrer l'intérêt qui me faisait agir. J'entendais aussi d'autres choses que je sentais ou craignais être trop vraies ; mais il me fallait cacher les anxiétés que j'éprouvais à cause de lui, mon indignation contre elles, sous un air insouciant ; souvent aussi, entendant de simples allusions à ce qui avait été dit et fait, j'aurais bien voulu en apprendre davantage, mais je n'osais interroger. Ainsi passait le temps. Je ne pouvais même me consoler en disant : « Elle sera bientôt mariée ; alors j'aurai peut-être de l'espoir. »

Aussitôt après le mariage, en effet, viendraient les vacances ; et quand je reviendrais de la maison, très-probablement M Weston serait parti, car on disait que lui et le recteur ne pouvaient s'entendre (par la faute du recteur, naturellement), et qu'il était sur le point d'aller ailleurs exercer son ministère.

Ma seule consolation, outre mon espérance en Dieu, était de penser que, quoiqu'il n'en sût rien, j'étais plus digne de son amour que Rosalie Murray, si charmante et si engageante qu'elle fût ; car j'étais prête à donner ma vie pour contribuer à son bonheur, tandis qu'elle eût sans pitié détruit ce même bonheur pour donner satisfaction à sa vanité, « Oh ! s'il pouvait connaître la différence de nos cœurs ! m'écriais-je quelquefois. Mais non, je n'oserais lui laisser voir le mien. Pourtant, s'il pouvait connaître seulement combien elle est frivole, indigne et égoïste, il serait sans danger contre ses séductions, et je serais presque heureuse, dussé-je même ne pas le revoir. »

I fear, by this time, the reader is well nigh disgusted with the folly and weakness I have so freely laid before him. I never disclosed it then, and would not have done so had my own sister or my mother been with me in the house. I was a close and resolute dissembler—in this one case at least. My prayers, my tears, my wishes, fears, and lamentations, were witnessed by myself and heaven alone.

When we are harassed by sorrows or anxieties, or long oppressed by any powerful feelings which we must keep to ourselves, for which we can obtain and seek no sympathy from any living creature, and which yet we cannot, or will not wholly crush, we often naturally seek relief in poetry—and often find it, too—whether in the effusions of others, which seem to harmonize with our existing case, or in our own attempts to give utterance to those thoughts and feelings in strains less musical, perchance, but more appropriate, and therefore more penetrating and sympathetic, and, for the time, more soothing, or more powerful to rouse and to unburden the oppressed and swollen heart. Before this time, at Wellwood House and here, when suffering from home-sick melancholy, I had sought relief twice or thrice at this secret source of consolation; and now I flew to it again, with greater avidity than ever, because I seemed to need it more. I still preserve those relics of past sufferings and experience, like pillars of witness set up in travelling through the vale of life, to mark particular occurrences. The footsteps are obliterated now; the face of the country may be changed; but the pillar is still there, to remind me

Je crains bien que le lecteur ne soit ennuyé de la folie et de la faiblesse que je viens d'étaler si librement sous ses yeux. Je ne les laissai jamais voir alors, et ne les aurais jamais racontées même à ma mère ou à ma sœur. J'étais une dissimulée profonde et résolue, en cela du moins. Mes prières, mes pleurs, mes espérances, mes craintes, mes lamentations, n'étaient vus que de moi et de Dieu.

Quand nous sommes tourmentés par le chagrin ou les inquiétudes, ou longtemps oppressés par un sentiment puissant que nous devons concentrer en nous, pour lequel nous ne pouvons obtenir ni chercher aucune sympathie de nos semblables, et que pourtant nous ne voulons ou ne pouvons entièrement étouffer, nous sommes souvent portés à en chercher le soulagement dans la poésie, et souvent aussi nous l'y trouvons, soit dans les effusions des autres qui semblent s'harmoniser avec notre état, soit dans nos propres efforts pour exprimer des pensées et des sentiments en vers moins mélodieux peut-être, mais plus appropriés aux circonstances et par conséquent plus pathétiques, et plus propres à alléger le cœur du fardeau qui l'écrase. Avant ce temps, à Wellwood-House et ici, lorsque je souffrais du mal du pays, j'avais cherché deux ou trois fois du soulagement dans cette secrète source de consolation. J'y recourus de nouveau avec plus d'avidité que jamais, parce qu'elle me semblait plus nécessaire. Je conserve encore ces reliques de la douleur et de l'expérience passées, comme des colonnes érigées par le voyageur dans la vallée de la vie pour marquer quelque circonstance particulière. Les pas sont effacés maintenant ; la face du pays peut être changée, mais la colonne est toujours là, debout, pour me rappeler

how all things were when it was reared. Lest the reader should be curious to see any of these effusions, I will favour him with one short specimen: cold and languid as the lines may seem, it was almost a passion of grief to which they owed their being:—

> *Oh, they have robbed me of the hope*
> *My spirit held so dear;*
> *They will not let me hear that voice*
> *My soul delights to hear.*
>
> *They will not let me see that face*
> *I so delight to see;*
> *And they have taken all thy smiles,*
> *And all thy love from me.*
>
> *Well, let them seize on all they can;—*
> *One treasure still is mine,—*
> *A heart that loves to think on thee,*
> *And feels the worth of thine.*

Yes, at least, they could not deprive me of that: I could think of him day and night; and I could feel that he was worthy to be thought of. Nobody knew him as I did; nobody could appreciate him as I did; nobody could love him as I—could, if I might: but there was the evil. What business had I to think so much of one that never thought of me? Was it not foolish? was it not wrong? Yet, if I found such deep delight in thinking of him, and if I kept

dans quel état étaient les choses lorsque je l'ai élevée. Si le lecteur est curieux de lire quelques-uns de ces épanchements, je puis lui en donner un spécimen. Tout faibles et languissants que ces vers puissent paraître, c'est pourtant dans un paroxysme de douleur qu'ils furent écrits.

> *Hélas ! ils m'ont ravi l'espérance si chère*
> *Que mon esprit tendrement caressait ;*
> *Ils m'ont pris, sans pitié de ma douleur amère,*
> *Ta douce voix que mon cœur chérissait.*
>
> *Je ne reverrai plus ton calme et doux visage,*
> *Qui d'un éclat chaste à mes yeux brillait ;*
> *Ils m'ont pris ton sourire, autre divin langage,*
> *Qui par son charme aux cieux me transportait.*
>
> *Eh bien ! qu'ils prennent donc tout ce qu'ils pourront prendre ;*
> *Un vrai trésor toujours restera mien :*
> *Mon cœur, un cœur qui t'aime et qui peut te comprendre ;*
> *Un cœur qui sait tout ce que vaut le tien.*

Oui ! au moins ils ne pouvaient pas m'ôter cela. Je pouvais penser à lui nuit et jour ; je pouvais sentir à toute heure qu'il était digne d'occuper mes pensées. Personne ne le connaissait comme moi ; personne ne pouvait l'aimer comme... je l'aurais aimé ; mais là était le mal. À quoi me servirait-il de tant penser à quelqu'un qui ne pensait pas à moi ? N'était-ce pas insensé ? n'était-ce pas mal ? Pourtant, si je trouvais un plaisir si vif à penser à lui, et si je gardais

those thoughts to myself, and troubled no one else with them, where was the harm of it? I would ask myself. And such reasoning prevented me from making any sufficient effort to shake off my etters.

But, if those thoughts brought delight, it was a painful, troubled pleasure, too near akin to anguish; and one that did me more injury than I was aware of. It was an indulgence that a person of more wisdom or more experience would doubtless have denied herself. And yet, how dreary to turn my eyes from the contemplation of that bright object and force them to dwell on the dull, grey, desolate prospect around: the joyless, hopeless, solitary path that lay before me. It was wrong to be so joyless, so desponding; I should have made God my friend, and to do His will the pleasure and the business of my life; but faith was weak, and passion was too strong.

In this time of trouble I had two other causes of affliction. The first may seem a trifle, but it cost me many a tear: Snap, my little dumb, rough-visaged, but bright-eyed, warm-hearted companion, the only thing I had to love me, was taken away, and delivered over to the tender mercies of the village rat-catcher, a man notorious for his brutal treatment of his canine slaves. The other was serious enough; my letters from home gave intimation that my father's health was worse. No boding fears were expressed, but I was grown timid and despondent, and could not help fearing that some dreadful calamity awaited us there. I seemed to see the black clouds gathering round my native hills, and to hear the angry muttering of a storm that was about to burst, and desolate our hearth.

pour moi mes pensées et n'en troublais personne, quel mal pouvait-il y avoir à cela ? me demandais-je. Et de tels raisonnements m'empêchaient de faire un effort suffisant pour secouer mes fers.

Mais si ces pensées m'apportaient de la joie, c'était une joie pénible et troublée, trop voisine de la douleur, une joie qui me faisait plus de mal que je ne croyais, et qu'une personne plus sage et plus expérimentée se fût assurément refusée. Et pourtant, comment aurais-je pu détourner mes yeux de la contemplation de ce brillant objet pour les arrêter sur la perspective triste, sombre et désolée qui m'environnait, sur le sentier solitaire et sans espérances qui s'étendait devant moi ? Il était mal d'être si triste, si désespérée ; j'aurais dû faire de Dieu mon ami, de sa volonté le plaisir de ma vie ; mais la foi était trop faible en moi et la passion trop puissante.

Dans ce temps de trouble, j'eus deux autres causes d'affliction. La première peut paraître une bagatelle, mais elle me coûta plus d'une larme. Snap, mon petit chien, muet et laid, mais à l'œil vif et au cœur affectueux, le seul être que j'eusse pour m'aimer, me fut enlevé et livré au preneur de rats du village, un homme connu pour sa brutalité envers ses esclaves de race canine. L'autre était assez sérieuse ; les lettres que je recevais de la maison m'annonçaient que la santé de mon père déclinait. On ne m'exprimait aucune crainte ; mais j'étais devenue timide et découragée, et je ne pouvais m'empêcher de craindre quelque malheur de ce côté. Il me semblait voir les nuages noirs s'amonceler autour de mes montagnes natives, et entendre le grondement irrité d'un orage qui allait éclater et désoler notre foyer.

18

Mirth and Mourning

THE 1ST of June arrived at last: and Rosalie Murray was transmuted into Lady Ashby. Most splendidly beautiful she looked in her bridal costume. Upon her return from church, after the ceremony, she came flying into the schoolroom, flushed with excitement, and laughing, half in mirth, and half in reckless desperation, as it seemed to me.

'Now, Miss Grey, I'm Lady Ashby!' she exclaimed. 'It's done, my fate is sealed: there's no drawing back now. I'm come to receive your congratulations and bid you good-by; and then I'm off for Paris, Rome, Naples, Switzerland, London—oh, dear! what a deal I shall see and hear before I come back again. But don't forget me: I shan't forget you, though I've been a naughty girl. Come, why don't you congratulate me?'

'I cannot congratulate you,' I replied, 'till I know whether this change is really for the better: but I sincerely hope it is; and I wish you true happiness and the best of blessings.'

'Well, good-by, the carriage is waiting, and they're calling me.'

18
Allégresse et deuil

Le premier juin arriva enfin, et Rosalie Murray fut transformée en lady Ashby. Elle était d'une beauté splendide dans son costume de mariée. À son retour de l'église, après la cérémonie, elle courut à la salle d'études, le visage animé et riant moitié de joie moitié de désespoir, ainsi qu'il me parut.

« Maintenant, miss Grey, je suis lady Ashby ! s'écria-t-elle. C'est fait ! ma destinée est scellée ; il n'y a plus à reculer, maintenant. Je suis venue pour recevoir vos congratulations et vous dire au revoir ; puis je pars à l'instant pour Paris, Rome, Naples, la Suisse et Londres. Oh ! chère, que de choses je vais voir et entendre avant de revenir ! Mais ne m'oubliez pas, je ne vous oublierai pas moi, quoique j'aie été une mauvaise fille. Allons, pourquoi ne me félicitez-vous pas ?

— Je ne puis vous féliciter, répondis-je, avant de savoir si ce changement est réellement pour le mieux ; mais je l'espère sincèrement, et vous souhaite une véritable félicité et beaucoup de bonheur.

— Eh bien ! au revoir ; la voiture m'attend, et ils m'appellent. »

She gave me a hasty kiss, and was hurrying away; but, suddenly returning, embraced me with more affection than I thought her capable of evincing, and departed with tears in her eyes. Poor girl! I really loved her then; and forgave her from my heart all the injury she had done me—and others also: she had not half known it, I was sure; and I prayed God to pardon her too.

During the remainder of that day of festal sadness, I was left to my own devices. Being too much unhinged for any steady occupation, I wandered about with a book in my hand for several hours, more thinking than reading, for I had many things to think about. In the evening, I made use of my liberty to go and see my old friend Nancy once again; to apologize for my long absence (which must have seemed so neglectful and unkind) by telling her how busy I had been; and to talk, or read, or work for her, whichever might be most acceptable, and also, of course, to tell her the news of this important day: and perhaps to obtain a little information from her in return, respecting Mr. Weston's expected departure. But of this she seemed to know nothing, and I hoped, as she did, that it was all a false report. She was very glad to see me; but, happily, her eyes were now so nearly well that she was almost independent of my services. She was deeply interested in the wedding; but while I amused her with the details of the festive day, the splendours of the bridal party and of the bride herself, she often sighed and shook her head, and wished good might come of it; she seemed, like me, to regard it rather as a theme for sorrow than rejoicing. I sat a long time talking to her about that and other things—but no one came.

Elle me donna un baiser à la hâte, et s'enfuit ; mais, revenant tout à coup, elle m'embrassa avec plus d'affection que je ne l'en aurais crue capable, et partit avec des larmes dans les yeux. Pauvre fille ! je l'aimais réellement alors, et lui pardonnais du fond de mon cœur tout le mal qu'elle m'avait fait, et aux autres aussi : elle n'en avait pas connu la moitié, j'en suis sûre, et je priai Dieu de lui pardonner aussi.

Pendant le reste de ce jour de triste fête, je fus laissée à mon libre arbitre. Étant trop bouleversée pour me livrer à aucune occupation suivie, j'errai aux alentours pendant plusieurs heures avec un livre à la main, pensant plutôt que lisant, car j'avais l'imagination remplie de beaucoup de choses. Le soir, je profitai de ma liberté pour aller voir ma vieille amie Nancy, m'excuser de ma longue absence en lui disant combien j'avais été occupée, pour causer, lire ou travailler avec elle, selon qu'elle le préférerait, et aussi, naturellement, pour lui conter les nouvelles de ce jour important, et obtenir peut-être d'elle, en retour, quelques informations sur le prochain départ de M. Weston. Mais elle me parut n'en rien savoir, et j'espérai, comme elle, que tout cela n'était qu'une fausse rumeur. Elle fut très-contente de me voir ; mais, par bonheur, ses affaires allaient si bien qu'elle pouvait presque se passer tout à fait de mes services. Elle s'intéressait profondément au mariage ; mais, pendant que je l'amusais avec les détails et les splendeurs de la fête, elle secoua plus d'une fois la tête en disant : « Puisse le bien en advenir ! » Elle semblait, comme moi, regarder cette union plutôt comme un sujet de tristesse que comme un sujet de réjouissance. Je restai longtemps à causer avec elle de cela et d'autre chose, mais personne ne vint.

Shall I confess that I sometimes looked towards the door with a half-expectant wish to see it open and give entrance to Mr. Weston, as had happened once before? and that, returning through the lanes and fields, I often paused to look round me, and walked more slowly than was at all necessary—for, though a fine evening, it was not a hot one—and, finally, felt a sense of emptiness and disappointment at having reached the house without meeting or even catching a distant glimpse of any one, except a few labourers returning from their work?

Sunday, however, was approaching: I should see him then: for now that Miss Murray was gone, I could have my old corner again. I should see him, and by look, speech, and manner, I might judge whether the circumstance of her marriage had very much afflicted him. Happily I could perceive no shadow of a difference: he wore the same aspect as he had worn two months ago—voice, look, manner, all alike unchanged: there was the same keen-sighted, unclouded truthfulness in his discourse, the same forcible clearness in his style, the same earnest simplicity in all he said and did, that made itself, not marked by the eye and ear, but felt upon the hearts of his audience.

I walked home with Miss Matilda; but *he did not join us*. Matilda was now sadly at a loss for amusement, and wofully in want of a companion: her brothers at school, her sister married and gone, she too young to be admitted into society; for which, from Rosalie's example, she was in some degree beginning to acquire a taste—a taste at least for the company of certain classes of gentlemen;

Confesserai-je que je tournai plusieurs fois mes regards vers la porte, avec le désir plein d'espoir de la voir s'ouvrir et donner passage à M. Weston, ainsi que cela était arrivé auparavant ? qu'en revenant à travers les prairies et les champs, je m'arrêtai souvent pour regarder autour de moi et marchai plus lentement qu'il n'aurait fallu : car, quoique la soirée fût belle, elle n'était pas chaude ; qu'enfin, j'éprouvai un sentiment de vide et de désappointement en arrivant à la maison sans avoir rencontré ou aperçu personne que quelques pauvres laboureurs revenant de leur travail ?

Cependant, le dimanche approchait ; je pourrais le voir alors, car maintenant que miss Murray était partie, je pouvais reprendre mon coin dans le banc. Je le verrais, et sur son visage, dans sa parole, dans son attitude, je pourrais juger si le mariage de miss Murray l'avait beaucoup affecté. Heureusement, je ne vis pas l'ombre d'une différence ; il avait le même aspect que deux mois auparavant ; voix, physionomie, maintien, rien n'était changé : c'était le même regard vif, la même clarté dans sa parole, la même pureté de style, la même simplicité fervente dans tout ce qu'il disait et faisait, qui allait droit au cœur de ses auditeurs.

Je revins à pied avec miss Mathilde ; mais il ne nous accosta point. Mathilde était triste et ne savait où prendre de l'amusement ; elle avait grand besoin d'un compagnon : ses frères à l'école, sa sœur mariée et partie, elle trop jeune pour être admise dans la société, pour laquelle, à l'exemple de Rosalie, elle commençait jusqu'à un certain point à prendre goût, au moins pour la société d'une certaine classe de gentlemen ;

at this dull time of year—no hunting going on, no shooting even—for, though she might not join in that, it was *something* to see her father or the gamekeeper go out with the dogs, and to talk with them on their return, about the different birds they had bagged. Now, also, she was denied the solace which the companionship of the coachman, grooms, horses, greyhounds, and pointers might have afforded; for her mother having, notwithstanding the disadvantages of a country life, so satisfactorily disposed of her elder daughter, the pride of her heart had begun seriously to turn her attention to the younger; and, being truly alarmed at the roughness of her manners, and thinking it high time to work a reform, had been roused at length to exert her authority, and prohibited entirely the yards, stables, kennels, and coach-house. Of course, she was not implicitly obeyed; but, indulgent as she had hitherto been, when once her spirit was roused, her temper was not so gentle as she required that of her governesses to be, and her will was not to be thwarted with impunity. After many a scene of contention between mother and daughter, many a violent outbreak which I was ashamed to witness, in which the father's authority was often called in to confirm with oaths and threats the mother's slighted prohibitions—for even *he* could see that 'Tilly, though she would have made a fine lad, was not quite what a young lady ought to be'—Matilda at length found that her easiest plan was to keep clear of the forbidden regions; unless she could now and then steal a visit without her watchful mother's knowledge.

aucune chasse en ce triste temps de l'année, ce qui était pour elle un passe-temps : car, si elle n'en pouvait faire partie, elle avait le plaisir de voir partir son père et les gardes-chasse avec les chiens, et de causer avec eux à leur retour sur les différents oiseaux qu'ils avaient tués. Elle n'avait plus même la consolation qu'aurait pu lui procurer la compagnie du cocher, du groom, des chevaux, des chiens : car sa mère, qui avait, malgré le désavantage de la vie de campagne, disposé si avantageusement de sa fille aînée, l'orgueil de son cœur, avait commencé à tourner sérieusement son attention vers la plus jeune, et, véritablement alarmée de la grossièreté de ses manières et pensant qu'il était grand temps d'opérer une réforme, elle avait enfin usé de son autorité et lui avait interdit tout à fait les cours, les écuries, les chenils et la maison du cocher. On ne lui obéissait pas toujours ; mais, quelque indulgente qu'elle se fût montrée auparavant, sa volonté ne pouvait être méprisée avec impunité, comme celle d'une gouvernante. Après plusieurs scènes entre la mère et la fille, plusieurs violentes altercations qui me rendaient honteuse et dans lesquelles, plus d'une fois, le père fut appelé à confirmer, avec des jurements et des menaces, les prohibitions de la mère, car il commençait à s'apercevoir que « Tilly, quoi qu'elle eût fait un charmant garçon, n'était pas tout à fait ce qu'une jeune lady devait être, » Mathilde comprit enfin que le meilleur parti pour elle, était de s'éloigner des régions défendues, à moins qu'elle ne pût de temps à autre y faire une visite furtive à l'insu de sa vigilante mère.

Amid all this, let it not be imagined that I escaped without many a reprimand, and many an implied reproach, that lost none of its sting from not being openly worded; but rather wounded the more deeply, because, from that very reason, it seemed to preclude self-defence. Frequently, I was told to amuse Miss Matilda with other things, and to remind her of her mother's precepts and prohibitions. I did so to the best of my power: but she would not be amused against her will, and could not against her taste; and though I went beyond mere reminding, such gentle remonstrances as I could use were utterly ineffectual.

'*Dear* Miss Grey! it is the *strangest* thing. I suppose you can't help it, if it's not in your nature—but I *wonder* you can't win the confidence of that girl, and make your society at *least* as agreeable to her as that of Robert or Joseph!'

'They can talk the best about the things in which she is most interested,' I replied.

'Well! that is a strange confession, *however*, to come from her *governess*! Who is to form a young lady's tastes, I wonder, if the governess doesn't do it? I have known governesses who have so completely identified themselves with the reputation of their young ladies for elegance and propriety in mind and manners, that they would blush to speak a word against them; and to hear the slightest blame imputed to their pupils was worse than to be censured in their own persons—and I really think it very natural, for my part.'

Au milieu de tout cela, que l'on ne s'imagine pas que je pouvais échapper à mille réprimandes, à mille reproches, qui ne perdaient rien de leur aiguillon pour n'être pas ouvertement formulés, mais qui, pour cette même raison, n'en étaient que plus profondément blessants, car ils n'admettaient aucune défense. Souvent l'on me disait que je devais amuser miss Mathilde avec d'autres choses, et lui rappeler les préceptes et les défenses de sa mère. Je faisais de mon mieux, mais je ne pouvais l'amuser contre son gré, ni avec des choses qui n'étaient point de son goût ; et, quoique je fisse plus que de lui *rappeler* les ordres de sa mère, les douces remontrances que je pouvais faire demeuraient sans effet.

« *Chère* miss Grey ! c'est une étrange chose ! Je suppose que vous n'y pouvez rien et que ce n'est pas dans votre nature ; mais je m'étonne que vous ne puissiez gagner la confiance de cette fille, et lui rendre votre société au moins aussi agréable que celle de Robert ou de Joseph.

— Ils peuvent causer mieux que moi des choses auxquelles elle s'intéresse le plus, répondais-je.

— Ah ! voilà une étrange confession, venant de sa gouvernante ! Qui donc doit former les goûts des jeunes ladies, sinon les gouvernantes ? J'ai connu des gouvernantes qui s'étaient si complètement identifiées avec la réputation de leurs jeunes ladies pour l'élégance des manières et les qualités de l'esprit, qu'elles auraient rougi de dire un mot contre elles, qu'entendre le moindre blâme imputé à leurs élèves leur eût semblé pire que d'être censurées dans leur propre personne ; et vraiment, pour ma part, je trouve cela très-naturel.

'Do you, ma'am?'

'Yes, of course: the young lady's proficiency and elegance is of more consequence to the governess than her own, as well as to the world. If she wishes to prosper in her vocation she must devote all her energies to her business: all her ideas and all her ambition will tend to the accomplishment of that one object. When we wish to decide upon the merits of a governess, we naturally look at the young ladies she professes to have educated, and judge accordingly. The *judicious* governess knows this: she knows that, while she lives in obscurity herself, her pupils' virtues and defects will be open to every eye; and that, unless she loses sight of herself in their cultivation, she need not hope for success. You see, Miss Grey, it is just the same as any other trade or profession: they that wish to prosper must devote themselves body and soul to their calling; and if they begin to yield to indolence or self-indulgence they are speedily distanced by wiser competitors: there is little to choose between a person that ruins her pupils by neglect, and one that corrupts them by her example. You will excuse my dropping these little hints: you know it is all for your own good. Many ladies would speak to you much more strongly; and many would not trouble themselves to speak at all, but quietly look out for a substitute. That, of course, would be the *easiest* plan: but I know the advantages of a place like this to a person in your situation; and I have no desire to part with you, as I am sure you would

— Vous pensez, madame ?

— Oui, certainement ; les talents et l'élégance des jeunes ladies importent plus à la gouvernante que les siens propres. Si elle veut prospérer dans sa vocation, il faut qu'elle consacre toute son énergie, toutes ses capacités à son état ; toutes ses idées, toute son ambition, tendront à l'accomplissement de ce seul objet. Quand nous voulons décider du mérite d'une gouvernante, nous jetons naturellement les yeux sur les jeunes ladies qu'elle a élevées, et nous jugeons en conséquence. La gouvernante judicieuse sait cela ; elle sait que, pendant qu'elle vit elle-même dans l'obscurité, les vertus et les défauts de son élève seront visibles pour tous les yeux, et que, à moins de faire abnégation d'elle-même dans son enseignement, elle ne peut espérer le succès. Vous voyez, miss Grey, c'est absolument la même chose que tout autre commerce ou profession ; ceux qui veulent réussir doivent se vouer corps et âme à leur état ; et, dès qu'une gouvernante commence à se laisser aller à l'indolence, elle ne tarde pas à être distancée par de plus sages compétiteurs. Je ne sais laquelle vaut le mieux, de celle qui gâte les enfants par sa négligence, ou de celle qui les corrompt par son exemple. Vous m'excuserez de vous donner ces petits avis ; vous savez que tout cela est pour votre propre bien. Beaucoup de ladies vous parleraient plus ferme que je ne le fais ; beaucoup ne se donneraient pas la peine de vous parler, mais s'occuperaient tranquillement de vous chercher une remplaçante. Cela, vraiment, serait le plan le plus aisé ; mais je connais les avantages d'une place comme celle-ci pour une jeune personne dans votre situation, et je n'ai nul désir de me séparer de vous, certaine que je suis que vous pourriez

do very well if you will only think of these things and try to exert yourself a *little* more: then, I am convinced, you would *soon* acquire that delicate tact which alone is wanting to give you a proper influence over the mind of your pupil.'

I was about to give the lady some idea of the fallacy of her expectations; but she sailed away as soon as she had concluded her speech. Having said what she wished, it was no part of her plan to await my answer: it was my business to hear, and not to speak.

However, as I have said, Matilda at length yielded in some degree to her mother's authority (pity it had not been exerted before); and being thus deprived of almost every source of amusement, there was nothing for it but to take long rides with the groom and long walks with the governess, and to visit the cottages and farmhouses on her father's estate, to kill time in chatting with the old men and women that inhabited them. In one of these walks, it was our chance to meet Mr. Weston. This was what I had long desired; but now, for a moment, I wished either he or I were away: I felt my heart throb so violently that I dreaded lest some outward signs of emotion should appear; but I think he hardly glanced at me, and I was soon calm enough. After a brief salutation to both, he asked Matilda if she had lately heard from her sister.

'Yes,' replied she. 'She was at Paris when she wrote, and very well, and very happy.'

faire très-bien, si vous vouliez penser à ce que je viens de vous dire et vous donner un peu plus de peine. Je suis convaincue que vous auriez bientôt acquis ce tact délicat qui seul vous manque pour avoir une influence convenable sur l'esprit de votre élève. »

J'allais donner à cette lady une idée de la fausseté de ses espérances, mais elle s'enfuit aussitôt qu'elle eut terminé sa tirade. Elle m'avait dit ce qu'elle voulait me dire, et attendre ma réponse ne faisait point partie de son plan : mon rôle était d'écouter, non de parler.

Cependant, comme je l'ai dit, Mathilde, à la fin, céda jusqu'à un certain point à l'autorité de sa mère (pourquoi cette autorité ne s'est-elle exercée plus tôt ?) et étant ainsi privée de presque tous ses sujets d'amusements, elle ne pouvait tuer le temps qu'en faisant de longues courses à cheval avec le groom, de longues promenades à pied avec la gouvernante, et en visitant les cottages et les fermes du domaine de son père. Dans une de ces promenades, nous eûmes la chance de rencontrer M. Weston. C'était ce que j'avais longtemps désiré ; mais, pendant un moment, je souhaitai que nous ne l'eussions pas rencontré ; je sentais mon cœur battre si violemment, que je craignais de laisser apparaître quelque émotion intérieure ; mais je crois qu'il me regarda à peine, et je devins bientôt calme. Après une brève salutation à toutes deux, il demanda à Mathilde si elle avait eu récemment des nouvelles de sa sœur.

« Oui, répondit-elle, elle était à Paris lors de sa dernière lettre ; elle va très-bien, et elle est très-heureuse. »

She spoke the last word emphatically, and with a glance impertinently sly. He did not seem to notice it, but replied, with equal emphasis, and very seriously—

'I hope she will continue to be so.'

'Do you think it likely?' I ventured to inquire: for Matilda had started off in pursuit of her dog, that was chasing a leveret.

'I cannot tell,' replied he. 'Sir Thomas may be a better man than I suppose; but, from all I have heard and seen, it seems a pity that one so young and gay, and—and interesting, to express many things by one word—whose greatest, if not her only fault, appears to be thoughtlessness—no trifling fault to be sure, since it renders the possessor liable to almost every other, and exposes him to so many temptations—but it seems a pity that she should be thrown away on such a man. It was her mother's wish, I suppose?'

'Yes; and her own too, I think, for she always laughed at my attempts to dissuade her from the step.'

'You did attempt it? Then, at least, you will have the satisfaction of knowing that it is no fault of yours, if any harm should come of it. As for Mrs. Murray, I don't know how she can justify her conduct: if I had sufficient acquaintance with her, I'd ask her.'

'It seems unnatural: but some people think rank and wealth the chief good; and, if they can secure that for their children, they think they have done their duty.'

Elle prononça ce dernier mot avec emphase, et avec un regard impertinemment rusé. Il ne parut pas y faire attention, mais répondit avec une égale emphase et très-sérieusement :

« J'espère que son bonheur durera.

— Pensez-vous que ce soit probable ? me hasardai-je à demander ; car Mathilde était partie à la suite de son chien qui chassait un levraut.

— Je ne puis le dire, répondit-il. Sir Thomas peut être un meilleur homme que je ne le suppose ; mais d'après tout ce que j'ai entendu et vu, il me semble malheureux qu'une jeune fille si jeune et si gaie, si *intéressante*, pour exprimer plusieurs choses d'un seul mot, dont le plus grand, sinon le seul défaut, paraissait être l'insouciance, défaut important à coup sûr, puisqu'il rend celui qui le possède sujet à presque tous les autres, et l'expose à un si grand nombre de tentations ; il me semble, dis-je, malheureux qu'elle ait été sacrifiée à un pareil homme. C'était la volonté de sa mère, je suppose ?

— Oui ; et la sienne aussi, je crois, car elle riait toujours quand je m'efforçais de l'en dissuader.

— Vous l'avez essayé ? Alors, vous aurez du moins la satisfaction, si cette union est malheureuse, de savoir que ce n'est pas votre faute. Quant à mistress Murray, je ne sais comment elle peut justifier sa conduite ; si j'étais assez connu d'elle, je le lui demanderais.

— Cette conduite paraît peu naturelle ; mais il y a des gens qui regardent le rang et la richesse comme le principal bien ; et, s'ils peuvent les assurer à leurs enfants, ils croient avoir fait leur devoir.

'True: but is it not strange that persons of experience, who have been married themselves, should judge so falsely?'

Matilda now came panting back, with the lacerated body of the young hare in her hand.

'Was it your intention to kill that hare, or to save it, Miss Murray?' asked Mr. Weston, apparently puzzled at her gleeful countenance.

'I pretended to want to save it,' she answered, honestly enough, 'as it was so glaringly out of season; but I was better pleased to see it lolled. However, you can both witness that I couldn't help it: Prince was determined to have her; and he clutched her by the back, and killed her in a minute! Wasn't it a noble chase?'

'Very! for a young lady after a leveret.'

There was a quiet sarcasm in the tone of his reply which was not lost upon her; she shrugged her shoulders, and, turning away with a significant 'Humph!' asked me how I had enjoyed the fun. I replied that I saw no fun in the matter; but admitted that I had not observed the transaction very narrowly.

'Didn't you see how it doubled—just like an old hare? and didn't you hear it scream?'

'I'm happy to say I did not.'

'It cried out just like a child.'

'Poor little thing! What will you do with it?'

— C'est vrai ; mais il est étrange que des personnes d'expérience, qui ont été mariées elles-mêmes, puissent juger si faussement ! »

Mathilde revint tout essoufflée, avec le corps lacéré du jeune lièvre à la main.

« Votre intention était-elle de tuer ce lièvre ou de le sauver, miss Murray ? demanda M. Weston, apparemment étonné de sa contenance radieuse.

— J'aurais peut-être voulu le sauver, répondit-elle avec assez de franchise, il est si jeune ; et pourtant j'ai eu du plaisir à le voir tuer : vous pouvez, d'ailleurs, tous deux voir que je n'ai pu rien y faire ; Prince voulait l'avoir, il l'a saisi par les reins et l'a tué en une minute ! N'était-ce pas une noble chasse ?

— Très-noble ! une jeune lady courant après un levraut ! »

Il y avait un tranquille sarcasme dans le ton de sa réponse qui ne fut pas perdue pour elle ; elle haussa les épaules, et se détournant, me demanda comment j'avais trouvé le divertissement. Je répondis que je n'avais vu aucun divertissement dans l'affaire ; mais j'admis que je n'y avais pas donné une attention bien suivie.

« N'avez-vous pas vu comme il a doublé, absolument comme un vieux lièvre ? et n'avez-vous pas entendu son cri ?

— Je suis heureuse de pouvoir dire que je ne l'ai pas entendu.

— Il pleurait absolument comme un enfant.

— Pauvre petite bête ! Qu'en voulez-vous faire ?

'Come along — I shall leave it in the first house we come to. I don't want to take it home, for fear papa should scold me for letting the dog kill it.'

Mr. Weston was now gone, and we too went on our way; but as we returned, after having deposited the hare in a farm-house, and demolished some spice-cake and currant-wine in exchange, we met him returning also from the execution of his mission, whatever it might be. He carried in his hand a cluster of beautiful bluebells, which he offered to me; observing, with a smile, that though he had seen so little of me for the last two months, he had not forgotten that bluebells were numbered among my favourite flowers. It was done as a simple act of goodwill, without compliment or remarkable courtesy, or any look that could be construed into 'reverential, tender adoration' (*vide* Rosalie Murray); but still, it was something to find my unimportant saying so well remembered: it was something that he had noticed so accurately the time I had ceased to be visible.

'I was told,' said he, 'that you were a perfect bookworm, Miss Grey: so completely absorbed in your studies that you were lost to every other pleasure.'

'Yes, and it's quite true!' cried Matilda.

'No, Mr. Weston: don't believe it: it's a scandalous libel. These young ladies are too fond of making random assertions at the expense of their friends; and you ought to be careful how you listen to them.'

— Venez, je le laisserai à la première maison où nous entrerons. Je ne veux pas l'emporter, de peur que papa ne me gronde pour avoir laissé le chien le tuer. »

M. Weston était parti, et nous continuâmes notre chemin ; mais en revenant, après avoir déposé le lièvre dans une ferme, en échange d'un peu de gâteau d'épice et de vin de groseille, nous le rencontrâmes au retour de sa mission, quelle qu'elle pût être. Il portait à la main un beau bouquet de campanules qu'il m'offrit, me disant avec un sourire que, quoiqu'il m'eût vue si peu pendant les deux derniers mois, il n'avait pas oublié que les campanules étaient au nombre de mes fleurs favorites. Cela fut fait comme un simple acte de bienveillance, sans compliments ou courtoisie remarquables, sans aucun regard qui pût être pris pour de « la respectueuse et tendre adoration ; » mais pourtant c'était quelque chose, que de trouver qu'il se fût si bien souvenu d'une de mes paroles, si peu importante ; c'était quelque chose de savoir qu'il avait remarqué avec tant d'exactitude le temps où j'avais cessé de paraître à sa vue.

« L'on m'a dit, miss Grey, que vous dévorez les livres, et vous vous absorbez si complètement dans vos études, que vous êtes perdue pour tout autre plaisir.

— Oui, et c'est très-vrai ! s'écria Mathilde.

— Non, monsieur Weston, ne croyez pas cela ; c'est un scandaleux mensonge. Ces jeunes ladies aiment trop à faire des assertions à tort et à travers aux dépens de leurs amis ; et vous devez vous montrer très-circonspect en les écoutant.

'I hope *this* assertion is groundless, at any rate.'

'Why? Do you particularly object to ladies studying?'

'No; but I object to anyone so devoting himself or herself to study, as to lose sight of everything else. Except under peculiar circumstances, I consider very close and constant study as a waste of time, and an injury to the mind as well as the body.'

'Well, I have neither the time nor the inclination for such transgressions.'

We parted again.

Well! what is there remarkable in all this? Why have I recorded it? Because, reader, it was important enough to give me a cheerful evening, a night of pleasing dreams, and a morning of felicitous hopes. Shallow-brained cheerfulness, foolish dreams, unfounded hopes, you would say; and I will not venture to deny it: suspicions to that effect arose too frequently in my own mind. But our wishes are like tinder: the flint and steel of circumstances are continually striking out sparks, which vanish immediately, unless they chance to fall upon the tinder of our wishes; then, they instantly ignite, and the flame of hope is kindled in a moment.

But alas! that very morning, my flickering flame of hope was dismally quenched by a letter from my mother, which spoke so seriously of my father's increasing illness,

« — J'espère que cette assertion est sans fondement, dans tous les cas.

— Pourquoi ? avez-vous quelque objection sérieuse à ce que les ladies étudient ?

— Non ; mais j'en ai une à ce qu'elles étudient au point de perdre de vue toute autre chose. Excepté dans des circonstances spéciales, je considère une étude très-constante comme une perte de temps, et comme nuisible à l'esprit aussi bien qu'au corps.

— Je n'ai ni le temps ni l'inclination de commettre de tels méfaits. »

Nous nous séparâmes de nouveau.

Eh bien ! qu'y a-t-il de remarquable dans tout cela ? Pourquoi l'ai-je rapporté ? Parce que, lecteur, c'était assez important pour me donner une soirée joyeuse, une nuit de rêves agréables et un lendemain d'heureuses espérances. Gaieté de tête sans cervelle, rêves absurdes, espérances sans fondement, direz-vous ; et je ne vous démentirai pas : des soupçons semblables ne s'élevaient que trop souvent dans mon propre esprit. Mais nos désirs sont comme l'amadou : le silex et l'acier des circonstances font continuellement jaillir des étincelles qui s'évanouissent aussitôt, à moins qu'elles n'aient la chance de tomber sur l'amadou de nos désirs ; alors, il prend feu à l'instant, et la flamme d'espérance est allumée en un moment.

Mais, hélas ! ma vacillante flamme d'espérance fut tristement éteinte par une lettre de ma mère, qui me parlait si sérieusement de l'aggravation de la maladie de mon père,

that I feared there was little or no chance of his recovery; and, close at hand as the holidays were, I almost trembled lest they should come too late for me to meet him in this world. Two days after, a letter from Mary told me his life was despaired of, and his end seemed fast approaching. Then, immediately, I sought permission to anticipate the vacation, and go without delay. Mrs. Murray stared, and wondered at the unwonted energy and boldness with which I urged the request, and thought there was no occasion to hurry; but finally gave me leave: stating, however, that there was 'no need to be in such agitation about the matter—it might prove a false alarm after all; and if not—why, it was only in the common course of nature: we must all die some time; and I was not to suppose myself the only afflicted person in the world;' and concluding with saying I might have the phaeton to take me to O‑‑‑. 'And instead of *repining*, Miss Grey, be thankful for the *privileges* you enjoy. There's many a poor clergyman whose family would be plunged into ruin by the event of his death; but you, you see, have influential friends ready to continue their patronage, and to show you every consideration.'

I thanked her for her 'consideration,' and flew to my room to make some hurried preparations for my departure. My bonnet and shawl being on, and a few things hastily crammed into my largest trunk, I descended. But I might have done the work more leisurely, for no one else was in a hurry; and I had still a considerable time to wait for

que je craignis qu'il n'y eût que peu ou point d'espoir qu'il se rétablît ; et, si proches que fussent les vacances, je tremblais qu'elles ne vinssent trop tard pour que je pusse le revoir encore en ce monde. Deux jours après, une lettre de Mary me dit que l'on désespérait de lui, et que sa fin semblait approcher rapidement. Je demandai aussitôt la permission d'anticiper sur les vacances et de partir sans délai. Mistress Murray ouvrit de grands yeux et s'étonna de l'énergie et de la hardiesse avec laquelle je présentai ma requête ; elle pensait qu'il n'y avait pas lieu de tant se presser, mais enfin elle me donna la permission de partir. Elle me dit pourtant qu'il n'était pas besoin de me mettre dans une telle agitation, que ce pouvait être, après tout, une fausse alarme ; que, s'il arrivait le contraire, eh bien, c'était le cours de la nature ; que nous devions tous mourir, et que je ne devais pas me supposer la seule personne au monde qui fût affligée. Elle conclut en me disant que je pourrais avoir le phaéton pour me conduire jusqu'à O… « Et au lieu de vous plaindre, miss Grey, ajouta-t-elle, soyez reconnaissante des privilèges dont vous jouissez. Il est plus d'un pauvre membre du clergé dont la famille serait plongée dans la ruine par sa mort ; tandis que vous, vous le voyez, vous avez des amis influents prêts à vous continuer leur patronage et à vous montrer toute considération. »

Je la remerciai pour sa « considération, » et montai rapidement à ma chambre pour faire mes préparatifs de départ. Mon chapeau et mon châle mis, et quelques objets entassés à la hâte dans ma plus grande malle, je descendis. Mais j'aurais pu prendre mon temps, car personne ne se pressait, et il me fallut attendre pendant un temps assez considérable

the phaeton. At length it came to the door, and I was off: but, oh, what a dreary journey was that! how utterly different from my former passages homewards! Being too late for the last coach to ---, I had to hire a cab for ten miles, and then a car to take me over the rugged hills.

It was half-past ten before I reached home. They were not in bed.

My mother and sister both met me in the passage—sad—silent—pale! I was so much shocked and terror-stricken that I could not speak, to ask the information I so much longed yet dreaded to obtain.

'Agnes!' said my mother, struggling to repress some strong emotion.

'Oh, Agnes!' cried Mary, and burst into tears.

'How is he?' I asked, gasping for the answer.

'Dead!'

It was the reply I had anticipated: but the shock seemed none the less tremendous.

le phaéton. À la fin il parut à la porte, et je partis ; mais quel triste voyage je fis, et qu'il fut différent de mes autres retours à la maison paternelle ! Arrivant trop tard pour la diligence à…, je fus obligée de louer un cabriolet pendant dix milles, puis un chariot pour me transporter dans les montagnes.

Il était dix heures et demie quand j'arrivai à la maison. On n'était pas couché.

Ma mère et ma sœur vinrent toutes deux à ma rencontre dans le passage, tristes, silencieuses et pâles ! Je fus tellement émue et frappée de terreur que je ne pus ouvrir la bouche pour demander la nouvelle tant désirée et que maintenant je redoutais d'apprendre.

« Agnès ! dit ma mère, s'efforçant de comprimer une violente émotion.

— Oh ! Agnès, s'écria Mary, et elle fondit en larmes.

— Comment va-t-il ? demandai-je avec angoisse.

— Mort. »

C'était la réponse que j'attendais : mais le coup n'en fut pas moins terrible.

19
The Letter

MY FATHER'S MORTAL remains had been consigned to the tomb; and we, with sad faces and sombre garments, sat lingering over the frugal breakfast-table, revolving plans for our future life. My mother's strong mind had not given way beneath even this affliction: her spirit, though crushed, was not broken. Mary's wish was that I should go back to Horton Lodge, and that our mother should come and live with her and Mr. Richardson at the vicarage: she affirmed that he wished it no less than herself, and that such an arrangement could not fail to benefit all parties; for my mother's society and experience would be of inestimable value to them, and they would do all they could to make her happy. But no arguments or entreaties could prevail: my mother was determined not to go. Not that she questioned, for a moment, the kind wishes and intentions of her daughter; but she affirmed that so long as God spared her health and strength, she would make use of them to earn her own livelihood, and be chargeable to no one; whether her dependence would be felt as a burden or not. If she could afford to reside

19
La lettre

Les restes mortels de mon père venaient d'être confiés à la tombe, et nous, avec de tristes visages et de noirs vêtements, nous restions assises à la table après le frugal déjeuner, faisant des plans pour notre vie future. L'âme ferme de ma mère avait résisté à cette affliction ; son esprit, quoique abattu, n'était point brisé. L'opinion de Mary était que moi je devais retourner à Horton-Lodge, et notre mère aller demeurer avec elle et M. Richardson au presbytère ; elle assurait que son mari le désirait autant qu'elle et qu'un tel arrangement ne pouvait qu'être agréable à tous, car la société et l'expérience de ma mère leur seraient d'un prix inestimable, et ils feraient de leur côté tout ce qu'ils pourraient pour la rendre heureuse. Mais tous les arguments, toutes les prières furent inutiles ; ma mère était déterminée à n'y point aller. Non qu'elle mît un instant en question les vœux et les intentions de sa fille ; mais elle dit qu'aussi longtemps qu'il plairait à Dieu de lui conserver la force et la santé, elle s'en servirait pour gagner sa vie et n'être à charge à personne ; soit que sa dépendance fût ou non considérée comme un fardeau. Si elle pouvait habiter

as a lodger in—vicarage, she would choose that house before all others as the place of her abode; but not being so circumstanced, she would never come under its roof, except as an occasional visitor: unless sickness or calamity should render her assistance really needful, or until age or infirmity made her incapable of maintaining herself.

'No, Mary,' said she, 'if Richardson and you have anything to spare, you must lay it aside for your family; and Agnes and I must gather honey for ourselves. Thanks to my having had daughters to educate, I have not forgotten my accomplishments. God willing, I will check this vain repining,' she said, while the tears coursed one another down her cheeks in spite of her efforts; but she wiped them away, and resolutely shaking back her head, continued, 'I will exert myself, and look out for a small house, commodiously situated in some populous but healthy district, where we will take a few young ladies to board and educate—if we can get them—and as many day pupils as will come, or as we can manage to instruct. Your father's relations and old friends will be able to send us some pupils, or to assist us with their recommendations, no doubt: I shall not apply to my own. What say you to it, Agnes? will you be willing to leave your present situation and try?'

'Quite willing, mamma; and the money I have saved will do to furnish the house. It shall be taken from the bank directly.'

'When it is wanted: we must get the house, and settle on preliminaries first.'

comme locataire le presbytère de M. Richardson, elle choisirait cette maison avant toute autre pour le lieu de sa résidence ; dans le cas contraire, elle n'y viendrait jamais qu'en visite ; à moins que la maladie ou le malheur ne rendissent son assistance réellement nécessaire, ou que l'âge et les infirmités ne la fissent incapable de gagner sa vie.

« Non, Mary, dit-elle, si Richardson et vous pouvez économiser quelque chose, vous devez le mettre à part pour votre famille. Agnès et moi devons ramasser le miel pour nous-mêmes. Dieu merci, ayant eu des filles à élever, je n'ai pas perdu mes talents. Avec l'aide du ciel, je réprimerai cette vaine douleur, » dit-elle, pendant que les pleurs coulaient sur ses joues en dépit de ses efforts ; mais elle les essuya, et redressant résolument la tête, elle continua : « Je vais me mettre à l'œuvre et chercher une petite maison commodément située dans quelque district populeux, mais salubre, où nous prendrons quelques jeunes ladies comme pensionnaires, si nous pouvons les trouver, et autant d'élèves externes qu'il nous en viendra ou que nous pourrons en instruire. Les parents et les anciens amis de votre père pourront nous envoyer quelques élèves, ou nous appuyer de leurs recommandations, sans doute : je ne m'adresserai pas aux miens. Que dites-vous de cela, Agnès ? Êtes-vous disposée à quitter votre place actuelle et à essayer ?

— Tout à fait disposée, maman ; et l'argent que j'ai amassé servira à meubler la maison. Je vais le retirer à l'instant de la Banque.

— Quand on en aura besoin ; il faut d'abord louer la maison et prendre toutes nos dispositions. »

Mary offered to lend the little she possessed; but my mother declined it, saying that we must begin on an economical plan; and she hoped that the whole or part of mine, added to what we could get by the sale of the furniture, and what little our dear papa had contrived to lay aside for her since the debts were paid, would be sufficient to last us till Christmas; when, it was hoped, something would accrue from our united labours. It was finally settled that this should be our plan; and that inquiries and preparations should immediately be set on foot; and while my mother busied herself with these, I should return to Horton Lodge at the close of my four weeks' vacation, and give notice for my final departure when things were in train for the speedy commencement of our school.

We were discussing these affairs on the morning I have mentioned, about a fortnight after my father's death, when a letter was brought in for my mother, on beholding which the colour mounted to her face—lately pale enough with anxious watchings and excessive sorrow. 'From my father!' murmured she, as she hastily tore off the cover. It was many years since she had heard from any of her own relations before. Naturally wondering what the letter might contain, I watched her countenance while she read it, and was somewhat surprised to see her bite her lip and knit her brows as if in anger. When she had done, she somewhat irreverently cast it on the table, saying with a scornful smile,—

Mary offrit de prêter le peu qu'elle possédait ; mais ma mère le refusa, disant que nous devions commencer sur un plan économique, et qu'elle espérait que tout ou partie de mon épargne, ajouté à ce que nous pouvions réaliser par la vente de notre mobilier, et au peu que notre cher père avait réussi à mettre de côté après le payement de nos dettes, suffirait pour nous mener jusqu'à Noël, moment où, elle l'espérait, nous pourrions accroître ces ressources par notre travail uni. Il fut finalement décidé que ce serait là notre plan ; que ma mère s'occuperait des informations et des préparatifs, et que je retournerais après mes quatre semaines de vacances à Horton-Lodge, où je demeurerais jusqu'à ce que tout fût prêt pour ouvrir notre école.

Nous discutions ces affaires le matin dont j'ai parlé, environ quinze jours après la mort de mon père, quand une lettre fut apportée à ma mère. En jetant les yeux sur l'adresse, son visage, pâle de fatigue et de chagrin, se colora tout à coup. « De mon père ! » murmura-t-elle ; et elle déchira l'enveloppe. Il y avait bien des années qu'elle n'avait reçu aucune nouvelle de sa famille. Naturellement curieuse de savoir ce que pouvait contenir cette lettre, j'examinai sa contenance pendant qu'elle la lisait, et fus quelque peu surprise de la voir mordre sa lèvre et froncer le sourcil comme si elle était en colère. Quand elle en eut fini la lecture, elle la jeta brusquement sur la table, disant, avec un sourire de mépris :

'Your grandpapa has been so kind as to write to me. He says he has no doubt I have long repented of my "unfortunate marriage," and if I will only acknowledge this, and confess I was wrong in neglecting his advice, and that I have justly suffered for it, he will make a lady of me once again — if that be possible after my long degradation — and remember my girls in his will. Get my desk, Agnes, and send these things away: I will answer the letter directly. But first, as I may be depriving you both of a legacy, it is just that I should tell you what I mean to say. I shall say that he is mistaken in supposing that I can regret the birth of my daughters (who have been the pride of my life, and are likely to be the comfort of my old age), or the thirty years I have passed in the company of my best and dearest friend; — that, had our misfortunes been three times as great as they were (unless they had been of my bringing on), I should still the more rejoice to have shared them with your father, and administered what consolation I was able; and, had his sufferings in illness been ten times what they wore, I could not regret having watched over and laboured to relieve them; — that, if he had married a richer wife, misfortunes and trials would no doubt have come upon him still; while I am egotist enough to imagine that no other woman could have cheered him through them so well: not that I am superior to the rest, but I was made for him, and he for me; and I can no more repent the hours, days, years of happiness we have spent together,

« Votre grand-père a été assez bon pour m'écrire. Il me dit qu'il ne doute pas que je ne me sois depuis longtemps repentie de mon infortuné mariage, et que si je veux reconnaître cela et confesser que j'ai eu tort de mépriser ses conseils, et que j'ai justement souffert à cause de cela, il fera de nouveau de moi une lady, si c'est possible, après une longue dégradation, et se souviendra de mes filles dans son testament. Apportez-moi mon pupitre, Agnès, et débarrassez la table. Je veux répondre à cette lettre sur-le-champ. Mais d'abord, comme je peux vous priver toutes deux d'un héritage, il est juste que je vous dise ce que j'entends répondre. Je veux lui dire qu'il se trompe en supposant que je puisse regretter la naissance de mes filles, qui ont été l'orgueil de ma vie, et qui seront très-probablement le soutien et la consolation de mes vieux jours, ou les trente années que j'ai passées en la société de mon meilleur et de mon plus cher ami ; que nos malheurs, eussent-ils été trois fois plus grands, à moins que je n'en eusse été la cause, je ne m'en réjouirais que plus de les avoir partagés avec votre père, et de lui avoir apporté toute la consolation que je pouvais lui donner ; que ses souffrances, dans sa maladie, eussent-elles été dix fois plus grandes, je ne pourrais regretter d'avoir veillé sur lui et travaillé à les soulager ; que s'il eût épousé une femme riche, les malheurs et la maladie lui fussent tout aussi bien arrivés, mais que j'étais assez égoïste pour croire qu'aucune autre femme n'eût pu lui apporter autant de soulagement et de consolation que moi : non que je sois supérieure aux autres, mais parce que j'étais faite pour lui, et lui pour moi ; et que je ne peux pas plus regretter les heures, les jours, les années de bonheur que nous avons passés ensemble,

and which neither could have had without the other, than I can the privilege of having been his nurse in sickness, and his comfort in affliction.

'Will this do, children? — or shall I say we are all very sorry for what has happened during the last thirty years, and my daughters wish they had never been born; but since they have had that misfortune, they will be thankful for any trifle their grandpapa will be kind enough to bestow?'

Of course, we both applauded our mother's resolution; Mary cleared away the breakfast things; I brought the desk; the letter was quickly written and despatched; and, from that day, we heard no more of our grandfather, till we saw his death announced in the newspaper a considerable time after — all his worldly possessions, of course, being left to our wealthy unknown cousins.

et que nul de nous n'eût pu avoir sans l'autre, que je ne puis regretter le privilège de l'avoir soigné dans la maladie et consolé dans l'affliction.

« Faut-il lui écrire cela, mes enfants ? ou lui dirai-je que nous sommes tous très-fâchés de ce qui s'est passé depuis trente ans ; que mes filles voudraient n'être pas nées ; mais que, puisqu'elles ont eu ce malheur, elles seront très-reconnaissantes de tout ce que leur grand-papa voudra bien faire pour elles ? »

Naturellement, noue applaudîmes à la résolution de ma mère ; Mary enleva le service ; j'apportai le pupitre ; la lettre fut promptement écrite et expédiée ; et, depuis ce jour, nous n'entendîmes plus parler de notre grand-père, jusqu'au jour où, longtemps après, nous vîmes sa mort annoncée dans les journaux, et apprîmes qu'il laissait toute sa fortune à des cousins riches et inconnus.

20
The Farewell

A HOUSE in A---, the fashionable watering-place, was hired for our seminary; and a promise of two or three pupils was obtained to commence with. I returned to Horton Lodge about the middle of July, leaving my mother to conclude the bargain for the house, to obtain more pupils, to sell off the furniture of our old abode, and to fit out the new one.

We often pity the poor, because they have no leisure to mourn their departed relatives, and necessity obliges them to labour through their severest afflictions: but is not active employment the best remedy for overwhelming sorrow — the surest antidote for despair? It may be a rough comforter: it may seem hard to be harassed with the cares of life when we have no relish for its enjoyments; to be goaded to labour when the heart is ready to break, and the vexed spirit implores for rest only to weep in silence: but is not labour better than the rest we covet? and are not those petty, tormenting cares less hurtful than a continual brooding over the great affliction that oppresses us?

20
L'adieu

Une maison à A..., la ville des bains de mer à la mode, fut louée pour notre pensionnat, et nous obtînmes la promesse de deux ou trois élèves pour commencer. Je retournai à Horton-Lodge vers le milieu de juillet, laissant à ma mère le soin de conclure le marché pour la maison, d'obtenir de nouvelles pensionnaires, de vendre le mobilier de notre vieille demeure, et d'acheter le nouveau.

Nous plaignons souvent les pauvres de ce qu'ils n'ont pas le temps de porter le deuil de leurs parents morts, la nécessité les obligeant à travailler pendant leurs plus cruelles afflictions ; mais le travail incessant n'est-il pas le meilleur remède à un chagrin accablant, le plus sûr antidote contre le désespoir ? Ce peut être un rude consolateur ; il peut sembler dur d'être harassé par les soucis de la vie quand nous n'avons aucun goût pour sas plaisirs ; d'être accablé de travail quand on sent son cœur près d'éclater et que l'esprit ne demande le repos que pour pouvoir pleurer en silence : mais le labeur ne vaut-il pas mieux encore que le repos que nous convoitons, et ces misérables soucis ne sont-ils pas moins cruels que de réfléchir sans cesse sur le grand malheur qui nous accable ?

Besides, we cannot have cares, and anxieties, and toil, without hope—if it be but the hope of fulfilling our joyless task, accomplishing some needful project, or escaping some further annoyance. At any rate, I was glad my mother had so much employment for every faculty of her action-loving frame. Our kind neighbours lamented that she, once so exalted in wealth and station, should be reduced to such extremity in her time of sorrow; but I am persuaded that she would have suffered thrice as much had she been left in affluence, with liberty to remain in that house, the scene of her early happiness and late affliction, and no stern necessity to prevent her from incessantly brooding over and lamenting her bereavement.

I will not dilate upon the feelings with which I left the old house, the well-known garden, the little village church—then doubly dear to me, because my father, who, for thirty years, had taught and prayed within its walls, lay slumbering now beneath its flags—and the old bare hills, delightful in their very desolation, with the narrow vales between, smiling in green wood and sparkling water—the house where I was born, the scene of all my early associations, the place where throughout life my earthly affections had been centred;—and left them to return no more! True, I was going back to Horton Lodge, where, amid many evils, one source of pleasure yet remained: but it was pleasure mingled with excessive pain; and my stay, alas! was limited to six weeks. And even of that precious time, day after day slipped by and I did not see him: except at church, I never saw him for a fortnight after my return.

Et, d'ailleurs, nous ne pouvons avoir des soucis, des anxiétés, des tourments, sans espérance, ne fût-ce que de mettre à exécution quelque projet utile, ou d'échapper à quelque nouvel ennemi. J'étais donc contente que ma mère eût un emploi pour chacune de ses facultés. Nos bons voisins déploraient de la voir réduite à une telle extrémité ; mais je suis persuadée qu'elle eût souffert trois fois autant, si elle était restée dans l'abondance avec la liberté de demeurer dans cette maison, scène de son bonheur d'autrefois et de sa récente affliction, et sans la dure nécessité qui l'empêchait de réfléchir et de se lamenter sur la perte qu'elle venait de faire.

Je ne m'étendrai pas sur les sentiments avec lesquels je quittai la vieille maison, le jardin si connu, la petite église du village, qui m'était doublement chère, parce que mon père, qui avait enseigné et prié pendant trente ans dans ses murs, y reposait maintenant en paix ; les vieilles montagnes dénudées, pittoresques dans leur désolation même, enserrant les étroites et riantes vallées couvertes de bois verdoyants et d'eaux limpides ; la maison où j'avais vu le jour, l'asile de mes premières années, l'endroit où, depuis ma naissance, toutes mes affections avaient été concentrées : je les quittais pour ne plus les revoir. Il est vrai que je retournais à Horton-Lodge, où, parmi des maux nombreux, une source de plaisir me restait encore ; mais c'était un plaisir mêlé d'excessive douleur, et mon séjour, hélas ! était limité à six semaines. Et même, pendant ce précieux temps, les jours fuyaient les uns après les autres, et je ne le voyais point : excepté à l'église, je ne le vis pas une seule fois dans la quinzaine qui suivit mon retour.

It seemed a long time to me: and, as I was often out with my rambling pupil, of course hopes would keep rising, and disappointments would ensue; and then, I would say to my own heart, 'Here is a convincing proof—if you would but have the sense to see it, or the candour to acknowledge it—that he does not care for you. If he only thought *half* as much about you as you do about him, he would have contrived to meet you many times ere this: you must know that, by consulting your own feelings. Therefore, have done with this nonsense: you have no ground for hope: dismiss, at once, these hurtful thoughts and foolish wishes from your mind, and turn to your own duty, and the dull blank life that lies before you. You might have known such happiness was not for you.'

But I saw him at last. He came suddenly upon me as I was crossing a field in returning from a visit to Nancy Brown, which I had taken the opportunity of paying while Matilda Murray was riding her matchless mare. He must have heard of the heavy loss I had sustained: he expressed no sympathy, offered no condolence: but almost the first words he uttered were,—'How is your mother?' And this was no matter-of-course question, for I never told him that I had a mother: he must have learned the fact from others, if he knew it at all; and, besides, there was sincere goodwill, and even deep, touching, unobtrusive sympathy in the tone and manner of the inquiry. I thanked him with due civility, and told him she was as well as could be expected. 'What will she do?' was the next question. Many would have deemed it an impertinent one,

Ce temps me parut une éternité ; et, comme j'étais souvent dehors avec ma vagabonde élève, naturellement, mes espérances étaient excitées, et le désappointement suivait. Puis je me disais : « Voilà une preuve convaincante, si vous aviez le sens de la voir et la franchise de la reconnaître, qu'il ne pense point à vous. S'il s'occupait seulement moitié autant de vous que vous vous occupez de lui, il aurait trouvé déjà le moyen de vous rencontrer plus d'une fois ; vous devez savoir cela, si vous consultez vos propres sentiments. Finissez-en donc avec cette folie ; vous n'avez aucun sujet d'espérer. Bannissez vite de votre cœur ces pensées qui vous rendent malade, et ces vœux insensés, et revenez à votre devoir et à la vie triste et isolée que vous avez devant vous. Vous auriez dû savoir qu'un tel bonheur n'était pas fait pour vous. »

Mais à la fin je le vis. Il tomba sur moi tout à coup lorsque je traversais un champ, en revenant de chez Nancy Brown, à laquelle j'avais fait une visite pendant que Mathilde Murray montait sa jument sans pareille. Il devait avoir appris le malheur affreux qui m'avait frappée ; il ne me dit aucune parole de condoléance ; mais les premiers mots qu'ils prononça furent : « Comment va votre mère ? » Et cela n'était pas une question naturelle, car jamais je ne lui avais dit que j'avais une mère : s'il le savait, il devait l'avoir appris par d'autres. Il y avait dans le ton et la manière dont il m'adressa cette question une sincère et profonde sympathie. Je le remerciai avec politesse et lui dis que ma mère allait aussi bien qu'on pouvait l'espérer. « Que va-t-elle faire ? » me demanda-t-il ensuite. Beaucoup eussent trouvé la question impertinente

and given an evasive reply; but such an idea never entered my head, and I gave a brief but plain statement of my mother's plans and prospects.

'Then you will leave this place shortly?' said he.

'Yes, in a month.'

He paused a minute, as if in thought. When he spoke again, I hoped it would be to express his concern at my departure; but it was only to say,—'I should think you will be willing enough to go?'

'Yes—for some things,' I replied.

'For *some* things only—I wonder what should make you regret it?'

I was annoyed at this in some degree; because it embarrassed me: I had only one reason for regretting it; and that was a profound secret, which he had no business to trouble me about.

'Why,' said I—'why should you suppose that I dislike the place?'

'You told me so yourself,' was the decisive reply. 'You said, at least, that you could not live contentedly, without a friend; and that you had no friend here, and no possibility of making one—and, besides, I know you *must* dislike it.'

et fait une réponse évasive ; mais une telle idée n'entra jamais dans mon cerveau, et je lui exposai d'une manière claire et en peu de mots les plans et les espérances de ma mère.

« Alors vous quitterez bientôt ce pays ? dit-il.

— Oui, dans un mois. »

Il sembla réfléchir une minute. Quand il reprit la parole, j'espérai que c'était pour exprimer son chagrin de mon départ ; mais ce fut seulement pour me dire :

« Je pense que vous partirez avec assez de plaisir ?

— Oui, pour quelques raisons, répondis-je.

— Pour *quelques* raisons seulement ! Je me demande ce qui pourrait vous faire regretter Horton-Lodge. »

Sa question me contraria un peu, parce qu'elle m'embarrassait. Je n'avais qu'une raison pour regretter de partir ; et c'était un profond secret que je ne lui croyais pas le droit de chercher à connaître.

« Pourquoi, lui dis-je, pourquoi supposez-vous que je déteste ce lieu ?

— Vous me l'avez dit vous-même, me répondit-il. Vous m'avez dit, du moins, que vous ne pouviez vivre contente sans un ami, et que vous n'aviez aucun ami ici et aucune possibilité d'en faire un ; et d'ailleurs, je sais que vous devez avoir ce lieu en aversion.

'But if you remember rightly, I said, or meant to say, I could not live contentedly without a friend in the world: I was not so unreasonable as to require one always near me. I think I could be happy in a house full of enemies, if—' but no; that sentence must not be continued—I paused, and hastily added,—'And, besides, we cannot well leave a place where we have lived for two or three years, without some feeling of regret.'

'Will you regret to part with Miss Murray, your sole remaining pupil and companion?'

'I dare say I shall in some degree: it was not without sorrow I parted with her sister.'

'I can imagine that.'

'Well, Miss Matilda is quite as good—better in one respect.'

'What is that?'

'She's honest.'

'And the other is not?'

'I should not call her *dis*honest; but it must be confessed she's a little artful.'

'*Artful* is she?—I saw she was giddy and vain—and now,' he added, after a pause, 'I can well believe she was artful too; but so excessively so as to assume an aspect of extreme simplicity and unguarded openness. Yes,' continued he, musingly, 'that accounts for some little things that puzzled me a trifle before.'

— Mais, si vous vous en souvenez bien, je vous ai dit, ou j'ai eu l'intention de vous dire que je ne pourrais vivre heureuse sans un ami au monde ; je ne suis pas si déraisonnable que de le vouloir toujours près de moi. Je crois que je pourrais vivre heureuse dans une maison remplie d'ennemis, si... » Je sentis que j'allais trop loin. Je coupai là ma phrase et ajoutai vite : « Et, du reste, on ne peut quitter un lieu où l'on a vécu deux ou trois ans sans quelque sentiment de regret.

— Est-ce que vous aurez regret de vous séparer de miss Murray, la seule élève et compagne qui vous reste ?

— Je conviens que j'en aurai quelque regret ; ce ne fut pas sans chagrin que je me séparai de sa sœur.

— Je comprends cela.

— Eh bien, miss Mathilde est aussi bonne, meilleure que sa sœur, sous un rapport.

— Et lequel ?

— Elle est honnête.

— Et l'autre ne l'est pas ?

— Je ne puis dire qu'elle n'est pas honnête ; mais je dois confesser qu'elle est un peu artificieuse.

— *Artificieuse* ? J'ai vu d'abord qu'elle était légère et vaine ; et, maintenant, ajouta-t-il après une pause, je puis croire qu'elle était rusée et adroite aussi, et si profondément, qu'elle pouvait prendre les dehors de l'extrême simplicité et de la candeur. Oui, continua-t-il comme en réfléchissant, cela m'explique de petites choses qui m'intriguaient un peu auparavant. »

After that, he turned the conversation to more general subjects. He did not leave me till we had nearly reached the park-gates: he had certainly stepped a little out of his way to accompany me so far, for he now went back and disappeared down Moss Lane, the entrance of which we had passed some time before. Assuredly I did not regret this circumstance: if sorrow had any place in my heart, it was that he was gone at last—that he was no longer walking by my side, and that that short interval of delightful intercourse was at an end. He had not breathed a word of love, or dropped one hint of tenderness or affection, and yet I had been supremely happy. To be near him, to hear him talk as he did talk, and to feel that he thought me worthy to be so spoken to—capable of understanding and duly appreciating such discourse—was enough.

'Yes, Edward Weston, I could indeed be happy in a house full of enemies, if I had but one friend, who truly, deeply, and faithfully loved me; and if that friend were you—though we might be far apart—seldom to hear from each other, still more seldom to meet—though toil, and trouble, and vexation might surround me, still—it would be too much happiness for me to dream of! Yet who can tell,' said I within myself, as I proceeded up the park,—'who can tell what this one month may bring forth? I have lived nearly three-and-twenty years, and I have suffered much, and tasted little pleasure yet; is it likely my life all through will be so clouded? Is it not possible that God may hear my prayers, disperse these gloomy shadows, and grant me some beams of heaven's sunshine yet?

Après cela, il tourna la conversation sur des sujets plus généraux. Il ne me quitta que lorsque nous eûmes presque atteint les portes du parc : il s'était certainement un peu écarté de son chemin pour m'accompagner si loin, car il retourna en arrière et disparut derrière Moss-Lane, endroit devant lequel nous avions passé. Assurément je ne regrettai pas cette circonstance : si le chagrin avait pu trouver place dans mon cœur, c'eût été qu'il fût parti, qu'il ne marchât plus à mon côté, et que le délicieux moment que nous venions de passer ensemble fût écoulé. Il n'avait pas soupiré un mot d'amour, ou laissé voir un indice de tendresse ou d'affection, et pourtant j'avais été suprêmement heureuse. Être près de lui, l'entendre parler comme il m'avait parlé, sentir qu'il me croyait digne de l'écouter et capable de comprendre et d'apprécier sa parole, c'était assez pour moi.

Oui, Édouard Weston, je pourrais vraiment être heureuse dans une maison remplie d'ennemis, si seulement j'avais un ami qui m'aimât profondément et fidèlement ; et, si cet ami était vous, fussions-nous bien loin l'un de l'autre, ne pussions-nous que rarement nous écrire, et plus rarement encore nous voir, le travail dût-il m'accabler, les tourments et les vexations m'environner, ce serait trop de bonheur pour moi ! « Et pourtant, qui peut dire, me répétais-je à moi-même en traversant le parc, qui peut dire ce que ce mois que j'ai encore à demeurer ici peut amener ? Pendant près de vingt-trois ans que j'ai vécu, j'ai beaucoup souffert et goûté peu de plaisir ; est-il probable que ma vie doive toujours rester aussi sombre ? N'est-il pas possible que le ciel entende mes prières, disperse ces nuages et m'accorde enfin quelques rayons de bonheur ?

Will He entirely deny to me those blessings which are so freely given to others, who neither ask them nor acknowledge them when received? May I not still hope and trust? I did hope and trust for a while: but, alas, alas! the time ebbed away: one week followed another, and, excepting one distant glimpse and two transient meetings—during which scarcely anything was said—while I was walking with Miss Matilda, I saw nothing of him: except, of course, at church.

And now, the last Sunday was come, and the last service. I was often on the point of melting into tears during the sermon—the last I was to hear from him: the best I should hear from anyone, I was well assured. It was over—the congregation were departing; and I must follow. I had then seen him, and heard his voice, too, probably for the last time. In the churchyard, Matilda was pounced upon by the two Misses Green. They had many inquiries to make about her sister, and I know not what besides. I only wished they would have done, that we might hasten back to Horton Lodge: I longed to seek the retirement of my own room, or some sequestered nook in the grounds, that I might deliver myself up to my feelings—to weep my last farewell, and lament my false hopes and vain delusions. Only this once, and then adieu to fruitless dreaming—thenceforth, only sober, solid, sad reality should occupy my mind. But while I thus resolved, a low voice close beside me said—'I suppose you are going this week, Miss Grey?' 'Yes,' I replied.

Me refusera-t-il ces félicités si libéralement accordées à d'autres qui ne les lui demandent point ni ne l'en remercient ? Ne puis-je encore espérer et avoir confiance ? » J'espérai et j'eus confiance quelque temps, mais, hélas ! hélas ! les jours s'écoulaient ; une semaine suivait l'autre, et, à l'exception d'une fois que je l'aperçus de loin, et de deux rencontres où il ne fut presque rien dit, pendant que je me promenais avec miss Mathilde, je ne le vis point, si ce n'est à l'église.

Le dernier dimanche était enfin arrivé, et le dernier service. Je fus sur le point de fondre en larmes durant le sermon, le dernier que j'allais entendre de lui ; le meilleur que j'entendrais jamais, assurément. La fin du service était venue, l'assistance se retirait, et il me fallait suivre. Je venais de le voir et d'entendre sa voix probablement pour la dernière fois. Dans le cimetière, Mathilde fut accostée par les deux miss Green. Elles avaient beaucoup de questions à lui adresser touchant sa sœur, et je ne sais quoi encore. J'aurais voulu qu'elles eussent fini, afin de nous en retourner vite à Horton-Lodge. Il me tardait de pouvoir me retirer dans ma chambre ou dans quelque coin du jardin pour m'abandonner à mes sentiments, pleurer une fois encore mes espérances vaines et mes illusions détruites ; puis dire adieu à mes rêves, et revenir pour toujours avec courage à la triste réalité. Mais, pendant que je formais cette résolution, une voix grave, tout près de moi, me dit :

« Je crois que c'est cette semaine que vous partez, miss Grey ?

— Oui, » répondis-je.

I was very much startled; and had I been at all hysterically inclined, I certainly should have committed myself in some way then. Thank God, I was not.

'Well,' said Mr. Weston, 'I want to bid you good-bye — it is not likely I shall see you again before you go.'

'Good-bye, Mr. Weston,' I said.

Oh, how I struggled to say it calmly! I gave him my hand. He retained it a few seconds in his.

'It is possible we may meet again,' said he; 'will it be of any consequence to you whether we do or not?'

'Yes, I should be very glad to see you again.'

I *could* say no less. He kindly pressed my hand, and went. Now, I was happy again — though more inclined to burst into tears than ever. If I had been forced to speak at that moment, a succession of sobs would have inevitably ensued; and as it was, I could not keep the water out of my eyes. I walked along with Miss Murray, turning aside my face, and neglecting to notice several successive remarks, till she bawled out that I was either deaf or stupid; and then (having recovered my self-possession), as one awakened from a fit of abstraction, I suddenly looked up and asked what she had been saying.

J'avais été vivement frappée ; et, si j'avais été sujette aux syncopes, je me serais certainement évanouie. Mais, Dieu merci, je n'y étais pas sujette.

« Eh bien, dit M. Weston, j'ai besoin de vous dire adieu, car il n'est guère probable que je vous revoie avant votre départ.

— Adieu, monsieur Weston, » dis-je.

Oh ! combien d'efforts il me fallut pour lui dire cela avec calme ! Je lui donnai ma main ; il la retint quelques secondes dans la sienne.

« Il est possible que nous nous revoyions, dit-il. Cela vous ferait-il ou non plaisir ?

— Oui, je serais très-heureuse de vous revoir. »

Je ne pouvais dire moins. Il me pressa tendrement la main et partit. Cette fois, j'étais heureuse, quoique j'eusse plus envie de pleurer que jamais. Si j'avais été forcée de parler en ce moment, une suite de sanglots eussent inévitablement trahi mon émotion ; je ne pouvais empêcher mes pleurs de couler. Je partis avec miss Murray, détournant la tête et négligeant de répondre à plusieurs remarques, jusqu'au moment où elle m'apostropha en me disant que j'étais sourde ou stupide. Alors je repris mon sang-froid, et, comme quelqu'un qui vient d'être arraché à une méditation profonde, je levai les yeux et lui demandai ce qu'elle avait dit.

21
The School

I LEFT Horton Lodge, and went to join my mother in our new abode at A---. I found her well in health, resigned in spirit, and even cheerful, though subdued and sober, in her general demeanour. We had only three boarders and half a dozen day-pupils to commence with; but by due care and diligence we hoped ere long to increase the number of both.

I set myself with befitting energy to discharge the duties of this new mode of life. I call it *new*, for there was, indeed, a considerable difference between working with my mother in a school of our own, and working as a hireling among strangers, despised and trampled upon by old and young; and for the first few weeks I was by no means unhappy. 'It is possible we may meet again,' and 'will it be of any consequence to you whether we do or not?'—Those words still rang in my ear and rested on my heart: they were my secret solace and support. 'I shall see him again.—He will come; or he will write.' No promise, in fact, was too bright or too extravagant for Hope to whisper in my ear. I did not believe half of what she

21
L'école

Je quittai Horton-Lodge, et j'allai rejoindre ma mère dans notre nouvelle résidence, à A… Je la trouvai bien de santé, résignée d'esprit, quoique grave et un peu triste. Nous n'avions que trois pensionnaires et une demi-douzaine d'externes pour commencer ; mais, avec des soins et de la diligence, nous avions espoir d'accroître le nombre des unes et des autres avant peu.

Je me mis avec une salutaire énergie à l'accomplissement des devoirs de ce nouveau mode de vie. Je l'appelle nouveau, parce qu'il y avait certes une différence considérable entre enseigner avec ma mère, dans une école à nous, et être institutrice salariée au milieu d'étrangers, méprisée et bafouée par les jeunes et les vieux. Pendant les premières semaines, je me trouvai très-heureuse. « Il est possible que nous nous revoyions ; cela vous ferait-il ou non plaisir ? » Ces paroles me tintaient encore à l'oreille et reposaient dans mon cœur. Elles étaient mon soutien et ma secrète consolation. « Je le reverrai. Il viendra ou il écrira. » Il n'était point de promesse trop brillante ni trop extravagante pour l'espérance qui me parlait à l'oreille. Je ne croyais pas la moitié de ce qu'elle

told me: I pretended to laugh at it all; but I was far more credulous than I myself supposed; otherwise, why did my heart leap up when a knock was heard at the front door, and the maid, who opened it, came to tell my mother a gentleman wished to see her? and why was I out of humour for the rest of the day, because it proved to be a music-master come to offer his services to our school? and what stopped my breath for a moment, when the postman having brought a couple of letters, my mother said, 'Here, Agnes, this is for you,' and threw one of them to me? and what made the hot blood rush into my face when I saw it was directed in a gentleman's hand? and why—oh! why did that cold, sickening sense of disappointment fall upon me, when I had torn open the cover and found it was *only* a letter from Mary, which, for some reason or other, her husband had directed for her?

Was it then come to this—that I should be *disappointed* to receive a letter from my only sister: and because it was not written by a comparative stranger? Dear Mary! and she had written it so kindly—and thinking I should be so pleased to have it!—I was not worthy to read it! And I believe, in my indignation against myself, I should have put it aside till I had schooled myself into a better frame of mind, and was become more deserving of the honour and privilege of its perusal: but there was my mother looking on, and wishful to know what news it contained; so I read it and delivered it to her, and then went into the schoolroom to attend to the pupils:

me disait ; je prétendais même rire de tout ; mais j'étais beaucoup plus crédule que je ne le supposais : car, pourquoi mon cœur tressaillait-il lorsque j'entendais frapper à la porte extérieure, et que la servante venait nous dire qu'un gentleman désirait me voir ? Et pourquoi étais-je de mauvaise humeur tout le reste de la journée, parce que ce visiteur n'était autre qu'un maître de musique qui venait nous offrir ses services ? Qu'est-ce qui suspendait pendant un moment ma respiration, lorsque le facteur ayant apporté une couple de lettres, ma mère me disait : « Tenez, Agnès, voilà pour vous, » et m'en jetait une ? Qu'est-ce qui me faisait refluer le sang au visage, quand je voyais que l'adresse était de la main d'un homme ? Et pourquoi ce sentiment de désespoir qui m'accablait quand, ayant déchiré l'enveloppe, je m'apercevais que ce n'était qu'une lettre de Mary, dont, pour une raison ou pour une autre, son mari avait écrit l'adresse ?

En étais-je donc arrivée à ce point, d'être *désappointée* en recevant une lettre de ma propre sœur, et parce que cette lettre n'était pas écrite par un homme que, jusqu'à un certain point, je ne pouvais regarder que comme un étranger ? Chère Mary ! elle l'avait écrite avec tant d'affection, pensant que je serais heureuse de la recevoir ! Je n'étais pas digne de la lire ! Et je crois que, dans mon indignation contre moi-même, je l'aurais mise de côté, jusqu'à ce que je fusse revenue à un meilleur état d'esprit et que je me sentisse plus digne de l'honneur et du privilège d'en connaître le contenu. Mais ma mère était là, qui me regardait et désirait savoir les nouvelles que cette lettre contenait. Je la lisais donc et la lui donnais, puis j'allais dans l'école m'occuper des élèves ;

but amidst the cares of copies and sums—in the intervals of correcting errors here, and reproving derelictions of duty there, I was inwardly taking myself to task with far sterner severity. 'What a fool you must be,' said my head to my heart, or my sterner to my softer self;—'how could you ever dream that he would write to you? What grounds have you for such a hope—or that he will see you, or give himself any trouble about you—or even think of you again?' 'What grounds?'—and then Hope set before me that last, short interview, and repeated the words I had so faithfully treasured in my memory. 'Well, and what was there in that?—Who ever hung his hopes upon so frail a twig? What was there in those words that any common acquaintance might not say to another? Of course, it was possible you might meet again: he might have said so if you had been going to New Zealand; but that did not imply any *intention* of seeing you—and then, as to the question that followed, anyone might ask that: and how did you answer?—Merely with a stupid, commonplace reply, such as you would have given to Master Murray, or anyone else you had been on tolerably civil terms with.' 'But, then,' persisted Hope, 'the tone and manner in which he spoke.' 'Oh, that is nonsense! he always speaks impressively; and at that moment there were the Greens and Miss Matilda Murray just before, and other people passing by, and he was obliged to stand close beside you, and to speak very low, unless he wished everybody to hear what he said, which—though it was nothing at all particular—of course, he would rather not.'

mais en m'occupant des copies et des devoirs, pendant que je corrigeais des erreurs par-ci, des manquements à la discipline par-là, je me réprimandais intérieurement moi-même avec beaucoup plus de sévérité. « Quelle folle vous êtes ! me disais-je. Comment avez-vous pu rêver qu'il devait vous écrire ? Sur quoi fondez-vous une telle espérance ? Comment pouvez-vous croire qu'il cherche à vous voir, qu'il s'occupe de vous, qu'il pense à vous ? » Puis l'Espérance me montrait encore cette dernière et courte entrevue, et me répétait les paroles que j'avais si fidèlement conservées dans ma mémoire. « Eh bien ! qu'est-ce que cela signifie, et a-t-on jamais suspendu son espoir à une branche aussi fragile ? Y a-t-il là autre chose que ce que deux personnes qui se connaissent à peine peuvent se dire ? Il peut se faire, d'ailleurs, que vous vous rencontriez encore. Il aurait pu vous parler ainsi quand même vous auriez été sur le point de vous embarquer pour la Nouvelle-Zélande ; mais cela n'impliquait nullement l'*intention* de vous revoir. Quant à la question qui a suivi, le premier venu aurait pu vous la faire. Et comment avez-vous répondu ? Par un stupide lieu commun, comme vous auriez répondu à M. Murray ou à tout autre qui eût été dans des termes de vulgaire politesse avec vous. — Mais, continuait l'Espérance, le ton et l'expression de sa parole ? — Oh ! cela ne signifie rien ! Il parle toujours avec expression ; et, d'ailleurs, les Green et miss Mathilde étaient immédiatement devant vous ; d'autres personnes passaient à vos côtés, et il était obligé de se tenir tout près de vous et de vous parler très-bas, à moins d'être entendu de tout le monde, ce que, quoiqu'il ne dît rien de bien particulier, il ne voulait certainement pas.

But then, above all, that emphatic, yet gentle pressure of the hand, which seemed to say, '*Trust* me;' and many other things besides—too delightful, almost too flattering, to be repeated even to one's self. 'Egregious folly—too absurd to require contradiction—mere inventions of the imagination, which you ought to be ashamed of. If you would but consider your own unattractive exterior, your unamiable reserve, your foolish diffidence—which must make you appear cold, dull, awkward, and perhaps ill-tempered too;—if you had but rightly considered these from the beginning, you would never have harboured such presumptuous thoughts: and now that you have been so foolish, pray repent and amend, and let us have no more of it!'

I cannot say that I implicitly obeyed my own injunctions: but such reasoning as this became more and more effective as time wore on, and nothing was seen or heard of Mr. Weston; until, at last, I gave up hoping, for even my heart acknowledged it was all in vain. But still, I would think of him: I would cherish his image in my mind; and treasure every word, look, and gesture that my memory could retain; and brood over his excellences and his peculiarities, and, in fact, all I had seen, heard, or imagined respecting him.

'Agnes, this sea air and change of scene do you no good, I think: I never saw you look so wretched. It must be that you sit too much, and allow the cares of the schoolroom to worry you. You must learn to take things easy, and to be more active and cheerful; you must take exercise

— Mais alors, pourquoi cette cordiale et douce pression de main, qui semblait dire : Fiez-vous à moi, et mille autres choses encore, trop flatteuses pour qu'on les répète, même à soi ? — Folie insigne, trop absurde pour mériter contradiction ; pure invention de votre imagination, et dont vous devriez rougir ! Si vous vouliez seulement regarder votre extérieur peu attrayant, votre réserve peu aimable, votre timidité absurde, qui doivent vous faire paraître froide, triste, originale et peut-être d'un mauvais caractère ; si vous aviez réfléchi à tout cela depuis le commencement, vous n'auriez jamais donné accès à des pensées si présomptueuses. Puisque vous avez été si insensée, il vous faut vous repentir et vous amender, et ne plus penser à cela. »

Je ne puis dire que j'obéissais à mes propres injonctions ; mais des raisonnements pareils devenaient de plus en plus efficaces à mesure que le temps s'écoulait et que je n'entendais point parler de M. Weston, et à la fin je cessai d'espérer, car mon cœur lui-même reconnut que c'était chose vaine. Cependant je continuais à penser à lui ; je chérissais son image dans mon esprit ; je me souvenais de ses paroles, de ses gestes, de ses regards ; je m'entretenais de ses qualités et de ses habitudes, en un mot de tout ce que j'avais vu, entendu ou imaginé de lui.

« Agnès, l'air de la mer et le changement de scène ne vous sont pas favorables, je pense ; jamais je ne vous ai vu si mauvaise mine. Vous restez sans doute trop assise et les soins de l'école vous absorbent trop. Il vous faut prendre les choses plus légèrement et vous montrer gaie et active. Il vous faut prendre de l'exercice

whenever you can get it, and leave the most tiresome duties to me: they will only serve to exercise my patience, and, perhaps, try my temper a little.'

So said my mother, as we sat at work one morning during the Easter holidays. I assured her that my employments were not at all oppressive; that I was well; or, if there was anything amiss, it would be gone as soon as the trying months of spring were over: when summer came I should be as strong and hearty as she could wish to see me: but inwardly her observation startled me. I knew my strength was declining, my appetite had failed, and I was grown listless and desponding;—and if, indeed, he could never care for me, and I could never see him more—if I was forbidden to minister to his happiness—forbidden, for ever, to taste the joys of love, to bless, and to be blessed—then, life must be a burden, and if my heavenly Father would call me away, I should be glad to rest. But it would not do to die and leave my mother. Selfish, unworthy daughter, to forget her for a moment! Was not her happiness committed in a great measure to my charge?—and the welfare of our young pupils too? Should I shrink from the work that God had set before me, because it was not fitted to my taste? Did not He know best what I should do, and where I ought to labour?—and should I long to quit His service before I had finished my task, and expect to enter into His rest without having laboured to earn it? 'No; by His help I will arise and address myself diligently to my appointed duty. If happiness in this world is not for me, I will endeavour

toutes les fois que vous le pourrez, et me laisser les plus durs labeurs : ils ne serviront qu'à exercer ma patience et peut-être à éprouver un peu mon caractère. »

Ainsi parla un matin ma mère, pendant que nous étions toutes deux au travail durant les vacances de Pâques. Je l'assurai que mes occupations ne me faisaient aucun mal, que je me portais bien, et que si j'étais un peu pâle, c'était l'effet de l'hiver ; qu'il n'y paraîtrait plus aussitôt que les mois de printemps seraient passés ; que lorsque l'été serait venu, je serais aussi forte et aussi gaie qu'elle pourrait le désirer : mais son observation me frappa. Je savais que mes forces s'en allaient, que mon appétit avait disparu, et j'étais devenue insouciante et triste. S'il ne devait plus penser à moi, si je ne devais pas le revoir, s'il m'était interdit de faire son bonheur, si les joies de l'amour m'étaient refusées, si je ne pouvais aimer et être aimée, la vie serait pour moi un fardeau, me disais-je, et, si le Père céleste m'appelait à lui, je serais heureuse de trouver le repos. Mais que deviendrait ma mère ? Fille indigne et égoïste, pouvais-je l'oublier un moment ? Son bonheur n'était-il pas remis à ma garde ? Et nos jeunes élèves, ne me devais-je pas à leur bonheur aussi ? Devais-je reculer devant la tâche que Dieu m'avait confiée, parce qu'elle n'était pas conforme à mes goûts ? Ne savait-il pas mieux que moi ce que je devais faire et où je devais travailler ? Pouvais-je désirer de quitter son service avant que d'avoir accompli ma tâche, et espérer entrer dans son repos avant d'avoir travaillé pour le gagner ? « Non ; avec son aide je veux me relever et me mettre courageusement à l'œuvre qui m'a été confiée. Si le bonheur en ce monde n'est pas pour moi, je m'efforcerai

to promote the welfare of those around me, and my reward shall be hereafter.' So said I in my heart; and from that hour I only permitted my thoughts to wander to Edward Weston—or at least to dwell upon him now and then—as a treat for rare occasions: and, whether it was really the approach of summer or the effect of these good resolutions, or the lapse of time, or all together, tranquillity of mind was soon restored; and bodily health and vigour began likewise, slowly, but surely, to return.

Early in June, I received a letter from Lady Ashby, late Miss Murray. She had written to me twice or thrice before, from the different stages of her bridal tour, always in good spirits, and professing to be very happy. I wondered every time that she had not forgotten me, in the midst of so much gaiety and variety of scene. At length, however, there was a pause; and it seemed she had forgotten me, for upwards of seven months passed away and no letter. Of course, I did not break my heart about *that*, though I often wondered how she was getting on; and when this last epistle so unexpectedly arrived, I was glad enough to receive it. It was dated from Ashby Park, where she was come to settle down at last, having previously divided her time between the continent and the metropolis. She made many apologies for having neglected me so long, assured me she had not forgotten me, and had often intended to write, &c. &c., but had always been prevented by something. She acknowledged that she had been leading a very dissipated life, and I should think her very wicked and very thoughtless;

du moins de faire celui des autres, et ma récompense sera dans l'éternité. » Ainsi parlai-je à mon cœur ; et depuis ce temps, je ne permis à mes pensées de se reporter sur Edward Weston que de loin en loin, et comme un régal pour de rares occasions. Aussi, soit que ce fût l'effet de l'été, ou de ces bonnes résolutions, ou du temps écoulé, soit toutes ces choses ensemble, ma tranquillité d'âme revint bientôt, et la santé et la vigueur commencèrent aussi à revenir lentement, mais sûrement.

Dans les premiers jours de juin, je reçus une lettre de lady Ashby, autrefois miss Murray. Elle m'avait écrit déjà deux ou trois fois, des différents endroits qu'elle avait visités ; elle était toujours gaie et se disait fort heureuse. Je m'étonnais chaque fois qu'elle ne m'eût pas oubliée, au milieu de tant de gaieté et de changements de scène. Il y eut pourtant une interruption, et elle semblait ne plus penser à moi, car plus de six mois s'étaient écoulés sans que je reçusse une de ses lettres. Naturellement, je ne m'en affligeais guère, quoique je n'eusse pas été fâchée de savoir comment elle allait ; et, quand sa dernière lettre très-inattendue m'arriva, je fus assez contente de la recevoir. Elle était datée d'Ashby-Park, où elle était venue enfin se fixer, après avoir partagé son temps entre le continent et la métropole. Elle me faisait mille excuses pour m'avoir si longtemps négligée, m'assurant qu'elle ne m'avait pas oubliée, qu'elle avait souvent eu l'intention de m'écrire, etc., etc., mais qu'elle en avait toujours été empêchée par quelque chose. Elle reconnaissait qu'elle avait mené une vie très-dissipée, et que je pourrais la croire très-méchante et très-oublieuse ;

but, notwithstanding that, she thought a great deal, and, among other things, that she should vastly like to see me.

'We have been several days here already,' wrote she. *'We have not a single friend with us, and are likely to be very dull. You know I never had a fancy for living with my husband like two turtles in a nest, were he the most delightful creature that ever wore a coat; so do take pity upon me and come. I suppose your Midsummer holidays commence in June, the same as other people's; therefore you cannot plead want of time; and you must and shall come—in fact, I shall die if you don't. I want you to visit me as a friend, and stay a long time. There is nobody with me, as I told you before, but Sir Thomas and old Lady Ashby: but you needn't mind them—they'll trouble us but little with their company. And you shall have a room to yourself, whenever you like to retire to it, and plenty of books to read when my company is not sufficiently amusing. I forget whether you like babies; if you do, you may have the pleasure of seeing mine—the most charming child in the world, no doubt; and all the more so, that I am not troubled with nursing it—I was determined I wouldn't be bothered with that. Unfortunately, it is a girl, and Sir Thomas has never forgiven me: but, however, if you will only come, I promise you shall be its governess as soon as it can speak; and you shall bring it up in the way it should go, and make a better woman of it than its mamma. And you shall see my poodle, too: a splendid little charmer imported from Paris: and two fine Italian paintings of great value—I forget the artist.*

que cependant elle pensait beaucoup à moi, et désirait surtout fort me revoir.

« *Il y a déjà plusieurs jours que nous sommes ici,* m'écrivait-elle. *Nous n'avons aucun ami auprès de nous et nous sommes menacés d'une vie fort triste. Vous savez que je n'ai jamais eu beaucoup de goût pour vivre avec mon mari comme deux tourterelles dans un nid, fût-il la plus délicieuse créature qui eût jamais porté un habit ; ayez donc pitié de moi et venez. Je suppose que vos vacances d'été commencent en juin, comme celles de tout le monde ; vous ne pouvez donc prétexter le défaut de temps. Vous devez venir et vous viendrez, car je mourrai si vous ne venez pas. Je veux que vous me visitiez en amie et que vous demeuriez longtemps. Il n'y a personne avec moi, ainsi que je vous l'ai déjà dit, que sir Thomas et la vieille lady Ashby ; mais vous ne devez pas vous occuper d'eux : ils ne vous troubleront guère avec leur compagnie. Vous aurez une chambre à vous, où vous pourrez vous retirer, et beaucoup de livres à lire, quand ma société ne vous semblera pas suffisamment amusante. J'ai oublié si vous aimez les enfants ; si vous les aimez, vous aurez le plaisir de voir le mien, le plus charmant du monde, assurément ; et d'autant plus charmant que je n'ai pas l'ennui de le nourrir, car je n'aurais pu me résoudre à cela. Malheureusement c'est une fille, et sir Thomas ne me l'a jamais pardonné ; mais, pourtant, si vous voulez venir, je vous promets que vous serez sa gouvernante aussitôt qu'elle pourra parler : vous pourrez l'élever comme elle doit l'être et faire d'elle une meilleure femme que ne l'est sa mère. Vous verrez les deux tableaux que j'ai rapportés d'Italie, tableaux de grande valeur ; j'ai oublié le nom de l'artiste.*

Doubtless you will be able to discover prodigious beauties in them, which you must point out to me, as I only admire by hearsay; and many elegant curiosities besides, which I purchased at Rome and elsewhere; and, finally, you shall see my new home—the splendid house and grounds I used to covet so greatly. Alas! how far the promise of anticipation exceeds the pleasure of possession! There's a fine sentiment! I assure you I am become quite a grave old matron: pray come, if it be only to witness the wonderful change. Write by return of post, and tell me when your vacation commences, and say that you will come the day after, and stay till the day before it closes—in mercy to

Yours affectionately,

'ROSALIE ASHBY.'

I showed this strange epistle to my mother, and consulted her on what I ought to do. She advised me to go; and I went—willing enough to see Lady Ashby, and her baby, too, and to do anything I could to benefit her, by consolation or advice; for I imagined she must be unhappy, or she would not have applied to me thus—but feeling, as may readily be conceived, that, in accepting the invitation, I made a great sacrifice for her, and did violence to my feelings in many ways, instead of being delighted with the honourable distinction of being entreated by the baronet's lady to visit her as a friend. However, I determined my visit should be only for a few days at most; and I will not deny that I derived

Vous leur découvrirez sans doute de grandes beautés que vous me ferez remarquer, et que je n'admire que d'après ouï-dire ; vous verrez en outre beaucoup d'élégantes curiosités que j'ai achetées à Rome et ailleurs, et enfin vous verrez ma nouvelle maison, le splendide manoir et le parc que je convoitais tant. Hélas ! combien l'espoir de posséder l'emporte quelquefois sur le plaisir de la possession ! Voilà un beau sentiment ! Je vous assure que je suis tout à fait devenue une grave matrone ; je vous en prie, venez, ne fût-ce que pour être témoin de ce merveilleux changement. Écrivez-moi par le retour du courrier, dites-moi quand vos vacances commencent ; vous vous mettrez en route le jour suivant et demeurerez ici jusqu'à la veille du jour où elles finiront, prenant pitié de

Votre affectionnée,

Rosalie Ashby. »

Je montrai cette étrange épître à ma mère et la consultai sur ce que je devais faire. Elle me conseilla d'aller, et je partis assez désireuse de voir Lady Ashby et aussi son enfant, et de faire pour elle tout ce que je pourrais, en manière de consolation ou d'avis ; j'imaginais qu'elle ne devait pas être heureuse, car elle ne se fût pas adressée à moi ainsi. En acceptant son invitation, on le comprendra aisément, je faisais un grand sacrifice pour elle ; je faisais violence à mes sentiments de plus d'une façon, au lieu de me réjouir de l'honorable distinction que croyait me faire la femme du baronnet en m'invitant à l'aller voir, en qualité d'amie. Je résolus de ne pas faire durer ma visite plus de quelques jours, et je ne nierai pas que je tirais

some consolation from the idea that, as Ashby Park was not very far from Horton, I might possibly see Mr. Weston, or, at least, hear something about him.

quelque consolation de l'idée qu'Ashby-Park n'étant pas très-éloigné d'Horton, je pourrais peut-être voir M. Weston, ou au moins apprendre de ses nouvelles.

22
The Visit

ASHBY PARK was certainly a very delightful residence. The mansion was stately without, commodious and elegant within; the park was spacious and beautiful, chiefly on account of its magnificent old trees, its stately herds of deer, its broad sheet of water, and the ancient woods that stretched beyond it: for there was no broken ground to give variety to the landscape, and but very little of that undulating swell which adds so greatly to the charm of park scenery. And so, this was the place Rosalie Murray had so longed to call her own, that she must have a share of it, on whatever terms it might be offered—whatever price was to be paid for the title of mistress, and whoever was to be her partner in the honour and bliss of such a possession! Well I am not disposed to censure her now.

She received me very kindly; and, though I was a poor clergyman's daughter, a governess, and a schoolmistress, she welcomed me with unaffected pleasure to her home; and—what surprised me rather—took some pains to make my visit agreeable. I could see, it is true, that she expected me to be greatly struck with the magnificence

22
La visite

Ashby-Park était assurément une délicieuse résidence. La maison était majestueuse au dehors, commode et élégante au dedans ; le parc était vaste et magnifique, surtout par ses beaux vieux arbres, ses troupeaux de daims, ses larges pièces d'eau, et l'ancienne forêt qui s'étendait au delà ; car il n'y avait aucun de ces accidents de terrain qui donnent de la variété au paysage, et très-peu de ces ondulations qui ajoutent tant au charme de la vue d'un parc. C'était là le domaine que Rosalie Murray avait tant désiré appeler sien, dont elle voulait avoir sa part, à quelque condition qu'elle lui fût offerte, quel que fût le prix mis au titre qu'elle ambitionnait, et quel que dût être son partner dans l'honneur et la félicité d'une telle possession !… Mais je ne suis pas disposée à la censure en ce moment.

Elle me reçut avec beaucoup de cordialité ; et, quoique je fusse la fille d'un pauvre ecclésiastique, une gouvernante, une maîtresse d'école, elle me fit avec un plaisir non affecté les honneurs de sa maison, et, ce qui me surprit davantage, se donna même quelque peine pour m'en rendre le séjour agréable. Je pourrais remarquer, il est vrai, qu'elle s'attendait à me voir grandement frappée de la magnificence

that surrounded her; and, I confess, I was rather annoyed at her evident efforts to reassure me, and prevent me from being overwhelmed by so much grandeur—too much awed at the idea of encountering her husband and mother-in-law, or too much ashamed of my own humble appearance. I was not ashamed of it at all; for, though plain, I had taken good care not to be shabby or mean, and should have been pretty considerably at my ease, if my condescending hostess had not taken such manifest pains to make me so; and, as for the magnificence that surrounded her, nothing that met my eyes struck me or affected me half so much as her own altered appearance. Whether from the influence of fashionable dissipation, or some other evil, a space of little more than twelve months had had the effect that might be expected from as many years, in reducing the plumpness of her form, the freshness of her complexion, the vivacity of her movements, and the exuberance of her spirits.

I wished to know if she was unhappy; but I felt it was not my province to inquire: I might endeavour to win her confidence; but, if she chose to conceal her matrimonial cares from me, I would trouble her with no obtrusive questions. I, therefore, at first, confined myself to a few general inquiries about her health and welfare, and a few commendations on the beauty of the park, and of the little girl that should have been a boy: a small delicate infant of seven or eight weeks old, whom its mother seemed to regard with no remarkable degree of interest or affection, though full as much as I expected her to show.

qui l'environnait ; et, je le confesse, je fus un peu ennuyée des efforts qu'elle faisait pour que je ne fusse pas écrasée par tant de grandeur, que je ne fusse pas trop effrayée à l'idée de paraître devant son mari et sa belle-mère, et que je ne rougisse pas trop de mon humble situation. Je n'en rougissais nullement : car, quoique simplement vêtue, j'avais pris soin de n'être ni ridicule, ni basse, et j'aurais été assez à mon aise, si elle n'avait pris tant de peine pour m'y mettre. Pour ce qui était de la magnificence qui m'environnait, rien de ce que je vis ne me frappa moitié autant que ne le fit le changement qui s'était accompli en elle. Soit que ce fût la suite des dissipations et des fatigues de la vie du grand monde, soit de quelque autre mal, il avait suffi d'un peu plus d'une année pour opérer en elle un changement notable, et diminuer l'embonpoint de ses formes, la fraîcheur de son teint, la vivacité de ses mouvements et l'exubérance de sa gaieté.

J'aurais voulu savoir si elle était malheureuse, mais je sentis que ce n'était pas mon affaire de m'en enquérir. Je pouvais m'efforcer de gagner sa confiance ; mais, si elle jugeait convenable de me cacher ses peines de ménage, je ne la fatiguerais pas d'indiscrètes questions. Je me renfermai en conséquence dans quelques questions générales sur sa santé et son bonheur, quelques compliments sur la beauté du parc et sur la petite fille, qui aurait dû être un garçon, délicate petite enfant de sept à huit semaines, que sa mère paraissait regarder avec un intérêt et une affection qui n'avaient rien d'extraordinaires, quoique aussi vifs qu'on les pouvait attendre d'elle.

Shortly after my arrival, she commissioned her maid to conduct me to my room and see that I had everything I wanted; it was a small, unpretending, but sufficiently comfortable apartment. When I descended thence — having divested myself of all travelling encumbrances, and arranged my toilet with due consideration for the feelings of my lady hostess, she conducted me herself to the room I was to occupy when I chose to be alone, or when she was engaged with visitors, or obliged to be with her mother-in-law, or otherwise prevented, as she said, from enjoying the pleasure of my society. It was a quiet, tidy little sitting-room; and I was not sorry to be provided with such a harbour of refuge.

'And some time,' said she, 'I will show you the library: I never examined its shelves, but, I daresay, it is full of wise books; and you may go and burrow among them whenever you please. And now you shall have some tea — it will soon be dinner-time, but I thought, as you were accustomed to dine at one, you would perhaps like better to have a cup of tea about this time, and to dine when we lunch: and then, you know, you can have your tea in this room, and that will save you from having to dine with Lady Ashby and Sir Thomas: which would be rather awkward — at least, not awkward, but rather — a — you know what I mean. I thought you mightn't like it so well — especially as we may have other ladies and gentlemen to dine with us occasionally.'

Un moment après mon arrivée, elle chargea sa femme de chambre de me conduire à ma chambre. C'était un petit appartement sans prétention, mais assez confortable. Lorsque j'en descendis, après m'être débarrassée de mes habits de voyage et avoir fait une toilette digne de lady Ashby, elle me conduisit dans la chambre que je devais occuper lorsque je voudrais être seule, ou qu'elle serait obligée de recevoir des visites, ou de demeurer avec sa belle-mère, ou privée de toute autre façon de jouir du plaisir de ma société. C'était un joli et tranquille petit salon, et je ne fus pas fâchée d'être pourvue d'un tel endroit de refuge.

« Une autre fois, me dit-elle, je vous montrerai la bibliothèque. Je n'ai jamais examiné ses rayons, mais je puis dire qu'elle est pleine de bons livres. Vous pourrez aller vous y enterrer toutes les fois qu'il vous plaira. Maintenant, il faut que vous preniez un peu de thé. Il sera bientôt l'heure de dîner ; mais j'ai pensé que, comme vous étiez habituée à dîner à une heure, vous aimeriez mieux prendre une tasse de thé à ce moment-là, et dîner lorsque nous goûtons. Puis, vous savez, vous pouvez vous faire servir votre thé dans cette chambre, et vous éviterez ainsi de dîner avec lady Ashby et sir Thomas, ce qui serait impoli... non, pas précisément impoli... mais... vous savez ce que je veux dire. J'ai pensé que vous n'aimeriez pas à dîner avec eux, d'autant plus que nous avons quelquefois d'autres ladies et gentlemen à dîner.

'Certainly,' said I, 'I would much rather have it as you say, and, if you have no objection, I should prefer having all my meals in this room.'

'Why so?'

'Because, I imagine, it would be more agreeable to Lady Ashby and Sir Thomas.'

'Nothing of the kind.'

'At any rate it would be more agreeable to me.'

She made some faint objections, but soon conceded; and I could see that the proposal was a considerable relief to her.

'Now, come into the drawing-room,' said she. 'There's the dressing bell; but I won't go yet: it's no use dressing when there's no one to see you; and I want to have a little discourse.'

The drawing-room was certainly an imposing apartment, and very elegantly furnished; but I saw its young mistress glance towards me as we entered, as if to notice how I was impressed by the spectacle, and accordingly I determined to preserve an aspect of stony indifference, as if I saw nothing at all remarkable. But this was only for a moment: immediately conscience whispered, 'Why should I disappoint her to save my pride? No—rather let me sacrifice my pride to give her a little innocent gratification.' And I honestly looked round, and told her it was a noble room, and very tastefully furnished. She said little, but I saw she was pleased.

— Certainement, dis-je, j'aimerai mieux dîner comme vous dites ; et, si vous n'y voyez pas d'objection, je préférerais prendre tous mes repas dans cette chambre.

— Pourquoi ?

— Parce que, j'imagine, ce serait plus agréable à lady Ashby et à sir Thomas.

— Mais nullement.

— Dans tous les cas, cela me serait plus agréable, à moi. »

Elle fit quelques petites objections, mais céda bientôt ; et je pus voir que la proposition lui apportait un grand soulagement.

« Maintenant, venez au salon, dit-elle. Voilà la cloche qui sonne la toilette ; mais je ne pars pas encore : il est inutile que vous fassiez de la toilette quand il n'y a personne pour vous voir, et j'ai besoin de causer encore un peu avec vous. »

Le salon était assurément une pièce imposante et très-élégamment meublée. Je vis le regard de sa jeune propriétaire se porter sur moi lorsque nous y entrâmes, comme pour remarquer si j'étais éblouie par cette magnificence, et je résolus alors de garder un air de froide indifférence, comme si je ne voyais rien de remarquable. Mais ce fut seulement pour un instant. Pourquoi la désappointerais-je pour épargner ma fierté ? Non, il vaut mieux faire le sacrifice de cette fierté pour lui donner cette innocente satisfaction. Je regardai donc autour de moi, lui dis que c'était une magnifique pièce, meublée avec beaucoup de goût. Elle répondit peu de chose, mais je vis qu'elle était contente.

She showed me her fat French poodle, that lay curled up on a silk cushion, and the two fine Italian paintings: which, however, she would not give me time to examine, but, saying I must look at them some other day, insisted upon my admiring the little jewelled watch she had purchased in Geneva; and then she took me round the room to point out sundry articles of *vertu* she had brought from Italy: an elegant little timepiece, and several busts, small graceful figures, and vases, all beautifully carved in white marble. She spoke of these with animation, and heard my admiring comments with a smile of pleasure: that soon, however, vanished, and was followed by a melancholy sigh; as if in consideration of the insufficiency of all such baubles to the happiness of the human heart, and their woeful inability to supply its insatiate demands.

Then, stretching herself upon a couch, she motioned me to a capacious easy-chair that stood opposite — not before the fire, but before a wide open window; for it was summer, be it remembered; a sweet, warm evening in the latter half of June. I sat for a moment in silence, enjoying the still, pure air, and the delightful prospect of the park that lay before me, rich in verdure and foliage, and basking in yellow sunshine, relieved by the long shadows of declining day. But I must take advantage of this pause: I had inquiries to make, and, like the substance of a lady's postscript, the most important must come last. So I began with asking after Mr. and Mrs. Murray, and Miss Matilda and the young gentlemen.

Elle me montra ses deux tableaux italiens, mais elle ne me donna pas le temps de les examiner, me disant que j'aurais le temps de les revoir un autre jour. Elle voulût me faire admirer une petite montre qu'elle avait achetée à Genève, puis elle me fit faire le tour du salon pour me montrer divers objets qu'elle avait rapportés d'Italie ; entre autres des bustes, de gracieuses petites figurines, et des vases tous en marbre blanc et magnifiquement ciselés. Elle en parla avec animation, et entendit mes commentaires louangeurs avec plaisir. Bientôt pourtant elle poussa un soupir mélancolique, comme si elle eût voulu exprimer l'insuffisance de semblables bagatelles pour faire le bonheur du cœur humain.

S'étendant alors sur un sofa, elle m'engagea à m'asseoir aussi dans un large fauteuil qui se trouvait placé en face, non devant le feu, mais devant une large fenêtre ouverte, car on était en été, il ne faut pas l'oublier, une douce et chaude après-midi de la fin de juin. Je demeurai un instant assise en silence, jouissant de l'air calme et pur, et de la vue délicieuse du parc qui s'étendait devant moi, riche de verdure et de feuillage, et coloré par les chauds rayons du soleil. Mais il me fallait tirer avantage de cette pause ; j'avais des questions à faire, et, comme dans le post-scriptum d'une lettre de femme, le plus important devait venir à la fin. Je commençai donc par m'informer de M. et de mistress Murray, de miss Mathilde et des jeunes gentlemen.

I was told that papa had the gout, which made him very ferocious; and that he would not give up his choice wines, and his substantial dinners and suppers, and had quarrelled with his physician, because the latter had dared to say that no medicine could cure him while he lived so freely; that mamma and the rest were well. Matilda was still wild and reckless, but she had got a fashionable governess, and was considerably improved in her manners, and soon to be introduced to the world; and John and Charles (now at home for the holidays) were, by all accounts, 'fine, bold, unruly, mischievous boys.'

'And how are the other people getting on?' said I—'the Greens, for instance?'

'Ah! Mr. Green is heart-broken, you know,' replied she, with a languid smile: 'he hasn't got over his disappointment yet, and never will, I suppose. He's doomed to be an old bachelor; and his sisters are doing their best to get married.'

'And the Melthams?'

'Oh, they're jogging on as usual, I suppose: but I know very little about any of them—except Harry,' said she, blushing slightly, and smiling again. 'I saw a great deal of him while we were in London; for, as soon as he heard we were there, he came up under pretence of visiting his brother, and either followed me, like a shadow, wherever I went, or met me, like a reflection, at every turn. You needn't look so shocked, Miss Grey; I was very discreet, I assure you,

On me répondit que papa avait la goutte, ce qui le rendait féroce ; qu'il ne voulait point renoncer à ses whists favoris, ni à ses dîners et à ses soupers substantiels ; qu'il s'était querellé avec son médecin, parce que celui-ci avait osé lui dire qu'aucune médecine ne pourrait le guérir s'il continuait à vivre ainsi ; que maman et les autres allaient bien. Mathilde était encore sauvage et turbulente, mais elle avait une gouvernante fashionable et avait déjà beaucoup gagné sous le rapport des manières ; elle allait bientôt faire son entrée dans le monde. John et Charles (en ce moment en vacances) étaient de tous points de beaux, hardis, ingouvernables et méchants garçons.

« Et comment vont les autres personnes, demandai-je, les Green, par exemple ?

— Ah ! M. Green a le cœur brisé, vous savez ? répondit-elle avec un sourire langoureux : il n'a pas encore surmonté son désespoir, et ne le surmontera jamais, je pense. Il est condamné à rester garçon, et ses sœurs font de leur mieux pour trouver à se marier.

— Et les Meltham ?

— Oh ! ils continuent à se trémousser comme de coutume, je suppose ; mais je ne sais pas grand'chose d'eux, à l'exception de Harry, dit-elle en soupirant légèrement et en souriant de nouveau. Je l'ai vu beaucoup pendant que nous étions à Londres : car, aussitôt qu'il apprit que nous étions arrivés dans la métropole, il vint sous prétexte de voir son frère, et se mit ou à me suivre comme mon ombre partout où j'allais, ou à me rencontrer à chaque détour de rue. Oh ! ne vous scandalisez pas de cela, miss Grey, j'ai été très-sage, je vous assure ;

but, you know, one can't help being admired. Poor fellow! He was not my only worshipper; though he was certainly the most conspicuous, and, I think, the most devoted among them all. And that detestable—ahem—and Sir Thomas chose to take offence at him—or my profuse expenditure, or something—I don't exactly know what—and hurried me down to the country at a moment's notice; where I'm to play the hermit, I suppose, for life.'

And she bit her lip, and frowned vindictively upon the fair domain she had once so coveted to call her own.

'And Mr. Hatfield,' said I, 'what is become of him?'

Again she brightened up, and answered gaily—'Oh! he made up to an elderly spinster, and married her, not long since; weighing her heavy purse against her faded charms, and expecting to find that solace in gold which was denied him in love—ha, ha!'

'Well, and I think that's all—except Mr. Weston: what is he doing?'

'I don't know, I'm sure. He's gone from Horton.'

'How long since? and where is he gone to?'

'I know nothing about him,' replied she, yawning—'except that he went about a month ago—I never asked where' (I would have asked whether it was to a living or merely another curacy, but thought it better not); 'and the people made a great rout about his leaving,' continued she, 'much to Mr. Hatfield's displeasure; for Hatfield didn't like him, because he had too much influence with

mais, vous savez, je ne peux pas empêcher que l'on m'admire. Pauvre garçon ! il n'était pas mon seul adorateur, quoiqu'il fût certainement le plus ardent, et, je le crois, le plus dévoué de tous. Et ce détestable.... Lem.... Sir Thomas prit offense de ses poursuites, ou de mes dépenses prodigues, ou de toute autre chose, je ne sais pas exactement de quoi, et m'emmena brusquement et sans m'avertir dans cette campagne, où je dois jouer le rôle d'ermite pendant toute ma vie. »

Elle se mordit la lèvre, et parut adresser un froncement de sourcil vindicatif à ce beau domaine qu'elle avait tant convoité.

« Et M. Hatfield, demandai-je, qu'est-il devenu ? »

Elle reprit son sourire et me répondit avec gaieté :

« Oh ! il fit la cour à une vieille fille et l'épousa quelque temps après ; mettant en balance sa lourde bourse avec ses charmes fanés, et espérant trouver dans l'or le contentement que lui avait refusé l'amour.

— Eh bien ! je crois que voilà tout, excepté pourtant M. Weston : que fait-il ?

— Je n'en sais absolument rien. Il n'est plus à Horton.

— Depuis combien de temps ? et où est-il allé ?

— Je ne sais absolument rien de lui, répondit-elle en bâillant, excepté qu'il partit il y a à peu près un mois. Je n'ai jamais demandé pour où ; et les gens firent grand bruit de son départ, continua-t-elle, au grand déplaisir de M. Hatfield : car Hatfield ne l'aimait pas, parce qu'il avait trop d'influence sur

the common people, and because he was not sufficiently tractable and submissive to him—and for some other unpardonable sins, I don't know what. But now I positively must go and dress: the second bell will ring directly, and if I come to dinner in this guise, I shall never hear the end of it from Lady Ashby. It's a strange thing one can't be mistress in one's own house! Just ring the bell, and I'll send for my maid, and tell them to get you some tea. Only think of that intolerable woman—'

'Who—your maid?'

'No;—my mother-in-law—and my unfortunate mistake! Instead of letting her take herself off to some other house, as she offered to do when I married, I was fool enough to ask her to live here still, and direct the affairs of the house for me; because, in the first place, I hoped we should spend the greater part of the year, in town, and in the second place, being so young and inexperienced, I was frightened at the idea of having a houseful of servants to manage, and dinners to order, and parties to entertain, and all the rest of it, and I thought she might assist me with her experience; never dreaming she would prove a usurper, a tyrant, an incubus, a spy, and everything else that's detestable. I wish she was dead!'

She then turned to give her orders to the footman, who had been standing bolt upright within the door for the last half minute, and had heard the latter part of her animadversions; and, of course, made his own reflections upon them,

les gens du bas peuple, et parce qu'il n'était pas assez maniable ni assez soumis envers lui, et aussi pour d'autres impardonnables défauts, je ne sais quoi. Mais maintenant il faut positivement que j'aille m'habiller ; le second coup de cloche va sonner, et si j'arrivais au dîner dans cette toilette, lady Ashby ne finirait pas ses rabâchages. C'est une chose étrange que de ne pouvoir être maîtresse dans sa propre maison. Sonnez, et je vais envoyer chercher ma femme de chambre, et leur dire de vous apporter du thé. Que je vous dise encore que cette intolérable femme...

— Qui ? votre femme de chambre ?

— Non, ma belle-mère... et ma malheureuse bévue ! Au lieu de la laisser se retirer dans quelque autre maison, comme elle offrit de le faire lorsque je me mariai, je fus assez sotte pour la prier de rester ici et de diriger la maison à ma place, parce que d'abord j'espérais que nous passerions une grande partie de l'année à Londres ; en second lieu, j'étais si jeune et si inexpérimentée que je frémissais à l'idée d'avoir des domestiques à gouverner, des dîners à commander, des parties à organiser, et tout le reste ; et je pensai qu'elle pourrait m'assister de son expérience. Je ne songeai jamais qu'elle se montrerait une usurpatrice, un tyran, une sorcière, une espionne, et tout ce qu'il y a de plus détestable. Je la voudrais voir morte ! »

Elle se tourna alors pour donner des ordres au laquais qui, resté debout sur la porte pendant une demi-minute, avait entendu la dernière partie de ses malédictions, et qui naturellement faisait ses réflexions là-dessus,

notwithstanding the inflexible, wooden countenance he thought proper to preserve in the drawing-room. On my remarking afterwards that he must have heard her, she replied—'Oh, no matter! I never care about the footmen; they're mere automatons: it's nothing to them what their superiors say or do; they won't dare to repeat it; and as to what they think—if they presume to think at all—of course, nobody cares for that. It would be a pretty thing indeed, it we were to be tongue-tied by our servants!'

So saying, she ran off to make her hasty toilet, leaving me to pilot my way back to my sitting-room, where, in due time, I was served with a cup of tea. After that, I sat musing on Lady Ashby's past and present condition; and on what little information I had obtained respecting Mr. Weston, and the small chance there was of ever seeing or hearing anything more of him throughout my quiet, drab-colour life: which, henceforth, seemed to offer no alternative between positive rainy days, and days of dull grey clouds without downfall. At length, however, I began to weary of my thoughts, and to wish I knew where to find the library my hostess had spoken of; and to wonder whether I was to remain there doing nothing till bed-time.

As I was not rich enough to possess a watch, I could not tell how time was passing, except by observing the slowly lengthening shadows from the window; which presented a side view, including a corner of the park, a clump of trees whose topmost branches had been colonized by an innumerable company of noisy rooks, and a high wall with a massive wooden gate:

malgré l'impassible et immobile contenance qu'il croyait convenable de garder dans le salon. Quand je lui fis remarquer que cet homme avait dû l'entendre, elle me répondit :

« Oh ! que m'importe ? Je ne m'occupe pas des laquais : ce sont de vrais automates ; ils ne font nulle attention à ce que disent et font leurs maîtres ; ils n'oseraient le répéter. Quant à ce qu'ils peuvent penser, s'ils se permettent de penser quelque chose, personne ne s'en préoccupe. Ce serait vraiment joli, si nous devions nous interdire de parler devant nos domestiques ! »

Ce disant, elle s'en alla promptement faire sa toilette, me laissant seule retrouver mon chemin pour me rendre à mon petit salon, où, au temps voulu, l'on me servit le thé. Après que je l'eus pris, je restai à réfléchir sur la position passée et présente de lady Ashby, sur le peu que j'avais appris touchant M. Weston, et le peu de chance que j'avais de le revoir ou d'entendre parler de lui pendant ma vie calme et triste. À la fin, pourtant, ces pensées commencèrent à me fatiguer, et je désirai savoir où était la bibliothèque dont lady Ashby m'avait parlé. Je me demandai si je serais obligée de demeurer là à rien faire jusqu'à l'heure du coucher.

Comme je n'étais pas assez riche pour avoir une montre, je ne pouvais savoir le temps qui s'écoulait autrement qu'en observant les ombres qui s'étendaient lentement. Par ma fenêtre, je découvrais un coin du parc renfermant un bouquet d'arbres dont les hautes branches avaient été occupées par une innombrable compagnie de bruyants corbeaux, et un mur élevé avec une massive porte en bois,

no doubt communicating with the stable-yard, as a broad carriage-road swept up to it from the park. The shadow of this wall soon took possession of the whole of the ground as far as I could see, forcing the golden sunlight to retreat inch by inch, and at last take refuge in the very tops of the trees. Ere long, even they were left in shadow — the shadow of the distant hills, or of the earth itself; and, in sympathy for the busy citizens of the rookery, I regretted to see their habitation, so lately bathed in glorious light, reduced to the sombre, work-a-day hue of the lower world, or of my own world within. For a moment, such birds as soared above the rest might still receive the lustre on their wings, which imparted to their sable plumage the hue and brilliance of deep red gold; at last, that too departed. Twilight came stealing on; the rooks became more quiet; I became more weary, and wished I were going home tomorrow. At length it grew dark; and I was thinking of ringing for a candle, and betaking myself to bed, when my hostess appeared, with many apologies for having neglected me so long, and laying all the blame upon that 'nasty old woman,' as she called her mother-in-law.

'If I didn't sit with her in the drawing-room while Sir Thomas is taking his wine,' said she, 'she would never forgive me; and then, if I leave the room the instant he comes — as I have done once or twice — it is an unpardonable offence against her dear Thomas. *She* never showed such disrespect to *her* husband: and as for affection, wives never think of that now-a-days, she supposes: but things were different

qui communiquait sans doute avec les écuries, car un large chemin s'étendait de cette porte vers le parc. L'ombre de ce mur prit bientôt possession de tout le sol aussi loin que je pouvais voir, forçant la lumière dorée du soleil à reculer pouce par pouce et à se réfugier enfin au sommet des arbres. Bientôt ces arbres même furent noyés dans l'ombre, l'ombre des montagnes éloignées ou de la terre elle-même ; et, par sympathie pour les actifs corbeaux, je regrettai de voir leur habitation, tout à l'heure dorée par les rayons du soleil, plongée comme le reste dans l'ombre. Pendant un moment, ceux de ces oiseaux qui volaient au-dessus des autres recevaient encore les rayons du soleil sur leurs ailes, ce qui donnait à leur noir plumage la couleur fauve et l'éclat de l'or. Enfin ces derniers rayons disparurent. Le crépuscule vint ; les corbeaux devinrent plus calmes ; je me sentis moins fatiguée, et désirai que mon départ pût avoir lieu le lendemain. À la fin il fit tout à fait nuit, et je pensais déjà à sonner pour avoir de la lumière, afin de me mettre au lit, lorsque lady Ashby parut, s'excusant fort de m'avoir abandonnée si longtemps, et en faisant retomber le blâme sur cette maussade vieille femme, ainsi qu'elle appelait sa belle-mère.

« Si je ne restais avec elle dans le salon pendant que sir Thomas prend son vin, dit-elle, elle ne me pardonnerait jamais ; et si je quitte la chambre à l'instant où il vient, comme je l'ai fait une fois ou deux, c'est une offense impardonnable contre son cher Thomas. Jamais elle ne se rendit coupable d'un tel manque de respect envers son époux, dit-elle ; et pour ce qui est de l'affection, les femmes de nos jours ne pensent point à cela ; mais de son temps, les choses étaient différentes.

in *her* time—as if there was any good to be done by staying in the room, when he does nothing but grumble and scold when he's in a bad humour, talk disgusting nonsense when he's in a good one, and go to sleep on the sofa when he's too stupid for either; which is most frequently the case now, when he has nothing to do but to sot over his wine.'

'But could you not try to occupy his mind with something better; and engage him to give up such habits? I'm sure you have powers of persuasion, and qualifications for amusing a gentleman, which many ladies would be glad to possess.'

'And so you think I would lay myself out for his amusement! No: that's not *my* idea of a wife. It's the husband's part to please the wife, not hers to please him; and if he isn't satisfied with her as she is—and thankful to possess her too—he isn't worthy of her, that's all. And as for persuasion, I assure you I shan't trouble myself with that: I've enough to do to bear with him as he is, without attempting to work a reform. But I'm sorry I left you so long alone, Miss Grey. How have you passed the time?'

'Chiefly in watching the rooks.'

'Mercy, how dull you must have been! I really must show you the library; and you must ring for everything you want, just as you would in an inn, and make yourself comfortable. I have selfish reasons

Comme s'il était bien utile de rester dans la chambre quand il ne fait que murmurer et jurer lorsqu'il est en colère, dire des plaisanteries dégoûtantes lorsqu'il est de bonne humeur, ou se coucher sur un sofa lorsqu'il est trop stupide pour faire l'un ou l'autre ! ce qui est fréquemment le cas, maintenant qu'il n'a pas autre chose à faire que de s'enivrer.

— Mais ne pouvez-vous chercher à occuper son esprit de choses meilleures, et l'engager à renoncer à de telles habitudes ? Je suis sûre que vous avez des moyens de persuasion et des talents pour amuser un gentleman que beaucoup de ladies seraient heureuses de posséder.

— Et vous pensez que je voudrais me consacrer à son amusement ? Non, ce n'est point là l'idée que j'ai des devoirs d'une femme. C'est au mari à plaire à la femme, et non à la femme à plaire au mari ; et s'il n'est pas satisfait de la sienne telle qu'elle est, s'il ne se croit pas très-heureux de la posséder, il n'est pas digne d'elle : voilà tout. Pour ce qui est de la persuasion, je vous assure que je ne me tourmenterai pas de cela ; j'ai bien assez à faire de le supporter comme il est, sans que j'essaye encore d'opérer une réforme. Mais je suis fâchée de vous avoir laissée seule si longtemps, miss Grey. Comment avez-vous passé le temps ?

— Principalement à regarder les corbeaux.

— Grand Dieu ! combien vous avez dû vous ennuyer ! Il faut que je vous montre la bibliothèque ; et vous devez, à l'avenir, sonner toutes les fois que vous aurez besoin de quelque chose, absolument comme si vous étiez dans une auberge, et ne vous laissez manquer de rien. J'ai des raisons égoïstes

for wishing to make you happy, because I want you to stay with me, and not fulfil your horrid threat of running away in a day or two.'

'Well, don't let me keep you out of the drawing-room any longer to-night, for at present I am tired and wish to go to bed.'

pour vouloir vous faire heureuse, parce que j'ai besoin que vous demeuriez avec moi, et que vous n'accomplissiez pas votre horrible menace de partir dans un jour ou deux.

— Eh bien, permettez que je ne vous retienne pas plus longtemps éloignée du salon ce soir ; car à présent je me sens fatiguée et désire me mettre au lit. »

23
The Park

I CAME DOWN a little before eight, next morning, as I knew by the striking of a distant clock. There was no appearance of breakfast. I waited above an hour before it came, still vainly longing for access to the library; and, after that lonely repast was concluded, I waited again about an hour and a half in great suspense and discomfort, uncertain what to do. At length Lady Ashby came to bid me good-morning. She informed me she had only just breakfasted, and now wanted me to take an early walk with her in the park. She asked how long I had been up, and on receiving my answer, expressed the deepest regret, and again promised to show me the library. I suggested she had better do so at once, and then there would be no further trouble either with remembering or forgetting. She complied, on condition that I would not think of reading, or bothering with the books now; for she wanted to show me the gardens, and take a walk in the park with me, before it became too hot for enjoyment; which, indeed, was nearly the case already. Of course I readily assented; and we took our walk accordingly.

23
Le parc

Je descendis de ma chambre le lendemain un peu avant huit heures, ainsi que j'en pus juger par une horloge éloignée que j'entendis sonner. Il n'y avait aucune apparence de déjeuner. J'attendis plus d'une heure qu'on l'apportât, désirant toujours vainement d'avoir accès à la bibliothèque ; et, après que j'eus terminé mon repas solitaire, j'attendis encore une heure et demie dans un grand découragement, et ne sachant ce que je devais faire. À la fin, lady Ashby vint me souhaiter le bonjour. Elle m'apprit qu'elle venait seulement de déjeuner, et qu'elle avait besoin de moi pour faire avec elle une promenade matinale dans le parc. Elle me demanda depuis combien de temps j'étais levée, et, sur ma réponse, elle exprima un profond regret, et me promit de nouveau de me montrer la bibliothèque. Je lui dis qu'elle ferait bien de me la montrer tout de suite, et qu'elle n'aurait plus l'ennui, ou de se souvenir, ou d'oublier. Elle consentit, à la condition que je ne penserais ni à lire ni à feuilleter les livres nouveaux en ce moment-là ; car elle avait besoin de me montrer le jardin et de faire une promenade dans le parc avec moi, avant que la chaleur du jour fût trop grande, ce qui était presque déjà le cas. J'y consentis volontiers, et nous commençâmes notre promenade aussitôt.

As we were strolling in the park, talking of what my companion had seen and heard during her travelling experience, a gentleman on horseback rode up and passed us. As he turned, in passing, and stared me full in the face, I had a good opportunity of seeing what he was like. He was tall, thin, and wasted, with a slight stoop in the shoulders, a pale face, but somewhat blotchy, and disagreeably red about the eyelids, plain features, and a general appearance of languor and flatness, relieved by a sinister expression in the mouth and the dull, soulless eyes.

'I detest that man!' whispered Lady Ashby, with bitter emphasis, as he slowly trotted by.

'Who is it?' I asked, unwilling to suppose that she should so speak of her husband.

'Sir Thomas Ashby,' she replied, with dreary composure.

'And do you *detest* him, Miss Murray?' said I, for I was too much shocked to remember her name at the moment.

'Yes, I do, Miss Grey, and despise him too; and if you knew him you would not blame me.'

'But you knew what he was before you married him.'

'No; I only thought so: I did not half know him really. I know you warned me against it, and I wish I had listened to you: but it's too late to regret that now. And besides,

Comme nous parcourions le parc, parlant de ce que ma compagne avait vu ou appris dans ses voyages, un gentleman à cheval vint à passer auprès de nous. Il se détourna pour me regarder en plein visage, et j'eus une excellente occasion de le voir. Il était grand, mince et usé ; ses épaules étaient un peu voûtées, son visage était pâle, mais bourgeonné et désagréablement rouge autour des yeux ; ses traits étaient communs, et sa physionomie avait une apparence générale de langueur et d'abattement relevée par une sinistre expression dans la bouche ; il avait les yeux ternes et sans âme.

« Je déteste cet homme ! murmura lady Ashby avec une expression amère, pendant qu'il trottait lentement à côté de nous.

— Qui est-il ? demandai-je, ne pouvant supposer qu'elle parlât ainsi de son mari.

— Sir Thomas Ashby, répondit-elle avec un triste sang-froid.

— Et vous le détestez, miss Murray ? lui dis-je ; car j'étais trop scandalisée pour me souvenir de son nom en ce moment-là.

— Oui, je le déteste, miss Grey, et je le méprise aussi ; et si vous le connaissiez, vous ne me blâmeriez pas.

— Mais vous saviez ce qu'il était avant de l'épouser ?

— Non, je ne savais pas la moitié de ce que je sais maintenant sur lui. Je sais que vous m'avez avertie, et je voudrais bien vous avoir écoutée ; mais il est trop tard maintenant pour regretter de n'avoir pas suivi vos conseils. Et d'ailleurs

mamma ought to have known better than either of us, and she never said anything against it—quite the contrary. And then I thought he adored me, and would let me have my own way: he did pretend to do so at first, but now he does not care a bit about me. Yet I should not care for that: he might do as he pleased, if I might only be free to amuse myself and to stay in London, or have a few friends down here: but *he will* do as he pleases, and I must be a prisoner and a slave. The moment he saw I could enjoy myself without him, and that others knew my value better than himself, the selfish wretch began to accuse me of coquetry and extravagance; and to abuse Harry Meltham, whose shoes he was not worthy to clean. And then he must needs have me down in the country, to lead the life of a nun, lest I should dishonour him or bring him to ruin; as if he had not been ten times worse every way, with his betting-book, and his gaming-table, and his opera-girls, and his Lady This and Mrs. That—yes, and his bottles of wine, and glasses of brandy-and-water too! Oh, I would give ten thousand worlds to be Miss Murray again! It is *too* bad to feel life, health, and beauty wasting away, unfelt and unenjoyed, for such a brute as that!' exclaimed she, fairly bursting into tears in the bitterness of her vexation.

Of course, I pitied her exceedingly; as well for her false idea of happiness and disregard of duty, as for the wretched partner with whom her fate was linked. I said what I could to comfort her, and offered such counsels as I thought she most required:

maman eût dû le connaître mieux que l'une ou l'autre de nous, et elle ne m'a jamais rien dit contre lui ; au contraire. Puis, je pensais qu'il m'adorait et me laisserait faire ce que je voudrais. Il eut l'air de le faire dans les commencements, mais maintenant il ne s'occupe nullement de moi. Je ne me chagrinerais pas de cela, pourtant ; il pourrait faire ce qu'il voudrait, si j'étais libre de m'amuser et de rester à Londres, ou d'avoir quelques amis ici avec moi. Mais il veut faire ce qui lui plaît, et il faut que je sois une prisonnière et une esclave. Dès le moment où il vit que je pouvais m'amuser sans lui, et que d'autres connaissaient mieux que lui ma valeur, le misérable égoïste commença à m'accuser de coquetterie et d'extravagance, et à dire du mal d'Harry Meltham, dont il n'était pas digne de décrotter les souliers. Et maintenant il veut que je vive à la campagne et que je mène l'existence d'une nonne, de peur que je ne le déshonore ou que je ne le ruine, dit-il ; comme s'il avait besoin de moi pour cela, avec son carnet de paris, sa table de jeu, ses filles d'Opéra, sa lady une telle, sa mistress une telle, ses bouteilles de vin et ses verres d'eau-de-vie et de gin ! Oh ! je donnerais dix mille mondes pour être encore miss Murray ! C'est trop douloureux de sentir sa vie, sa santé, sa beauté, se consumer pour une brute pareille ! » s'écria-t-elle en fondant en larmes dans le paroxysme de sa douleur.

Je la plaignais sincèrement, aussi bien pour sa fausse idée du bonheur et son mépris du devoir, que pour le misérable *partner* auquel son sort était lié. Je dis ce que je pus pour la consoler, et lui offris les conseils que je crus les plus nécessaires,

advising her, first, by gentle reasoning, by kindness, example, and persuasion, to try to ameliorate her husband; and then, when she had done all she could, if she still found him incorrigible, to endeavour to abstract herself from him—to wrap herself up in her own integrity, and trouble herself as little about him as possible. I exhorted her to seek consolation in doing her duty to God and man, to put her trust in Heaven, and solace herself with the care and nurture of her little daughter; assuring her she would be amply rewarded by witnessing its progress in strength and wisdom, and receiving its genuine affection.

'But I can't devote myself entirely to a child,' said she; 'it may die—which is not at all improbable.'

'But, with care, many a delicate infant has become a strong man or woman.'

'But it may grow so intolerably like its father that I shall hate it.'

'That is not likely; it is a little girl, and strongly resembles its mother.'

'No matter; I should like it better if it were a boy— only that its father will leave it no inheritance that he can possibly squander away. What pleasure can I have in seeing a girl grow up to eclipse me, and enjoy those pleasures that I am for ever debarred from? But supposing I could be so generous as to take delight in this, still it is *only* a child; and I can't centre all my hopes in a child: that is only one degree better than devoting oneself to a dog. And as for all the wisdom and goodness you have

l'engageant d'abord à essayer par le raisonnement, par la bonté, l'exemple, la persuasion, d'améliorer son époux ; puis, lorsqu'elle aurait fait tout ce qu'elle pourrait faire, si elle le trouvait incorrigible, de chercher à se séparer de lui, de s'envelopper dans sa propre intégrité, et de ne se tourmenter à propos de lui que le moins possible. Je l'exhortai à chercher sa consolation dans l'accomplissement de ses devoirs envers Dieu et envers les hommes, à mettre sa confiance dans le ciel, à s'occuper des soins que réclamait sa petite fille, l'assurant qu'elle serait amplement récompensée en la voyant croître en force et en sagesse, et en s'assurant de sa véritable affection.

« Mais je ne puis me vouer entièrement à cette enfant, dit-elle ; elle peut mourir, ce qui n'est point du tout improbable.

— Mais, avec des soins, beaucoup d'enfants délicats sont devenus des hommes ou des femmes pleins de force.

— Mais elle peut devenir si semblable à son père, que je la détesterai aussi.

— Cela n'est guère probable : c'est une petite fille, et elle ressemble fortement à sa mère.

— N'importe, j'aimerais mieux que ce fût un garçon, car son père ne lui laissera que ce qu'il lui sera impossible de dissiper. Quel plaisir pourrais-je avoir en voyant ma fille grandir pour m'éclipser, et jouir de ces plaisirs dont je suis à tout jamais privée ? Mais en supposant que je puisse être assez généreuse pour prendre du plaisir à cela, elle n'est qu'une enfant, et je ne puis concentrer toutes mes espérances sur une enfant ; c'est seulement un peu mieux que de mettre toutes ses affections sur un chien. Quant à la sagesse que vous avez

been trying to instil into me—that is all very right and proper, I daresay, and if I were some twenty years older, I might fructify by it: but people must enjoy themselves when they are young; and if others won't let them—why, they must hate them for it!'

'The best way to enjoy yourself is to do what is right and hate nobody. The end of Religion is not to teach us how to die, but how to live; and the earlier you become wise and good, the more of happiness you secure. And now, Lady Ashby, I have one more piece of advice to offer you, which is, that you will not make an enemy of your mother-in-law. Don't get into the way of holding her at arms' length, and regarding her with jealous distrust. I never saw her, but I have heard good as well as evil respecting her; and I imagine that, though cold and haughty in her general demeanour, and even exacting in her requirements, she has strong affections for those who can reach them; and, though so blindly attached to her son, she is not without good principles, or incapable of hearing reason. If you would but conciliate her a little, and adopt a friendly, open manner—and even confide your grievances to her—real grievances, such as you have a right to complain of—it is my firm belief that she would, in time, become your faithful friend, and a comfort and support to you, instead of the incubus you describe her.'

But I fear my advice had little effect upon the unfortunate young lady; and, finding I could render myself so little serviceable, my residence at Ashby Park became doubly painful. But still, I must stay out that day

la bonté de chercher à faire pénétrer en moi, tout cela est très-bien, très-convenable, je l'avoue, et, si j'avais vingt ans de plus, j'en pourrais faire mon profit ; mais il faut jouir de sa liberté pendant qu'on est jeune ; et, si d'autres vous en empêchent, il est tout naturel de les haïr.

— Le meilleur moyen d'être heureux est de faire le bien et de ne haïr personne. Le but de la religion n'est pas de nous apprendre comment il faut mourir, mais comment il faut vivre ; et plus tôt l'on devient sage et bon, mieux on assure son bonheur. Maintenant, lady Ashby, j'ai un avis à vous donner : c'est de ne pas vous faire une ennemie de votre belle-mère ; ne continuez point à la tenir à distance et à la regarder avec une défiance jalouse. Je ne l'ai jamais vue, mais j'en ai entendu dire du bien aussi bien que du mal ; et, quoiqu'elle soit froide et hautaine généralement, et parfois exigeante, je crois qu'elle a de puissantes affections pour ceux qui les peuvent gagner. Quoiqu'elle soit si aveuglément attachée à son fils, elle n'est point sans bons principes, ni incapable d'entendre raison. Si vous vouliez seulement vous la concilier *un peu*, adopter envers elle des formes ouvertes et amicales, lui confier même vos griefs, vos *vrais griefs*, ceux dont vous avez droit de vous plaindre, je crois fermement qu'elle deviendrait votre amie fidèle, qu'elle vous consolerait et vous soutiendrait, au lieu d'être pour vous le cauchemar que vous dites. »

Mais mes avis, je le crains bien, n'avaient que peu d'effet sur la malheureuse jeune lady, et, trouvant que je ne pouvais lui être plus utile, ma résidence à Ashby-Park me devint doublement pénible. Pourtant il me fallait rester ce jour-là

and the following one, as I had promised to do so: though, resisting all entreaties and inducements to prolong my visit further, I insisted upon departing the next morning; affirming that my mother would be lonely without me, and that she impatiently expected my return. Nevertheless, it was with a heavy heart that I bade adieu to poor Lady Ashby, and left her in her princely home. It was no slight additional proof of her unhappiness, that she should so cling to the consolation of my presence, and earnestly desire the company of one whose general tastes and ideas were so little congenial to her own—whom she had completely forgotten in her hour of prosperity, and whose presence would be rather a nuisance than a pleasure, if she could but have half her heart's desire.

et le jour suivant, ainsi que je l'avais promis. Résistant donc à toutes les prières, je voulus partir le lendemain matin, assurant que ma mère s'attristait de mon absence, et qu'elle attendait impatiemment mon retour. Pourtant, ce ne fut pas sans un serrement de cœur que je dis adieu à la pauvre lady Ashby ; ce n'était pas une faible preuve de son infortune, qu'elle s'attachât ainsi à la consolation que lui donnait ma présence, et désirât si ardemment la compagnie d'une personne dont les goûts et les idées étaient si peu en harmonie avec les siens, qu'elle avait complètement oubliée dans ses jours de prospérité, et dont la présence lui eût plutôt causé de l'ennui que du plaisir, si seulement la moitié des désirs de son cœur eussent été satisfaits.

24

The Sands

OUR SCHOOL was not situated in the heart of the town: on entering A--- from the north-west there is a row of respectable-looking houses, on each side of the broad, white road, with narrow slips of garden-ground before them, Venetian blinds to the windows, and a flight of steps leading to each trim, brass-handled door. In one of the largest of these habitations dwelt my mother and I, with such young ladies as our friends and the public chose to commit to our charge. Consequently, we were a considerable distance from the sea, and divided from it by a labyrinth of streets and houses. But the sea was my delight; and I would often gladly pierce the town to obtain the pleasure of a walk beside it, whether with the pupils, or alone with my mother during the vacations. It was delightful to me at all times and seasons, but especially in the wild commotion of a rough sea-breeze, and in the brilliant freshness of a summer morning.

I awoke early on the third morning after my return from Ashby Park—the sun was shining through the blind, and I thought how pleasant it would be to pass through

24
La plage

Notre école n'était pas située au cœur de la ville. En entrant à A.... du côté nord-ouest, il y a une ligne de maisons d'un respectable aspect de chaque côté de la route large et blanche, avec de petits jardins au devant, des jalousies aux fenêtres, et quelques marches d'escalier conduisant à chaque porte élégante et à poignée de cuivre bien luisante. Dans l'une des plus grandes de ces habitations, nous vivions, ma mère et moi, avec les jeunes ladies que nos amis ou le public voulaient bien confier à nos soins. En conséquence, nous étions à une distance considérable de la mer, dont nous étions séparées par un labyrinthe de rues et de maisons. Mais la mer faisait mes délices, et je traversais volontiers la ville pour avoir le plaisir de me promener sur la grève, soit avec les élèves, soit avec ma mère ou seule pendant les vacances. La mer faisait mes délices en tout temps et en toute saison, mais principalement lorsqu'elle était agitée par une violente brise et dans la brillante fraîcheur matinale d'un jour d'été.

Je m'éveillai de bonne heure le matin du troisième jour après mon retour d'Ashby-Park ; le soleil brillait à travers les jalousies, et je pensai combien il serait agréable de traverser

the quiet town and take a solitary ramble on the sands while half the world was in bed. I was not long in forming the resolution, nor slow to act upon it. Of course I would not disturb my mother, so I stole noiselessly downstairs, and quietly unfastened the door. I was dressed and out, when the church clock struck a quarter to six. There was a feeling of freshness and vigour in the very streets; and when I got free of the town, when my foot was on the sands and my face towards the broad, bright bay, no language can describe the effect of the deep, clear azure of the sky and ocean, the bright morning sunshine on the semicircular barrier of craggy cliffs surmounted by green swelling hills, and on the smooth, wide sands, and the low rocks out at sea—looking, with their clothing of weeds and moss, like little grass-grown islands—and above all, on the brilliant, sparkling waves. And then, the unspeakable purity—and freshness of the air! There was just enough heat to enhance the value of the breeze, and just enough wind to keep the whole sea in motion, to make the waves come bounding to the shore, foaming and sparkling, as if wild with glee. Nothing else was stirring—no living creature was visible besides myself. My footsteps were the first to press the firm, unbroken sands;—nothing before had trampled them since last night's flowing tide had obliterated the deepest marks of yesterday, and left them fair and even, except where the subsiding water had left behind it the traces of dimpled pools and little running streams.

la ville calme et de faire une promenade solitaire sur la plage pendant que la moitié du monde était encore au lit. Je ne fus pas longtemps à former ce désir ni lente à l'accomplir. Naturellement je ne voulais pas déranger ma mère ; je descendis donc sans bruit et j'ouvris doucement la porte. J'étais habillée et dehors quand l'horloge sonna six heures moins un quart. J'éprouvai un sentiment de vigueur et de fraîcheur en traversant les rues ; et lorsque je fus hors de la ville, quand mes pieds foulèrent le sable, quand mon visage se tourna vers l'immense baie, aucun langage ne peut décrire l'effet produit sur moi par le profond et pur azur du ciel et de l'Océan, le soleil dardant ses rayons sur la barrière semi-circulaire de rochers escarpés surmontés de vertes collines, la plage douce et unie, les rochers au loin dans la mer, semblables, avec leur vêtement de mousse et d'herbes marines, à des îles de verdure, et par-dessus tout la vague étincelante. Puis, quelle pureté et quelle fraîcheur dans l'air ! il y avait juste assez de chaleur pour faire aimer la fraîcheur de la brise, et juste assez de vent pour tenir toute la mer en mouvement, pour faire bondir les vagues sur la grève, écumantes et étincelantes, et se pressant joyeusement les unes sur les autres. La solitude était complète ; nulle créature animée que moi ; mon pied était le premier à fouler ce sable ferme et uni, sur lequel le flux avait effacé les plus profondes empreintes de la veille, ne laissant çà et là que de petites mares et de petits courants.

Refreshed, delighted, invigorated, I walked along, forgetting all my cares, feeling as if I had wings to my feet, and could go at least forty miles without fatigue, and experiencing a sense of exhilaration to which I had been an entire stranger since the days of early youth. About half-past six, however, the grooms began to come down to air their masters' horses—first one, and then another, till there were some dozen horses and five or six riders: but that need not trouble me, for they would not come as far as the low rocks which I was now approaching. When I had reached these, and walked over the moist, slippery sea-weed (at the risk of floundering into one of the numerous pools of clear, salt water that lay between them), to a little mossy promontory with the sea splashing round it, I looked back again to see who next was stirring. Still, there were only the early grooms with their horses, and one gentleman with a little dark speck of a dog running before him, and one water-cart coming out of the town to get water for the baths. In another minute or two, the distant bathing machines would begin to move, and then the elderly gentlemen of regular habits and sober quaker ladies would be coming to take their salutary morning walks. But however interesting such a scene might be, I could not wait to witness it, for the sun and the sea so dazzled my eyes in that direction, that I could but afford one glance; and then I turned again to delight myself with the sight and the sound of the sea, dashing against my promontory—with no prodigious force,

Délassée, enchantée et pleine de vigueur, je marchais, oubliant tous mes soucis ; il me semblait que j'avais des ailes aux pieds et que j'aurais pu parcourir quarante milles sans fatigue ; j'éprouvais un sentiment de joie auquel, depuis les jours de ma première jeunesse, j'avais été complètement étrangère. Vers six heures et demie pourtant, les grooms commencèrent à descendre pour faire prendre l'air aux chevaux de leurs maîtres.

Il en vint d'abord un, puis un autre, jusqu'à ce qu'il y eut une douzaine de chevaux et cinq ou six cavaliers ; mais cela ne me troublait pas, car ils ne devaient pas venir aussi loin que les rochers dont j'approchais. Quand je fus arrivée à ces rochers sous-marins, et que je m'avançai sur la mousse et les herbes marines glissantes (au risque de tomber dans une des flaques d'eau claire et salée qui les séparaient) vers un petit promontoire que battait la vague, je me retournai pour regarder derrière moi. Je vis toujours les grooms et leurs chevaux, puis un gentleman seul avec un petit chien semblable à un point noir courant devant lui, et un chariot descendant de la ville et venant chercher de l'eau pour les bains. Dans une minute ou deux les voitures de bains allaient se mouvoir, et les vieux gentlemen d'habitudes régulières, les ladies méthodiques et graves allaient commencer leur salutaire promenade du matin. Mais, quelque intéressant que fût pour moi ce spectacle, je ne pouvais attendre pour le voir, car le soleil et la mer éblouissaient tellement mes yeux quand je regardais de ce côté, que je fus obligée de les détourner aussitôt. Je me laissai donc de nouveau aller au plaisir de voir et d'entendre la mer battre mon petit promontoire, sans grande force toutefois,

for the swell was broken by the tangled sea-weed and the unseen rocks beneath; otherwise I should soon have been deluged with spray. But the tide was coming in; the water was rising; the gulfs and lakes were filling; the straits were widening: it was time to seek some safer footing; so I walked, skipped, and stumbled back to the smooth, wide sands, and resolved to proceed to a certain bold projection in the cliffs, and then return.

Presently, I heard a snuffling sound behind me and then a dog came frisking and wriggling to my feet. It was my own Snap—the little dark, wire-haired terrier! When I spoke his name, he leapt up in my face and yelled for joy. Almost as much delighted as himself, I caught the little creature in my arms, and kissed him repeatedly. But how came he to be there? He could not have dropped from the sky, or come all that way alone: it must be either his master, the rat-catcher, or somebody else that had brought him; so, repressing my extravagant caresses, and endeavouring to repress his likewise, I looked round, and beheld—Mr. Weston!

'Your dog remembers you well, Miss Grey,' said he, warmly grasping the hand I offered him without clearly knowing what I was about. 'You rise early.'

'Not often so early as this,' I replied, with amazing composure, considering all the circumstances of the case.

'How far do you purpose to extend your walk?'

'I was thinking of returning—it must be almost time, I think.'

car la vague était amortie par les herbes marines épaisses et les rochers à fleur d'eau ; autrement, j'aurais été promptement inondée d'écume. Mais la marée montait, l'eau s'élevait, les lacs et les gouffres se remplissaient, les détroits s'élargissaient ; il était temps de chercher un lieu plus sûr. Aussi, je marchai, sautai, enjambai et revins enfin sur la plage vaste et unie ; je résolus alors de pousser ma promenade jusqu'à certains rochers, et à me retourner ensuite.

Au même moment, j'entendis un bruit derrière moi, et un chien vint bondir et frétiller à mes pieds. C'était mon propre Snap, le petit terrier noir au poil rude ! Quand je prononçai son nom, il me sauta au visage et hurla de joie. Presque aussi joyeuse que lui, je le pris dans mes bras et l'embrassai plusieurs fois. Mais comment se trouvait-il là ? Il ne pouvait être tombé du ciel, ni être venu seul ; ce devait être son maître le preneur de rats, ou quelque autre personne qui l'avait amené ; donc, réprimant mes extravagantes caresses, et m'efforçant aussi de réprimer les siennes, je regardai autour de moi et je vis… M. Weston.

« Votre chien se souvient de vous, miss Grey, dit-il en saisissant avec chaleur la main que je lui offris sans trop savoir ce que je faisais. Vous êtes matinale.

— Pas toujours autant qu'aujourd'hui, répondis-je avec un sang-froid étonnant pour la circonstance.

— Jusqu'où avez-vous dessein de pousser votre promenade ?

— Je pensais à m'en retourner… il doit être temps, je pense. »

He consulted his watch — a gold one now — and told me it was only five minutes past seven.

'But, doubtless, you have had a long enough walk,' said he, turning towards the town, to which I now proceeded leisurely to retrace my steps; and he walked beside me. 'In what part of the town do you live?' asked he. 'I never could discover.'

Never could discover? Had he endeavoured to do so then? I told him the place of our abode. He asked how we prospered in our affairs. I told him we were doing very well — that we had had a considerable addition to our pupils after the Christmas vacation, and expected a still further increase at the close of this.

'You must be an accomplished instructor,' he observed.

'No, it is my mother,' I replied; 'she manages things so well, and is so active, and clever, and kind.'

'I should like to know your mother. Will you introduce me to her some time, if I call?'

'Yes, willingly.'

'And will you allow me the privilege of an old friend, of looking in upon you now and then?'

'Yes, if — I suppose so.'

This was a very foolish answer, but the truth was, I considered that I had no right to invite anyone to my mother's house without her knowledge; and if I had said, 'Yes, if my mother does not object,' it would appear as if by his question I understood more than was expected;

Il consulta sa montre, une montre en or cette fois, et me dit qu'il était sept heures cinq minutes.

« Mais sans doute votre promenade a été assez longue, » dit-il en se retournant vers la ville, du côté de laquelle je me mis à ramener lentement mes pas, et il se mit à marcher à côté de moi. « Dans quelle partie de la ville demeurez-vous ? je n'ai jamais pu vous découvrir. »

Il n'avait jamais pu nous découvrir ! il l'avait donc tenté ? Je lui dis le lieu de notre résidence ; il me demanda comment allaient nos affaires : je lui dis qu'elles allaient très-bien, que nous avions eu une grande augmentation d'élèves après les vacances de Noël, et que nous en attendions une nouvelle à la fin de celles où nous étions.

« Vous devez être une institutrice accomplie ? me dit-il.

— Non pas moi, mais ma mère, répondis-je ; elle mène si bien les choses, elle est si active, si instruite, si bonne !

— J'aimerais à connaître votre mère ; voudriez-vous me présenter à elle quelque jour, si je vous le demande ?

— Oui, avec plaisir.

— Et me donnerez-vous le privilège d'un vieil ami, de venir vous voir de temps à autre ?

— Oui, si… je le suppose… »

C'était là une sotte réponse ; mais la vérité est que je ne me croyais aucun droit d'inviter quelqu'un à venir dans la maison de ma mère sans qu'elle le sût, et si j'avais dit : « Oui, si ma ma mère n'y fait pas d'objection, » il aurait semblé que par sa question je comprenais plus qu'il n'avait voulu dire.

so, *supposing* she would not, I added, 'I suppose so:' but of course I should have said something more sensible and more polite, if I had had my wits about me. We continued our walk for a minute in silence; which, however, was shortly relieved (no small relief to me) by Mr. Weston commenting upon the brightness of the morning and the beauty of the bay, and then upon the advantages A--- possessed over many other fashionable places of resort.

'You don't ask what brings me to A--- ' said he. 'You can't suppose I'm rich enough to come for my own pleasure.'

'I heard you had left Horton.'

'You didn't hear, then, that I had got the living of F---?'

F--- was a village about two miles distant from A---.

'No,' said I; 'we live so completely out of the world, even here, that news seldom reaches me through any quarter; except through the medium of the—*Gazette*. But I hope you like your new parish; and that I may congratulate you on the acquisition?'

'I expect to like my parish better a year or two hence, when I have worked certain reforms I have set my heart upon—or, at least, progressed some steps towards such an achievement. But you may congratulate me now; for I find it very agreeable to *have* a parish all to myself, with nobody to interfere with me—to thwart my plans or cripple my exertions: and besides, I have a respectable house in a rather pleasant neighbourhood, and three hundred pounds a year; and, in fact,

J'ajoutai donc : « Je le suppose ; » mais j'aurais pu, si j'avais eu ma présence d'esprit ordinaire, dire quelque chose de plus sensé et de plus poli. Nous continuâmes notre promenade pendant une minute dans un silence, qui fut bientôt rompu (à mon grand soulagement) par M. Weston, s'extasiant sur la beauté de la matinée, sur le beau panorama de la baie, et sur l'avantage que possédait la ville d'A... sur beaucoup d'autres bains de mer à la mode.

« Vous ne me demandez pas ce qui m'amène à A... ? me dit-il. Vous ne pouvez supposer que je sois assez riche pour y être pour mon plaisir.

— J'ai entendu dire que vous aviez quitté Horton.

— Vous n'avez pas entendu dire, alors, que j'ai obtenu la cure de F... ? »

F... était un village à deux milles de A...

« Non, dis-je ; nous vivons si complètement en dehors du monde, même ici, que les nouvelles ne nous arrivent que rarement, excepté au moyen de la *Gazette*. Mais j'espère que vous aimez votre nouvelle paroisse, et que je puis vous féliciter de l'acquisition ?

— J'espère aimer mieux ma paroisse dans une année ou deux, lorsque j'aurai opéré certaines réformes que j'ai projetées, ou que du moins j'aurai fait quelques pas dans cette voie. Mais vous pouvez me féliciter maintenant, car je trouve qu'il est très-agréable d'avoir une paroisse entièrement à moi, sans personne qui contrôle mes actes, détruise mes plans ou anéantisse mes efforts. En outre, j'ai une jolie maison dans une situation agréable, et trois cents guinées par an. En somme,

I have nothing but solitude to complain of, and nothing but a companion to wish for.'

He looked at me as he concluded: and the flash of his dark eyes seemed to set my face on fire; greatly to my own discomfiture, for to evince confusion at such a juncture was intolerable. I made an effort, therefore, to remedy the evil, and disclaim all personal application of the remark by a hasty, ill-expressed reply, to the effect that, if he waited till he was well known in the neighbourhood, he might have numerous opportunities for supplying his want among the residents of F--- and its vicinity, or the visitors of A---, if he required so ample a choice: not considering the compliment implied by such an assertion, till his answer made me aware of it.

'I am not so presumptuous as to believe that,' said he, 'though you tell it me; but if it were so, I am rather particular in my notions of a companion for life, and perhaps I might not find one to suit me among the ladies you mention.'

'If you require perfection, you never will.'

'I do not—I have no right to require it, as being so far from perfect myself.'

Here the conversation was interrupted by a water-cart lumbering past us, for we were now come to the busy part of the sands; and, for the next eight or ten minutes, between carts and horses, and asses, and men, there was little room for social intercourse, till we had turned our backs upon the sea, and begun to ascend

je n'ai à me plaindre que de ma solitude et à désirer qu'une compagne. »

Il me regarda en prononçant ces derniers mots, et l'éclair de son œil noir sembla mettre mon visage en feu, à mon grand chagrin : car montrer de la confusion en un tel moment, était pour moi chose intolérable. Je fis donc un effort pour remédier au mal, et rejeter toute application de ses paroles à ma personne, en lui répondant que, s'il voulait attendre qu'il fût suffisamment connu dans les environs, il ne manquerait pas de trouver ce qu'il désirait parmi les ladies qui habitaient F..., ou celles qui venaient prendre les eaux à A..., s'il lui fallait un si ample choix. Je ne compris pas ce que le compliment impliquait, jusqu'à ce que sa réponse me le fît voir.

« Je ne suis pas assez présomptueux pour croire cela, quoique ce soit vous qui le disiez, répondit-il. Mais, en admettant qu'il en fût ainsi, je suis un peu exigeant dans le choix d'une compagne de toute ma vie, et peut-être n'en trouverais-je pas une qui me convienne parmi les ladies dont vous parlez.

— Si vous demandez la perfection, vous ne la trouverez jamais.

— Je ne la demande pas ; je n'ai aucun droit de la demander, étant si loin moi-même d'être parfait. »

Notre conversation fut alors interrompue par un chariot de bains qui roulait à côté de nous, car nous étions arrivés à l'endroit de la plage où il y avait le plus de mouvement, et pendant huit ou dix minutes nous marchâmes au milieu de chariots, de chevaux, d'ânes et d'hommes, et nous ne pûmes reprendre notre causerie que lorsque nous fûmes arrivés

the precipitous road leading into the town. Here my companion offered me his arm, which I accepted, though not with the intention of using it as a support.

'You don't often come on to the sands, I think,' said he, 'for I have walked there many times, both morning and evening, since I came, and never seen you till now; and several times, in passing through the town, too, I have looked about for your school—but I did not think of the—Road; and once or twice I made inquiries, but without obtaining the requisite information.'

When we had surmounted the acclivity, I was about to withdraw my arm from his, but by a slight tightening of the elbow was tacitly informed that such was not his will, and accordingly desisted. Discoursing on different subjects, we entered the town, and passed through several streets. I saw that he was going out of his way to accompany me, notwithstanding the long walk that was yet before him; and, fearing that he might be inconveniencing himself from motives of politeness, I observed—'I fear I am taking you out of your way, Mr. Weston—I believe the road to F--- lies quite in another direction.'

'I'll leave you at the end of the next street,' said he.

'And when will you come to see mamma?'

'To-morrow—God willing.'

The end of the next street was nearly the conclusion of my journey. He stopped there, however, bid me good-morning, and called Snap, who seemed a little doubtful

à la route rapide qui monte vers la ville. Mon compagnon m'offrit alors son bras, que j'acceptai, sans avoir pourtant l'intention de m'en servir comme appui.

« Vous ne venez pas souvent sur la plage, me dit-il, car je m'y suis promené bien des fois, matin et soir, depuis mon arrivée ici, et jamais je ne vous ai aperçue avant ce jour. Souvent aussi, en traversant la ville, j'ai cherché votre école, mais je ne pensais pas aux maisons qui bordent la route à l'entrée de la ville, et une fois ou deux je me suis informé, sans obtenir la réponse que je cherchais. »

Quand nous fûmes arrivés au haut de la pente, je voulus dégager mon bras du sien, mais une légère pression du coude me fit voir qu'il ne le voulait pas, et j'y renonçai. En discourant sur divers sujets, nous entrâmes dans la ville et traversâmes plusieurs rues. Je vis qu'il se détournait de son chemin pour m'accompagner, quoiqu'il eût encore une longue marche devant lui ; et, craignant qu'il ne se retardât pour un motif de politesse, je lui dis :

« Je crains de vous détourner de votre chemin, monsieur Weston ; je crois que la route de F... est dans une direction tout opposée.

— Je vous quitterai au bout de la prochaine rue.

— Et quand viendrez-vous voir maman ?

— Demain, s'il plaît à Dieu. »

Le bout de la prochaine rue était à peu près la fin de ma promenade. Il s'arrêta là pourtant, me souhaita le bonjour, et appela Snap, qui parut un instant embarrassé

whether to follow his old mistress or his new master, but trotted away upon being summoned by the latter.

'I won't offer to restore him to you, Miss Grey,' said Mr. Weston, smiling, 'because I like him.'

'Oh, I don't want him,' replied I, 'now that he has a good master; I'm quite satisfied.'

'You take it for granted that I am a good one, then?'

The man and the dog departed, and I returned home, full of gratitude to heaven for so much bliss, and praying that my hopes might not again be crushed.

de savoir s'il suivrait son ancienne maîtresse ou son nouveau maître ; mais qui finit par obéir au commandement de ce dernier.

« Je ne vous offre pas de vous le rendre, miss Grey, dit M. Weston en souriant, parce que je l'aime.

— Oh ! je ne le désire pas, répondis-je ; maintenant qu'il a un bon maître, je suis contente.

— Vous admettez donc comme chose reconnue que je suis un bon maître ? »

L'homme et le chien partirent, et je rentrai à la maison pleine de reconnaissance envers le ciel pour tant de bonheur, et lui demandant que mes espérances ne fussent pas encore une fois anéanties.

25
Conclusion

'Well, Agnes, you must not take such long walks again before breakfast,' said my mother, observing that I drank an extra cup of coffee and ate nothing—pleading the heat of the weather, and the fatigue of my long walk as an excuse. I certainly did feel feverish and tired too.

'You always do things by extremes: now, if you had taken a *short* walk every morning, and would continue to do so, it would do you good.'

'Well, mamma, I will.'

'But this is worse than lying in bed or bending over your books: you have quite put yourself into a fever.'

'I won't do it again,' said I.

I was racking my brains with thinking how to tell her about Mr. Weston, for she must know he was coming to-morrow. However, I waited till the breakfast things were removed, and I was more calm and cool; and then, having sat down to my drawing, I began—'I met an old friend on the sands to-day, mamma.'

25
Conclusion

« Agnès, vous ne devriez pas faire d'aussi longues courses avant le déjeuner, » me dit ma mère, remarquant que j'avais pris une seconde tasse de café, et que je n'avais rien mangé, prenant pour prétexte la chaleur du jour et ma longue promenade. Assurément j'avais la fièvre, et j'étais fatiguée aussi. « Vous poussez toujours les choses à l'extrême ; si vous vous contentiez de faire une *petite* promenade chaque matin, sans interruption, cela vous ferait beaucoup de bien.

— Eh bien ! maman, c'est ce que je ferai à l'avenir.

— Mais ce que vous venez de faire est pire que de demeurer au lit, ou de vous tenir constamment penchée sur vos livres : vous avez gagné un véritable accès de fièvre.

— Je ne le ferai plus, » dis-je.

Je me cassais la tête pour trouver comment lui parler de M. Weston, car il fallait lui apprendre qu'il devait venir le lendemain. Cependant j'attendis que le service du déjeuner fût enlevé, et je devins plus calme ; m'étant assise à mon dessin, je commençai ainsi :

'An old friend! Who could it be?'

'Two old friends, indeed. One was a dog;' and then I reminded her of Snap, whose history I had recounted before, and related the incident of his sudden appearance and remarkable recognition; 'and the other,' continued I, 'was Mr. Weston, the curate of Horton.'

'Mr. Weston! I never heard of him before.'

'Yes, you have: I've mentioned him several times, I believe: but you don't remember.'

'I've heard you speak of Mr. Hatfield.'

'Mr. Hatfield was the rector, and Mr. Weston the curate: I used to mention him sometimes in contradistinction to Mr. Hatfield, as being a more efficient clergyman. However, he was on the sands this morning with the dog—he had bought it, I suppose, from the rat-catcher; and he knew me as well as it did—probably through its means: and I had a little conversation with him, in the course of which, as he asked about our school, I was led to say something about you, and your good management; and he said he should like to know you, and asked if I would introduce him to you, if he should take the liberty of calling to-morrow; so I said I would. Was I right?'

'Of course. What kind of a man is he?'

'A very *respectable* man, I think: but you will see him to-morrow. He is the new vicar of F---, and as he has only

« J'ai rencontré aujourd'hui sur la plage un ancien ami, maman.

— Un ancien ami ! qui peut-il être ?

— Deux amis, même : l'un est un chien ; » et je lui rappelai alors Snap, dont je lui avais autrefois raconté l'histoire ; je lui dis comment je l'avais retrouvé et comment il m'avait reconnue. « L'autre, continuai-je, est M. Weston, le vicaire d'Horton.

— M. Weston ! je n'ai jamais entendu parler de lui.

— Je vous en ai parlé plusieurs fois, je crois ; mais vous ne vous en souvenez pas.

— Je vous ai entendu parler de M. Hasfield.

— M. Hasfield était le recteur, et M. Weston le vicaire : j'avais coutume de parler de lui quelquefois en opposition avec M. Hasfield, et comme étant un bien meilleur ecclésiastique que ce dernier. Quoi qu'il en soit, il était sur la plage ce matin, avec le chien, qu'il a, je suppose, acheté du preneur de rats, et il m'a parfaitement reconnue aussi. J'ai eu une petite conversation avec lui, dans le cours de laquelle, parlant de notre école, j'ai été amenée à lui dire quelque chose de vous et de votre bonne administration. Il m'a dit qu'il aimerait à vous connaître, et m'a demandé si je voulais vous le présenter. Je lui ai répondu que oui. Il m'a dit alors qu'il prendrait la liberté de venir demain. Ai-je bien fait ?

— Certainement ! Quelle espèce d'homme est-ce ?

— Un homme très-respectable, je pense, mais vous le verrez demain. Il est maintenant curé à F..., et, comme il n'y

been there a few weeks, I suppose he has made no friends yet, and wants a little society.'

The morrow came. What a fever of anxiety and expectation I was in from breakfast till noon—at which time he made his appearance! Having introduced him to my mother, I took my work to the window, and sat down to await the result of the interview. They got on extremely well together—greatly to my satisfaction, for I had felt very anxious about what my mother would think of him. He did not stay long that time: but when he rose to take leave, she said she should be happy to see him, whenever he might find it convenient to call again; and when he was gone, I was gratified by hearing her say,—'Well! I think he's a very sensible man. But why did you sit back there, Agnes,' she added, 'and talk so little?'

'Because you talked so well, mamma, I thought you required no assistance from me: and, besides, he was your visitor, not mine.'

After that, he often called upon us—several times in the course of a week. He generally addressed most of his conversation to my mother: and no wonder, for she could converse. I almost envied the unfettered, vigorous fluency of her discourse, and the strong sense evinced by everything she said—and yet, I did not; for, though I occasionally regretted my own deficiencies for his sake, it gave me very great pleasure to sit and hear the two beings I loved and honoured above every one else in the world,

est arrivé que depuis quelques semaines, je suppose qu'il n'a pu encore s'y faire d'amis, et qu'il sent le besoin d'avoir un peu de société. »

Le lendemain arriva : dans quel état de fiévreuse anxiété et d'attente je fus depuis le déjeuner jusqu'à midi, moment où il parut ! L'ayant introduit auprès de ma mère, je me retirai avec mon ouvrage près de la fenêtre, où je m'assis en attendant le résultat de l'entrevue. Ils furent enchantés l'un de l'autre, à ma grande satisfaction, car j'avais été très-inquiète sur ce que ma mère penserait de lui. Il ne resta pas longtemps cette fois ; mais quand il se leva et prit congé, elle lui dit qu'elle serait enchantée de le revoir toutes les fois qu'il lui plairait de revenir ; et lorsqu'il fut parti, je fus heureuse de l'entendre dire :

« Je crois que c'est un homme de beaucoup de sens. Mais pourquoi êtes-vous restée là assise, Agnès, et avez-vous si peu parlé ?

— Vous parliez si bien, maman ! j'ai pensé que vous n'aviez nul besoin de mon assistance ; et, d'ailleurs, c'était votre visiteur et non le mien. »

Après cela, il vint souvent nous voir, plusieurs fois dans le cours d'une semaine. Généralement il conversait avec ma mère, et il n'y avait là rien d'étonnant, car elle savait soutenir une conversation. J'enviais presque la facilité et la force de sa parole, et le grand sens qu'elle montrait dans tout ce qu'elle disait ; mais, quoique je regrettasse quelquefois mon insuffisance sous ce rapport, j'éprouvais un grand plaisir à entendre les deux êtres que j'aimais et que j'honorais par-dessus tout le monde

discoursing together so amicably, so wisely, and so well. I was not always silent, however; nor was I at all neglected. I was quite as much noticed as I would wish to be: there was no lack of kind words and kinder looks, no end of delicate attentions, too fine and subtle to be grasped by words, and therefore indescribable — but deeply felt at heart.

Ceremony was quickly dropped between us: Mr. Weston came as an expected guest, welcome at all times, and never deranging the economy of our household affairs. He even called me 'Agnes:' the name had been timidly spoken at first, but, finding it gave no offence in any quarter, he seemed greatly to prefer that appellation to 'Miss Grey;' and so did I. How tedious and gloomy were those days in which he did not come! And yet not miserable; for I had still the remembrance of the last visit and the hope of the next to cheer me. But when two or three days passed without my seeing him, I certainly felt very anxious — absurdly, unreasonably so; for, of course, he had his own business and the affairs of his parish to attend to. And I dreaded the close of the holidays, when *my* business also would begin, and I should be sometimes unable to see him, and sometimes — when my mother was in the schoolroom — obliged to be with him alone: a position I did not at all desire, in the house; though to meet him out of doors, and walk beside him, had proved by no means disagreeable.

discourir si amicalement, si sagement et si bien. Je n'étais pas toujours silencieuse pourtant, ni tout à fait négligée. On faisait attention à moi, juste autant que je pouvais le désirer. Les mots tendres, les regards plus tendres encore, les délicates attentions que la parole ne peut rendre, mais qui m'allaient directement au cœur, m'étaient libéralement prodigués.

Toute cérémonie fut bientôt abandonnée entre nous. M. Weston arrivait comme un hôte attendu, toujours bienvenu, et ne dérangeant jamais l'économie de nos affaires de ménage. Il m'appelait toujours Agnès ; le nom avait d'abord été prononcé avec timidité ; mais trouvant qu'il n'offensait personne, il parut le préférer beaucoup à l'appellation de « miss Grey, » et moi aussi. Combien étaient tristes et sombres les jours où il ne venait pas ! Et pourtant je n'étais pas malheureuse, car je me souvenais de la dernière visite, et j'avais pour me consoler l'espoir de la prochaine. Mais quand je passais deux ou trois jours sans le voir, je me sentais certainement dans une grande anxiété : c'était absurde, déraisonnable, car naturellement il avait à vaquer à ses affaires et aux affaires de sa paroisse. Je redoutais aussi la fin des vacances, quand mon travail allait recommencer : quelquefois alors je ne pourrais le voir, et d'autres fois, lorsque ma mère serait occupée dans l'école, il me faudrait demeurer seule avec lui ; position que je ne désirais nullement dans la maison, quoique sa rencontre au dehors et les longues promenades avec lui ne m'eussent certes pas été désagréables.

One evening, however, in the last week of the vacation, he arrived—unexpectedly: for a heavy and protracted thunder-shower during the afternoon had almost destroyed my hopes of seeing him that day; but now the storm was over, and the sun was shining brightly.

'A beautiful evening, Mrs. Grey!' said he, as he entered. 'Agnes, I want you to take a walk with me to ---' (he named a certain part of the coast—a bold hill on the land side, and towards the sea a steep precipice, from the summit of which a glorious view is to be had). 'The rain has laid the dust, and cooled and cleared the air, and the prospect will be magnificent. Will you come?'

'Can I go, mamma?'

'Yes; to be sure.'

I went to get ready, and was down again in a few minutes; though, of course, I took a little more pains with my attire than if I had merely been going out on some shopping expedition alone. The thunder-shower had certainly had a most beneficial effect upon the weather, and the evening was most delightful. Mr. Weston would have me to take his arm; he said little during our passage through the crowded streets, but walked very fast, and appeared grave and abstracted. I wondered what was the matter, and felt an indefinite dread that something unpleasant was on his mind; and vague surmises, concerning what it might be, troubled me not a little, and made me grave and silent enough.

Un soir, pendant la dernière semaine des vacances, il arriva sans être attendu ; car une averse violente et prolongée pendant l'après-midi avait presque détruit toutes mes espérances de le voir ce jour-là. Mais en ce moment l'orage était passé et le soleil brillait d'un pur éclat.

« Voilà une belle soirée, mistress Grey ! dit-il en entrant ; Agnès, je désire que vous veniez faire une promenade avec moi à... (Il nomma un certain point de la côte, une colline élevée, du sommet de laquelle on a une très-belle vue). La pluie a abattu la poussière et rafraîchi l'air, et la perspective sera magnifique. Voulez-vous venir ?

— Puis-je aller, maman ?

— Oui, certainement. »

J'allai m'apprêter, et fus revenue dans quelques minutes, quoique naturellement j'eusse mis plus de soin à ma toilette que je n'en mettais pour sortir seule. La pluie avait eu certainement un très-bon effet sur le temps, et la soirée était délicieuse. M. Weston m'offrit son bras ; il dit peu de chose pendant que nous traversâmes les rues encombrées de monde, mais il marchait très-vite et paraissait rêveur et distrait. Je m'en étonnais, et craignais qu'il n'eût quelque chose de désagréable à m'annoncer ; une vague conjecture de ce que ce pouvait être me troubla fort, et me rendit triste et silencieuse aussi.

But these fantasies vanished upon reaching the quiet outskirts of the town; for as soon as we came within sight of the venerable old church, and the—hill, with the deep blue beyond it, I found my companion was cheerful enough.

'I'm afraid I've been walking too fast for you, Agnes,' said he: 'in my impatience to be rid of the town, I forgot to consult your convenience; but now we'll walk as slowly as you please. I see, by those light clouds in the west, there will be a brilliant sunset, and we shall be in time to witness its effect upon the sea, at the most moderate rate of progression.'

When we had got about half-way up the hill, we fell into silence again; which, as usual, he was the first to break.

'My house is desolate yet, Miss Grey,' he smilingly observed, 'and I am acquainted now with all the ladies in my parish, and several in this town too; and many others I know by sight and by report; but not one of them will suit me for a companion; in fact, there is only one person in the world that will: and that is yourself; and I want to know your decision?'

'Are you in earnest, Mr. Weston?'

'In earnest! How could you think I should jest on such a subject?'

He laid his hand on mine, that rested on his arm: he must have felt it tremble—but it was no great matter now.

Mais ces fantaisies s'évanouirent lorsque nous atteignîmes les tranquilles limites de la ville : car aussitôt que nous aperçûmes la vieille et vénérable église, et la colline avec la mer bleue au delà, je retrouvai mon compagnon assez gai.

« Je crains que nous n'ayons marché trop vite pour vous, Agnès, dit-il ; dans mon impatience d'être hors de la ville, j'ai oublié de consulter votre convenance ; mais maintenant, nous marcherons aussi lentement que vous le voudrez. Je vois, par ces légers nuages à l'ouest, qu'il y aura un brillant coucher de soleil, et en marchant doucement nous arriverons à temps pour en voir l'effet sur la mer. »

Quand nous fûmes environ à moitié de la montée, nous retombâmes de nouveau dans le silence. Ce fut lui qui le rompit le premier.

« Ma maison est toujours solitaire, miss Grey, dit-il en souriant, et je connais maintenant toutes les ladies de ma paroisse, un grand nombre de celles de cette ville, et beaucoup d'autres que j'ai vues ou dont on m'a parlé ; mais aucune d'elles ne me convient pour ma compagne. Il y a une seule personne au monde qui puisse me convenir, et cette personne c'est vous. J'ai besoin de connaître votre décision.

— Parlez-vous sérieusement, monsieur Weston ?

— Sérieusement ! Pouvez-vous penser que je plaisanterais sur un pareil sujet ? »

Il plaça sa main sur la mienne qui reposait sur son bras ; il dut la sentir trembler.

'I hope I have not been too precipitate,' he said, in a serious tone. 'You must have known that it was not my way to flatter and talk soft nonsense, or even to speak the admiration that I felt; and that a single word or glance of mine meant more than the honied phrases and fervent protestations of most other men.'

I said something about not liking to leave my mother, and doing nothing without her consent.

'I settled everything with Mrs. Grey, while you were putting on your bonnet,' replied he. 'She said I might have her consent, if I could obtain yours; and I asked her, in case I should be so happy, to come and live with us — for I was sure you would like it better. But she refused, saying she could now afford to employ an assistant, and would continue the school till she could purchase an annuity sufficient to maintain her in comfortable lodgings; and, meantime, she would spend her vacations alternately with us and your sister, and should be quite contented if you were happy. And so now I have overruled your objections on her account. Have you any other?'

'No — none.'

'You love me then?' said be, fervently pressing my hand.

'Yes.'

* * *

« J'espère n'avoir pas été trop précipité, dit-il avec calme. Vous avez dû voir qu'il n'est pas dans mes habitudes de flatter, de dire de tendres bagatelles, ni même d'exprimer toute l'admiration que j'éprouve, et qu'un simple mot ou un regard de moi en disent plus que les phrases meilleures et les protestations plus ardentes de beaucoup d'autres hommes. »

Je dis quelque chose sur le regret que j'aurais de quitter ma mère, et mon intention de ne rien faire sans son consentement.

« J'ai tout arrangé avec votre mère pendant que vous mettiez votre chapeau, répondit-il. Elle m'a dit que j'avais son consentement si je pouvais obtenir le vôtre. Je lui ai demandé, dans le cas où je serais assez heureux pour être agréé de vous, de venir habiter avec nous, car j'étais sûr que cela vous ferait plaisir. Mais elle a refusé, disant qu'elle pouvait maintenant employer une aide, et continuerait son école jusqu'à ce qu'elle pût acheter une annuité suffisante pour vivre confortablement chez elle ; qu'en attendant, elle passerait ses vacances alternativement avec nous et avec votre sœur, et serait très-contente de nous voir heureux. J'ai donc levé toutes vos objections à propos de votre mère ; en avez-vous d'autres ?

— Non, aucune !

— Vous m'aimez donc ? dit-il en me pressant tendrement la main.

— Oui. »

*
* *

Here I pause. My Diary, from which I have compiled these pages, goes but little further. I could go on for years, but I will content myself with adding, that I shall never forget that glorious summer evening, and always remember with delight that steep hill, and the edge of the precipice where we stood together, watching the splendid sunset mirrored in the restless world of waters at our feet—with hearts filled with gratitude to heaven, and happiness, and love—almost too full for speech.

A few weeks after that, when my mother had supplied herself with an assistant, I became the wife of Edward Weston; and never have found cause to repent it, and am certain that I never shall. We have had trials, and we know that we must have them again; but we bear them well together, and endeavour to fortify ourselves and each other against the final separation—that greatest of all afflictions to the survivor. But, if we keep in mind the glorious heaven beyond, where both may meet again, and sin and sorrow are unknown, surely that too may be borne; and, meantime, we endeavour to live to the glory of Him who has scattered so many blessings in our path.

Edward, by his strenuous exertions, has worked surprising reforms in his parish, and is esteemed and loved by its inhabitants—as he deserves; for whatever his faults may be as a man (and no one is entirely without), I defy anybody to blame him as a pastor, a husband, or a father.

Je m'arrête ici. Mon journal, dans lequel j'ai recueilli la matière de ces pages, ne va guère plus loin. Je pourrais passer en revue encore plusieurs années de ma vie ; mais je me contenterai de dire en finissant que je n'oublierai jamais cette belle soirée d'été, que je me souviendrai toujours avec plaisir de cette colline abrupte, du bord de ce précipice où nous nous tenions tous deux, regardant le splendide soleil couchant réfléchi dans l'onde calme à nos pieds ; nos cœurs remplis de reconnaissance envers le ciel, et débordant de bonheur et d'amour au point de ne pouvoir parler.

Quelques semaines après, quand ma mère se fut procuré une assistante, je devins la femme d'Édouard Weston. Je n'ai jamais eu lieu de m'en repentir, et suis sûre de ne m'en repentir jamais. Nous avons eu des épreuves à soutenir, et nous savons que nous en aurons encore ; mais nous les supportons ensemble, et tâchons de nous fortifier l'un l'autre contre la dernière séparation, la plus grande des afflictions pour le survivant. Mais si nous songeons au ciel, où nous nous rejoindrons, où le péché et l'affliction sont inconnus, certainement nous pourrons supporter cette dernière épreuve. En attendant, nous nous efforçons de vivre pour la gloire de Celui qui a répandu tant de bénédictions sur notre chemin.

Édouard, par ses persévérants efforts, a accompli de surprenantes réformes dans sa paroisse, et il y est estimé et aimé comme il le mérite : car, quels que soient ses défauts comme homme (et nul n'en est complètement exempt), je défie qui que ce soit de le blâmer comme pasteur, comme époux ou comme père.

Our children, Edward, Agnes, and little Mary, promise well; their education, for the time being, is chiefly committed to me; and they shall want no good thing that a mother's care can give. Our modest income is amply sufficient for our requirements: and by practising the economy we learnt in harder times, and never attempting to imitate our richer neighbours, we manage not only to enjoy comfort and contentment ourselves, but to have every year something to lay by for our children, and something to give to those who need it.

And now I think I have said sufficient.

End

Nos enfants, Édouard, Agnès et la petite Mary, promettent beaucoup ; leur éducation, en ce moment, m'est particulièrement confiée, et rien de ce que peuvent donner les tendres soins d'une mère ne leur manque. Notre modeste revenu suffit amplement à nos besoins, et en pratiquant l'économie que nous avons apprise dans des temps plus durs, en ne cherchant pas à marcher de pair avec nos riches voisins, non-seulement nous pouvons vivre dans l'aisance, mais nous trouvons chaque année quelque chose à mettre en réserve pour nos enfants, et aussi quelque chose à donner à ceux qui sont dans le besoin.

Et maintenant, je pense en avoir dit assez.

Fin

DANS LA MÊME ÉDITION BILINGUE + AUDIO INTÉGRÉ :

- NIÉTOTCHKA NEZVANOVA (Fiodor Dostoïevski)   *russe-français*
- LE PORTRAIT (Nicolas Gogol)   *russe-français*
- LA FILLE DU CAPITAINE (Alexandre Pouchkine)   *russe-français*
- NOUS AUTRES (Ievgueni Zamiatine)   *russe-français*
- ROUDINE (Ivan Tourgueniev)   *russe-français*
- LA MÈRE (Maxime Gorki)   *russe-français*
- HAMLET (William Shakespeare)   *anglais-français*
- OTHELLO (William Shakespeare)   *anglais-français*
- LE PORTRAIT DE DORIAN GRAY (Oscar Wilde)   *anglais-français*
- SALOMÉ (Oscar Wilde)   *anglais-français*
- L'ÎLE AU TRÉSOR (R. L. Stevenson)   *anglais-français*
- L'ÉTRANGE CAS DE DR JEKYLL & MR HYDE (R. L. Stevenson) *anglais-français*
- LES PAPIERS D'ASPERN (Henry James)   *anglais-français*

- LA DÉSOBÉISSANCE CIVILE (Thoreau) *anglais-français*
- WALDEN, OU LA VIE DANS LES BOIS (Thoreau) *anglais-français*
- WUTHERING HEIGHTS (Emily Brontë) *anglais-français*
- RASSELAS, PRINCE D'ABYSSINIE (Samuel Johnson) *anglais-français*
- MA VIE D'ESCLAVE AMÉRICAIN (Frederick Douglass) *anglais-français*
- LE TOUR D'ÉCROU (Henry James) *anglais-français*
- LE LIVRE DES MERVEILLES (Nathaniel Hawthorne) *anglais-français*
- LE JOUEUR D'ÉCHECS (Stefan Zweig) *allemand-français*
- LE BOUQUINISTE MENDEL (Stefan Zweig) *allemand-français*
- LES CAHIERS DE MALTE LAURIDS BRIGGE (R.M. Rilke) *allemand-français*
- LES SOUFFRANCES DU JEUNE WERTHER (J.W. Goethe) *allemand-français*
- LES AVENTURES DE PINOCCHIO (Carlo Collodi) *italien-français*
- MAX HAVELAAR (Multatuli) *néerlandais-français*
- LE PETIT JOHANNES (Frederik van Eeden) *néerlandais-français*
- MÉMOIRES POSTHUMES DE BRÁS CUBAS (M. de Assis) *portugais-français*
- CONTES (H.C. Andersen) *danois-français*
- BARTEK VAINQUEUR (Henryk Sienkiewicz) *polonais-français*
- UNE MAISON DE POUPÉE (Henrik Ibsen) *norvégien-français*
- LA SAGA DE NJAL (Anonyme) *islandais-français*

*Impression CreateSpace
à Charleston SC, en octobre 2017.*

Imprimé aux États-Unis.

En couverture :
John Everett Millais,
« Wedding cards »

Découvrez l'ensemble de nos ouvrages
sur notre site :

www.laccolade-editions.com

www.ingramcontent.com/pod-product-compliance
Lightning Source LLC
Chambersburg PA
CBHW021912180426
43198CB00034B/126